古代歷史文化研究輯刊

二 編

王 明 蓀 主編

第 5 冊

《商周交會在齊國：齊文化與齊學術的研究》
甲編：《先秦齊文化的淵源與發展》

陳 復 著

國家圖書館出版品預行編目資料

《商周交會在齊國：齊文化與齊學術的研究》，甲編：《先秦齊
文化的淵源與發展》／陳復 著—初版—台北縣永和市：花
木蘭文化出版社，2009〔民98〕
序 2+ 目 2+248 面；19×26 公分
（古代歷史文化研究輯刊 二編：第 5 冊）
ISBN：978-986-6449-82-6（精裝）
1. 中國文化　2. 先秦史
631　　　　　　　　　　　　　　　98014105

ISBN - 978-986-6449-82-6

9 789866 449826

古代歷史文化研究輯刊
二 編 第 五 冊
ISBN：978-986-6449-82-6

《商周交會在齊國：齊文化與齊學術的研究》
甲編：《先秦齊文化的淵源與發展》

作　　者　陳復
主　　編　王明蓀
總 編 輯　杜潔祥
出　　版　花木蘭文化出版社
發 行 所　花木蘭文化出版社
發 行 人　高小娟
聯絡地址　台北縣永和市中正路五九五號七樓之三
　　　　　電話：02-2923-1455／傳真：02-2923-1452
網　　址　http://www.huamulan.tw 信箱 sut81518@ms59.hinet.net
印　　刷　普羅文化出版廣告事業
初　　版　2009 年 9 月
定　　價　二編 30 冊（精裝）新台幣 46,000 元

《商周交會在齊國：齊文化與齊學術的研究》
甲編：《先秦齊文化的淵源與發展》

陳 復 著

作者簡介

陳復，本名陳正凡，西元一九七二年（民國六十一年）出生於台北市，祖籍福建省南平市。國立台灣師範大學科學教育中心博士後研究員，國立清華大學歷史學博士與碩士，私立中國文化大學哲學博士候選人，私立東吳大學中文系學士（輔系歷史）。目前任教於國立交通大學與國立台灣科技大學，開設中國與東亞文明史課程。在學術圈師承於三位聲譽卓著的大師：陳啟雲教授，韋政通教授與陳鼓應教授。學術專業在歷史領域有中國上古史、中國思想史與中國文化史，並精於中國與台灣書院教育文化史；在哲學領域有先秦儒學、黃老思想與宋明儒學，尤精於陽明心學思潮；在科學教育領域因襄贊國家科學委員會從事於科教政策研究計畫，而精於台灣科學教育研究政策史。發願從事於生命實踐與振興文化的志業，長年在社會講授心學，積極引領受苦的人離開生命的幽谷。

提　要

　　本書計有五章：

　　第一章〈東夷族與商王朝對先齊文化的影響〉：本章討論東夷族與其擴張發展出的商族，共同在齊地醞釀出的風俗（尤其是他們主要經營畜牧與漁獵產生的風俗），這是齊國設立前的先齊文化的源頭。

　　第二章〈姜太公封國於齊面臨的處境與應變〉：本章釐清姜太公不能僅被視作一個人，其生平更該反映出身於炎帝民族的姜族，由西戎區域遷徙至東夷區域的歷史。姜太公治理齊國採取「因其俗，簡其禮」的政策，既有因應夷俗來改革的遠因，更對後來的齊文化產生巨大的影響。

　　第三章〈地理環境對文化與產業發展的影響〉：本章討論氣候寒暖交替對於政治發展可能帶來的影響；並釐清齊國在不同時期的疆域輪廓（從而認識氣候如何影響天然環境）；再接著認識齊國濃厚的宗教信仰與天然環境的關係；最後則討論這種天然環境如何影響齊國特別著重於工商業。

　　第四章〈兼容並蓄的社會風氣對齊學的醞釀〉：本章釐清由於齊國夷夏兩種文化並存，使得齊國呈現兼容並蓄的社會風氣，這尤其體現在齊國的婚姻制度裡。齊人的日常娛樂如打獵與投壺，喜歡音樂與舞蹈，善於飲酒並好吃水產。齊相管子與晏子都有徹底務實的治國態度，這是夷夏兼容特有的齊風。

　　第五章〈開明的政治傳統催化稷下學術興起〉：本章討論齊國人民因經營工商而致富，而能影響政局，使得齊國呈現某種程度的「民主」。由姜齊至田齊，齊國歷任君主都在積極號召各國的賢士來齊國出仕，稷下學宮因此會設立。

目

次

圖 1：齊國周遭的國都與城邑（春秋時期）

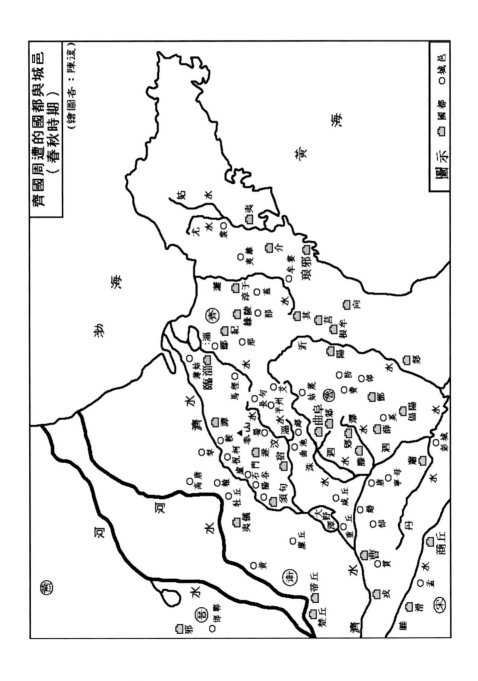

圖 2：齊國周遭的國都與城邑（戰國時期）

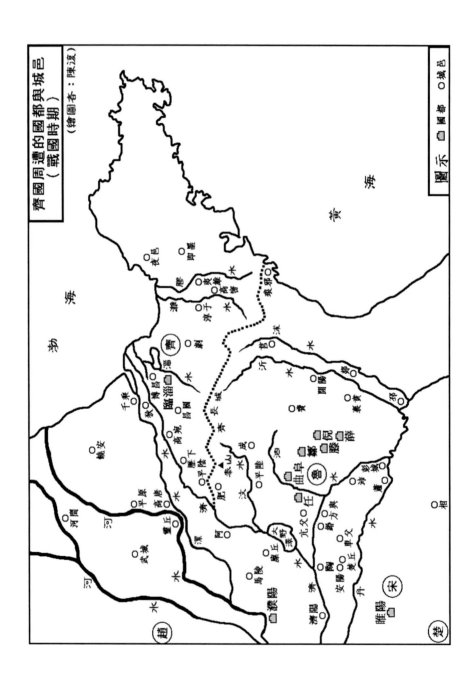

自　序

　　本書修改自筆者在國立清華大學歷史研究所的博士論文，其內容總結筆者長年對齊文化議題的思考。筆者會研究齊文化的各種相關議題，首先來自於念碩士時期開始研究慎子的思想，由慎子特別著重於「公」這個議題的討論，開始發覺這不只是慎子個人的思想，更反映出他背後齊學的整體思維型態，這個思維型態來自於齊文化，而齊文化產生的原因、齊文化的特徵與齊文化的發展，這些議題究竟該如何獲得比較圓滿的解釋，這因此激發筆者想要梳理其脈絡。

　　由這個原始的企圖出發，筆者在念博士的時候，展開五年左右的研究，而寫出這編「先秦齊文化的淵源與發展」。在研究的過程裡，筆者尤其對齊國君主設立稷下學宮，容納百家思想於一堂，彼此自由講學的情景，深覺震撼不已，很想發掘齊文化兼容並蓄的國風，來考察這種開放精神的內因。接著並發現：齊文化的開放精神，並不是毫無選擇性，其具有務實的態度，且對風格迥異的思想的容納，有著共通點：齊文化淬煉出的齊學，著重於宇宙客觀法則的把握。

　　如何把這些極其龐雜的史料，組織出齊文化比較清晰的輪廓，曾經煞費筆者的精神。筆者討論齊文化，並不只是專門就齊國這個區域文化的角度來研究先秦文化的議題，而希望就齊文化、魯文化、晉文化與楚文化這四大區域文化的對比角度，來呈現齊文化的特殊點。更重要者，筆者上溯齊文化的

源頭，探索商文化（夷）與周文化（夏）這兩大文化長期在齊國的碰撞與交融，而發展出齊文化的豐富內涵，基於這個核心關注，筆者將全書總標題訂作「商周交會在齊國」。

本書作為博士論文，有幸承蒙指導教授陳啓雲老師的細心指導，並獲得陳鼓應老師與韋政通老師大量的寶貴建議。在論文審查時期，除前面三位恩師外，審查委員中央研究院歷史語言研究所的蒲慕州教授，清華大學歷史研究所的張永堂教授與政治大學中文系的林麗娥教授，都給筆者很重要的指點與意見，對於各位師長的愛護與提攜，筆者在此致上深深的謝意！筆者在清華大學撰寫論文的日子，獲得畢生難忘的學習經驗，很感謝清大給我這番刻骨磨練的機會。

花木蘭出版社請王明蓀教授主編《古代歷史文化研究輯刊》這套叢書，由社長高小娟女士具名邀請，他們希望把筆者這部博士論文納進叢書裡，使得本書終於能問世，很感謝王教授與高女士在台灣出版業的寒冬時刻，還能如此不計成本，出版這類需要長時間沈澱與消化的學術著作。在此要特別感謝筆者的父親陳祖洪先生，母親陳履端女士，還有吾妻陳敏，沒有您們長年的犧牲與付出，無條件的支持，筆者不可能埋首於書堆，從事於不易治生的學術研究工作。

這本書由寫作到出版，筆者的兩個寶貝女兒，陳晉與陳頤，都已經出世，這或許是筆者倉皇的歲月裡唯一稍堪告慰的喜悅。每當研究工作餘暇，還能叮嚀與教育自己兩個女兒如何做個有智慧的人，夜裡跟她們講著聖賢豪傑如何實踐生命的歷史故事，這都使我這個無能的父親，尚能稍微覺得自己是個有用的人。這或許同樣是筆者會如此眷戀著歷史研究的原因了。有幸把生命的探索投注在歷史長流裡，面對著現實各種艱難的考驗，我們不會覺得孤單。

民國九十八年五月四日寫於國立台灣師範大學科學教育中心研究室

緒　論

前　言

　　局面極其混亂的戰國時期，同時也是中國學術史的「黃金年代」。當日有各種自成一路的思想在做激烈的交鋒，但，我們發現，由於思想與其醞生的環境有著相互影響的關係，因此，在多元的各種思想裡，隱然能由文化、政治與地理等交織的環境，區分出四種學術風格，並持續影響至後世，甚至影響今日華人生活的文化：一是著重浪漫玄思，流行在長江流域的楚學；一是著重現實權謀，散佈在太行山東西各國的晉學；一是著重歷史文化，長期以曲阜為軸心的魯學；一是著重客觀理念，盛行在山東全境的齊學。這四種學術風格都成為架構秦漢而降中華思想文化的重要基石，在這四種學術風格裡，只有齊學是獲得政府的長期而全面的支持，在首都臨淄城稷門郊區的稷下設立學宮，招徠各國學者到這裡自由講學與論辯，並隨時提供政府各種建議，歷時一百五十年的時光，促成學術思想空前奔放，各家著書立說，冀圖獲得君主採納實踐，並影響中國後世思想甚鉅！我們忽視戰國齊學的發展歷程，幾乎就無法認識戰國時期的中國學術史。

　　因此，認識戰國齊學，著實為認識戰國時期的中國學術史最重要的一環。而且，如果我們能認同戰國諸子的思想是形塑中國思想的源頭，那麼認識齊學的學術思想型態，對於認識中國人思考問題的型態，其重要性將不言可喻，尤其是關於中國是否具有真理觀的思想；究竟何謂真理觀；中國的真理觀思想為何會有限制；而真理觀是否對古典中國科技發展的進程提供根本的思維背景⋯⋯，相信從認識齊學的興起與沒落，將能獲得一個清晰的詮釋脈絡。過去

雖然已有好些研究齊學的論著，然而，筆者尚未發現有人明確勾勒出四種學術風格的異同，去認識齊學與其真理觀，因此，這個角度確實是筆者的創見。本書特別著重於鋪陳四種學術風格背後各來自商文化與周文化不同程度的影響，這兩大文化有著如何的特徵，各自對社會帶來如何的產業發展，並釐清這兩大文化在齊國的衝突與交融，釀就出齊學如何的樣貌，冀圖對戰國齊學甚至整個中國思想型態做「根本的探原」，這是筆者撰寫本書的企圖與動機。

壹、本書的研究方法

第一節　認識論與真理觀

　　何謂認識論？認識論或稱作知識論，拿人類的認識本身做研究對象，研究認識的本質、認識的可能性和可靠性、認識的根據與基礎、認識的型態與認識的發生暨發展過程……。但，認識論並不是把認識當作一種「孤立的現象」來研究，由於認識的發生、實現和展開，其內蘊的認識目的都同「實踐」高度相關，而人類總是通過認識和實踐來滿足自己生存與其發展的需要，並獲得生活的自由，因此，認識論當然要同時研究認識和實踐，意即知與行的關係問題，意即研究如何通過認識和實踐（知和行）來滿足需要並獲得自由的問題。認識論具有「反思」的性質，反思的目的在於提高人認識的自覺性，這是人類認識自覺性高度集中的理論表現。相對於認識來說，認識論是後起的觀念。人類的認識本身有一個發生與發展的過程，拿人類的認識做研究對象的認識論，同樣有一個發生與發展的過程。人類有意識開始，就同外部現實世界發生實際的相互作用，意即在實踐的基礎裡，發生了對外部現實世界的認識關係。但，對這種認識關係展開反思，特別是從哲學的高度展開反思，並且架構起拿認識本身做思考內容和研究對象的認識論學說，這是後來的事情。認識論是關於認識的哲學反思，其隨著哲學的發生而發生，經歷由萌芽到雛形到架構起比較系統的理論學說的發展過程。〔註 1〕由這種角度來看，幾乎沒有議題不能成為認識論，只要其能架構出具有反思性質的理論學說。這

〔註 1〕見夏甄陶《中國認識論思想史稿・引言》，上卷，西元 1992 年，頁 1～2。不過，中國對於認識論比較沒有大量涉獵於純粹抽象的知識議題，因此筆者在本文內都將稱作較廣義的「認識論」而不稱作較狹義的「知識論」。

是筆者會透過各種實踐議題，包括文化、政治、經濟、風俗、軍事與科技等各層面的反思性探索，來認識各思想家的認識論的原因。

　　但，如果人類全部的認識與實踐都能成為認識論，那齊學的認識論有什麼特色呢？認識是拿物質的實踐活動做基礎，認識的發生、發展與其全面的實現，都離不開物質的實踐活動，但其同樣屬於意識領域裡具有相對獨立性的活動，表現出認識的主體，通過感知思維活動，而把認識的客體轉化為自己觀念的內容。在作為主體的人的意識領域，常包括智能、情感與意志的綜合因素，但通常在西洋哲學做主導裡的認識，主要指意識領域裡「智能因素」的對象性活動，這就是意識領域裡發生的認識現象。當然，這並不排拒更不可能排拒在現實的智能活動裡，都會有主體的情感與意志的滲透，表現出對某些現象的喜愛或厭惡、崇敬或恐懼，還表現為冀圖引起或阻止某種運動。但，經過認識論的抽象反思，人總是略去那些自然會滲透認識活動裡的「非智能因素」，意即情感與意志這些因素的影響，而只注意主體同客體間的基本觀念關係，只注意主體頭腦中擁有什麼樣的套體的觀念映象，在智能活動的結果中，則只注意觀念映象與其反映的客體的相符性，意即觀念映象本身的真實性。〔註2〕這種觀點不能說是全部認識論的基調，但卻是最典型有關認識論的說法。因此，認識論就是相信客觀的存在，並冀圖瞭解客觀最基底的真相的思維法。齊學普遍有濃厚想掌握住宇宙的客觀規律，並按著這個規律來運作至社會，架構出相應的法律與道德規範，這就使得齊學的思維裡含有這種最典型的認識論，而且，稱作真相就意味著相信有真理，真理觀是典型的認識論的核心議題，而齊學的認識論裡確實有著真理觀。

　　真理就是客觀事物的本質和規律在人的意識中的正確反映，就是主觀同客觀相互符合的認識。齊學的真理觀來自齊人對廣義的上帝的信仰，那是真

〔註 2〕學者孫振青先生說：「『知識』一語，在知識論中，至少有兩個意思。一是指感性的知識，一是指悟性的知識。前者是人類與其他動物所共有的，後者是人類所獨有的。不過，人類的知識，一般而言，不單單是悟性的知識，而是感性與悟性合作的知識。」他還說：「當然，人類可能具有『純粹的』悟性知識，譬如理智的直觀。不過，即使是理智的直觀也往往是以感性的材料為前件。先有感性的活動，然後才有悟性的活動。這個秩序完全是大自然的安排。」見其《知識論・導論》，壹〈「知識」的意義〉，西元 1994 年，頁 1～3。由這裡可看出，架構知識並反思其自身的困難性與複雜性，因為要抽離掉感性根本不可能，譬如說「如果你把手放到火中，你的手就會被燒得很痛」，這種悟性判斷裡就得來自感性的經驗。

理會產生的起因。並不是全部的認識論都有眞理觀，譬如楚學有著不相信有眞理的眞理觀，那更該稱作「渾沌觀」。目前認知的眞理觀有六種類型：其一，「符合眞理觀」，意即眞假的問題要按照事物對象的聯合或分離而論，若對象相合者認爲相合，相離者認爲相離就得其眞實；其二，「語義眞理觀」，意即眞理來自「語言的形式需要」，不管表達命題自身使用什麼語言，只要命題是有關於「眞」的任何斷言，其語義都要按照眞理自身的定義；其三，「分析眞理觀」，意即有「邏輯眞理」與「事實眞理」這兩種眞理，其來自於「分析命題」與「綜合命題」，分析命題的眞實僅取決於命題裡邏輯符號的用法，而與經驗內容無關，其得出的眞理是必然的眞理，不同於偶然的事實眞理；其四，「融貫眞理觀」，意即認爲某個命題是眞理，不在於其與客觀事實的符合，而僅在於其能被毫無矛盾納進某個命題系統裡；其五，「工具眞理觀」，意即任何命題或理論被視爲眞實，僅來自於其有眞實的效用，美國實用主義哲學家杜威（John Dewey）曾說：「眞理即工具。」這表示工具的有效性質就是判斷眞理的標準；其六，「唯物眞理觀」，意即眞理包含著不依賴人類的客觀內容，這種客觀內容指的就是事物的本質，只有指出眞理是事物本質的反映，纔能徹底解決眞理的客觀性問題。〔註3〕中國思想史都能按照這六種眞理觀去檢視，然而，齊學自身的眞理觀與哪種眞理觀比較相像呢？

　　這就牽扯到檢視眞理的標準究竟是什麼了。由本質層面來看，有三種檢視眞理的最基本標準：其一，「理性的標準」，意即這是由事物的本質推論獲得的知識；其二，「經驗的標準」，意即眞理的客觀性來自感性經驗與其實驗；其三，「實用的標準」，意即眞理來自實際在生活裡是否有用。〔註4〕齊學的眞

────────────

〔註3〕見梁慶寅與黃華新《眞理——科學探索的目標》一〈眞理究竟是什麼〉，（一）「歷史的回顧：眞理觀的演進」，西元 1994 年，頁 1～45。

〔註4〕見梁慶寅與黃華新《眞理科學探索的目標》二〈檢視眞理的標準究竟是什麼〉，（一）「何處尋覓『試金石』」，頁 46～59。學者梁慶寅與黃華新兩位先生還有列出第四個標準，意即按照馬克斯主義哲學，「社會實踐是檢視眞理的唯一標準」，處在社會的人，有目的改造世界的物質活動，而把全部主觀思想的對象化爲客觀現實，既然眞理是反映事物本質的知識結晶，且是描繪客觀世界總圖景的理論系統，那麼檢視這種「反映」或「描繪」是否正確，自然不能停留在認識的領域內，因爲不能用認識檢視認識本身，只有通過實踐纔能實現主體認識對象化，達到主客觀統一，從而證明思維的「現實性」和「此岸性」。見同該書二〈檢視眞理的標準究竟是什麼〉，（二）「劃時代的發現」，頁 60～61。不過，撇開政治宣傳不說，筆者並不覺得其與實用主義哲學的實用標準有本質性的差異，意即馬克斯哲學並不具有其聲稱比其他標準價值更高且性

理觀的完成，顯然都有在運用這三種標準，就思想本身來說，齊學具有眞理
觀的思想並沒有問題，其對宇宙客觀規律的掌握，固然有來自對天文與自然
現象的長期觀察（經驗的標準）或進而推論獲得某個觀念（理性的標準），更
有來自實際的生活應用裡，透過效驗而反推回去，確認出某種宇宙客觀規律
與其相應的社會規律（包括法律與道德規範）的眞實性，尤其是後者（實用
的標準）。如果要強制選擇齊學眞理觀在屬性層面類同於前面哪種眞理觀，筆
者會覺得齊學的眞理觀相對來說比較有「工具眞理觀」的傾向，雖然這絕對
不是唯一的傾向。雖然杜威先生的弟子，胡適先生，並未用這種觀點去寫《先
秦名學史》與《中國古代哲學史》，〔註 5〕然而，筆者覺得如果中國思想還有
符合西洋哲學認知裡的認識論與其眞理觀，那「實用的標準」應該最適合於
認識中國思想，尤其是認識齊學的眞理觀。吾師陳啓雲先生則對認識論給出
更寬廣的說法，他說哲學和一般思想不同在於哲學要對本身有自覺或反思，
這種自覺或反思是哲學最廣義的『認識論』基點。至於反思的結果，可能認
定哲學必須建立在理性分析、客觀實證、主體直覺、玄思冥想、心靈體驗或
道德踐履種種不同基礎的觀點。

　　陳啓雲先生表示，各種不同基礎的觀點都具有認識論的意蘊，這只是「認
識論」基點的不同，其同爲哲學的「認識論」基點則一。就這點來說，哲學
思想的開端有賴於『認識論』觀念的出現。本書的著作旨趣，就是按照吾師
陳啓雲先生如此寬廣的認識論基點來映證齊學的眞理觀，而且，即使採取較

質獨立的「科學性」，因此這裡暫且不放在本文。

〔註 5〕 胡適先生在《先秦名學史》裡說：「哲學是受它的方法制約的。也就是說，哲
　　　　學的發展是決定於邏輯方法的發展的。」見其《先秦名學史・導論：邏輯與
　　　　哲學》，西元 1983 年，頁 4。他還在《中國古代哲學史》裡說：「我這本書的
　　　　特別立場是要抓住每一位哲人或每一個學派的『名學方法』（邏輯方法，即是
　　　　知識思考的方法），認爲這是哲學史的中心問題。」見其《中國古代哲學史・
　　　　台北版自記》，西元 1986 年，頁 3。名學方法或邏輯方法固然在中國先秦哲學
　　　　裡有關鍵性的突破，卻沒有後繼的發展，其在西洋哲學裡發展出「邏輯實證
　　　　主義」固然是最先進的認識論，同樣是最狹隘的認識論，要用這種觀點來講
　　　　全部中國的思想，自然會有極大的問題，既與中國型態的認識論基點不同，
　　　　且與胡適先生的老師杜威的實用主義工具眞理觀無關。而且，胡適先生自己
　　　　又在《中國古代哲學史》裡，給哲學下一個與其初衷不同的定義：「凡研究人
　　　　生切要的問題，從根本上著想，要尋一個根本的解決，這種學問，叫做哲學。」
　　　　見其《中國古代哲學史》第一篇〈導言〉，頁 3。這又不得不回到中國思想的
　　　　主軸裡了。

狹隘的基點，透過前面對認識論的釐清與眞理標準的檢視，我們都能確認出齊學確實有符合眞理觀的核心思想，不過，我們還是要注意，從中西哲學比較的立場，中國思想在開始的時候就在「認識論的基點」上與西洋思想有相當重要的歧異。陳啓雲先生指出，就思想史的眼光來看，所謂「在開始的時候」並不是說這種「歧異」存在於中西思想的先天本質，而是由於早期思想發展的結果。歷史學的立場和哲學或其他社會科學（尤其是文化學）的立場最不同的角度，在於前者不會認爲各種思想文化具有先天或本質的差異，譬如「近代中國文化」有強烈的保守與封閉傾向，這和「近代西洋文化」有強烈的進取與開放傾向成爲明顯的對比。論者或許會把這種對比兩極化，而認爲其差異來自「地理決定論」、「民族性格論」或「文化深層結構論」。就這些理論來著眼，中國文化的保守與封閉好像不可改變，但就歷史的眼光來看，中國文化的保守與封閉只是在近代發展出來，在上古和中古時期並不如此，因此將來同樣可能不是如此。同樣的角度，中國傳統思想沒有發展出西洋哲學那類的邏輯理論，這是中國思想在「認識論的基點」的差別，並不是中國傳統思想的本質就是如此。〔註6〕

　　因此，不論就三種檢視眞理的最基本標準，或就吾師陳啓雲先生寬廣的認識論定義，並給出新的中國思想的認識論基點，齊學具有眞理觀思維殆無疑義。本書會藉由歷史角度與哲學角度的交互討論，譬如討論氣候的變遷如何影響中國早期（商與周）的天命思想，或討論齊國兼容並蓄的社會風俗如何醞釀出齊學，或討論經營工商的生活實況如何影響齊國的學術發展……，正就是要指出這種在現實環境裡的效驗對凝聚齊人眞理意識的影響。

貳、本書的思考脈絡

第二節　東夷族與商王朝

　　這裡要指出本書獨特的觀點：首先，筆者透過反駁山東地區早在新石器時期就已經有成熟的農業（的觀點），冀圖給齊國長期是工商業爲主的社會（而不是農業社會）做合理的解釋，這同時能符合大多數早期文獻的說法。先齊

〔註6〕見其《中國古代思想文化的歷史論析》肆〈中國古代思想發展的認識論基礎〉，西元 2001 年，頁 91～92。

文化是指姜太公建立齊國前，在現今山東省發生過的文化。東夷族應該是山東最早的居民，本是個漁獵與畜牧的部族，由於學者亟想打破「尊夏卑夷」的傳統角度，透過考古發掘想論證東夷族在新石器早期就已經是個農業為主的部族。我們討論這個問題，應該要掙脫夷夏二元對立的框架，且筆者在文內指出「夷」字本來沒有任何輕視的意思，不容否認東夷人早在新石器早期就已經有農業活動，這本是在山東生活的人逐漸克服環境限制的自然演化過程，但，其範圍與程度，不可能大到我們已經得說東夷人是個拿農業做主要生產型態的部族。東夷人顯然直至新石器中期而降的大汶口文化，都尚未脫離漁獵與畜牧為主的生活型態，而農業則還處於實驗階段，這種狀況直至新石器晚期的龍山文化都沒有量產的物證。

再者，筆者指出，商王朝主要不是亡於周人，而是亡於自家的東夷人，這是周朝能輕易建立的主因。商人與東夷人有直接的血緣關係。商朝始祖契最早居於山東，商族應該確由少皞部落發展出去，其後獨立蔚為大族，而少皞部落就是東夷族裡最有名的鳥夷，且一直世居於山東。商人與東夷人彼此緊密的關係，體現在長期生活範圍的重疊性，這包括商王室的子孫在現在山東省建立約七個國家，而這裡同時住著東夷人。但，商人既已由東夷族發展出去，其與東夷的關係不論就部落對部落或宗主對臣屬的角色，都不可能會完全處於和諧毫無矛盾的狀態。傳至第十任商王仲丁，東夷裡的藍夷部落叛變，王朝未能有效弭平，此後夷人對商王朝就叛服不一，如此持續三百餘年的光景，當商朝最後一任（第三十任）商王帝辛（紂王）因統治無當，招致東夷的徹底叛離，帝辛率兵消弭東夷叛變，但，因消耗過鉅，國內空虛且民怨沸騰不已，而給周武王偷襲進取的機會，因此，商朝的滅亡與其說是滅於外面的周人，不如說是滅於自家的夷人。

商人有拿奴隸童僕畜牲殉葬的風俗，這點後來的齊人就有繼承，相對於諸夏民族，齊地的夷與商除農耕外，體現出更濃厚的漁獵與畜牧特徵，甚至有某種程度的海洋經驗，這都是後來齊國會兼重發展漁鹽紡織這些工商業的遠因；而商民族的崇信鬼神，替後來齊國各種型態的宗教與信仰蓬勃發展，並替好做誇誕不經世稱「齊東野人」的話語開先河。齊地夷人傾向於崇鳥與尚射，其動態人生釀就的部族應該較為機智坦蕩活潑開放，這對齊國人民後來整體的性格塑造有很大影響。同樣在山東省，齊地與魯地雖然本來都屬於東夷族與商王朝的生活環境，然而，兩者的文化差異，主要在齊地的夷人主

要來源爲萊夷與島夷（鳥夷），他們生活於半島濱海區域，魯地的夷人主要來源爲淮夷，他們生活於汶泗河谷流域，這使得前者的文化帶有濱海野性的性質；後者則本來環境就易與黃土高原的內陸農業文化交融，加上魯國採取「變其俗，革其禮」的政策，大幅淡化夷人的特徵，而釀出具有內陸農業文化的特點。

第三節　姜族與周族

　　本書並不把姜太公僅視作一個人，在人與其部族生死緊密相關的時空裡，他的生平其實更象徵著姜族如何與其更大的周族合作與共的歷程。拿姜太公做象徵的姜族，可能有個較複雜的蘊生與發展過程，姜族因爲有長期的遷移歷史（或由西戎區域轉至東夷區域），因此其部族源流很容易就因曾有不同居地而被後人辨識錯誤，或因政治結盟而在不同時期依附或歸順夏朝或商朝，故而會有眾說紛紜的狀況。周族屬於黃帝民族因聚落擴大而畫出獨立的支部落，黃帝民族是夏族的前身，故而周族屬於諸夏部落集團的成員，姜族雖同屬於諸夏部落集團的成員，不過它出身於炎帝民族，炎帝民族早於黃帝民族，卻因衰落而被後者打敗，取替做農牧民族的共主。其後姜族頓失母族屏障，部分族人可能因此流離失所，而與當地戎人雜居，逐漸有戎化的現象，故而被諸夏稱呼做「姜戎」。戎族本來只是個籠統的族名，其內部族員與其族源恐怕都甚爲複雜，「戎」本來只是在指西方某個善戰的族，羌族或許被包括在內，但，不能說羌族就是姜族。周族在遷至岐山前，有個長期累積的大問題，就是該族一直與戎狄雜處，彼此常有爭執，古公亶父忍讓無法換取和平，只得帶領子民由豳移至岐山下，於是與姜族開始交會。被稱作「姜戎」的姜族則幫忙周族遷至周原，兩族開始長期聯姻的關係，或許空間較廣闊，與戎狄不至於完全混居，周族自此具有立國的規模。

　　筆者有個大理論：周族自承出自於夏，可能經過「文化改宗」的歷程，這個現象甚至包括黃帝部落本身原本都不是農業民族，由於夏族獨立出去且改爲農耕，政治統治能量越來越強大，大部的黃帝部落就開始歸順於夏，成爲諸夏部落，剩餘的某些黃帝部落則繼續過著游牧生活，這就是戎與狄的源頭。不過，我們得注意，炎帝民族與黃帝民族本來在血緣上並沒有根本差異，而只是逐漸歧出不同的部落群體，做出不同的選擇，過著不同的生活，而逐漸拉開體能與體質的差異。因此，同樣是游牧民族，蠻與夷是一個系統（姑

且稱作甲系統），戎與狄是一個系統（姑且稱作乙系統），這是最早在中國生活的兩大類游牧民族，本來乙系統裡的黃帝部落打敗炎帝部落（這是最早期的農業民族），並打敗蠻夷系統裡的蚩尤部落，成爲全部農牧民族的共主，由於統治得當，因此包括甲系統的東夷人都忠誠歸順，長期視作游牧民族的領袖，「黃帝」這個名號甚至成爲東夷人的精神象徵（這同樣是後來田齊政權能號召取替姜齊政權管理齊國的合法性），後來乙系統裡率先出現開始過農業生活的夏族，致使黃帝部落式微，文化就逐漸轉型成夷夏衝突與融合的格局。周人就是在這個過程裡，同大部的黃帝部落共同向夏族學習，轉型成過農業生活的民族，而本來血緣相通的戎人則不願意向夏族學習，繼續過著游牧生活。這是早年周人與戎人生活範圍犬牙交錯的主因。

第四節　齊國的地理環境

　　本書有個重要觀點，就是由氣候來認識商周的天命觀。由歷史的眼光來看先秦氣候的大背景，有兩個重點特別值得注意：首先，周朝覆亡商朝，並不僅是改朝替換政權的變化而已，更是中華文化史的關鍵性變化，中國由原先商朝深信天命的天道信仰，轉變爲周朝瞭解天命靡常，故而更需奮勉自強於人事的人道信仰，這種思想轉變歷程，如果加上氣候轉寒的背景因素來認識，狀況就會有個更清晰的輪廓。由商紂王至周幽王，時間跨越整個西周時期（1100B.C.～770B.C.），約計三百三十年，黃河流域的氣候逐漸轉爲寒冷乾旱期，尤其自孝王至幽王時期最爲嚴重，時間超過一百五十年。這是整個黃河流域的狀況，山東的氣候自然被包括在內。氣候未曾因周朝建立新局而好轉，難道在暗示周朝並未獲得天命？而且，武王即位僅有兩年就過世了，這象徵著什麼惡兆？這在當日必然是周朝全體君臣甚至人民共同在擔憂的大問題，更是武庚會聯合周王室宗親管叔與蔡叔，暨東夷諸國共同叛變的心理因素，叛變者都相信周朝根本未曾獲得天命的眷顧，處境纔會如此風雨飄搖，而他們自己纔在順天行事，至於周公攝政當國將不利於孺子成王，只是其弔民伐罪的公開理由而已。而當周公東征勝利，把大象趕離東夷地區，使得天下大悅，則只是順應氣候的變化與軍事的勝利做出有利於己的解釋，藉由人事的奮勉，確保世人相信周朝的確擁有天命，或許他確實曾派過兵員驅趕大象，但，沒有氣候的幫忙，大象或其他喜暖動物要被驅趕至江南，想來也不是容易的事。

　　因此，這場氣候轉寒的天象狀況，成為商周兩大文化爭奪天命擁有權的平台，兩大陣營的人，各自依照此時氣候的大背景去做人事的判斷與奮勉（誰已失去天命，誰已重獲天命），希望能因此獲得天命的眷顧。但，天象顯然沒有因誰的希望而隨境轉好，直至周幽王失國，黃河流域的氣候都偏向寒冷，這使得殷遺民更加深信周王朝並未獲得天命，此信念不因武庚叛亂失敗而隕落，相反地，他們長期在等待復國的機會。《漢書‧天文志》就曾經表示天數每三十年會有一個小變化，百年一個中變化，五百年一個大變化，胡適先生則認為商民族因此產生一則天命的預言，他們懸想一個喚做「武王」的中興英雄，五百年後能帶領他們洗雪亡國的痛苦，做出復興民族的大業。當齊桓公死後，齊國大亂，屬於殷遺民後裔的宋襄公想接著做中原霸主，藉機復興商朝，故而曾使用夷商舊俗，殺人祭於亳社來取悅國人，那就是因為五百年的天數已經到來。宋襄公雖然失敗了，然而殷遺民終會復興的夢想並不曾稍歇，由於軍事導致政治復興的夢想始終沒有著落，於是這種預言就逐漸變換內容，轉為宗教與文化復興的意味越來越濃，而做為商人後裔的孔子的出現，就應許著這個具有心理期待意蘊的預言，這使得孔子尚在壯年，就已被一般人認作應運而生的聖人了，孔子自己亦有此自我認知，而展現出超人的自信，因此纔會常表示天命在身的言語。不過，做為「素王」的孔子，他的出現，雖然應許著殷民族的長期願望，然而，他卻不是站在民族復興的狹隘眼光，而是個完全化解商文化與周文化長期對立的橋樑。

　　齊國剛開國的時候，由營丘為主軸，西北五十餘里臨薄姑國，往東十餘里臨紀國，北至海濱約百里，南至逢山百餘里，如此東西長五十餘里，南北長兩百里，相乘纔能符合方百里的說法。齊國疆域的全盛時期，當在田齊湣王十五年（西元前二八六年）齊國出兵徹底滅掉宋國，佔領其全部土地，疆域向東南擴大至河南省東部與山東、江蘇暨安徽三省交會的廣大地區，純粹向南則擴張至現在河南省睢縣、江蘇省徐州市、睢寧縣與宿遷市，這是齊國曾經往南擴張的極致了。由齊國的地理環境來認識宗教，山東是個宗教信仰很濃厚的地區，土著民族本來就有自然崇拜的現象，東夷民族自然不例外，這種現象加上山東靠海，大海的變化莫測，人得靠天吃飯，在危險與機會裡給人各種心情的張弛，更使齊學充滿著濃厚的宗教特徵。齊地最原始與最重要的自然崇拜為八神，其中祭祀天主的地點被稱做「天齊」，據說即是齊國會稱做「齊」的原因。八神的信仰很不系統化，包括天地日月陰陽六者都有觀

念的重複，不過，這正表示原始信仰尚未統合的狀況，而胡適先生更表示這個八神信仰演變出戰國的陰陽家，這因天齊淵被先民視作天的臍眼，屬於崇拜生殖器的迷信，由男女關係而推想至天地日月，拿天配地，拿日配月，都變做夫婦的關係，進而由此推想出「陰」與「陽」這兩種觀念，後來轉型變做中古時期的中心思想。「陰」與「陽」這兩個觀念具有統攝存有的抽象性，觀念的抽象來自認識真理的需要，由八神的信仰發展出這兩種抽象的觀念，不僅意味著陰陽家的思想即將誕生，更象徵著齊學早期真理觀的孕育。

第五節　齊國的社會風俗

　　由於夷與夏兩種文化並存，齊國在婚姻制度上就呈現一般性與特殊性並存的現象。譬如早在商王朝時期，就已經規範貴族一夫多妻制的合理性，還有，遵循周禮，齊國同樣實施同姓不婚的制度，即使好色如齊桓公，都不敢違背周禮，納同屬姜姓者為妻室。齊國與魯國長期保持聯姻的關係，僅就文獻來看，春秋時期魯國國君娶齊女為夫人就有六人。屬於齊國特有的東夷風俗，還有兄妹父女私通的風俗，這與前面同姓不婚的差異在後者屬於未婚配而有性交且未生子的行徑，因此齊人在道德觀念上並未與同姓不婚有直接衝突，而繼續發展此風俗。齊襄公喜歡自己的異母妹文姜，為把文姜留在身旁，通令全國長女不得出嫁，藉此替家裡主持祭祀，有學者認為這釀出後來所謂「巫兒」的風俗，異性親人私通的狀況在齊國可能甚為普遍，這些巫兒未嫁而生子，有些或是招贅而得夫婿，有些或就是親人亂倫防範不及而生出孩子，這種風俗春秋時期其餘諸侯國都未見，由此可使我們看出：當年姜太公實施「因其俗，簡其禮」的政策，其具體內容很複雜。當父親過世，兒子得娶自己生母外的其餘諸母為妻，這稱作「烝」（妻後母）。當已婚男人死掉，他的兄弟得要娶其妻子為妻（叔接嫂），這稱作「報」。這類風俗出現在東夷民族為時甚早，常如連體嬰般交替出現，早在傳說裡的舜帝即有紀錄，春秋時期的齊國則有大量的文獻能證實這類事情。

　　東夷民族還有個特殊的風俗稱做「奔婚」，意即年輕男女不經過「父母之命，媒妁之言」就自由結合的婚姻，這種婚姻常沒有婚姻的儀式，卻直接透過性交來確認彼此關係，其實，這種私自結合的婚姻不但不被視作淫亂，東夷民族的風俗甚至還對此提供公開性交的場所，譬如在宗廟或在郊外設立公開性交的地點並讓人觀看，反映出夷商文化對性愛的開放性，齊國就有這種

風俗，甚至吸引魯國君主不顧體面，隨意跨越國境去觀看，而齊國君主常透過性來籠絡賢士，齊桓公自己就設立中國最早的官妓，而宮內設市就是讓賢士選擇女人夜合，如氣息相應則娶做侍妾的地點，這反映出齊國的國風務實而開放。齊國先民普遍出身於東夷，打獵本來就是他們的生活，隨著齊國逐漸邁往農業社會甚至工商業社會，打獵就變做人民的日常娛樂。齊國君主大都喜愛音樂與舞蹈，這種狀況持續發展至戰國時期依舊如此，譬如齊康公喜歡萬人唱歌跳舞，他特地給歌妓吃得很好穿著華麗，因為怕身體姿態舞動得不夠美觀，影響他看歌舞的興致。齊宣王喜歡聽眾人吹竽，樂隊人數動輒三百人，他的兒子湣王則喜歡聽單人獨奏，他們的個別差異性反映出他們對音樂的真實喜歡。宣王的父親齊威王同樣好聽樂，他的大臣鄒忌就因精通鼓琴而馬上封侯。可見順應國君的生活娛樂來取富貴，確屬在齊國的終南捷徑。

齊國還有專屬於民間的各種娛樂活動，譬如投壺，這是射禮的演化，在空間不夠寬敞的情況裡，拿箭投壺比賽誰投中次數比較多。管仲是齊國崇尚奢靡的大宗師，他賦與奢靡一套說法，鼓勵齊國人擴大消費來刺激生產，共同創造工商的繁榮。因為這種態度，管仲本人極為富有，他有三個公館，富有如同國君，齊桓公卻沒說什麼，正因管仲身居相位，如同齊國的門面，他要帶頭鋪張消費。經歷管仲的創業，至齊景公時已經成為極為富裕的國家，只不過齊景公只在意自己的富裕，不在意人民的富裕，貧富不均的結果，令晏嬰不禁極為憂慮，當齊景公相問如何跟著使人民富有，他要齊景公帶頭節制慾望。管子與晏子做為齊學的早期奠基者，他們的政策不同，卻有個共同點，那就是徹底務實的態度（卻不是毫無理想的短視），這纔是首尾貫通的齊風。齊人承襲商人與其東夷民族的風俗，很喜歡喝酒宴飲，當時齊國貴族階層在各種場合都會舉行宴飲，譬如冊封臣屬、慶祝功績或甚至平常接見臣屬，都會舉行朝宴或賜宴。齊人好誇大虛張的民性，使得他們普遍喜歡帶巨冠來顯示自己的高貴。他們普遍愛吃狗肉，好吃水產，女人喜歡穿男人的衣服，顯現出流行文化的風尚。由於齊國的工商業特別繁榮，社會階層的分化事實已經很明顯，管仲纔會提出「四民」的居住政策。由食衣住行各種生活裡，我們能清晰看見齊國處處同時內蘊著夷與夏兩種禮俗。

第六節　開明的政治傳統

齊學保存有三種文化傾向：第一，商文化裡崇尚鬼神的傳統，這與東夷

原生的文化無法割離；第二，不同於敬神重人的周公路線，姜太公務實於人事的經營佈局；第三，商周兩文化交會蘊生於齊國的兼容並蓄精神。這三種傾向都來自於姜太公在開國時期的開明作風。姜太公率領其族居住在營丘這個不過百里的彈丸小國，被包圍在如汪洋大海般為數眾多的夷人諸國裡，隨時都面臨著被吞沒滅頂的險境。因此，他顯然不可能如魯國驟然展開狂風暴雨般激烈的變革，而採取較隱蔽的漸進態度，先取得夷人的信任，在順應其風俗的過程裡鞏固政權，最後纔視實際情況簡化夷禮，並夾帶統治者的優勢自然傳播周朝的禮樂教化。因此，姜太公治理齊國的政策，簡單來說就是「因其俗，簡其禮」，其政策更積極的落實就是任用夷人當地的賢士來替齊國做事，並由實際的績效與否來做賞罰的依據，這種不依靠血緣裙帶關係來做事的態度，既是空前未有的創舉，更使得齊國迅速壯大起來，這種措施就被稱做「尊賢上功」。

　　自從姜太公制訂任用賢者治國的原則，歷來影響齊國至深且鉅的政治家，不論他們的出身，都是因為其才能而獲得任用，而與其出身無關。譬如管仲的祖籍原來並不是齊國，年輕時家境貧窮，為生活所迫，曾經經商、當兵甚至成為階下囚，卻因為鮑叔牙的推薦，而獲得原是政敵的齊桓公的賞識。衛國人寧戚來到齊國前，窮困潦倒，曾經駕駛販牛車來齊國，因唱歌感嘆不遇而被晚上出城的齊桓公發現，立即獲得重用。東夷後裔的晏嬰身材矮短，長相醜陋，家庭貧苦，卻能成為三朝重臣（靈公、莊公與景公）。閭伍中人司馬穰苴、中牟奴隸越石父、晏嬰御者則都因為晏嬰的推薦而被齊景公任用做大夫。齊威王的時候時，布衣百姓鄒忌因為鼓琴論政，三月後就接受相印；贅壻淳于髡用隱語勸諫威王，齊威王感悟請他擔任上卿；受刑成為殘廢的孫臏，因擅長兵法而受齊威王任用做軍師。由此可知，齊國任用賢者，不重視血緣與社會階層，甚至國籍，而只問人是否真有實學與見識。

　　齊國恐怕是世界上最早人民因經營工商致富而能影響政局的國度，做為國人的意識與做為工商經營者的意識大幅度的重疊，統治者不能無條件執行個人的意志，而必須具有相對的協商性與妥協空間，這使得某種程度的「民主」聲音能在齊國最早滋生。實踐民主來自於制度的落實，齊桓公採納管仲的意見，讓「士農工商」這四種階層各自集居，便利傾聽不同行業的意見，齊桓公還聽從管仲的建議，設立讓國人來議論朝政的制度，稱做「噴室之議」，據說這套制度是一個議論國事的管道，噴室則是這種管道的機構名稱，專供

人民議論甚至批評國君的過失，齊桓公還有各種選拔人材與教育人材的措施，稱作「三選法」，對象顯然包括平民階層，因為齊桓公把全國畫出二十一個鄉，他命令各鄉長推舉賢人，住在「三國」內的國人與住在「五鄙」內的野人都是他們推舉的候選人，不會只任用住在城內的賢人而不任用住在城外的賢人，住在城內的國人不見得都是貴族，住在城外的野人則絕對都是平民，這就替平民階層的出仕開啟大門。

齊桓公還有其他兩種招徠賢人的制度，其一，設庭燎招士。西周時諸侯去朝覲、祭祀與商議軍國大事的時候，會在大庭燃起火炬，根據爵位的高低，使用庭燎的數目有不同，天子舉一百支火炬，公爵舉五十支火炬，侯伯子男這些爵位都舉三十支火炬，齊桓公地位屬公爵，卻僭用天子的禮節來招士，這能看出齊桓公的野心，顯現其生命確實停留在「霸主」的格局。其二，派遊士招士。齊桓公希望自己能稱譽於諸侯，管仲因此建議他派遣遊士八十人，給他們車馬皮裘各種物質需要，再給他們大量的貨幣，使他們去各國遊歷，伺機號召天下各國的賢士匯集於齊國出仕，並讓齊國的商人去各國做生意，熟悉各國上下階層的喜好，選擇其中淫亂於國的統治者來征討，如此更能獲得該國人民的接納，因此可知齊桓公的納士更擴及他國賢人。田齊時期，威王希望群臣、吏員與百姓能舉出自己的過失，特別頒佈制度：能當面來指出他的過失的人，受上賞；能上書勸諫他的過失的人，受中賞；能在市朝謗議他的過失而被他知道的人，受下賞。

「民主」這個觀念夾雜很複雜的思想甚至情緒，尤其在使用中文的人文學術圈裡，一般學者並不會願意使用「民主」這個詞彙來指稱中國開明的政治傳統裡內具的性質，譬如學者金耀基先生就使用「民本」這個詞彙，儘管他認為「民本思想」畢竟是中國民主珍貴的文化傳統，然而他認為這兩種觀念相通而不相同，根據美國政治學者鮑爾斯（Samuel Bowles）與金蒂斯（Herbert Gintis）兩位先生的共同看法，就民主是基於保障個人自由和行使權力時負有社會責任這個直接的意義來說，今天沒有任何一個資本主義社慧能被合理地稱作民主社會，因為各種民主體制常只是各個先進的資本主義國家社會生活中的裝飾品而已，藉此自豪展示給來訪者，並且被大家讚美，但並不真的在使用，在那些得切實行事的環境裡，譬如家庭、軍隊、工廠和辦公室這類核心機構裡，什麼都有，就是沒有民主。代議制政府、公民自由和正常程序只

是遏止無責任的權力王國過份顯眼的擴張，但卻遮掩和加強其特權和統治的各種根本型態。

　　按照這種標準，則不論古今中外，世上根本沒有民主社會的存在，然而，這樣的看法，對於已經認同民主是普世價值的我們並沒有任何意義。任何社會都有其不可抹滅的歷史傳統，我們應該要去尋覓自身社會的歷史傳統裡符合民主價值的元素，從而做為我們繼續推進自己想要的民主型態的張本，這就是筆者會採取「民主」這個詞彙來認識齊國社會的某種開明特徵背後的態度。齊國的政治展現出民主思潮尚在萌芽時期的開放性，然而，齊學已經發展出擴大民意基礎，藉此建立客觀的政治制度（政道）的觀念，這尤其反映在慎子的思想裡，他認為思索政治問題，首先不應該只著眼於管理的方法，而應該由政權理論的認識著手，只要掌握政權，道德上的賢與不肖，都不再能成為動搖政權存廢的因素。慎子把政權稱為「勢位」，表示出政權的產生有客觀的條件。有軌道的政治，只有更動政策，而沒有動搖國家的制度；只有更動君主，而沒有動搖人民的福祉。政權的產生在於人民，沒有多數人民的支持，政權絕無法成立。

第七節　稷下學術始末

　　齊學的興起，最直接的近因是由於各國兼併越趨於激烈，西周早期因封建制度而成立的國家，這時已經剩餘無幾。舉例而言，魯國受制於三桓，衛國國勢衰落到國君自己降為侯，越國滅掉吳國，楚國滅陳蔡兩國，晉國在六卿爭權的情況裡，最後被韓、趙與魏三家聯合瓜分出三國，而姜姓的齊國，則因諸氏爭權，最後被田姓竄奪建立新政權。各國君主在這種混亂的局面裡，莫不希望能得到賢能的士人的輔佐，為自己出謀設計，藉此提高聲望與地位，圖強家國，因此，他們不斷重金禮聘學者從政，促成言論大開，學術風氣蔚然蓬勃。再加上自春秋末業而降，周王朝能量日微，史稱「王官失學」，意即朝廷無能修護典章圖籍，大批貴族知識份子同樣無法維持往日崇高的地位，紛紛流落民間，他們或靠教授往日的官學來牟取生計，致使教育日漸普及化，平民的士人愈益增加。攬聘賢能的士人的作風，首先出自魏文侯。他因大夫的身位僭竊得國，因此希望能藉由禮賢士人來取得各國對他的認同。他本人特別喜歡「儒家」，冀圖爭取儒者來魏，他派其弟長年駐外尋覓，終於爭取到子夏來傳授經藝，還有段干木與田子方來魏國作客講學，他因此確實得到諸

侯的認同，甚至秦國要來攻打魏國，都因國人都稱其仁，而不得不作罷。魏文侯攬聘的賢能士人，其實並不是只有儒者，如任用李悝為相，任用屈侯鮒做太子擊的師傅，任用西門豹守鄴，任用樂羊治中山，還有獲得吳起、翟璜與趙蒼唐這些偏向「法家」或「兵家」的人物做大臣，這對同樣因大夫身位而竊國的田齊政權，深具啟發性。

筆者通過考古與文獻的綜合比對，認為稷下最有可能在戰國宮城東部稷門外的郊區。這有三大優點：第一，既在城外，面對稷山，風景優美宜人，適合學者生活與講學；第二，臨靠宮城，學者能隨時備國君諮詢國政與思想，彼此交流便利，且防衛應較森嚴，沒有安全的顧慮；第三，有兩條南北大道直通城內，進出交通便利，既與城內的繁華喧鬧有區隔，卻能很容易就進城採購日常生活所需。田齊透過殘酷的政爭取得姜齊政權，田齊桓公會在稷下設立學術論壇，招納天下賢士，有兩大重點：其一，消極層面來說，異姓取得傳統的姜齊政權，這種長期犯上的舉措，田齊桓公自知早已引起國內外反感，因此想藉由更大規模的興利舉措，來轉移輿論對篡齊這個頭等大事的敵意；其二，積極層面來說，田齊桓公尤其需要士人精神與實質的支持，出資蓋高樓廣廈供士人居住，讓士人匯集在自己帳內，這能在精神與實質都增強自己統治的合法性，博取歷史美名。稷下學宮的真正興盛始於田齊桓公的兒子齊威王。齊威王時已經給予稷下先生「列大夫」的職銜，不過由鄒忌與淳于髡這些稷下先生直接在參與國政的狀況來看，稷下先生能「不治而議論」，意即無事議論國政，有事備王諮詢，平日則純粹專注於講學的狀況恐怕要到宣王時期纔發生，齊宣王有兩大措施：第一，讓稷下先生做不需負責政事，卻能自由議論國事的上大夫，這種優厚的待遇使得學者能更專注於著書立說，第二，建築高門大屋提供稷下先生居住，並鋪設康莊大道，使得稷下先生來往交通便利。

齊宣王死，隔年齊湣王即位，他想繼承並發揚祖先功業，連續攻打各國，使得五國諸侯都賓服於齊國，由於齊湣王太過執著於外顯的功業而征戰不已，使得百姓苦不堪言，在稷下的士人紛紛離開齊國，如慎到與接予離開後來就死去，田駢去薛國，荀子去楚國，稷下盛極而衰，齊國的優勢就在其文化培養出大量極具素質的人材，當大師紛紛離去稷下，意味著其弟子大量跟隨著離開稷下。齊襄王即位，重新恢復稷下先生列大夫的職位，而荀子能重新在稷下學宮講學，還擔任稷下學宮主持祭事的祭酒三回，可見其地位崇隆。齊襄王會由重

新恢復列大夫的職位做為支持稷下學宮的重要表示，顯現他經歷齊國大難，已經明白士人的匯聚是齊國的最大保障與寶藏，能善待大師，則匯聚過來的弟子共同奠立齊國的聲望，其效益將無可估量，然而，稷下隨著齊國的衰落，終究無法恢復往日的盛況了。燕昭王肯替由齊國過來的鄒衍打掃前席，請他上座，自謙為弟子屈居末座，對照此刻的齊湣王因不重視稷下先生而使大師紛紛離去，再由攻打燕國的將領都屬各地投奔的士人來看，齊國的衰落甚至於被侵略，正就敗在稷下學宮的頹圮裡。至最後的齊王建即位，他四十餘年不整頓軍事，不援救他國，坐待秦國來犯，齊國滅亡，稷下學宮橫亙一百五十年的歷史，就此徹底結束了。稷下學宮對後世學術制度的影響甚大，尤其是其養士制度影響秦漢時期的博士制度，雖然目前來看齊國應該尚未有「博士」的正式職稱，不過，政府會供養士人論政與講學，就此成為傳統。

第八節　應用型態思想

　　這裡舉四個層面來認識齊學的應用型態思想：兵家思想、縱橫思想、經濟思想、中醫思想與科技思想。首先是兵家，先秦兵家的思想歷來常被學者摒除於正統的思想史研究範疇外，然而中國的思想向來強調整體性，即使兵家同樣不是只說軍事議題，軍事的勝負不僅來自兵陣的佈局，更與敵我兩國各自的社會條件與政治環境，甚至包括天象與地利的掌握都息息相關，因此兵學思想家通常著書立說的時候會廣為觸及各層面的思想，而讓我們能完整窺見思想家的完整洞見。齊學擁有最大量的兵家著作，這裡探索深受齊學影響的五本兵書：《孫子兵法》、《孫臏兵法》、《吳子》、《六韜》與《司馬法》，探索這些著作，能使我們瞭解其各自內蘊的真理觀特徵，且看出彼此共有的齊學思想風格。

　　孫子的真理觀來自對情境的客觀掌握，沒有任何僵硬不變的理論，只要能針對事實做出強弱判斷，拿強制弱或化強為弱提供因應的辦法，只要能勝利就是上策，這是認知宇宙的實相，應用於軍事思想的真理觀。孫臏跟他的先祖孫武最大的不同，在於孫臏不強調權謀的運作，孫武認為軍事就是個「詭道」，孫臏則認為詭道不是決定勝負最重要的因素，孫臏存在著孫武沒有的先王意識，這個先王意識使得孫臏會更看重交戰國各自背後的仁義因素。《吳子》則同時反映晉學與齊學兩種思想，偏偏這兩種思想型態正具有對衝性，前者崇尚權謀，後者崇尚真理，如果同樣呈現在一個人的思想裡，就會釀就出矛

盾與衝突的主張。但，他強調要掌握戰爭勝負的客觀規律，那還是有著真理意識。能避開智略權謀這種心術層面的濫用，更重視人格陶冶這種心性層面，這就使得真理觀較容易蘊生，這就是《六韜》這部書會具有真理觀的背景，其強調聖人要依循著天時的變化來做社會的綱紀。《司馬法》這部書有信仰上帝的觀點，其認為「正道」與「權法」要交互運作，如果仁義的正道不能獲得敵人的明白，就該暫且拿戰爭的手段去換取正道最終能獲得實踐，《司馬法》這種務實態度，意即運用智謀來實踐真理的想法，呈現戰國齊學的一貫性。

　　再來，我們要認識齊學的縱橫思想，最重要的書籍為《鬼谷子》，縱橫家的縱橫議題並不等同於縱橫思想，譬如蘇秦與張儀都是提出縱橫議題最有名的兩位縱橫家，然而他們並沒有成型的縱橫思想，縱橫思想的內容包括觀人的心術、辯論的技法、外交的戰略甚至對宇宙法則的掌握，縱橫思想會成為一門專門的學問，並著書傳世，則始於齊國的鬼谷子。舉例來說，鬼谷子指出天地間萬事萬物的變化，都離不開陰陽剛柔開閉馳張這些正反兩面的互涵互變，因此我們進行游說時，就得要將「捭闔」與各種正反兩面結合交替配合拿捏，纔能發揮縱橫術的極致，「捭闔」就是張開嘴巴說話與閉上嘴巴默對的意思，這是言論的兩種技術，卻能做出四種變化，有時拿「捭」去排除對象的意念；有時拿「捭」去接納對象的意念；有時拿「闔」去吸納對象的意念；有時拿「闔」去排除對象的意念，鬼谷子還把「捭闔」與「陰陽」這個宇宙的終極原理聯繫起來，意即開口說話與閉口默會都是順應陰陽原理運作於人事。鬼谷子認為對宇宙的終極原理的掌握，其實就是在人事去敏於觀察並做言辭的對應，這種把辯辭的拿捏提煉出一套理論，使得善於言說就是在順合終極原理的變化，這就是鬼谷子駕馭其縱橫思想的抽象觀念，而此觀念出自齊學典型的真理觀。

　　齊國已經有濃厚的商品經濟意識。商品經濟發達的社會，生命的主體意識會被個人特別重視，因此國家各項統治機制的建立要從每個人民的主體意識出發，而不能由君主的專制意志出發，否則人民會不同意國家的統治，然而，只要尊重人民的主體意識，由於每個人的主體意識都會不同，因此就需要有個公平的機制，能讓彼此的主體意識有個合理調節的過程。學者趙靖先生將戰國時期提出經濟思想的思想家稱做「商家」，他認為商家的形成有兩個歷史條件：第一，春秋戰國至西漢前期商業有空前發展；第二，在這時期有一批具有較高學術文化素養的人從事經商，因此出現經商與學問相結合的條

件。現存於齊學的經濟思想主要見於《管子》這部書，其既強調富國同時重視富民，較關注人民的感受，他們相信人性自利的觀點，因此要讓國家富強，就得先要讓人民富有，照顧人民就是在富國。齊學的經濟思想還要談到「計然之策」。計然或是人名，爲范蠡的老師，或就是范蠡本人，其思想有兩個重點：第一，治國之道，內容討論國家管理糧食市場的辦法，要點是通過國家的平糶來保持城市糧食價格的穩固。第二，積著之理，內容討論個人如何運用個人資本，讓某個數量的貨幣通過交易過程獲得更多數量的貨幣。

　　齊派醫學的理論哲學是陰陽五行學說。陰陽說和五行說本來是兩種掌握世界不同的理論思維，通過戰國時期的鄒衍而把兩者結合一套完整的理論系統。其中同樣出於齊學的《黃帝內經》就是在應用陰陽五行學說，由理論闡發中醫對生理、病理與疾病的發生過程，尤其詳論臨床與治療的路徑，這是馬王堆醫學帛書出土前，國人長期認識中醫能依據的最早一部著作。齊學擁有最豐富的科學技術成果，對後世的中華文化貢獻卓著。其中最重要的著作莫過於《考工記》，該書牽扯的工藝類型和知識面相當廣，這是無數工匠與管理人員長期實踐經驗的總結。我們由這些應用領域的討論，會發現齊學並不僅關注著實踐，其學術傾向確實有著濃厚的理論熱忱，能發展出抽象的知識來對其實踐做出統攝，抽象的知識背後來自真理意識，意即相信有個最終實相，希望攫取這個最終實相，而做出不懈的探索。最終實相並不實有，或許會化做理型，僅是個根本觀念的存有，掌握這個根本觀念，往下則化生出無數的應用對象。齊學能有如此蔚爲大觀的表現，尤其在早期科學領域的各種發明與發現，都來自長期觀察獲得的經驗，這種經驗法則固然促進齊國應用領域的早熟，卻同時限制其自身的繼續開展。

參、本書的文獻回顧

第九節　前人的研究

　　齊學研究這些年來相當興盛，書籍與論文能被視作齊學範圍者數量已多至很難統計，筆者在本書內徵引齊學的專著甚爲大量，討論散見在書內，這裡姑且不再特別引論。這裡僅能就幾個專題裡筆者閱讀後有在思考與徵引的論文來觀察其相關成果，如：「齊學的認識論」、「齊國的早期民主」、「齊學與

齊文化」、「都城與疆域」與「齊學與兵學」，冀圖勾勒出齊學研究的整體輪廓。

一、齊學的認識論

筆者特別注意到劉蔚華先生寫的〈稷下荀學體系〉，他認為先秦諸子大都有自己的認識論，但多數屬於倫理性的認識論，把主要視線放在考察人的政治、倫理、道德觀念的形成和踐履。這其實是一種「修養論」，特別注重人對社會規範的實踐理性，在法家則是法權理性，都比較忽視人類認識自然與客觀世界的科學理性。到了後期墨家，情況有了變化，在《墨辯》中對任何觀念與範疇，都希望能給出界定，要求立論有嚴格的邏輯依據，探討科學思維的邏輯形式，重視自然科學的研究。荀子的認識論，汲取了墨辯唯物主義認識論的積極內容，冀圖把認識論的倫理性和科學性結合起來，把實踐理性和科學理性結合起來，站在儒家的立場，對先秦的認識論展開總結。荀子說，天就是存在於人周圍的整個自然界，這是唯一實在，不能附加任何精神意志屬性的物質世界。自然界的變化有其固有的規律性，其規律性是絕對自存自在，獨立作用，它不因為有堯這樣的賢君而存在，也不因為有桀這樣的暴君而消失。規律性的存在不因人的意願與好惡而轉變。荀子闡明「天人之分」，並不是要人們置身於自然界外，而是主張要積極利用和改造自然，但這種利用和改造要合乎自然規律。〔註 7〕他探索人類認識與精神現象的起源問題，由於大自然的職能，釀就人的形體，精神更隨而產生。使人生來具有種種自然情欲（天情），生就能與外界事物接觸的感覺器官（天官），五種感官各有特定的感受對象，彼此的功能不能互相取替，人的思維器官是「心」，位居身體的中央，能支配和調節五官，這是更高級的自然功能（天君），這就使人產生認識和各種精神現象的生理基礎。由荀子的思想是齊學的反映，雖然其有特殊的認識論觀點（譬如強調心作為思維器官），但，由其思想再往回推演，筆者後來在思考認識論議題的時候更確立齊學認識論的整體特徵，那就是「人對客觀規律的反思」。

二、齊國的早期民主

陳德正先生比較先秦齊文化與古希臘雅典文化兩者的「開放精神」，他認為作為社會經濟文化的物質基礎，齊國與雅典有著比較相像的自然地理環

〔註 7〕見劉蔚華〈稷下荀學體系（上）〉，《齊魯學刊》，西元 1991 年，第一期（總計第一〇〇期），頁 16～28。再見劉蔚華〈稷下荀學體系（下）〉，《齊魯學刊》，西元 1991 年，第二期（統計第一〇二期），頁 98～101。

境，兩者不僅都交通便利，資源豐富，而且土地都偏狹且質量差，單純發展農業都很難繁榮經濟，因此都得同時依靠工商業的發展。齊國與雅典都因爲其特殊的自然條件而釀就出本末並重，不得不工商興國的經濟發展道路。單一的農本經濟具有內向封閉與自給自足的特點，工商經濟則得外向開放，因此，與經濟類型多樣化相適應的就是齊國與雅典經繼的外向開放特點。與此相輔相成的就是齊國與雅典的政治文化體現出開放的精神。齊國政治開放表現在任人選官不講門第、身份、地位與族屬，不論是誰，只要有德、有功與有才，就會獲得重用。而且，其君主制政體中還保留相當程度的共和民主，這突出表現在朝議制度裡，朝議制度來自原始社會末期酋長會議與人民大會在初期階級社會的遺存，恰恰是這種遺存的民主制度極其頑強制約著已經逐漸強化的君權。齊國的朝議制度保存西周時期三朝制度裡議論軍國大事的內容，且卿大夫直言極諫與君主納諫的現象，上至祭祀甚至動兵的大事，下至君主遊宴納妾的生活細節都有表現。這表示出齊國君主還不具有那種「乾綱獨斷」而大權獨攬的權柄，臣民都有表達自己意見的機會和途徑。但，總體而言，齊文化體現的開放精神並沒有被統一後的秦朝繼承。象徵封閉內向文化精神的秦朝最終因其強大的軍事與經濟兼併包括齊在內的山東六國，齊則因在戰國中後期的內外策略連連失誤，不修戰備，不援五國，使得這個本來最具統一中國條件的國家邁往滅亡，更使得齊文化的開放精神被秦文化的封閉精神逐漸取替。自此經繼的單一內向、政治的極端專制與文化的封閉保守成爲中國封建社會的主導文化精神，開放進取的文化精神不復可見，這就是明清後來的中國逐漸落伍於西洋國家一個的深層原因。〔註8〕

三、齊學與齊文化

　　陳德正先生把秦後的中國傳統社會都視作「封建專制」，這雖然符合共產主義的歷史階段論，卻欠缺歷史的事實基點。明清時期的專制統治，並不能統攝解釋做中國政治史的全貌。不過，他對於齊國的早期民主與秦朝並沒有有效繼承齊國那種開放精神，從而影響後來中國的文化風格的看法，筆者確實有不同程度的認同。中國型態的民主沒有在秦朝後獲得大幅的發展，這點恐怕是重要原因。有關齊國的民主議題討論甚大量，王連升與宣兆琦兩位先生就同樣表示，在君主制形成的前期，含有某種意義的共和民主因素。向集

〔註8〕見陳樹正〈先秦齊文化與古希臘雅典文化中開放精神的比較研究〉，《齊魯學刊》，西元 1995 年，第二期（總計第一二五期），頁 52～57。

權專制方向運動的過程中，君權受到來自各方面權柄角逐能量的制約。齊國具有比較開明的政治傳統，這由姜太公奠基，而桓公與管仲，還有戰國時期的齊威王等人進而發陽光大，這便給齊國的君主注進相當的民主因素，他們給出一個詞彙，說這釀就出先秦時期獨樹一幟的「開明有限君主制」。但，他們有跟陳德正先生不一樣的觀點，他們認為齊國的政治經濟理論，對後來我國典型的統一多民族中央集權君主專制制度產生了深遠影響。〔註9〕這點就要看那影響的範圍在哪裡了。筆者認為，正就是齊國開放的政經體制，使得鄒衍的陰陽五行學說能有滋生的機緣，秦始皇與後來的漢朝皇帝都很相信這種屬德生剋觀念。而荀子的弟子韓非子把荀子的客觀法制轉化替君主專制的人治張目，那同樣是齊學對後世的間接影響。不過，西漢初期的儒學，其著名大師多半出於荀子的門下，他們長於發揮「微言大義」，開啟今文經學的風格，顯見齊學對後世政治的影響，大抵在學問層面，而不是實踐層面。

　　劉宗賢先生則表示，齊國的文化，就其內容來說可稱作兼容並蓄，就其風格來說，則具有百家爭鳴的民主作風，就其文化的政策來說，齊國歷任的君主，把重視與發揮士人的作用，當作其立國基調，就齊國的文化成果與其士人的素質來說，出現過一大批學兼各派，且理想與實用並重的思想家與科學家，這都反映出齊文化的開放特點。劉宗賢先生還表示，在齊國能釀就其開放型的文化，主要原因有四：其一，齊國的商業經濟是一種開放型的經濟；其二，齊國的政治比較開明；其三，齊國靠海，地理位置為文化的開放提供便利；其四，齊國的開放型經濟，造就一批具有民主特徵的統治者。〔註10〕劉毓璜先生則表示，「齊學」這個獨立的思想體系不僅是個歷史的存在，而且擁有極其豐富的內容，成為當時地區文化的一個典型。由於國情的特殊性，齊國的創國者姜尚，一投身政治，就是在講武習兵，春秋後齊地的兵家人物先後輩出，特別是孫武著兵法十三篇，被奉為兵家鼻祖。〔註11〕王志民先生則指出，齊文化是由先秦時期齊國的歷史與地域為中心的古地方文化，就地

〔註9〕見王連升與宣兆琦〈試論齊國的開放君主制〉，見《管子與齊文化》，西元1990年，北京，北京經濟學院出版社，轉引自朱鳳瀚與徐勇主編《先秦史研究概要》第七章〈一九四九年以來先秦區域文化與古國史研究〉，一「先秦區域文化研究」，西元1996年，頁384。

〔註10〕見劉宗賢〈試論齊文化的開放性特點〉，《管子學刊》，西元1987年，第二期，轉引同上，頁382～383。

〔註11〕見劉毓璜〈齊學應獨樹一幟〉，《管子學刊》西元1988年，第一期，轉引同上，頁383。

域範圍來說，它隨著齊國疆域的變化而變化。從歷史時間來說，它從周初太公望封齊開始，歷經齊桓公稱霸，田氏篡齊，而在稷下爭鳴時期達於鼎盛。齊文化拿其獨特的文化基礎與鮮明的文化特徵，在中國文化史上有格外重要的意義。〔註 12〕王志民先生的說法，則讓筆者想進而挖掘出：齊文化在文化史裡格外重要的意義究竟是什麼，透過綜合比對並歸納各區域文化，筆者後來概括出中華文化四種學術傾向的觀點。

四、都城與疆域

　　逢振鎬先生提出，齊國能存在八百年的時間，齊都臨淄能發展成列國中最繁華的都市，固然有很多因素在起作用，但，最根本的原因就是齊國擁有雄厚的經濟做基石。這早在太公初封於齊國的時候，就制訂開放性的經濟發展做建國的南針，西周時經濟又獲得發展，就為此後齊國經濟的迅猛發展與繁榮奠立了堅強的腳跟。不過，對於經濟的型態，逢振鎬先生並未深度著墨。〔註 13〕安國先生則表示，西周初年姜太公始封於齊營丘的時候，只不過是一個不足方百里的宗族殖民據點。後來齊國的疆域不斷擴大，齊桓公的時候，南至泰山，西至濟水，北至黃河，東北至渤海，東至壽光一帶，春秋後期又向東擴展至平度，向西擴展至聊城，戰國時期的威王與宣王時期，齊國疆域更加擴大，發展成一個濱海大國。〔註 14〕周昌富先生的說法稍有不同，他則就齊國西周初年至戰國末期主要的地域沿革情況，指出齊國雖為舉足輕重的東方大國，然其疆域卻不甚廣闊，至春秋初期，也不過方圓數百里。直至春秋中晚期，纔有了較大的擴展。戰國時期齊國雖一度成為山東六國最強大的國家，但由於種種原因，始終未能大面積擴展領土，沒有實現其兼併中原的目的。〔註 15〕齊國未能兼併中原是事實，不過說其未能在戰國時期大面積擴展領土，則顯然沒有考慮齊威王與齊宣王時期的開疆闢土。

　　姜楠先生本來是想研究齊國與魯國不同的文化特徵，他表示西周至春秋時期，齊國疆土僅限於淄濰流域，平原面積狹窄，多鹽鹹，沼澤。這意味著農業

〔註 12〕見王志民〈特色獨具的齊文化——齊文化〉，《文史知識》西元 1989 年，第三期，轉引同上，頁 383。
〔註 13〕見逢振鎬〈齊國建國方針與經濟的發展〉，《管子學刊》，西元 1988 年，第三期，轉引同上，頁 384。
〔註 14〕見安國〈齊國疆域的變遷〉，《文史知識》，西元 1989 年，第三期，轉引同上，頁 383。
〔註 15〕見周昌富〈齊國疆域考略〉，《東夷古國史研究》（第二輯），頁 202～215。

立國對於齊人而言實在不可能。然齊國自有其地理優勢，其背依大海，多漁鹽帶來的利益，面對山陵，富有林礦的藏富。他還說，魯國與齊國不同，其領域按汶河流域和泗河中上游為中心，此地丘陵不高，河流湖泊較多，且有汶陽與泗西這些平原，土質肥沃，宜於農桑。這種優越的自然環境為魯國的農業經濟奠定堅實的地基。他還說，魯國得天獨厚的自然條件頗宜農耕，因此，魯國的農業經濟始終遙遙領先於鄰近各國，其平素就因農作物品種多且產量大而聞名。《周禮・職方氏》就記載有兗州適宜種黍、稷、稻與麥這四種穀物。然而，姜楠先生的說法卻讓筆者瞭解到一件史實：由土質來看，齊國早期要發展工商魚鹽，實在與其土質不盡適合農業有關，然而，隨著戰國時期逐漸佔領魯國的國土，發展至兗州（現在山東省西部），由於濰水與淄水已經獲得疏通，政府大規模灌溉改良土質，這就使得齊開始擁有發展農業的客觀條件。〔註16〕當然，還有其他影響齊國農業的因素得同時考慮（譬如氣候的變遷），這裡只是要指出，齊國會逐漸成為兼營工商業與農業的社會，實在得考慮到齊國疆域的變化。

五、齊學與兵學

王德敏先生表示太公思想中既有法家的萌芽，又有儒家的胚胎。他的「尊賢智」本身救起著教化作用，而「賞有功」則是法治的一個方面，太公兩者並用。這一傳統同樣被《管子》與《孫子》這些齊文化的代表所繼承與發揚。從治國到治軍，都是強調法教統一，從思想方法來看，這是種全面性的表現，同魯文化與晉文化有別。〔註17〕這能映證筆者表示齊文化是周文化的亞型，並轉化商文化，發展出重視客觀制度的看法。曉桐先生則提出兩個觀點：其一，陳氏（田姓）奪取齊國姜姓的政權並不是「質變的社會革命」，而是在此前很早就實現了由奴隸制向封建制的轉變，因為實現了這種轉變，齊能釀就出一個能量巨大且人數眾多的小農階層；其二，齊國早在管仲執政的時候就實踐了封建地租制，因此有相當多的借貸事實，借貸的農民釀就出一個巨大的社會能量，陳氏齊能用「大斗出，小斗入」的辦法，透過借貸來爭取民心，並由此奪取了姜姓政權。〔註18〕

〔註16〕見姜楠〈說「齊氣」與「魯氣」：從《詩經》有關齊、魯諸篇看齊魯文化之不同特徵〉，《齊魯文化》，西元1994年，第二期（總計第一一九期），頁67～70。
〔註17〕見王德敏〈太公與齊文化〉，《齊魯學刊》，西元1992年，第一期（總計第一〇六期），頁88～93。
〔註18〕見曉桐〈春秋齊國社會變革探索〉，《管子學刊》，西元1988年，第二期，轉引自朱鳳瀚與徐勇主編《先秦史研究概要》第七章〈一九四九年以來先秦區

　　朱鳳瀚先生通過對古文獻和考古資料的綜合比對，認為齊國國君直轄區，由春秋中葉設立的二十一鄉（五屬制），在戰國時期則已改變做五鄉五鄙制，而在國君直轄區外的邊域，則由開始設立縣與都。戰國時期齊國諸縣與邊域都地的農民，不僅成為國家農稅的主要承擔者，同時已取替春秋時期國君直轄區內士人的地位，擔負軍實，並且要服兵役，著實已成為國家的主要兵源。〔註19〕徐勇先生則表示，齊威王在位期間，注意總結兵家先賢們治國強兵的實踐經驗與戰略或戰術思想，整理他們的軍事論著，解決實際的戰爭問題。同時他還提拔與重用當時有軍事理論知識或有指揮才能的人，這又間接或直接導致齊國新一批優秀兵書的醞釀。齊威王在這三個層面做出的貢獻，使得齊國傳統的軍事學獲得發揚光大，這更架構出戰國中期齊國會一度強盛的重要原因。〔註20〕徐勇先生的說法，讓齊國會有如此大量的兵法獲得合理的解釋。

肆、本書的研究收穫

第十節　認識論的創見

　　筆者對認識論（知識論）有比較清晰的瞭解，並能實際應用解釋於中國思想史，首先來自於余德慧先生詮釋海德格（Martin Heidegger）的現象學，因而發展出詮釋現象心理學的啟發。海德格說深淵（abground）就是存有本身。本來大地（ground）是人活著的時候的依靠處所，深淵就是失去依靠。人一旦離開依靠，他就是在深淵裡。人最不得已的處境，在於當他開始認識自身，總是要用已經看見的語言，尤其是用人名，一個人沒有名字，就好像是被社會遺落的東西，而社會總是羅織一個系統來承受人，包括職位與角色，給出名字，在海德格來看，其根本意義就是給出依靠。人的存在不僅是基因庫的存在，給出人的名字，人纔會被指認（figure out）出來，當這個圖象現身，在我們面前就是龐然的東西，這個狀態人無法規避，人就仰賴這個狀態來活。給出名字就是給出一個現場，當我們談論某人的時候，人有名字，就能把他

　　　域文化與古國史研究〉，一「先秦區域文化研究」，頁 384。

〔註19〕見朱鳳瀚〈春秋戰國時期齊國行政組織與居民狀況的變化〉，《管子與齊文化》，轉引同上，頁 385。

〔註20〕見徐勇〈論齊威王重視軍事與齊國的強盛〉，《齊魯學刊》，西元 1990 年，第六期（總計第九十九期），轉引同上。

召喚到眼前，他雖然不在場，卻能在現場任我們（召喚他名字的人）打罵或疼愛。意即是說，眼前給出的不是唯一的現場，在語言的召喚裡，還給出一個不在現場的現場。最深刻的例證就是當我們的父母死去，他們明明已經不在人世，卻依舊能在不在現場的現場讓我們悲泣傷懷。〔註 21〕這讓筆者發現出一條解釋齊學思想裡「名」與「實」的嶄新路徑。

　　語言（尤其是母語）是人一生下來的根本依靠，人用語言來生活，它就像是存在本身的房屋，這是人的大地，意即這是存在的依靠。不說話，並不表示人不在「想」。只要人一想，那就是語言，就是「說」。不想，就不知道是什麼，離開語言的依靠，那就是深淵。其實在很多情況裡，人沒有依靠，但人總想找依靠，總會去尋覓事情來做，不然就會覺得不安，而人最根本的依靠就是語言。當然人根本存在的活著本身給不出東西，其本質是沈默，直到人拿語言來當作活著的感覺的時候，那就是「做爲人」（to-be-human）的時候纔出現。深淵是語言給不出的狀態，來自語言未誕生的處所，海德格把深淵放在「四大」（天，地，神，人）中最底部的狀態，〔註 22〕那是眞正的默會處所，那裡曖昧一片，使得人眞正的掉落，語言不知漂浮到哪裡去，人完全沒有依靠。深淵幫忙我們瞭解語言爲什麼是存有的依靠，因著深淵，我們纔認識什麼是語言，在破碎的時刻，纔瞭解什麼是未破碎。譬如和父母同住，天天看見兩位老人家，我們沈默的存在就靠在那裡，不會發出聲音，一旦父母不在，人就開始詢問自己依靠的處所。處在深淵狀態意即失去依靠，但卻不是完全不存在，而是新的沈默的存在。譬如讀小說，會讓我們哭，讓我們笑，就來自其內蘊著深淵，讓我們認出那沒有說出的東西。

　　因此，余德慧先生演繹海德格的存有論，給出關於人的兩個存在，其一是「大地的存有」（being-in-the-ground），在這個存在裡，知道的東西不需要用語言去想，就已經存在，因爲「存在就是知道」，宗教家要看破生死，就是希望回歸大地的存在；其一是「文化的存有」（being-in-the-culture），語言給

〔註21〕見余德慧《詮釋現象心理學》第一章〈存有的語言，語言的存有〉，西元 1998年，頁 6～8。

〔註22〕關於「四大」，余德慧先生說：「當我們再談海德格的存有狀態基礎『天地神人』的時候，其實都被我們加了括弧，加括弧的『天地神人』是在世界裡，是文化、語言的『天地神人』。人在依靠天、依靠大地時，雖然他知道，但他不說話，因爲這樣的知道根本就和活著本身在一起，如果去掉括弧，人就無法指認天地神人。」見其《詮釋現象心理學》第二章〈大地的存有，文化的存有〉，頁 22。

出文化，讓人在世界裡與其自身外發生各種「碰觸」，因此「知道就是存在」，這裡同時內蘊著海德格的認識論，意即人透過文化的存在，瞭解自己究竟如何去說或去想，或瞭解這個說與想究竟是怎麼一回事。〔註23〕這種思辯法，甚至能用來解釋先秦儒學裡《大學》八條目裡的最起點：「格物」與「致知」，原來心性的豁然開朗，工夫的落實，其起點正在於「認識論的釐清」。然而，筆者對海德格的哲學有不同的觀點，冀圖做出比較明確的區隔，筆者因此在本書給出「宇宙的存在」與「世界的存在」兩種說法，宇宙的存在意指未透過人的語言給出前就已經「實質有的存在」，而世界的存在意指人透過語言給出知識，讓自己「意識到的存在」，筆者認為，人「注定」只能透過世界的存在，來認識宇宙的存在，那意味著沒有意識前的存在，對人類其實質並不存在。拿海德格的譬喻來對比，如果沒有意識到深淵的存在（並且給出「深淵」這個詞彙），那深淵對人類根本不存在。

　　因此，本質並沒有個沈默的存在，包括我們對那沈默的存在的理解，都已經是個世界的存在。這使得「本質在世界」，而不在宇宙裡。只有透過正確的知識的釐清，人纔能精確認識宇宙的存在，甚至回歸宇宙的存在，只是這個回歸還是透過世界而獲得回歸，譬如透過正確的修行觀念與相應的實踐因此悟得涅槃，而宇宙並沒有個「等待被理解」的本質，卻有個造化宇宙的本體（就齊學來說是上帝，或是天齊，或全部八神主），宇宙本體本不可光透過知識的架構就能與其「合一」，因為其根本特徵並不是「知」而是「光」，意即自源頭會散發源源不絕的無限光明能量，有賴於世界本體（或者說聖人）的「默會」而給出觀念，使得人人透過這些觀念而安於自身的存在，或者更精進於觀念的釐清並落實，終至於證得宇宙本體那無限光明能量，自成聖人，這纔是有意義與有秩序的存在。這種想法能破除海德格那種完全沒有終極的晦澀與糾纏，因為終極就在「人極」裡，人要奮勉去成全其世界的存在。這裡暫且不再繼續闡發筆者的認識論觀點，不過，透過這樣的「思維模型」，我們能用來解釋各種「名」與「實」的議題，而且甚至能因此發現全部先秦諸子都有其「名」與「實」的觀點，只是有些思想家本來是隱藏性的觀點，現在卻能被重新發掘出來而獲得認識。

　　至此，中國思想，或者比較嚴謹來說，先秦諸子全都有其認識論，這已經不是問題，問題只在於有的認識論裡有真理觀，有的則無，那無者或許不

〔註23〕見同上，頁22～34。

是沒有真理觀，而是一種沒有真理的真理觀，譬如老莊的混沌觀。回過來說，齊學的真理觀整體展現出冀圖用世界的存在來「顯相」出宇宙的存在的強烈企圖，其世界的存在本身不斷在推演，由自認洞悉宇宙的客觀規律，進而希望社會能同受這個客觀規律的籠罩，因此「發明」各種法律與禮節。在這裡，齊學展現出不同於其他三種學術傾向的強烈自信，那就是他們相信宇宙是「有秩序」的宇宙，不是變化莫測無法把握的宇宙，這固然來自其對世界的存在勾勒出的圖像，並認為這就是宇宙本質的圖像，從而體現出「真理」的信念，然而，他們普遍並沒有發展出後世如西洋那種大機械宇宙觀，認為整個宇宙就是一部機械，人體同樣如同機械，能用拆裝零件的概念去認識，而是發展出更複雜的解釋系統，譬如五行的相生相剋，再配合陰陽觀念，從而架構出不同義理的秩序性，這種秩序性裡雖然意識著個別的作用，並給出其特殊的意義，然而全部個別總是交織成一個「整體」，因此齊學的真理觀還是種整體觀，還是沒有掙脫中國思想的大脈絡與大傳統，這使得齊學的真理觀著實不同於西洋哲學脈絡裡的真理觀，這是筆者的結論。

記得司馬遷曾在〈報任少卿書〉裡曾如此自況：「亦欲以究天人之際，通古今之變，成一家之言。」〔註24〕在筆者的詮釋，要能成就這「一家之言」，其「究天人之際」就是哲學，而「通古今之變」就是史學，史學與哲學的結合，纔能完整成全具有創發性的學說或理論。筆者這部書具有跨領域的性質，冀圖讓史學的考證與哲學的詮釋獲得交會與融合，預計總共輯出三編：甲編「先秦齊文化的淵源與發展」，本編相對較側重於史學的考證，這是筆者呈交給清華大學的歷史學博士論文；乙編「戰國齊學術的特徵與影響」，本編相對較側重於哲學的詮釋，這是筆者畢業後再針對齊學內含的思想義理做出探索與呈現；丙編「戰國齊學史：田齊政權的政治與學術」，本編則側重於史學與哲學的對話，這是筆者幾年來陸續針對「田齊政治的發展」如何影響戰國齊學史而做的研究與書寫。筆者的問題意識不斷圍繞在如何透過「認識史實」（包括認識齊國的天然環境與人文環境的各種變化），跟著釐清齊學本身的認識論與真理觀架構的原因與流變，藉由把握住這個要點，來鋪陳出戰國齊學史的風貌。希望本書有落實筆者的願望，而不枉費筆者書寫數年，忘懷各種榮辱與得失，最終希望能闡發中華文化的耿耿孤願！

民國九十八年四月三十日潤稿於風城臥龍新野齋

〔註24〕見《文選》第四十一卷，西元 1989 年，頁 592。

甲　編

先秦齊文化的淵源與發展

第一章　東夷族與商王朝對先齊文化的影響

摘　要

　　先齊文化是指姜太公建立齊國前，在現今山東省發生過的文化。東夷族應該是山東最早的居民，本是個漁獵與畜牧的部族，由於學者亟想打破「尊夏卑夷」的傳統角度，面對農業生活的「科技位階」顯然高於漁獵與畜牧生活的一般性認知，學者透過考古發掘，冀圖論證東夷族在新石器早期就已經是個農業爲主的部族。我們討論這個問題，本來就應該要掙脫夷夏二元對立的框架，而且，不容否認東夷人早在新石器早期就已經有農業活動，這本是在山東生活的人逐漸克服環境限制的自然演化過程，但，問題在於它的範圍與程度有多大？這個範圍與程度，有可能大到我們已經得說東夷人是個拿農業做主要生產型態的部族嗎？筆者認爲東夷人顯然直至新石器中期而降的大汶口文化，都尚未脫離漁獵與畜牧爲主的生活型態，而農業則還處於實驗階段，這種狀況直至新石器晚期的龍山文化，雖然可見農產種植已由粟演進至水稻，卻依舊沒有量產的物證。

　　夷與夏這兩種文化自新石器時期即有不同的發展傾向，彼此亦常會爆發激烈的軍事衝突，夷夏間的關係很簡單，就是藉由戰爭確立誰是共主與誰得賓服。不過，目前尚屬傳說時期的夏朝，似乎沒有直接統治過山東的東夷族。然而，我們卻在山東發現很多後來的商王朝曾在這裡活動的痕跡，這顯示出

商人與東夷人頗有淵源。商朝始祖契最早居於山東，商族應該確由少皞部落發展出去，其後獨立蔚為大族。商人既已由東夷族發展出去，其與東夷的關係不論是部落對部落或宗主對臣屬，就不見得會完全處於和諧毫無矛盾的狀態。傳至第十任商王仲丁，東夷裡的藍夷部落叛變，王朝未能有效弭平，此後夷人對商王朝就叛服不一，如此持續三百餘年的光景，當商朝最後一任（第三十任）商王帝辛（紂王）因統治無當，就招致東夷的徹底叛離，因此，商朝的滅亡與其說是滅於外面的周人，不如說是滅於自家的夷人。

商人與東夷人彼此緊密的關係，不僅體現在他們有著相同的族裔源頭，甚至包括後來長期生活範圍的重疊性，商王室的子孫在現在山東省建立約有七個國家，其中有五個在魯地，只有來與不其兩國在齊地，而這裡都是東夷人生活的空間。後來姜太公治理齊國時採取「因其俗，簡其禮」而不是全面壓制土著文化的政策，夷與商共釀的風俗對齊文化與齊學就有莫大的影響。商人有拿奴隸童僕畜牲殉葬的風俗，這點齊人就有繼承，相對於諸夏民族，齊地的夷與商除農耕外，體現出更濃厚的漁獵與畜牧特徵，甚至有某種程度的海洋經驗，這都是後來齊國會兼重發展漁鹽紡織這些工商業的遠因；而商民族的崇信鬼神，替後來齊國各種型態的宗教與信仰蓬勃發展，並替好做誇誕不經世稱「齊東野人」的話語開先河。齊地夷人傾向於崇鳥與尚射，其動態人生釀就的部族應該較為機智坦蕩活潑開放，這對齊國人民後來整體的性格塑造有很大影響。

第一節　文獻裡的東夷人生活

戰國時期的齊國，主體在現在山東省東北大部境內。〔註1〕在齊國被周王朝封土建國前，這裡最早的居民當屬東夷。〔註2〕夷，按照東漢許慎《說文解

〔註1〕　本書關於引文的註釋體例，有四個要點要指出：其一，正文內引文，如果接連段落都來自相同文獻，且頁數相同，則在首段做註釋的標記，其後則不再重複；其二，正文內引文，只要重複徵引相同的段落，其後者不再做註釋；其三，正文內如果只是引文字未引段落（開頭只有引號而未加冒號者），為避免繁瑣，則不做註釋；其四，註釋徵引的書目，除轉引的著作外，不會在註釋內詳列出版資料，而僅列出頁數，詳細內容則見於本書最末附上的參考書目。

〔註2〕　《後漢書‧東夷列傳》說：「東夷率皆土著。」見《後漢書》卷八十五，列傳第七十五，第四冊，西元1994年，頁2810。逢振鎬先生認為《竹書紀年》記

字》說：「東方之人也，從大從弓。」〔註3〕清朝朱駿聲《說文通訓定聲》解釋說：「與古文仁同。蠻閩從虫，狄從犬，貊從豸，羌從羊，皆異種，僰僥從人，夷獨從大，夷俗仁壽，有君子不死之國，故子欲居九夷也。」〔註4〕夷，古稱君子不死之國，天性柔順，有重視仁的風俗，〔註5〕但，造字從大則或與此無關，因「大」造字本義只是象徵人的形狀（詳見《說文解字》對此字的解釋）。〔註6〕而朱駿聲列出其餘各族皆異種，來對比出夷族風俗的淳厚，夷族風俗或許確實淳厚，然由造字來看出其餘各族皆屬異種則恐有不妥，因這些部首與字類的組合可能旨在闡釋各族日常生活依賴的物產、生存面臨的實況或宗教信仰的對象，未必有「異種」這種非人的指稱。由同樣的角度來解釋《說文解字》說夷「從大從弓」，則此造字指出一個大漢拿著弓做出射箭的樣態，表示東夷族人本來是個善於彎弓射箭的漁獵與畜牧部族，〔註7〕這僅是個基本事實的描寫，〔註8〕本來並無任何正面或負面的意思。

載在夏朝活動的東夷族人，與山東省平度東岳石村發現的新石器時期岳石文化（碳十四測知約爲西元前19世紀至西元前16世紀）在時間與範圍都吻合，因此更可確知東夷人當屬山東地區的最早居民。見其著《先齊文化源流》第一章〈齊地土著居民——東夷族〉，第一節「新石器時代前的齊地原始居民」，《齊文化叢書》，第十三冊，西元1997年，頁13～25。

〔註3〕　見《說文解字注》，西元1992年，頁498。

〔註4〕　見《說文通訓定聲》，西元1975年，頁589。

〔註5〕　《後漢書·東夷列傳》說：「〈王制〉云：『東方曰夷。』夷者，柢也，言仁而好生，萬物柢地而出。故天性柔順，易以道御，至有君子不死之國焉。」君子不死之國這個稱謂，本係《後漢書》整理《山海經》文字後濃縮徵引而出。原注說：「《山海經》曰：『君子國衣冠帶劍，食獸，使二文虎在旁。』《外國圖》曰：『去琅邪三萬里。』《山海經》又曰：『不死人在交脛東，其爲人黑色，壽不死。並在東方也。』」見《後漢書》卷八十五，列傳第七十五，第四冊，頁2807。

〔註6〕　見《說文解字注》，頁496。逢振鎬先生在〈東夷及其史前文化試論〉裡指出解文裡有「大」字或許體現出東夷大漢，也就是現在山東大漢的意思，這並由在山東考古調查新石器時期男性平均身高爲一七一至一七二米獲得證實，詳見該文討論，二「東夷人的史前文化」，《中國論文卷》（1900～1990），《齊文化叢書》，第十一冊，西元1997年，頁33。

〔註7〕　逢振鎬先生雖不認爲東夷人是個漁獵與畜牧部族，卻由此點同意東夷人善戰與好獵，並表示其可能是最早發明弓箭，然而，設想如果東夷人在文字發明時期即已變爲農耕部族，弓箭如何會做爲其造「夷」字的主要部首，而不是由農耕用具做部首？這顯然不盡合情理。見〈其東夷及其史前文化試論〉，二「東夷人的史前文化」，《中國論文卷》（1900～1990），頁33～34。

〔註8〕　雖然，學者對此尚有異議。如李孝定先生就說此「夷」字：「象人高坐之形，與席地而坐者異。蓋東夷之人其坐如此，故以名之說。」古文裡或有把「夷」

但，尚有學者對此表示質疑，如李孝定先生就認為「夷」的原始造字只是在描繪人高坐的樣子，「從大從弓」則是後起的說法。因此，關於東夷人是否本是個漁獵與畜牧的部族，我們還需要尋覓其他文獻來佐證。

東夷是個由許多氏族組合而成的部落集團。《後漢書·東夷列傳》說：「夷有九種，曰畎夷，于夷，方夷，黃夷，白夷，赤夷，玄夷，風夷，陽夷。」〔註9〕這些夷族在「夷」字前面的稱謂，應該與他們的圖騰信仰有關。其中只有陽夷、風夷與于夷的狀況我們較能由文獻得知。于夷即是嵎夷，更著名的稱謂喚做萊夷。《尚書·堯典》說：「宅嵎夷曰暘谷。」唐朝孔穎達注疏說：「宅，居也。東夷之地稱嵎夷。暘，明也，日出於谷而天下明，故稱暘谷。暘谷嵎夷一也。」他還說：「嵎音隅。馬曰：嵎，海嵎也，夷，萊夷也。……暘谷，海嵎夷之地名，日出於谷，本或作日出於陽谷。」〔註10〕而《尚書·禹貢》則說：「嵎夷既略，濰淄其道。厥土白墳，海濱廣斥。……萊夷作牧。」孔穎達注疏說：「嵎夷，地名，即〈堯典〉宅嵎夷是也。嵎夷，萊夷。」〔註11〕由「萊夷作牧」這四個字可知，由於山東臨海，土壤不適宜耕作，萊夷早期（由文獻與考古交疊揣測或在夏朝時期）靠逐水草而居的畜牧維生。〔註12〕萊夷是東夷人裡軍事能量最強大的一支部落，更是最晚被消滅與同化的部落。〔註13〕

字視作「尸」字的異體，李孝定先生則表示：「尸下其作夷者後起之異體，蓋東夷之人，俗尚武勇，行必以弓自隨，故製字。」還說：「惟從大從弓之夷，必尸之後起字。」見《甲骨文字集釋》，第十卷，中央研究院歷史語言研究所專刊之五十，出版年不詳，頁3207。

〔註9〕 《後漢書·東夷列傳》會整理出夷有九種的說法，來自《竹書紀年》。原注說：「《竹書紀年》曰：『后泄二十一年，命畎夷，白夷，赤夷，玄夷，風夷，陽夷。后相即位二年，征黃夷。七年，于夷來賓，後少康即位，方夷來賓。』」見《後漢書》卷八十五，列傳第七十五，第四冊，頁2807。

〔註10〕 見《尚書正義》卷第二，〈堯典〉第一，《十三經注疏》，第一冊，西元1995年，頁21。

〔註11〕 見《尚書正義》卷第六，〈禹貢〉第一，頁81。

〔註12〕 逢振鎬亦由〈禹貢〉的記載而表示：「可知在夏朝時，萊夷尚處在畜牧業為主的階段。」見其《先齊文化源流》第一章〈齊地土著居民——東夷族〉，第二節「新石器時代的齊地原始居民——東夷族」，頁30。

〔註13〕 見逢振鎬〈東夷及其史前文化試論〉，一「山東土著居民——東夷」，《中國論文卷》（1900～1990），頁31。逢振鎬先生還在該文內指出東夷人文化受到中原文化的巨大影響而逐漸被融合，土著東夷人的範圍日漸萎縮，到春秋時期只剩東夷族人的最後一支萊夷人。這個論點可獲得證實，見《春秋·襄公六年》記說：「十有二月，齊侯滅萊。」《左傳·襄公六年》則記說：「十一月，齊侯滅萊，萊恃謀也，於鄭子國之來聘也，四月晏弱城東陽而遂圍萊，甲寅

　　還有陽夷與風夷。陽夷是有著太陽圖騰的東夷部落。《淮南子‧本經訓》曾指出天曾十日並出，堯因而命羿射日，可能是在指當日有十個陽夷部落叛變，而由其中東夷的著名領袖羿負責戡亂，這恐怕是目前能知中國政治史最早期「以夷治夷」的戰略了。〔註14〕由考古發掘資料來看，泰安縣大汶口遺址出土的陶器上面有很多朱色大圓圈如太陽般的紋飾，而莒縣陵陽河大汶口遺址出土的陶文裡有人舉雙手向天朝拜的字型，都可證明該地區確實有拿太陽做圖騰的部落，或許即是陽夷。風夷部落的狀況則甚為複雜，它可能是屬於鳥夷部落的一支，因為「風」字可能是拿鳳鳥做部落圖騰的意思，甚至前面指出的黃夷、白夷、赤夷與玄夷，或許都象徵著不同色系與種類的鳥圖騰，而共為鳥夷的支部落。〔註15〕關於鳥夷的文獻，最早可見於《尚書‧禹貢》，談「冀州」時說「鳥夷皮服」，談「揚州」時說「鳥夷卉服」，東漢鄭玄在「冀州」注釋說：「東方之民搏食鳥獸者。」唐朝顏師古則在「冀州」說：「此東北之夷，博取鳥獸，食其肉而衣其皮也。」在「揚州」則說：「鳥夷，東南之夷善補鳥者也。」〔註16〕由此可知鳥夷是靠漁獵維生的部落，這種情況直至〈禹貢〉篇書寫時都復如此。〔註17〕

<hr>

埂之環城傳於堞。」還說：「丁未，入萊，萊共公浮柔奔棠，正輿子王湫奔莒，莒人殺之。四月，陳無宇獻萊宗器于襄公。」魯襄公六年是齊靈公十五年（567B.C.），這裡紀錄著萊國最後滅國的經歷，當是純萊人建立的國家最後被滅者。

〔註14〕《淮南子‧本經訓》說：「逮至堯之時，十日並出，焦禾稼，殺草木，而民無所食。猰貐、鑿齒、九嬰、大風、封豨、修蛇，皆為民害。堯乃使羿誅鑿齒於疇華之野，殺九嬰於凶水之上，繳大風於青丘之澤，上射十日而下殺猰貐，斷修蛇於洞庭，禽封豨於桑林，萬民皆喜，置堯以為天子。」見陳廣忠《淮南子譯注‧本經訓》第八卷，西元1990年，頁352。而《楚辭‧天問》也說：「羿焉彃日，烏焉解羽？」見馬茂元主編《楚辭注釋‧天問》，西元1993年，頁226～229。本文內說「以夷治夷」其實是由諸夏民族的角度來立言，按照《孟子‧離婁》下說：「舜生於諸馮，遷於負夏，卒於鳴條，東夷之人也。」如果舜是東夷人，卻能成為中原部落共擁的共主，可見夷與夏的文化意識並不是一開始就有區隔，其間曾歷過渾沌的時間段落，或彼此係由軍事強弱來決斷誰做號令夷夏的共主，見《孟子注疏》卷第八，《十三經注疏》，第八冊，西元1995年，頁141。

〔註15〕見逢振鎬《先齊文化源流》第一章〈齊地土著居民——東夷族〉，第二節「新石器時代的齊地原始居民——東夷族」，頁27～30。

〔註16〕見《尚書正義》卷第六，〈禹貢〉第一，頁79與83。

〔註17〕史籍記載的太皞部落與少皞部落應屬鳥夷中最有名的兩個支部落，因其俱有鳳鳥的圖騰信仰，說詳見逢振鎬《先齊文化源流》第一章〈齊地土著居民——

只由山東的角度來看，東夷人或許是這裡的最早居民，但，換由東夷人的角度來看，他們的散佈範圍就不只在山東，北至遼東半島，南至蘇北與淮北，西至陝西與河南，東至山東半島最東端都有他們活躍的蹤跡（漁獵與畜牧部族隨著自然資源游離取食，有部落意識而不易有清晰的地域意識），只不過山東極可能是東夷人的原始發源地。〔註18〕中華人民共和國建政而降，隨著山東省在新石器時期的遺址被大量發現，考古出土的該地居民與文獻記載的東夷人被過度簡易劃上等號，關於東夷人究竟是個如傳統史籍普遍記載係漁獵與畜牧為主的部族，還是個已經演化為農業為主的部族，就逐漸變成一個有爭議性的議題。專門研究東夷人的學者逄振鎬先生表示，由考古發掘得到的資料來看，不僅在岳石文化時期，而且早在新石器文化的早期，距離現在約八千年至六千三百年前，東夷族就已經是個原始農業為主的農業民族。譬如臨淄後李一期文化出土的石器與骨器、鄒平苑城北辛文化遺址出土的石器都屬農業生產工具最豐富。〔註19〕逄振鎬先生並認為經由傳統「尊夏卑夷」的政治思想文化各層面的影響，東夷人及其文化被長期誤解與貶抑做落後的象徵，這絕不是歷史事實。〔註20〕

第二節　考古與文獻的異同

東夷的歷史被扭曲，學者傅斯年先生早就由「夷夏鬥爭」的角度做闡釋，

—東夷族〉，第二節「新石器時代的齊地原始居民——東夷族」，頁31～33。傅斯年先生則將東夷各族統合歸類為太皥與少皥兩族，而附上其族建立的各諸姓國，見其〈夷夏東西說〉，第四章「諸夷姓」，《傅斯年全集》，第三冊，西元1980年，頁129～148。逄振鎬由氏族的角度與傅斯年由諸姓國的角度，都指出少皥部落的龐大繁衍（前者計二十四個氏族，後者計十六個諸姓國），由此推知鳥夷實屬東夷族裡的大部族，而少皥尤盛。李玉潔先生則在《齊史稿》裡根據徐中舒的研究判斷，表示少皥是留居本地的部落，太皥是由少皥遷出去異地生活的部落，見第一章〈東夷地區的史前文化和夏商時代〉，第二節「東夷地區的傳說時代」，《齊文化叢書》，第十三冊，西元1997年，頁283。

〔註18〕逄振鎬〈東夷及其史前文化試論〉，一「山東土著居民——東夷」，《中國論文卷》（1900～1990），頁30。逄振鎬先生在論文裡指出，包括在《尚書·禹貢》裡談到「徐州」的淮夷在內都算是東夷族的一支，其由山東南遷，散播至蘇北與淮北。我們由〈禹貢〉說淮夷「蠙珠暨魚」，可得知淮夷同樣靠漁獵維生。見《尚書正義》卷第六，〈禹貢〉第一，頁82。

〔註19〕見其《先秦文化源流》第二章〈齊地東夷史前文化〉，第一節「原始農業、畜牧業和漁業」，頁40～41。

〔註20〕見其《先秦文化源流》第二章〈齊地東夷史前文化〉的前言，頁39。還可見〈東夷及其史前文化試論〉的前言，頁25。

而有「夷夏東西說」。譬如戰國時期夏朝后啓與伯益對王位的取得就有相讓與相爭兩種傳說，傅斯年先生認爲前者經過倫理化的加工，後者則暴露出夷夏對峙的本來面目，因其考據出伯益是東夷人的領袖。其後羿與少康的兩世鬥爭，甚至夏末由湯放桀的鬥爭，都是夷夏東西兩大強權交相爭勝的過程，卻被春秋戰國時期主張大一統的哲學家把史實給抹殺與曲解。〔註21〕即使我們不由傳統「尊夏卑夷」的角度來認識東夷人及其文化，即使我們同意考古出土的該地居民果眞就是文獻記載的東夷人，東夷族是否早在新石器文化早期就已經變做一個農業民族，還是需要通過文獻與考古的客觀檢證。首先，我們該如何解釋《尚書・禹貢》把夏朝時在山東的萊夷與鳥夷都解做畜牧與漁獵業爲主的部族（逄振搞先生還由此承認萊夷在夏朝時由畜牧爲主），並且，當逄振鎬先生把在蘇北與淮北的淮夷都算做東夷族的一支，該如何解釋〈禹貢〉說淮夷「蠙珠暨魚」，意即此族同樣靠漁獵採集維生？這裡顯然產生兩個矛盾：第一，逄振鎬先生對考古發現的詮釋，與文獻紀錄發生矛盾；第二，逄振鎬先生面對相同問題的解釋矛盾（萊夷）。〔註22〕

　　我們再就第一個矛盾來補充說，如果在山東活動的東夷族早在新石器早期就變做一個農業民族，解釋《史記・貨殖列傳》說「故太公望封於營丘，地潟鹵，人民寡，於是太公勸其女功，極技巧，通魚鹽，則人物歸之，繈至而輻湊」〔註23〕的歷史就變得很棘手，彷彿這段史實不該存在？更何況，《漢

〔註21〕 見其〈夷夏東西說〉，第三章「夏夷交勝」，頁119～129。傅斯年先生在該文表示：「在三代時及三代以前，政治的演進，由部落到帝國，是以河，濟，淮，流域爲地盤的。在這片大地中，地理的形勢只有東西之分，並無南北之限。歷史憑藉地理而生，這兩千年的對峙，是東西而不是南北。現在以考察古地理爲研究古史的一個道路，似足以證明三代及近於三代之前期，大體上有東西不同的兩個系統。這兩個系統，因對峙而生爭鬥，因爭鬥而起混合，因混合而文化進展。夷與商屬于東系，夏與周屬于西系。」見頁86～87。筆者大抵接受這個觀點，後面都在此脈絡裡接續論證，只是同屬西系的夏與周，其間有較複雜的演變，請見後面的討論。

〔註22〕 逄振鎬還說：「《尚書・禹貢》青州有『萊夷作牧』的記載，似乎夏朝時……萊夷人還是一個畜牧業的民族，實際上並非如此。從考古資料來看，不僅在岳石文化時期，而且早在新石器時代的早期，在距今八千年前到距今六千三百多年前，東夷族就已經是一個以原始農業爲主的農業民族。」對照前文，這種說法（尤其關於萊夷的討論）確實前後矛盾。見其《先齊文化源流》第二章〈齊地東夷史前文化〉，第一節「原始農業、畜牧業和漁業」，頁40。

〔註23〕 見瀧川龜太郎《史記會注考證》卷一百二十九，〈貨殖列傳〉第六十九，西元1986年，頁1354。

書‧地理志》同樣說「太公以齊地負海舄鹵，少五穀而人民寡，乃勸以女工之業，通魚鹽之利，而人物輻湊」，〔註24〕如果齊國各地早就因往年東夷人的開墾而變做良田，何需姜太公再藉由魚鹽與女工的利益來加強發展民生經濟？尤其是〈貨殖列傳〉說「地潟鹵」，〈地理志〉說「負海舄鹵」，都是指齊地（起碼營丘周圍不過百里）因靠海土壤含鹽量很重，〔註25〕不適合耕作，故而五穀繁殖不盛，其後來春秋時期齊國還能將農產品賑濟周王室，〔註26〕中間經歷一段極漫長的土壤改良過程，這點我們不得不細緻重視（說詳後文）。《史記‧貨殖列傳》還說過「齊帶山海，膏壤千里，宜桑麻，人民多文彩布帛魚鹽」，〔註27〕乍看起來說這裡「膏壤千里，宜桑麻」，好像和前面說「地潟鹵」有矛盾，殊不知這正是後來齊國會發展手工業甚至商業的原因。

其實，學者楊相奎先生表示，適合種植桑樹與麻樹並不意味著其適合種植五穀，齊國的膏壤千里是土壤改良後的事，即使經過土壤改良，依然比較更適合種植不需人工大量澆灌培育的桑麻，只不過聰明的齊人（或許由姜太公提倡）把它們轉化做手工紡織的天然原料資源而已，手工業發達會帶動商業發達，因此齊國人民「多文彩布帛魚鹽」，使首都臨淄成為戰國時期有名的商業都市。〔註28〕我們再就第二點矛盾來補充說，逄振鎬先生由「夷」造字有弓做部首，而同意東夷人善戰與好獵，他並表示其可能最早發明弓箭，〔註29〕然而，設想如果東夷人在文字發明前的新石器早期即已變為農耕部

〔註24〕見《漢書》卷二十八下，〈地理志〉第八下，第二冊，西元 1994 年，頁 1660。

〔註25〕徐廣在《史記集解‧貨殖列傳》裡說：「潟，因昔，潟鹵，鹹地也。」見瀧川龜太郎《史記會注考證》卷一百二十九，〈貨殖列傳〉第六十九，頁 1354。顏師古在《漢書‧地理志》的注裡說：「舄鹵，解在〈食貨志〉。」見《漢書》卷二十八下，〈地理志〉第八下，第二冊，頁 1660。而在《漢書‧食貨志》的原文裡說：「若山林藪澤原陵淳鹵之地，各以肥磽多少為差。」其注引晉灼說：「淳，盡也，舄鹵之田不生五穀也。」見《漢書》卷二十四上，〈食貨志〉第四上，第二冊，頁 1120。相關討論可見蔥劍雄與趙發國《古齊地理》第一章〈自然〉，第二節〈土壤〉，《齊文化叢書》，第十八冊，西元 1997 年，頁 202。

〔註26〕《左傳‧隱公六年》：「冬，京師來告饑，公為之請糴於宋衛齊鄭，禮也。」見《春秋左傳注疏‧隱公六年》卷第四，《十三經注疏》，第六冊，西元 1995 年，頁 71。

〔註27〕見《史記會注考證》卷一百二十九，〈貨殖列傳〉第六十九，頁 1358。

〔註28〕見其〈試論先秦時代齊國的經濟制度〉，《中國論文卷》(1900～1990)，頁 155。

〔註29〕逄振鎬先生引《說文通訓定聲》的註解表示：「夷，東方之人也。東方夷人好戰好獵，故字從大持弓會意。」根據我們實際查閱《說文通訓定聲》該條並

族，弓箭如何會做爲其造「夷」字的主要部首，而不是由農耕用具做識別此族的部首？〔註30〕關於這點，楊相奎先生與筆者的看法相同，他表示由東夷族使用弓矢著名可知，東夷人的生產事業與西方部族有區隔，當西方已經盛行農業生產的時候，東夷主要還是在畜牧或者漁獵時期，生產的需要使東夷人大量使用弓矢。〔註31〕東夷族拿畜牧與漁獵做主要產業，這恐怕與當日生活環境的條件有關，或甚至就是個文化抉擇，而不見得就意味著落後這種價值判斷，我們實不需要站在「農業至上」的角度去思量這個問題。

再者，我們來討論考古發現。山東省已發現的新石器時期遺址，大致可做五個發展階段的區隔，最早屬後李文化，再來依序屬北辛文化、大汶口文化與龍山文化，最後則屬岳石文化。〔註32〕逢振鎬先生拿臨淄後李一期文化出土的石器（如錘斧鏟磨盤與磨棒）與骨器（如耜刀鐮）都是農業生產與糧食加工的工具，或如鄒平苑城北辛文化遺址出土的石器絕大多數屬於農業工具（其中鏟、磨盤與磨棒三者佔最大宗），並舉證大汶口與龍山文化時期已有發現粟、黍和稻，譬如在膠縣三里河發掘的大汶口文化房屋內西北，發現有一個橢圓的窖穴，裡面遺留著已炭化的粟，據此推測這座房屋應該是儲藏糧食的庫房；長島北莊發掘的大汶口文化遺址裡有摻著許多黍皮殼的牆皮；在膠東棲霞楊家圈遺址裡的龍山文化層灰坑，發現水稻與粟的印痕與皮殼。

無「東方夷人好戰好獵」的文字，此應屬逢振鎬先生的個人意見。見其〈東夷及其史前文化試論〉，《中國論文卷》（1900～1990），頁33～34。再者詳見《說文通訓定聲》，頁589。逢振鎬先生說東夷人「可能最早發明弓箭」未免太過，他得先證明其他地區的人民在同時期並沒有發明弓箭。

〔註30〕即使果如李孝定先生的說法，「夷」字的「從大從弓」是後起的意思，那當東夷人很早期就已經改做農業，「夷」字怎沒有按實況繼續演變，而使得其部首與任何穀類有關？按此推想，說東夷人早有農業就顯得不合情理，或許這就是爲何「夷」字會繼續被保留來指稱東夷人的原因，因其造字的引伸義正好能順應解釋東夷人的實際生活。

〔註31〕見其〈試論先秦時代齊國的經濟制度〉，《中國論文卷》（1900～1990），頁153。

〔註32〕據統計，五個發展階段的時間約略如後：後李文化（5200B.C.～6000B.C.）；北辛文化（5700B.C.～4700B.C.）；大汶口文化（4300B.C.～2400B.C.）；龍山文化（2400B.C.～2000B.C.）；岳石文化（1900B.C.～1600B.C.）。斷限這些時間會有細部差異，可見《先齊文化源流》第一章〈齊地土著居民──東夷族〉，第二節〈齊地新石器時代文化〉，頁15～22。再者，還可參考李玉潔《齊史稿》第一章〈東夷地區的史前文化和夏商時代〉，第一節「東夷地區的史前文化」，頁270～279。這裡列出的斷限基本按照李玉潔先生的歸類，而其未納進龍山文化後面的岳石文化，則參考逢振鎬的斷限列出。

他根據這些理由，論證出東夷族在新石器早期就已經是個農業為主的部族。〔註33〕然而，請容筆者細緻指出，我們不該完全否認東夷族早在新石器早期就已經有農業活動，這本是在山東生活的人逐漸克服環境限制的自然演化過程，但，問題在於它的範圍與程度有多大？

這個範圍與程度，有可能大到我們已經得說東夷人是個拿農業做主要生產型態的部族嗎？還是說，某個考古得出的片面農業現象，並無法證實東夷人的產業型態已經獲得大幅改變？

第三節　統合性的歷史認知

學者張光直先生曾經說過，考古學是一門通過對古時候的遺存來研究其文化與文化史的學科，它既包括考古學家對考古遺存的揭示，更包括對其認識結果的交流。因為在考古學中我們面對的是文化和社會中的人，因此，指導和左右考古學的方法和技巧的理論，就自然會與歷史學與人類學有些不同。考古學的研究對象既不是文字的記載，更不是可觀察的人類的行為，因此，考古學的理論必須適應於考古學家用手鏟挖出的古時物質遺存。〔註34〕但，反過來看，要選取什麼樣的參照點來理解物質遺存，完全視考古學家要研究的問題而論，張光直先生提出這個合情合理的問題：遺址內各種特徵空間分佈上的多樣性，到底意味著人類行為在不同時間裡的位移，還是它們在相同的時間裡佔據著不同的位置？他引用社會人類學家列維－斯特勞斯（Levi-Strauss）的話說：「沒有一個共同均一的參考框架，要理解社會關係是不可能的事情。」他藉此表示考古學上的同時性是指這個時間範圍裡的變化沒有超出均一性的忍受程度，因此沒有擾亂不同文化因素的總體關係結構。討論新石器時期遺址的出土文物究竟屬於哪種產業的工具，正應該注意自己問題的參照點，是否有擾亂不同文化因素的總體關係結構。〔註35〕

考古發掘的詮釋過程常容易產生「見樹不見林」的盲點，意即由於被研

〔註33〕見其《先齊文化源流》第二章〈齊地東夷史前文化〉，第一節「原始農業、畜牧業和漁業」，頁40～43。

〔註34〕見其《考古學：關於其若干基本概念和理論的再思考》，〈前言〉，西元 2002年，頁1。

〔註35〕見其《考古學：關於其若干基本概念和理論的再思考》，第二章〈時間與空間的再思考〉，頁24～29。

究的出土物件無法自己說話，研究者常會不自覺因自身片面已預設的主觀角度，在合理化的過程裡擴大編織出過度詮釋的論點，常滋生各種無法有結論的爭辯。〔註36〕譬如逢振鎬先生指出的臨淄後李遺址，根據筆者查閱逢先生徵引濟青公路文物考古隊的原始發掘簡報，發覺該簡報並未得出臨淄後李遺址已有農業生產的結論，相反地，其清晰指出後李一期文化發掘出的石器、骨器、角器與蚌器這些生產型工具的數量都不多。即便是生產型工具，都不見得就是完全用於農業的生產工具（譬如鐮可除草而斧可砍樹，甚至磨盤與磨棒都可拿來搗碎與磨細各種類型的動植礦物產），畜牧與漁獵生產都有使用此類工具的需要，請問我們又如何能據此就推斷其已經是個成熟的農業社會？此地發掘較多的遺物為陶器，且質地為夾砂陶，有個別摻蚌殼與雲母的現象，夾砂陶多呈現灰褐色，顏色不純，未見質地較細膩純淨的泥質陶，筆者推測這是當日就地取材的結果，正好能印證「地潟鹵」或「負海舄鹵」的說法，亦即當日這裡都還遍佈未完全泥化的土壤，否則製作陶器如何會取用需要火候較低、質地疏鬆且摻雜蚌殼與雲母的夾砂陶呢？

根據發掘簡報：後李一期文化在考察全部堆積地層的第十至第十二層，其中第十層是暗紅色亞黏土；第十一層是黃褐色亞黏土；最後第十二層則是砂質黃土。黏土與砂土，合理的推測應該不適合大量種植五穀吧？〔註37〕

關於合理的推測，張光直先生曾經針對「聚落」如何能具有文化意義提供其看法。聚落是指考古學家根據時間和空間界限界定的「穩定態」下，在野外能觀察到的全部考古資料構成的考古單位。聚落可能就是一群器物的集

〔註36〕張光直先生說：「考古學家關心的側重點是人類行為的遺存而非行為本身，我們無法究及古代的事件、人與人之間的相互關係、言語、情緒以及它們的實際結果。」見同上，頁29。按照這個看法，如果對物質遺存現象的詮釋涉及人類行為本身，譬如文化型態，那就會超越考古學能討論的範圍。

〔註37〕詳見濟清公路文物考古隊〈山東臨淄後李遺址第三、四次發掘簡報〉，《考古月刊》，西元1994年，第二期（總計第三一七期），頁99～112。該文在結語時表示：「後李一期文化的陶器均為夾砂陶，以深腹圓底器為主，器類單調，不見三足器，是一種以深腹圓底釜為主要器類的考古學文化遺存。這與山東及其周邊地區已知的其它考古學文化的區別是十分明顯的。」還說：「據此，我們認為以後李一期文化為代表的遺存已具備了考古學文化命名的基本條件，建議稱之為『後李文化』，以區別於其它考古學文化。」頁112。且不說後李一期的陶器都為夾砂陶本身就指出這裡的土質結構並不適宜農耕，且拿具有當日考古具有標誌性卻尚不具普遍性的發現，來推論東夷人早在新石器早期就已成為農業社會，這種說法顯然欠缺說服性。

合，但其絕不僅是器物的結合，聚落當然能與一個實際的人類群體相對應，正是這一群人的存在和其行為，產生、使用和廢棄了與聚落相對應的這段時間內的物質遺存。並且，根據人類已經累積的物質文化和社會文化的經驗，我們能在別人或我們自己經歷的實際情況的基礎上，對可感受的實體展開分類，這就是我們能做出合理推測的原因。〔註38〕張光直先生更表示通常情況農耕聚落會比漁獵聚落更容易留下物質證據，而且其痕跡常具有永恆性，這其中最重要者就是耕地，這在有灌溉設施的情況裡更容易辨識，再者，為了農耕而砍燒森林後形成的次生植被同樣是很好的證據，不僅次生植被能反映此前存在著人類農耕活動，像是孢粉分析在湖泥沈積中發現的次生林、灌木、雜草與炭屑……，這都是農耕活動的證據。〔註39〕因此，任何人指稱任何考古遺址發掘具有農業社會的成熟特徵，我們都有權利請其首先指出有關於農耕活動具體的物質證據。

我們再看鄒平苑城北辛文化遺址。筆者查閱逄先生徵引山東大學歷史系考古專業的原始發掘簡報，此地確實發掘出大量的石器，然而，該簡報指出考古遺物多出自古河道的砂土層內，且常指出石器由砂岩琢磨製作。由於地靠古河道，發現遺存大量蚌殼，有的長得甚厚大。陶器則已有夾砂陶與泥質陶兩種，然而夾砂陶還摻雜有碎蚌殼。採集過程裡發現許多已經半石化的動物骨骼，主要種類有豬與鹿，還有其他種類不詳的大型動物。筆者認為簡報裡這些文字，均不該直接得出逄先生說苑城遺址已經是個農業社會的結論，相反地，筆者認為簡報的考察正印證這裡因為地處靠河而未完全泥化的砂土，尚未脫離漁獵與畜牧生活為主的事實。〔註40〕逄振鎬先生舉證大汶口與

〔註38〕見其《考古學：關於其若干基本概念和理論的再思考》，第三章〈聚落〉，頁47～48。張光直先生在這裡說：「毫無疑問，一個考古聚落的起始和某一特定的人類群體的起始密切相關，不過需要牢記的是，只有在一個長時段的連續的序列中，才能夠對考古學的『穩定態』和社會的『穩定態』的對應問題作出合理的探討。」何謂穩定態？張光直先生做這樣的定義：「一種描述社會關係、現象和組織的綜合性單位當然就應該有一個時間的深度。這個深度的恰當單位應當是，在這段時間裡發生的變化不至於改變其基本的社會關係，從而改變了這種關係的基本結構。」見第二章〈時間與空間概念的再思考〉，頁26。

〔註39〕見其《考古學：關於其若干基本概念和理論的再思考》，第四章〈微觀環境〉，頁56～57。

〔註40〕詳見山東大學歷史系考古專業〈山東鄒平縣苑城早期新石器文化遺址調查〉，《考古月刊》，西元1989年，第六期（總計第二六一期），頁489～496。原始

龍山文化時期已有發現粟、黍和稻，關於膠縣三里河，筆者查閱逄先生徵引中國社會科學院考古研究所編著的《膠縣三里河》一書，發現三里河遺址跨越大汶口與龍山兩個文化，該書確實指出此地在大汶口文化時期發現已炭化的粟顆粒，並推測其橢圓形窖穴應該是一座儲藏糧食的庫房，但，該書同樣指出此期挖出的器物（如石玉骨角陶這些器具）數量極罕見，有的窖穴則幾乎堆滿貝殼類，自然遺物還屬軟體動物如各種貝殼為最大量。〔註41〕

　　並且，不論是大汶口文化與龍山文化，三里河遺址的墓坑都常見墓主人手握蚌器、獐牙與骨錐，常拿豬骨、魚甚至虎荔枝螺做隨葬品，虎荔枝螺常會放在兩個膝蓋骨間，簡報推測此種狀況應受某種思想意識支配。〔註42〕尤其在大汶口文化的墓坑裡常可見拿整條魚來隨葬，且有大片魚鱗堆積，這在新石器時期其他遺址的發掘裡極為罕見。筆者認為綜合這些狀況來判斷，該地的大汶口文化應該尚未完全脫離漁獵階段，而農業則屬實驗發展狀態。〔註43〕關於長島北莊大汶口文化遺址的發掘，筆者查閱逄先生徵引北京大學考古實習隊、煙台地區文管會與長島縣博物館聯合書寫的發掘簡報，該簡報確實指出已成為紅燒土的牆皮摻著許多黍子皮殼，但，其同時指出灰坑與房屋廢棄後的堆積中可見大量貝殼，出土文化遺物裡的陶器則屬泥質陶與夾砂陶都有，但，需注意盛物的陶器數量遠多於工具型器具如石器、骨器與蚌器（列出的器具只有數樣），牆皮摻著黍子皮殼表示該地已長有黍類，卻不能直接與該地居民已懂得如何培育

<hr />

發掘簡報對於出土物件的看法相當謹慎，僅在結語說：「苑城早期遺存與北辛文化有一些共同因素，譬如石器中大型磨制石鏟最多，有相當數量的石磨盤和石磨棒。」並未表示這就是該遺址已臻至農業社會的證據。而且，該簡報甚至指出苑城遺址與北辛文化的差異性：「兩者之間也存在著明顯差異，如苑城遺址打制石器極少，而北辛的打制石器甚多，兩者石磨棒的形制也有所不同。北辛文化最富特色、數量甚多的窄堆紋裝飾，在苑城遺址中極為罕見，而這裡大量出現的各種刻畫紋飾，北辛遺址中也為數不多。」頁496。當簡報都尚未將苑城遺址與北辛文化做武斷聯繫，逄振鎬接著把苑城遺址當作北辛文化的代表而做出的結論都會引發無謂的爭議。

〔註41〕詳見中國社會科學院考古研究所《膠縣三里河》參〈居住遺址和出土遺物〉，一「大汶口文化」，西元1988年，頁8～17。

〔註42〕詳見《膠縣三里河》肆〈墓葬〉，頁32～118。

〔註43〕詳見《膠縣三里河》內附錄二〈三里河遺址出土的魚骨魚鱗鑑定報告〉，頁186。關於農業已處於實驗發展狀態的證據，附錄一〈三里河遺址植物種籽鑑定報告〉說：「在龍山文化層內發現的紅燒土塊上有完整的糧食印痕和可能是農作物的葉痕，以及大汶口文化層上部露口有大量已腐朽成灰白色的糧食顆粒。」鑑定報告表示六份送來的樣品觀察都是粟，頁185。

暨量產黍類劃上等號，該簡報只寫出牆皮摻著黍子皮殼的事實，並未立刻就判斷該地已是個農業社會（因確實沒有其他更積極的物證），筆者認為這是比較謹愼的作法。〔註44〕

最後，我們來看膠東棲霞楊家圈遺址。筆者查閱逢先生徵引山東省文物考古研究所與北京大學考古實習隊聯合書寫的發掘簡報，該簡報表示楊家圈遺址的龍山文化層灰坑發現水稻與粟的印痕與皮殼，表示當日除旱田農業外，還有水田農業的存在，與現在單一的旱田農業不同，反映氣候條件有變化。〔註45〕關於氣候變化與地理環境如何影響山東的產業，請容後面再繼續討論，不過，同樣的問題在於發現水稻與粟的印痕與皮殼，能就此論證出這些新石器時期的居民已經轉做農業為主的生產型態嗎？筆者對此不能沒有疑惑。然而，我們並沒有要徹底否認山東地區早在新石器時期已有農業現象，只是我們如先確認這些考古遺址全部眞就是東夷人曾經生活的故地（意即相同時期完全沒有其他部族在此生活），落地生根的農業都會比游離覓食的漁獵與畜牧來得容易有實物被考古出土，但，事實卻並非如此。即使把各地還會有產業演變過程速度的差異因素都納進來，綜合前面這些考古簡報來判斷，東夷人顯然直至新石器中期而降的大汶口文化，都尚未脫離漁獵與畜牧為主的生活型態，而農業則還處於實驗階段，這種狀況直至龍山文化，雖然可見農產種植已由粟演進至水稻，卻依舊沒有量產的物證。

這裡對比文獻與考古的異同，希望能給予新石器時期的山東產業一個更趨合理的解釋，這有兩層意義：首先，如果早在新石器時期東夷人就已經蛻變為農業為主的部族，與文獻記載會有劇烈落差不說，更使得後來西周至春

〔註44〕詳見北京大學考古實習隊、煙台地區文管會與長島縣博物館〈山東長島北莊遺址發掘簡報〉，《考古月刊》，西元1987年，第五期（總計第二三六期），頁385～394。

〔註45〕詳見山東省文物考古研究所與北京大學考古實習隊〈山東棲霞楊家圈遺址發掘簡報〉，《史前研究》（季刊），第三期（總計第五期），頁91～94。關於氣候條件發生變化的看法，見頁99。該文指出棲霞楊家圈遺址在膠東地區新石器時代遺址中有一定代表性，並不如前面苑城遺址無法做北辛文化的代表性遺址，而由報告顯見由大汶口文化至龍山文化，該地區新石器的人們靠農業謀生的技能確實已有改善，見頁91。不過，由陶器來說，該文同樣說：「陶質以砂質陶佔絕對優勢，泥質陶次之，粗砂陶罕見，此外還有夾滑石質或夾蚌殼和雲母的。」見頁93。如果農業已是生活主軸，其就地取材製陶的土質不該還是砂質甚至夾帶水產類生物，這種土質甚脆弱，不具黏性，燒陶已然無法精美保固，農耕同樣不能有高收獲，這是筆者的主要論點。

秋齊國逐漸改良土壤發展農業的事實變得無法理解，我們應該把東夷人由漁獵與畜牧轉型做農業視爲一個漫長演變的過程，而姜太公象徵的西周諸夏集團在山東建立國家統治的架構，則是加速推進這個演變的關鍵因素（換句話來說，東夷人生活型態的大幅轉變與其逐漸被諸夏集團的文化融合有關），如此纔能彌合文獻與考古，整理出較具統合性的歷史認知。再者，東夷人早期因應自然環境而主要發展漁獵與畜牧，能更合理解釋後來齊國因先天條件不適合於全面推廣農業，而兼著重發展魚鹽與工商，使其變爲經商致富的大國。這個同樣較具統合性的歷史認知，能替後來齊國學術的熱烈發展，提供某個面向的解釋與參考。齊學做爲具有獨特性質與風格的區域性學術，這裡該注意者更在東夷人逐漸變身爲諸夏子民的過程裡，它凝聚的文化同時也在轉化與豐富諸夏集團的內涵，這是齊學迥異於純粹出自諸夏文化的晉學，而使其思維性質兼融知識性與實用性的遠因。〔註46〕

　　兼融知識性與實用性？難道東夷人當日無法充裕發展農業，這個事實反而激發他們克服自然條件的生存鬥志，化危機做轉機？

第四節　東夷人與商人的淵源

　　的確如此，這不僅是東夷人，而該說是由新石器時期至戰國所有生活在山東的居民，不間斷奮勉創造出的文化特徵。但，東夷人確實首先揭開這場奮鬥過程的序幕。譬如前面提過的膠縣三里河遺址，就發現目前需拿流刺網纔能捕獲，洄游於中上層的鱸魚，此魚不僅常被該地居民當作墓裡的隨葬品，且係該地出土魚類骨骼裡最常見的種類，簡報推測當日已有一種捕獲鱸魚的工具與方法。同樣的狀況，還出現在魚性活躍，不易捕獲的大型梭魚。更令中國科學院海洋研究所的研究人員不解者，還有三里河遺址發掘出只出現在外海，漁場距岸較遠，魚性凶猛的藍點馬鮫，他們尚未能解釋新石器時期如

〔註46〕雖然如此，我們還是應該注意避免「地理環境決定論」（determinism of geographical environments）的觀念陷阱，有關於思想觀念、國家法律、社會制度或民族精神的議題，雖然早期有可能來自氣候或土地的影響，卻不能全視作氣候或土地的「本性」。相反地，筆者認爲思想觀念的流動性，會影響不同地域人們逐漸改變其生活型態，後面討論的齊學發展史將證實這個論點。地理環境決定論的早期代表人物爲十八世紀的法國孟德斯鳩（Montesquieu），見其《論法的精神》第十四章〈法律和氣候的性質的關係〉，西元 2006 年，頁 227～241。

何能捕獲這種游泳速度很快的外海魚類。〔註47〕更明顯的物證，則有長島縣南長山島後溝龍山文化遺址出土的網墜，發掘簡報說該網墜特別大，看起來像秤砣，由海礫石琢磨製出，上端有一孔，孔上刻有豎槽便於栓繩索，這種大型網墜在長島各遺址發現甚多，顯然已屬該地的共同特色。不同於內陸湖泊一人使用的漁網，大型網墜更適合於海上捕魚，而且長島大浩還有發現龍山文化時期的船尾與殘留的船槳，船尾的榫口結構很整齊，其海底更發現原始的石錨，由此可知長島原始居民已頗擅於航海與捕魚。〔註48〕

學者郭墨蘭與呂世忠先生表示，從考古發現來看，不僅遼東半島受到大汶口文化與龍山文化的影響，而且有跡象顯示東夷人已經能橫渡大洋到美洲，因此纔會有史稱東夷人是乘船弄潮的「東海上人」。〔註49〕他們根據的考古報告，應該就是來自前面幾個遺址的發掘，引伸做出的推測。東夷人或許已能橫渡大洋，不過是否曾到美洲，還需要有更紮實的論證，我們目前無法論斷。

夷與夏這兩種文化自新石器時期即有不同的發展傾向，彼此亦常會爆發激烈的軍事衝突，夷夏間的關係很簡單，就是藉由戰爭確立誰是共主與誰得賓服。不過，目前尚屬傳說時期的夏朝，似乎沒有直接統治過山東的東夷族。然而，我們卻在山東發現很多後來的商王朝曾在這裡活動的痕跡，顯示商人與東夷人頗有淵源。關於商人的起源，至今眾說紛紜，〔註50〕不過，史籍記

〔註47〕詳見《膠縣三里河》附錄二〈三里河出土的魚骨、魚鱗鑑定報告〉，二「出土魚類與現代魚類的比較」，頁188～189。此文為中國科學院海洋研究所成慶泰撰寫，他在結語裡表示：「從出土魚類的分佈和迴游來看，除有河口性和沿岸近海者外，還有外海性迴游性魚類，在新石器時代，人們能捕撈各種不同習性和分佈的魚類，尤其能捕撈外海游泳迅速的鰳魚和藍點馬鮫，捕撈工具有一定先進性者。」見頁189。不過他同時指出：「藍點馬鮫為外海性游泳迅速的中、上層魚類，漁場一般距岸較遠。在新石器時代如何捕撈游泳速度快的魚類，有待進一步探討。」見同上。

〔註48〕關於網墜的發現，詳見〈山東長島縣史前遺址〉，《史前研究》，西元1983年，創刊號。關於船尾、船槳與石錨的發現，詳見吳詩池〈山東新石器時代農業考古概述〉，《農業考古》，西元1983年，第二期。兩文轉引自逄振鎬《先齊文化源流》第二章〈齊地東夷史前文化〉，第一節「原始農業、畜牧業和漁業」，頁47～48。

〔註49〕見其《齊文化研究》第一章〈齊文化的自然環境與文化淵源〉，第一節「齊文化的自然生態環境」，西元1996年，頁65。

〔註50〕關於商人的起源問題，李玉潔先生曾做過整理，他表示：「傳統的說法常說商人起源於西方，《史記‧殷本紀》說商祖契「封於商」，《集解》引鄭玄曰：『商國在太華之陽。』皇甫謐曰：『今上洛商是也。』《史記‧六國年表序》云：『故商興于西羌，湯起于亳。』《說文》云：『亳，京兆杜陵亭也。』自

載商人常自稱爲玄鳥所生，顯見他們拿鳥做圖騰，而與東夷族幾個大部落相同（說見前），譬如《詩經‧商頌》裡有一篇〈玄鳥〉就說：「天命玄鳥，降而生商。」〔註51〕同書〈長發〉則說：「有娀方將，帝立子生商。」（西漢毛亨在這裡作傳說「帝立子生商」是指黑帝使有娀氏國的女人簡狄吞鳥卵而生契，堯封契於商故有此名。）〔註51〕《史記‧殷本紀》則直接指出：「母曰簡狄，有娀氏之女，爲帝嚳次妃。三人行浴，見玄鳥墮其卵，簡狄取吞之，因孕生契。」〔註52〕《左傳‧昭公十七年》記載東夷裡的少皞部落是個拿鳥做

漢代以來的史書皆認爲商民族發祥於今陝西地區。」他還說：「近年來，關於商族發祥地的說法更多。有學者認爲商族起源於東北，如金景芳先生認爲商遠祖昭明所居砥石在遼水發源之處，即今內蒙昭烏達盟克什克騰旗的白岔山。千志耿等先生認爲商先祖起源於幽燕，紅山文化與商文化有密切的關係。」金景芳〈商文化起源於我國北方說〉，《中華文史論叢》第七輯復刊號；千志耿、李殿福與陳連開〈商先起源於幽燕說〉，《歷史研究》1984 年第五期，轉引自李玉潔《齊史稿》第一章〈東夷地區的史前文化和夏商時代〉，第四節「殷商時期的東夷地區」，頁 293。首倡商族起源於東方爲王國維先生，他在《觀堂集林‧說商》裡表示商族起源於河南省商丘，而都城亳在今天的山東省曹縣，轉引同上。後來則有學者表示商人不見得始居河南，而是始居於山東，後來纔遷居於河南，雖然兩者都在東方，譬如學者王玉哲先生在〈商族的來源地望試探〉的結論裡表示：「我們認爲商族最遠的祖居地可能是山東，后來才向西北轉移，達到河北省的中部，即游牧于北至易水南至漳水等流域，到夏的末葉才把主力定居于河北省南部和山東省的西部，卒能西向滅夏，建立商王朝。」這是目前較具普遍性的看法，詳見《古史集林》，《南開史學家論叢》，西元 2002 年，頁 147～171。不過，這種看法尚有更細微的歧異，譬如認同商人在血緣上本出於夷人，卻認爲在文化上商文化實爲東西兩文化交流融合的結晶，舉例來說，學者楊寬先生表示：「中國上古民族文化不外東西二系，在史前期，彩陶文化由西來，黑陶文化由東往，以兩文化之交流融合，乃生殷墟之高度文化。入於有史時代，其形勢猶然。殷本東夷，與外族最大之戰爭，莫過於高宗伐鬼方之役，鬼方與獯鬻獫狁昆夷犬戎，並一族之變名，乃西戎之大族；周本亦羌戎之族，《書‧牧誓》稱庸蜀羌髳微盧彭濮人皆從武王伐紂，皆西方民族也。」見其〈中國上古史導論〉，四「東西民族神話之融合與古史傳說系統之組成」，《古史辨》，第七冊，西元 1993 年，頁 148。

〔註51〕見《毛詩注疏‧商頌‧玄鳥》卷第二十，《十三經注疏》，第二冊，西元 1995 年，頁 793。

〔註51〕見《毛詩注疏‧商頌‧長發》卷第二十，頁 800。毛亨作傳的原文說：「有娀，契母也，將，大也，契生商，箋云：「帝，黑帝也，禹敷下土之時，有娀氏之國亦始廣大。有女簡狄吞鳥卵而生契，堯封之於商，後湯王因以爲天下號，故云帝立子生商。」

〔註52〕見《史記會注考證》卷三，〈殷本紀〉第三，頁 54。

圖騰的龐大部落，裡面有四個各因社會與管理分工而設立官職架構出的支部落（五鳥、五鳩、五雉與九扈），其中五鳥支部落裡就有個玄鳥氏族，李玉潔先生認為這與商民族有親緣關係，或許商族正就是玄鳥氏的一支。〔註53〕

　　研究思想史的學者孫開泰先生，曾在長島博物館看見出土於大黑山島北莊新石器時期遺址的夾砂紅陶做的鳥圖騰柱，他認為這表示東夷人對鳥的圖騰信仰產生甚早，更是商人對鳥的圖騰信仰的早期源頭。〔註54〕不過，學者蒲慕州先生指出，基於原始藝術基本上較罕見純粹裝飾的假設，有些學者認為魚和鳥代表當時（新石器時期）人宗教中的「圖騰」，實際上，雖然魚在中國後世的文學中有象徵生殖與性愛的意義，但在神話傳說中並沒有成為一種具有明顯重要性的圖騰動物，至於鳥，則稍有不同。譬如鳳鳥，這在神話裡有相當重要的地位。玄鳥，則是傳說中商人的始祖。然而如果我們考慮到當時無數的陶器，實際上都是幾何圖案佔大多數，那些幾件有魚或鳥的陶器，是否能用來作為一種普遍存在於當時社會中的信仰的象徵呢？如果我們認為這些圖案代表某些工匠在進行一些新的嘗試或許會更合理。如果僅是給圖案貼上一個「圖騰」的標籤，並不能使人對當時的宗教信仰有更多的認識。〔註55〕筆者認為蒲先生這個觀念正確且重要，使用圖騰觀念來證實信仰最起碼要有更普遍的物質證據，更何況即使有普遍的物質證據，都還不見得能立刻能證實這就是某族的「信仰」，這時候文獻的佐證就有意義了。

　　如果對圖騰的觀念抱持更謹慎的態度，我們還有些其他文獻證據能指出兩者確有淵源。唐朝張守節《史記正義‧帝王世紀》說：「少皞邑於窮桑，以登帝位，都曲阜。」〔註56〕《左傳‧定公四年》記載：「因商奄之民，命以伯禽，而封於少皞之虛。」〔註57〕東晉杜預注說：「少皞虛，曲阜也，在魯城內。」

〔註53〕李玉潔先生認為玄鳥就是燕子，詳見《齊史稿》第一章〈東夷地區的史前文化和夏商時代〉，第四節「殷商時期的東夷地區」，頁294。

〔註54〕詳見孫開泰〈關於東夷思想史的兩個問題〉，《東夷古國史研究》（第二輯），西元1990年，頁172～174。

〔註55〕蒲慕州先生這段文字本來是在討論陝西省西安市半坡村仰韶時期出土的陶器圖紋，不過筆者認為這同樣適用於解釋東夷人的「鳥圖騰信仰」，這並不是筆者反對東夷人同樣有玄鳥的信仰，或者與商人有高度的血緣淵源，而是希望獲得更堅實的證據，且認同學者在使用「圖騰信仰」這個詞彙的時候宜更謹慎。蒲慕州先生的相關詳細討論見其《追尋一己之福：中國古代的信仰世界》，第二章〈殷商及西周時代之宗教信仰〉，西元2004年，頁35～43。

〔註56〕見《史記會注考證》卷四，〈周本紀〉第四，頁71。

〔註57〕見《春秋左傳注疏‧定公四年》卷第五十四，《十三經注疏》，第六冊，頁948。

曲阜應是當日少皞部落的中心區域，且後來居住著商族的遺民，纔會由周朝王室親派姬姓子孫，也就是周公旦的兒子伯禽去管轄。文獻指出商族同樣也在這個區域周圍發祥，如《世本・居篇》說：「契居蕃。」〔註58〕《漢書・地理志》記載在魯國確實曾有個蕃縣，〔註59〕學者郭沫若先生則認爲蕃地在今山東滕縣。〔註60〕翻開現在的山東省地圖，滕縣與曲阜市距離不到一百公里，由此可知，商朝始祖契最早居於山東，商族應該確由少皞部落發展出去，其後獨立蔚爲大族。我們由後來周人對商人常稱做「夷」，同樣可看出商人與東夷人的關係。譬如《左傳・昭公二十四年》記說：「〈大誓〉曰：『紂有億兆夷人，亦有離德。余有亂臣十人，同心同德。』此周所以興也。」〔註61〕《逸周書・明堂》則說：「周公相武王以伐紂夷，定天下。」〔註62〕由「紂有億兆夷人」與「紂夷」可看出商人與夷人確有直接關係，故被當日時人視作一體來指稱。

　　商族由始祖契至王朝創立者成湯曾經共計遷都八回，〔註63〕範圍約在現在山東省西部、河南省中部、山西省南部、江蘇與安徽兩省北部，也就是黃河下

〔註58〕關於「契居蕃」，王國維先生懷疑蕃就是《漢志》魯國的蕃縣，見其〈說自契至於成湯八遷〉，《觀堂集林》卷十二，轉引自逢振鎬《先齊文化源流》第五章〈齊地商諸侯國文化〉，第一節「商文化的起源」，頁188～189。

〔註59〕見《漢書》卷二十八下，〈地理志〉第八下，第二冊，頁1637。

〔註60〕詳見郭沫若《中國史稿》，北京，人民出版社，西元1976年，第一冊，頁156。轉引自逢振鎬《先齊文化源流》第五章〈齊地商諸侯國文化〉，第一節「商文化的起源」，頁189。

〔註61〕見《春秋左傳注疏・昭公二十四年》卷第五十一，頁885。

〔註62〕見《逸周書・明堂》卷六，第五十五，朱又曾《逸周書集訓校釋》，《國學基本叢書》，西元1968年，頁100～101。

〔註63〕關於八遷，清朝學者梁玉繩先生在《史記志疑》裡說：「所云八遷者，〈本紀〉止言湯一遷，餘皆不載。」他認爲八遷的實際地點：「《荀子・成相》曰：『昭明居砥石，遷於商。』《左傳》：『相土居商丘。』是三遷也；《竹書》：『帝芒三十三年商侯遷於殷。』『帝孔甲九年，殷侯復歸商丘。』是四遷、五遷也；《路使・國名記》云：『上甲居鄴。』是六遷也；而《水經注》十九又引《世本云》：『契居蕃』，是七遷也，並湯爲八。」因此，梁玉繩考證的地點：「砥石，商，商丘，殷，商丘，鄴，蕃，亳」。王國維則認爲「鄴即殷」，把「上甲居鄴」去掉，再補上東都這個地點，取自《左傳・定公四年》：「康叔曰：『取於相土之東都，以會王之東蒐』。」兩者的差異極微，且不論如何，商族生活的範圍主要在東方，這點並沒有爭議。轉引自《齊史稿》第一章〈東夷地區的史前文化和夏商時代〉，第四節「殷商時期的東夷地區」，頁295～296。

游的兩岸地區，遷都的原因有學者認爲與避開洪水肆虐有關，有學者則認爲這與商族尚屬漁獵與畜牧社會有關，我們由殷墟挖出大量只應該出現於遠洋的鯨魚骨與鹹水貝，卻又在甲骨文裡看見「黍稷稻麥蠶桑」這些字可知，商人此時應該正過著由漁獵、畜牧與農業雜錯的生活，〔註64〕甚至其漁獵與畜牧已經轉化創造出簡易的商業交易型態。商人善於漁獵與畜牧於史有徵，如《史記・殷本紀》說：「契卒，子照明立。照明卒，子相土立。」〔註65〕契的孫子相土善於養馬，或有經營海外事業，使商族臻於強盛，因此，《世本・作篇》說：「相土作乘馬。」〔註66〕《詩經・商頌》裡的〈長發〉這一首詩說：「相土烈烈，海外有截。」〔註67〕尤其值得注意的狀況，如《左傳・襄公九年》記載：「闕伯居商丘，相土因之。」〔註68〕同書〈定公四年〉還引康叔曰：「取於相土之東都，以會王之東蒐。」〔註69〕王國維先生指出光在相土時期商族就兩回遷都（商丘與東都），且地點跨越現在河南與山東兩省，如此大範圍的移動聚落中樞，除了避開黃河危害的理由外，還會不會有經營產業的需要呢？

除了筆者指出的商業交易，學者王玉哲先生轉引學者傅築夫先生的說法，表示商族已經開始初期的粗耕農業，或稱作「游耕」，先焚燒林莽，耙平土地，播上種子，每年輪換不同的作物，在一地耕種幾年後，地利耗盡，就得放棄轉移至新地。他們認爲三千餘年前的殷人，不可能瞭解土地收穫的逐漸遞減，這是由於土地的肥沃有其限度，殷人只是經由長期的經驗中，體會出在任何一地住過若干歲月後，就會發生收穫遞減的現象，他們會認爲這是上天降下來的災殃，不許人們永久住在一地，遷往新的地點後，再度獲得豐收，這就是盤庚會跟其人民表示遷往新邑正就是爲大家的利益，那背後是具體的經濟利益。盤庚遷殷後不再遷都，正反映了商朝的社會經濟最晚到這

〔註64〕 商朝是個高度仰賴漁獵與畜牧作爲生產的社會，其（漁獵與畜牧）與農業間可能不是「替代關係」而是「比重關係」，意即遷殷前漁獵與畜牧比例較重，遷殷後則農業比例較重，然而徵諸考古與文獻，商朝的漁獵尤其是畜牧業長期居於很可觀的數量，見王玉哲《中華遠古史》第八章《商代後期的經濟發展》，第二節「畜牧、田獵與漁業」，西元 2003 年，頁 306～311。
〔註65〕 見《史記會注考證》卷三，〈殷本紀〉第三，頁 54。
〔註66〕 見《世本》，《古籍叢殘彙編》，第七冊，西元 2001 年，頁 143。
〔註67〕 見《毛詩注疏・商頌・長發》卷第二十，頁 801。這裡「相土烈烈，海外有截」就指出相土或許已有很活絡的海外貿易事業。
〔註68〕 見《春秋左傳注疏・襄公九年》卷第三十，頁 525。
〔註69〕 見《春秋左傳注疏・定公四年》卷第五十四，頁 948。

時可能已發生很大的變化，這意味著粗耕農業或已在轉型做精耕農業。在這個過渡時期裡，盤庚可能看見他統率的部落中，一些人依舊經營著粗耕農業，不遷移就不能生活，不得不脅迫全族一齊遷都，而一些已開始從事精耕農業的人則不願意遷移，或許盤庚是個守舊的君主，他按著祖宗的規矩執意要遷都，因此人民會反對他。〔註70〕不過，值得思考盤庚遷都可能因為新的地點更適合於精耕農業，如此纔能解釋為何商朝此後不再遷都。

　　商人會不斷遷都的原因可能很多重，任何單一理由恐怕都無法就此影響遷都與否如此重大的決策，〔註71〕但，不論如何，這些背景都顯現出其與東夷人有著極相像的生存處境（尚未完全掌握與克服天險，過著安土重遷的生活），更有著面對生存極相像的應變策略（漁獵與畜牧為主，兼開始實驗性地經營農業，不過其程度與規模應該大於東夷，這與商人的文化已經邁往文字階段有關，且其王朝的統治架構會較部落方國更能有效操控產業發展）。但，商人既已由東夷族發展出去，其與東夷的關係不論是部落對部落或宗主對臣屬，就不見得會完全處於和諧毫無矛盾的狀態。譬如《後漢書・東夷列傳》記載：「桀為暴虐，諸夷內侵，殷湯革命，伐而定之。」〔註72〕夏朝末年桀暴虐無道，諸夷部落就開始往中原內部侵擾，成湯乘機革命建立商朝，他做為想當夷夏共主的新領袖，就不能只是跟隨或任由諸夷部落作亂滋事，而必須構築能安邦靖土的一統局面，因此其征討並消滅諸夷部落的亂事，由此打開夷人服從於商朝統治的歷史。但，傳至第十任商王仲丁，《後漢書・東夷列傳》記載：「至于仲丁，藍夷作寇。自是或服或畔，三百餘年。」東夷裡的藍夷部落叛變，王朝未能有效弭平，此後夷人對商王朝就叛服不一，如此持續三百餘年的光景。〔註73〕

〔註70〕傅築夫〈關於殷人不常厥邑的一個經濟解釋〉，《文史雜誌》第五期與第六期（合刊），西元 1944 年，轉引自王玉哲《中華遠古史》第六章〈商代階級國家的形成〉，第一節「盤庚遷殷及其社會意義」，頁 235～239。

〔註71〕意即歷史演進不能歸於單一線索，考古與文獻的矛盾，常是因為我們勉強要塑造一個單一發展的「模式」而產生。

〔註72〕見《後漢書》卷第八十五，〈東夷列傳〉第七十五，第四冊，頁 2808。

〔註73〕楊寬先生表示：「《左・昭四年》傳云：『商紂為黎之蒐，東夷叛之』；又〈昭十一年〉傳云：『紂克東夷而隕其身』；東夷與殷為同族，是殷之得失天下視其同族之能否團結為斷也。」見〈中國上古史導論〉，四「東西民族神話之融合與古史傳說系統之組成」，《古史辨》，第七冊，頁 148。

第五節　商王朝在齊地的經營

　　商朝真正衰落始自第二十四任商王祖甲，譬如《尚書・無逸》曾記載說：「自時（祖甲）厥後，立王生則逸。生則逸，不知稼穡之艱難，不聞小人之勞，惟耽樂之從。」〔註74〕傳至第二十七任商王武乙，商朝更加衰敗《史記・殷本紀》記載：「帝武乙無道，爲偶人，謂之天神。與之博，令人爲行。天神不勝，乃僇辱之。爲革囊，盛血，仰而射之，命曰射天。」〔註75〕商朝是個神權統治的王朝，其敬天畏神而獲天命得統治萬民的思想甚濃厚，《尚書・湯誓》記載當成湯要準備宣誓征夏，成湯曾說：「有夏多罪，天命殛之。」還說：「夏氏有罪，予畏上帝，不敢不正。」再說：「帝乃震怒，不畀洪範九疇。」〔註76〕這都是其深刻體認能統治萬民需順承天命的表徵。《禮記・表記》更對商文化有如此總括性的描寫：「殷人尊神，率民以事神，先鬼而後禮。」〔註77〕現在武乙竟然做個偶人戲稱做天神，還命人操作偶人與其打鬥，不勝還竟然給偶人裝個盛血的革囊，將其仰天而拿箭射破，任其血流不止，並稱此行徑爲「射天」，這就真是完全泯滅商朝得賴建國的文化傳統，使其盡失萬民與諸侯國的信賴。《後漢書・東夷列傳》如此記載：「武乙衰敝，東夷浸盛，遂分遷淮岱，漸居中土。」〔註78〕由此可知，武乙時期商朝統御節制的能量衰微，使得東夷有機會坐大，逐漸往淮岱中土各地開枝散葉。

　　其實，商朝長期征討的重點在西方、西北與南方，東夷人生活的區域相對來說是他們穩固的大後方，在仲丁的父親，第九任商王大戊時期，商王朝不僅替山東的蒲姑方國築城，東夷九族都還曾來表示賓服，《竹書紀年》記載：「大戊五十八年，城蒲姑。」再記載：「大戊六十一年，東九夷來賓。」〔註79〕然而，當商朝無法展現其做爲夷夏共主的格局與能耐，離開它的就不僅是正面與它對抗的夏裔周族，還包括原先的直系子民東夷。當商朝最後一任（第三十任）商王帝辛（紂王）因統治無當，就招致東夷的徹底叛離，

〔註74〕見《尚書正義》卷第十六，〈無逸〉第十七，頁241。
〔註75〕見《史記會注考證》卷三，〈殷本紀〉第三，頁60。
〔註76〕見《尚書正義》卷第八，〈湯誓〉第一，頁108。
〔註77〕見《禮記正義・表記》卷第五十四，《十三經注疏》，第五冊，西元1995年，頁915。
〔註78〕見《後漢書》卷第八十五，〈東夷列傳〉第七十五，第四冊，頁2808。
〔註79〕大戊或稱「太戊」，見王國維《今本竹書紀年疏證》上卷，西元1971年，頁27。

《左傳‧昭公四年》如此記載：「商紂為黎之蒐，東夷叛之。」〔註80〕當帝
辛尚在東夷區域臣屬於商朝的黎國閱兵，或因其徵召夷人不知體恤，招致夷
人普遍的民怨，東夷就開始叛變了。不過，我們合理的推測，這應該不是單
一的事件，而是夷商關係在帝辛時期已經長期不睦，東夷人後來再無法忍耐
的結果。《左傳‧昭公十一年》記載：「紂克東夷，而隕其身」，〔註81〕這意
指帝辛率兵消弭東夷叛變，雖然獲得慘烈的勝利，但，因消耗過鉅，國內空
虛且民怨沸騰不已，周武王乘機進軍征商，使得商朝就此滅亡。因此，商朝
的滅亡與其說是滅於外面的周人，不如說是滅於自家的夷人。

　　在東夷臣屬於商朝的時期裡，主要繼承東夷文化，發展並綜合吸收夏文
化的優點，而蘊生出嶄新能量的商文化，其如何反過來影響當日東夷的文化
呢？筆者觀察，這主要體現在商王室封東夷諸部落做諸侯國上。

　　商王室的子孫在現在山東省建立約七個國家，其中有五個在魯地，只有
來與不其兩國在齊地（魯地與齊地，合起來大致即是現在的山東省）。由於我
們的焦點在討論先秦齊文化的淵源與發展，這裡著重認識在齊地的商室方
國。不其國屬子姓，地點在現在山東省即墨市西南，該地位於膠東半島，當
日應該靠海，而膠東半島是萊夷主要活動的區域。來國的狀況則較為人所知，
其亦屬子姓，《史記‧殷本紀》引太史公曰：「契為子姓，其後分封，以國為
姓，有殷氏來氏宋氏空桐氏稚氏北殷氏目夷氏。」〔註82〕其中這個「來氏」
就是來國。來國本來地點在現在河南省滎陽縣，《世本‧氏姓篇》：「來氏，分
封以國為氏。其先殷之別族，食采于郲，子孫去邑為來氏。」〔註83〕《集韻》：
「郲，城名，在滎陽縣東，齊滅之。」因此，來國商室貴族是因「食采于郲」
而取來氏做稱謂。由甲骨文獻可看出來國與商王朝本身關係頗為親密，譬如
《甲合‧九四正》：「甲辰卜，昏貞，今三月，光呼來。王固曰：其呼來迄至，
惟乙旬又二日。」《甲合‧九四反》：「王尋固光卜曰：不吉，有祟茲，……呼
來。」〔註84〕這個「呼來」表示來國常受王朝召喚去朝聘，來國與商朝各時

〔註80〕見《春秋左傳注疏‧昭公四年》卷第四十二，頁731。
〔註81〕見《春秋左傳注疏‧昭公十一年》卷第四十五，頁785。
〔註82〕見《史記會注考證》卷三，〈殷本紀〉第三，頁62。
〔註83〕見《世本》，頁99。
〔註84〕關於來國的源流討論，詳見逄振鎬《先齊文化源流》第五章〈齊地商諸侯國
　　　　文化〉，第三節「齊地商諸侯國文化」，頁203～205。逄振鎬認為來國是商朝
　　　　忠實的屬國。內文的文獻轉引自該書。

期首都相距都不遠，這可看出其與中央保持緊密關係。

　　然而，來國不知在何時由河南遷至膠東半島，而與萊夷雜居並存，致使《路史・國名紀四》在講商氏后國將二者混淆說：「萊，子爵，來也。登之黃縣東南二十五里故黃城是也。」〔註85〕當日應該靠海的黃縣，位在膠東半島北端，與在膠東半島南端的即墨遙遙相望，商朝在南北各設來國與不其國，本來的原因是否要藉由宗室南北監控當地萊夷，目前尚無法確知。商朝還有封爵給齊地的東夷部落，使他們變做商朝的諸侯國，其中有名者如逢國與蒲姑國，《左傳・昭公二十年》記載：「昔爽鳩氏始居此地，季萴因之，有逢伯陵因之，蒲姑氏因之，而後大公因之。」〔註86〕其中「逢伯陵」杜預注說：「逢伯陵，殷諸侯，姜姓。」這裡的文獻使我們知道姜姓族人最早臣屬於商朝，學者李學勤先生則表示逢國在商朝末年受到蒲姑的壓迫，不得不放棄臨淄周圍傳統的土地，遷至現在的濟陽生活。〔註87〕關於「蒲姑氏」杜預注說：「蒲姑氏，殷周之間代逢公者。」蒲姑國是東夷族裡頗為強大的商封諸侯國，不過關於該國的文獻主要集中於周朝初年其聯合殷宗室遺民反叛的事情上，譬如《史記・周本紀》說周公「東伐淮夷、殘亳，遷其君薄姑」，〔註88〕《竹書紀年》則記載：「（武王）十六年秋，王師滅薄姑。」〔註89〕

　　學者唐蘭先生曾將民國十八年（西元 1929 年）陝西省寶雞縣出土的周公時

〔註85〕學者何光岳先生認為《路史》說黃縣東南的萊國是周武王滅傷的時候，被迫東遷的萊，但與姜姓的萊相鄰，因此往往造成後世史家的誤解，把子姓的萊與姜姓的萊混為一國。見其《炎黃源流史》，江西，教育出版社，西元 1992 年，頁 130，這裡轉引自逢振鎬《先齊文化源流》第五章〈齊地商諸侯國文化〉，第三節「齊地商諸侯國文化」，頁 205。

〔註86〕見《春秋左傳注疏・昭公二十年》卷第四十九，頁 861。

〔註87〕李學勤先生做過詳盡的考證，得出兩個結論：其一，逢國是姜姓，其始封君逢伯陵是炎帝的後裔，時在商朝，取替季萴這一系，建國都於齊，商武乙、文丁與周穆王的時候，逢國還存在，其國君逢公有頗重要地位。其二，他提出一個假設，姜姓逢國在殷末受東夷薄姑的壓迫，放棄臨淄一帶地區，遷到現在的濟陽。不久，紂王滅亡，薄姑參與反周作亂，終歸於滅絕。原本為姜姓國的臨淄一帶再成為姜姓的齊國，已遷的逢國，繼續同周朝保持親密的關係，而且和齊國一樣與周王室有婚姻的紐帶，詳見其《齊文化縱論》，北京，華齡出版社，西元 1993 年，頁不詳，轉引自王志民與邱文山《齊文化與魯文化》第二章〈齊魯文化之源〉，第一節「齊文化的淵源」，《齊文化叢書》，第十九冊，西元 1997 年，頁 20～21。

〔註88〕見《史記會注考證》卷四，〈周本紀〉第四，頁 74。

〔註89〕見《今本竹書紀年疏證》下卷，頁 4。

期銅鼎上「豐伯甫古」字樣裡的「甫古」解釋做薄姑，他認爲這可證明薄姑確實曾聯合殷遺民作亂，最後被周公消滅。〔註90〕然而，爲何一直沒有看見薄姑自作與自署的器具出土呢？學者常興照與張光明兩位先生則聯合指出甲骨金文裡存在著大量與弓箭有關的文字，其中較突出的有「葡」、「弓」、「矢」與「弗」這些字，尤其是「葡」與「弓」這兩個字。西元一九六九年山東省黃縣小劉莊出土的銅器裡，其中有個卣器蓋有銘文五行三十八字，文末署上「戍葡」兩圖象文字，而《三代吉金文存》裡有則著錄銘文內容幾乎一致，器物時間約在周昭王前後，文末同樣署上「戍葡」兩圖象文字，並署名「啓尊」兩字，意思是器主名啓，根據銘文的語意推測，啓可能是「戍葡」這個族陪侍王室的近臣，他把追隨王室巡狩與南征視爲極大的榮耀而做器祭祖，希望得到上天的賜福。因此，當日的黃縣該是「戍葡」這個族的封邑。「戍」字本爲龍山文化常見的石鉞，「葡」字則是弓箭的葡，因此啓這個氏族應該是山東的土著，而「戍葡」是該土著的族徽，這個族就是東夷方國的薄姑。〔註91〕

　　我們雖然可由「戍葡」的圖象文字確認這個族具有東夷人的血緣與文化，卻無法完整瞭解薄姑與商朝間究竟有什麼關係，儘管常與張兩位先生很籠統指出蒲姑國的夷人在大汶口文化晚期而降，特別在夏商交替時期，參與商王朝的創立及其歷史發展過程（果眞如此，如就前面徵引文獻指出，薄姑國在周公東征後即被消滅，如何有機會在昭王時竟有啓這個人列身爲陪侍近臣？其角色轉化的過程不由得啓人疑實，可惜兩位先生對此未做解釋）。〔註92〕楊向奎先生則提出一個具有開創性的說法，他認爲蒲姑即是「亳」的音轉，這是東夷人與商人雜居的故址。《詩經・小雅》有個〈大東〉篇曾寫道：「小東大東，杼軸其空。」〔註93〕傅斯年先生則首先指出「大東」與「小東」的「東」是指殷商都邑，大東的範圍在泰山山脈迤南各地，包括現在的山東境內濟南泰安迤南，或兼及泰山東部；小東的範圍則在現在山東省濮縣、河北省濮陽與大名，〔註94〕學者楊向逵先生說這些都是商人與東夷人居住的範圍，而「亳」則遍佈於這個地區。

〔註90〕見唐蘭《西周青銅器銘文分代史證》卷一，北京，中華書局，西元1986年，頁42～43，轉引自常興照與張光明〈商奄、蒲姑鉤沉〉，《東夷古國史研究》（第二輯），頁111。

〔註91〕見常興照與張光明〈商奄、蒲姑鉤沉〉，《東夷古國史研究》（第二輯），頁100～125。

〔註92〕見同上，頁123。

〔註93〕見《毛詩注疏・小雅・大東》卷第十三，頁438。

〔註94〕見傅斯年〈大東小東說〉，《傅斯年全集》，第三冊，頁9。

〔註95〕「亳」是商人居住的地名，商人喜歡把自己住的地名（尤其是都城）稱做「亳」，這不僅體現在商族的始祖契（《世本‧居篇》說：「契居蕃。」〔註96〕前面已說過這個「蕃」就是亳），商朝開國者成湯同樣住在「亳」，而《史記‧殷本紀》說：「既醜有夏，還亳作〈湯誥〉。」〔註97〕

　　或許，如同商朝後來長期建都於殷，古人有時會拿「殷」來替換「商」，或兩字合稱「殷商」，商人曾經長期自稱爲「亳」……

第六節　夷與商共釀的風俗

　　譬如，直至周朝，商人後裔的領袖還自稱「亳王」，《史記‧秦本紀》如此記載：「寧公二年，公徙居平陽，遣兵伐蕩社。三年，與亳戰，亳王奔戎，遂滅蕩社。」唐朝司馬貞《史記索隱》說：「西戎之君，號曰亳王，蓋成湯之胤，其邑曰蕩社。」南朝宋裴駰《史記集解》則說：「皇甫謐云：亳王號湯，西夷之國也。」〔註98〕連已經遷居於西北的成湯後裔，都還自稱「亳王」，可見「亳」這個字確實給他們極深刻的印象，容易喚起他們尋根溯源的記憶與認同。春秋時魯國還有亳的社，這是國人的信仰中心，顯示魯國的主要人民有著商裔的血統，《左傳‧定公六年》記載：「陽虎又盟公及三桓于周社，盟國人于亳社。」〔註99〕《春秋，哀公四年》記載：「六月辛丑，亳社災。」〔註100〕《左傳‧哀公七年》記載：「以邾子益來，獻於亳社。」〔註101〕「社」是祭祀土神，亳社是個殷禮，陽虎與魯國貴族相盟卻在周社，這是因爲統治階層是周人，反過來看，這些文獻都顯示出亳社在魯國居多數的國人階層眼裡的重要性。齊國也有「亳」，楊向奎先生說亳就是蒲姑，「蒲」與「亳」兩字古音相同，「姑」字爲尾音，如此則《尚書序》記載：「成王既踐奄，將遷其君于蒲姑，周公告召公，作將蒲姑。」

〔註95〕見楊向奎〈試論先秦時代齊國的經濟制度〉，《中國論文卷》，頁151。
〔註96〕見《世本》，頁122。
〔註97〕楊向奎先生徵引《史記‧殷本紀》說：「既絀夏命，還亳作〈湯誥〉。」然而見諸《史記會注考證》，「絀夏命」應爲「醜有夏」，《史記集解》記孔安國曰：「鳩房二人，湯之賢臣也，二篇言所以醜夏而還之意。」見《史記會注考證》卷三，〈殷本紀〉第三，56。
〔註98〕見《史記會注考證》卷五，〈秦本紀〉第五，頁92。
〔註99〕見《春秋左傳注疏‧定公六年》卷第五十五，頁961。
〔註100〕見《春秋左傳注疏‧哀公四年》卷第五十七，頁999。
〔註101〕見《春秋左傳注疏‧哀公七年》卷第五十八，頁1010。

〔註102〕而《左傳・昭公九年》記載：「王使詹桓伯辭於晉曰：蒲姑商奄，吾東土也。」〔註103〕都能由「亳」做地名而得解釋。〔註104〕

　　果真如此，則商人與東夷人彼此緊密的關係，不僅體現在他們有著相同的族裔源頭，甚至包括後來長期生活範圍的重疊性，蒲姑不論是個國名還是個地名，這個名稱本身都象徵著商人與東夷人共同的情感記憶。再加上後來姜太公治理齊國時採取「因其俗，簡其禮」而不是全面壓制土著文化的政策，夷與商共釀的風俗對齊文化與齊學就有莫大的影響。譬如商人有奴隸童僕畜牲殉葬的風俗，這點齊人就有繼承，西元一九六五年至一九六六年，山東省博物館在益都縣（後名青州市）城東北蘇埠屯村發掘出四座商墓，包括兩座大墓與兩座中型墓，其中一號大墓殉葬奴隸高達四十八人，並有葬狗七隻，規模僅次於河南省安陽縣發掘的王陵，不論是墓葬的規制、隨葬器物的組合與風格，都跟此殷墟大墓大致相同，大概是僅次於商王的方伯陵寢。〔註105〕西元一九七一年至一九七二年，山東博物館在淄博市（舊名臨淄縣）城東南郎家莊發掘出春秋末期至戰國早期齊國的國氏貴族墓，該墓內有陪葬十七人（其中有六名二十至三十歲的青年女性，應為主人的後宮妾婢），還有九個被斷首或肢解的殉葬奴隸，並有葬狗八隻。據該簡報表示，這是兩周時期葬人最多的墓，當日整個臨淄地區已發掘十一座春秋時期至戰國早期的墓，其中有三座墓就有拿人殉葬，可見齊國確實在承襲商朝的風俗。〔註106〕

　　西元一九六四年至一九七六年，淄博市臨淄區齊國故城的東北部河崖頭村陸續發掘五座東周墓，其中五號墓旁發現一座極大型的殉馬坑，為墓主而殉殺戰馬六百餘匹，這背後消耗的能量與動機，都意味著商文化在型塑齊文化的過程裡有著巨大的影響！〔註107〕

〔註102〕這是楊向奎先生的徵引，不過根據筆者查證，本段文字其實不出自於《尚書序》，而出自於《尚書・周書》的〈蔡仲之命〉，見《尚書正義》卷第十七，〈蔡仲之命〉第十九，頁254。

〔註103〕見《春秋左傳注疏・昭公九年》卷第四十五，頁778。

〔註104〕見楊向奎〈試論先秦時代齊國的經濟制度〉，《中國論文卷》，頁152。

〔註105〕見山東省博物館〈山東益都蘇埠屯第一號奴隸殉葬墓〉，《考古卷》，《齊文化叢書》，第十冊，西元1997年，頁222～241。《先齊文化源流》第六章〈齊地商諸侯國文化〉，第三節「齊地商諸侯國文化」，頁210～215。

〔註106〕見山東省博物館〈臨淄郎家莊一號東周殉人墓〉，《考古卷》，頁437～493。關於齊國殉葬風俗的討論，特別詳見該文，頁485～487。

〔註107〕見山東省文物考古研究所〈齊故城五號東周墓及大型殉馬坑的發掘〉，《考古卷》，頁339～346。

相對於諸夏民族，齊地的夷與商除農耕外，體現出更濃厚的漁獵與畜牧特徵，甚至有某種程度的海洋經驗，這都是後來齊國會兼重發展漁鹽紡織這些工商業的遠因；而商民族的崇信鬼神，替後來齊國各種型態的宗教與信仰蓬勃發展，[註108] 並替好做誇誕不經世稱「齊東野人」的話語開先河，其影響的幅度，甚至包括後來秦始皇會「爲方僊道，形解銷化，依於鬼神之事」（《史記・封禪書》），都是聽信齊人的意見，而其「東遊海上，行禮祠名山大川及八神，求僊人羨門之屬」（《史記・封禪書》），俱搬至齊國自開國而降就盛行的風俗，這是商人的傳統，與同屬商裔子孫，卻自覺繼承周文化傳統的孔子「敬鬼神而遠之」的想法大不相同。同樣在山東省，齊地與魯地的文化差異，並不僅始於兩國的開國者（姜太公與周公旦）在面對東夷土著的立國政策就有明顯差異，更包括東夷部落自身在不同地區生活醞釀出來的差異。學者王志民與邱文山先生聯合指出，齊地的夷人主要爲萊夷與島夷（鳥夷），他們生活於半島濱海區域，魯地的夷人主要爲淮夷，他們生活於汶泗河谷流域，這使得前者的文化帶有濱海野性的性質；後者則本來環境就易與黃土高原的內陸農業文化交融，加上魯國採取「變其俗，革其禮」的政策，大幅淡化夷人的特徵，而醞出具有內陸農業文化的特點。

王與邱兩位先生徵引常興照與張光明兩位先生曾經聯合指出齊地夷人傾向於崇鳥與尚射（蒲姑即爲其成熟後建立的國）；魯地夷人傾向於崇龜（商奄

[註108] 蒲慕州先生說：「所謂的宗教指的是『對於人之外的力量的信仰』，這種力量可以主動或被動地作用於人和社會，從而改變其命運。」他還說：「我比較贊成使用『人外力量』（extra-human power）一詞，因爲我認爲不論是『超自然』或者『超人』，兩者均反映出現代人的世界觀，而不足以全面地描述所有的宗教。至少在古代中國的宗教中，所謂的『力量』主要被認爲是存在於人之外的一種東西。它們既不能說必然是『超自然』的──也就是在自然世界之上或之外；也不能說一定是『超人』的──譬如說具有比人更大的能力。……只要人們感到那些人之外的力量是必須予以適當的應付時，就成爲宗教信仰的內容。」最後，他還說：「在感受到人外的力量之後，人通常就會設法與此力量取得協調。取得協調的方法，也就是所謂的宗教活動，則包括各種崇拜儀式、祈禱，和法術等公開或私下的活動。這些活動的目的基本上不外乎求個人或親友的福祉，這也是維持一種信仰形式的主要動力。在這定義範圍中，不論是有組織、有教義的合理化的宗教，或者是分散性、地方性、無組織、無固定宗旨的信仰活動，都可以稱爲是宗教信仰。」見其《追尋一己之福：中國古代的信仰世界》第一章〈引論〉，頁24～25。這種說法比較能符合中國宗教與信仰裡的「神」總與現實的「人」（包括其人生）相伴的性質，這同樣是筆者在本書使用「宗教」與「信仰」這兩個詞彙來討論問題時會採用的角度。

爲其成熟後建立的國，而且影響商朝文化最鉅，堪稱典型），他們據此聯想指
出崇鳥與尚射的部族應該較爲機智坦蕩活潑開放，而崇龜的部族應該較爲執
著深沈封閉內斂，這兩種傾向大體都符合後人對齊人與魯人的性格特點印
象，因此，齊與魯兩種文化的不同有其東夷文化內部發展基點的差異。〔註109〕
這種說法，對我們來說相當具有參考價值。不過，即使崇龜的夷人影響商朝
文化最鉅，歷史的原因促使繼承夷與商共釀的文化最深者卻還是齊學，而不
是魯學。生活在齊地的東夷人隨著姜太公建立齊國而逐漸被諸夏集團的文化
給融合，這固然使他們逐漸變身爲諸夏的子民，但，諸夏包容東夷使其內涵
的擴大，本身也擴充甚至轉化原先對諸夏的定義（雖然，夷與夏的區隔本來
就不是來自血統，而來自生活型態醞釀的文化差異，故而會有錢穆先生指出
「諸侯用夷禮則夷之，夷狄進於中國則中國之」的傳統說法），〔註110〕這使得
齊學有機會做夏周文化吸收夷商文化的橋樑，諸夏不再是諸夏，東夷更不再
是東夷，他們交互揉合並轉化出最具開創性的早期中華文化，這是夷與商共
釀的風俗提供的歷史貢獻。

〔註109〕關於夷人崇鳥與崇龜的差異，詳見王志民與邱文山《齊文化與魯文化》第二
　　　　章〈齊魯文化之源〉，第三節「齊魯文化淵源的比較探索」，頁35～36。
〔註110〕見錢穆《中國文化史導論》第三章〈古代觀念與古代生活〉，西元1993年，
　　　　頁41。

第二章　姜太公封國於齊面臨的處境與應變

摘　要

　　姜太公不能僅視作一個人，在人與其部族生死緊密相關的時空裡，他的生平其實更能讓後世去探索姜族如何與其更大的周族合作與共的歷程。因此，拿姜太公做象徵的姜族，可能有個較複雜的蘊生與發展過程，姜族因為有長期的遷移歷史（或由西戎區域轉至東夷區域），因此其部族源流很容易就因曾有不同居地而被後人辨識錯誤，或因政治結盟而在不同時期依附或歸順夏朝或商朝，故而會有眾說紛紜的狀況。周族屬於黃帝民族因聚落擴大而畫出獨立的支部落，黃帝民族是夏族的前身，故而周族屬於諸夏部落集團的成員，姜族雖同屬於諸夏部落集團的成員，不過它出身於炎帝民族，炎帝民族早於黃帝民族，卻因衰落而被後者打敗，取替做農牧民族的共主。

　　周族在遷至岐山前，有個長期累積的大問題，就是該族一直與戎狄雜處，彼此常有爭執，古公亶父忍讓無法換取和平，只得帶領子民由豳移至岐山下，於是與姜族開始交會。戎族只是個籠統的族名，其內部族員與其族源恐怕都甚為複雜，「戎」本來只是在指西方某個善戰的族，羌族或許被包括在內，但，不能說羌族就是姜族。在炎帝民族被黃帝民族取替後，姜族頓失母族屏障，其中部分族人可能因此流離失所，而與當地戎人雜居，逐漸有戎化的現象，故而被諸夏（譬如晉國）稱呼做「姜戎」。同樣有可能係在某個時期姜族的女人嫁於西戎，繁衍後世，其子孫懷著攀附華夏的心態，故自己號稱姜戎，但，不能把這個姜戎與姜族主體混雜視同。

　　羌族出自苗裔系統，屬於姜姓卻不是姜姓的正宗，由於居無定所，與姜族為農業民族的狀況不同，卻很有可能得證出姜族女人嫁與羌族，由於羌族沒有氏族觀念，因此他們直接挪引母姓而自稱姜戎。他們有「父死兒娶後母」與「兄死弟娶兄嫂」的倫理現象，主要是為避免族中人因亡故致使整個家族財產散失，這種倫理觀只出現在畜牧民族的社會裡（夷與商亦存在此現象，甚至齊國同樣餘有此風），而與農業維生的諸夏部落集團頗為不同，不過，由於生活環境的影響，或許該族確有戎化的現象。姜族各與周族與戎族通婚，反映其與生產型態頗具差異的兩大民族周旋的智慧，尤其是周族，其能搬至周原，主要跟這裡更適合農耕有關，而且，周族不僅獲得姜族的同意，更獲得他們協助玉成此事。

　　後世齊學會有大量的兵法書籍傳世的其中一個原因，就跟姜太公個人的生命傾向醞釀的文化典範有關。姜太公的人格會影響其後來治理齊國的政風，其中有三點思維傾向特別值得注意，我們可由此看出統治階層在凝聚齊學特徵的過程裡自然架構出的政治規範：第一，輕鬼神而重人事。第二，愛民而富民。第三，尚制度而慎賞罰。這與其生命常遭遇挫折，因此身段變得柔軟有關。姜太公被封於齊，應該就是在周公東征後的事。在建國的早期，由於萊夷不斷傾擾，首都營丘的防衛尚未鞏固，深受夏周文化傳統陶冶的統治階層尚無法完全融進當地夷商風俗濃厚的生活，或者還有安全的顧慮，齊國的國君過世，接連五世都會返回岐山周原的周朝龍興祖地埋葬。

　　姜太公治理齊國的政策，簡單來說就是「因其俗，簡其禮」，其政策就是任用夷人當地的賢士來替齊國做事，並由實際的績效與否來做賞罰的依據，這種不依靠血緣裙帶關係來做事的態度，既是空前未有的創舉，更使得齊國迅速壯大起來。這種措施被稱做「尊賢上功」，文獻常將其與周公旦治理魯國時採取「親親上恩」的措施聯繫討論並彼此做出區隔，我們只有從兩人出身背景醞就人格與待遇的差異，纔能解釋開國時期同在山東，地理環境並沒有絕大差異，而齊國會發展工商，魯國則依然只有農業，而且同樣在面對夷人，周公旦（及其子伯禽）會採取鎮壓的革命態度，要全面讓周文化在魯國紮根；而姜太公則會選擇與夷人合作，順應固有風俗來治國，避免文化的衝突消耗纔剛在累積的國本。

第一節　由周族認識姜族的源頭

　　要認識齊文化醞釀出的齊學，姜太公是個無法遺落的環節。他不僅是輔

佐周文王與周武王兩朝國君的股肱大臣，由此而得封於齊，做為齊國創業維艱的開國者，他更是齊地由原先蘊含深厚的夷與商的文化，開始融納夏與周的文化元素的關鍵引路人，將此兩大文化兼容並蓄而得在齊地交會，纔會蹦發出多元燦爛的齊文化與齊學……

　　姜太公不能僅視作一個人，在人與其部族生死緊密相關的時空裡，他的生平其實更能讓後世去探索姜族如何與其更大的周族合作與共的歷程。由於文獻記載錯亂，致使姜族的源流眾說紛紜，譬如《史記·齊太公世家》說：「太公望，呂尚者，東海上人。」裴駰立即就在《史記集解》補上：「《呂氏春秋》曰：東夷之士。」司馬貞《史記集解》則說：「譙周曰：姓姜，名牙，炎帝之裔，伯夷之後，掌四岳，有功封之於呂，子孫從其封姓，尚其後也。」〔註1〕〈齊太公世家〉還說：「其先祖嘗為四嶽，佐禹平水土，甚有功。」再說：「或曰：太公博聞，嘗事紂，紂無道，去之，游說諸侯，無所遇，而卒西歸周西伯。」〔註2〕這有兩條相互矛盾的線索：首先，有個東夷族甚至商人後裔，曾經在商朝做過官的姜太公；再者，還有個炎帝神農氏與四岳（嶽）後裔，先人輔佐過夏禹治理水患的姜太公。後者應該屬於諸夏部落，而與前者的東夷部落顯然有身份認同上的矛盾，不該被劃歸做同一個人的背景。合理的解釋該是說，拿姜太公做象徵的姜族，可能有個較複雜的蘊生與發展過程，姜族因為有長期的遷移歷史（或由西戎區域轉至東夷區域），因此其部族源流很容易就因曾有不同居地而被後人辨識錯誤，或因政治結盟而在不同時期依附或歸順夏朝或商朝，故而會有眾說紛紜的狀況。

　　一個深具競爭與生存潛能的部族，本來就容易有著整合各種文化做複雜交融於一體的背景。不過，姜族確實與周族關係匪淺。周族創始者后稷的母親就出自姜族，《史記·周本紀》說：「周后稷，名棄。其母有邰氏，曰姜原。姜原為帝嚳元妃。」〔註3〕姜原是名字喚做原的姜族女人，因此，姜族為周族的母親氏族，而帝嚳則是傳說中黃帝的曾孫，因《史記·五帝本紀》說：「帝嚳高辛者，黃帝之曾孫也。」〔註4〕這表示周族屬於黃帝民族因聚落擴大而畫出獨立的支部落，黃帝民族是夏族的前身，故而周族屬於諸夏部落集團的成

〔註1〕　見《史記會注考證》卷三十二，〈齊太公世家〉第二，頁549。
〔註2〕　見同上，頁549～550。
〔註3〕　見《史記會注考證》卷四，〈周本紀〉第四，頁64。
〔註4〕　見《史記會注考證》卷一，〈五帝本紀〉第一，頁27。

員。〔註5〕我們還有兩點證據能指出周人的源頭。首先，夏朝的創立者禹爲黃帝玄孫，如《史記‧夏本紀》說：「禹者，黃帝之玄孫，而帝顓頊之孫也。」〔註6〕意即夏族亦屬於因聚落擴大畫出獨立的支部落，甚至逐漸取替黃帝，成爲西方農業民族的新領導者，故而的確與周族有著相同的文化背景。再者，周人常自稱爲「夏」，把自己視爲夏文化的繼承者，譬如《尚書‧康誥》說：「用肇造我區夏，越我一二邦，以修我西土。」〔註7〕而《尚書‧君奭》則說：「惟文王尙克修和我有夏。」〔註8〕最後，還有《尚書‧立政》說：「帝欽罰之，乃伻我有夏，式商受命，奄甸萬姓。」〔註9〕都可看出周族自承文化出自於夏，由其滅商具有恢復正統的意蘊。〔註10〕

　　因此，周朝取替商朝延續著夷與夏鬥爭暨東與西鬥爭的大歷史背景，而姜族則在這場長期鬥爭裡做極複雜的政治結盟……

〔註5〕筆者揣測，周族自承出自於夏，可能經過「文化改宗」的歷程，這個現象甚至包括黃帝部落本身原本都不是農業民族，由於夏族獨立出去且改爲農耕，政治統治能量越來越強大，大部的黃帝部落就開始歸順於夏，成爲諸夏部落，剩餘的某些黃帝部落則繼續過著游牧生活，這就是戎與狄的源頭。因此，同樣是游牧民族，蠻與夷是一個系統（姑且稱作甲系統），戎與狄是一個系統（姑且稱作乙系統），這是最早在中國生活的兩大類游牧民族，本來乙系統裡的黃帝部落打敗炎帝部落（這是最早期的農業民族），並打敗蠻夷系統裡的蚩尤部落，成爲全部農牧民族的共主，由於統治得當，因此包括甲系統的東夷人都忠誠歸順，長期視作游牧民族的領袖，「黃帝」這個名號甚至成爲東夷人的精神象徵，後來乙系統裡率先出現開始過農業生活的夏族，致使黃帝部落式微，文化就逐漸轉型成夷夏衝突與融合的格局。這是筆者在本章的主要論點，後面的討論都會舉出經典與文獻證實。周人就是在這個過程裡，同大部的黃帝部落共同向夏族學習，轉型成過農業生活的民族，而本來血緣相通的戎人則不願意向夏族學習，繼續過著游牧生活。這是早年周人與戎人生活範圍犬牙交錯的主因。

〔註6〕見《史記會注考證》卷二，〈夏本紀〉第二，頁41。

〔註7〕見《尚書正義》卷第十四，〈康誥〉第十一，頁201。

〔註8〕見《尚書正義》卷第十六，〈君奭〉第十八，頁247。

〔註9〕見《尚書正義》卷第十七，〈立政〉第二十一，頁261。

〔註10〕學者王明珂先生表示：「由於農業與畜牧的不相容以及因此造成的資源競爭，使得定居與移動、農業與畜牧逐漸成爲人群分別『我們』與『他們』的重要根據。西元前1300年至1000年左右，周人崛起於渭水流域，逐步東進打敗商人，並以分封諸侯將其勢力推廣至東方。這時華夏邊緣仍不明顯：沒有一群人自稱華夏，而周人的西方盟邦中還有一部分是相當畜牧化、武裝化的『戎人』。克商之後的周人越來越東方化，相對的在他們眼中那些舊西方盟邦就越來越『異族化』了。西元前771年，終於戎人與周人決裂，周人因此失去渭水流域。」見其《華夏邊緣：歷史記憶與族群認同》第七章〈華夏邊緣的形成：周人族源〉，西元1997年，頁188。

姜族雖同屬於諸夏部落集團的成員，不過它出身於炎帝民族，炎帝民族早於黃帝民族，卻因衰落而被後者打敗，取替做農牧民族的共主。〔註11〕早期炎帝與黃帝兩民族保持合作的關係，《國語・晉語四》說：「昔少典娶于有蟜氏，生黃帝、炎帝。黃帝以姬水成，炎帝以姜水成。成而異德，故黃帝爲姬，炎帝爲姜，二帝用師以相濟也。」〔註12〕這段話透露三個訊息：第一，炎帝與黃帝同屬於少典系統，這個民族的狀況我們已經無法詳查，但由「炎」與「神農」都是在指該族已有原始火耕來看，少典系統應該同樣如此。〔註13〕第二，姬水與姜水都是河流名稱，這固然指出這兩個民族後來都因發展水利於灌溉而蔚爲農業大族，更使我們得知周族與姜族各自的姓氏都出於此。第三，「用師以相濟」指出這兩個民族軍事結盟的狀況，主要應該是在共同對抗當日東夷部落的威脅。或因農業民族同姓不婚的風俗，這兩個民族合作的狀況還包括通婚，《國語・晉語四》還在這裡接著說：「異姓則異德，異德則異類。異類雖近，男女相及，以生民也。」不同姓的民族隨著居地其風俗自有

〔註11〕《史記・五帝本紀》這樣說：「軒轅之時，神農氏世衰。諸侯相侵伐，暴虐百姓，而神農氏弗能征。而神農氏弗能征，於是軒轅乃習用干戈，以征不享，諸侯咸來賓從，而蚩尤最爲暴，莫能伐，炎帝欲侵陵諸侯，諸侯咸歸軒轅。」後面還說：「蚩尤作亂，不用帝命，於是黃帝乃徵師諸侯，與蚩尤戰於涿鹿之野，遂禽殺蚩尤，而諸侯咸尊軒轅爲天子，代神農氏，是爲黃帝，天下有不順者，黃帝從而征之，平者去之。」見《史記會注考證》卷一，〈五帝本紀〉第一，頁24～25。這裡說的「炎帝」（神農氏）與「黃帝」（軒轅氏）都是個部落民族的集合名詞，其事蹟應該是由各自的累世不同君主帶領子民而做，卻共稱作「炎帝」與「黃帝」，如此纔有歷史解釋的合理性。

〔註12〕見《國語・晉語四》卷第十，西元1981年，頁356。

〔註13〕這段文字或是指炎帝民族與黃帝民族本來在血緣上並沒有根本差異，而只是逐漸歧出不同的部落群體，做出不同的選擇，過著不同的生活，而逐漸拉開體能與體質的差異，這就是會說「成而異德」的意思，黃帝民族後來改學農耕，跟炎帝民族重新展開合作，這合作本來是指軍事，然而「農耕」與「作戰」本來就是一體的兩面，因此說「二帝用師以相濟」大概還有這層意思。甚至筆者懷疑這裡說兩個民族的合作，就是透過各自支族，意即周族與姜族的合作而落實。關於黃帝民族本來過著游牧生活，見於《史記・五帝本紀》記說：「遷徙往來無常處，以師兵爲營衛。」這段文字是放在黃帝已經成爲天下共主的內容後面，指稱著他如何統治四方萬民，其前則紀錄著他如何在阪泉與炎帝作戰，並在涿鹿與蚩尤作戰，顯見直到有效統治後很長的時間內，黃帝民族都還是個游牧民族，〈五帝本紀〉說黃帝名曰「軒轅」就有車駕的意思，那就隱含著他與其族人本來在過游牧生活。關於黃帝民族的早期生活，可見錢穆《黃帝》第二章〈黃帝的故事〉，第一節「黃帝和炎帝」，西元1987年，頁4～6。

細緻差異，風俗有差異則體能與體質自有不同，這種不同（尤其黃帝民族曾經有過產業變化，其部落內部就已經有極大的差異）反而適合通婚而孕育出較優良的子嗣，當然，這更可能是基於政治層面的實際需要。

後魏酈道元《水經注》說：「岐水又東經姜氏城南，為姜水，按《世本》：炎帝，姜姓。」〔註14〕再說：「又歷周原下，北則中水鄉成周聚，故曰有周也。水北，即岐山矣。」〔註15〕由此可知，姜族本來就生活在岐山下的周原姜水流域。周族創始時的居地不詳，大約都在陝西省西部，離其前身黃帝民族活動的姬水流域不遠。周族因農業發達而著稱於世，由該族創始者后稷開始就敏於農事，如《史記・周本紀》說：「棄為兒時，屹如巨人之志。其游戲好種樹麻菽，麻菽美，及為成人，遂好耕農，相地之宜，宜穀者稼穡焉，民皆法則之，帝堯聞之，舉棄為農師，天下得其利。」〔註16〕后稷死後三傳至公劉，周族雖然與戎狄雜處，依然不廢農事（由此可知夏與非夏的差異在生活型態，這種差異有著文化自主的選擇性，地理環境並不是影響生活型態的絕對因素），《史記・周本紀》還說：「公劉雖在戎狄之間，復脩后稷之業，務耕種，行地宜，自漆沮度渭，取材用，行者有資，居者有畜積，民賴其慶，百姓懷之，多徙而保歸焉。周道之興，自此始。」公劉是周族能興起的關鍵領導人，他帶領部族由漆水流域南渡至渭水流域生活，其子慶節則開始立國於豳，公劉九傳至古公亶父，《史記・周本紀》說：「古公亶父復脩后稷、公劉之業，

〔註14〕 見《水經注疏・渭水中》卷十八，中冊，西元 1989 年，頁 1537～1539。酈道元在這裡表示：「炎帝，神農氏，姜姓，母女登，遊華陽，感神而生炎帝，長於姜水。」這裡可能就是炎帝民族的發祥地，而姜族則是炎帝民族裡的支族，由名稱來看甚至可能是大族。

〔註15〕 《史記正義》在《史記・五帝本紀》引《帝王世紀》的一段話：「神農氏，姜姓也。母曰任姒，有蟜氏女，登為少典妃，游華陽，有神農首，感生炎帝，人身牛首，長於姜水。」見《史記會注考證》卷一，〈五帝本紀〉第一，頁 24。這是目前文獻裡炎帝長於姜水最早的紀錄。學者徐旭生先生說姜水後來稱作「磻溪」，他表示：「這條水在現在寶雞縣城東四五十里處的渭水南岸，為一小溪，北流入渭水。」見其《中國古史的傳說時代》第二章〈我國古代部族三集團考〉，一「華夏集團」，西元 2003 年，頁 48。可見其主要發祥於關中平原西部的渭水流域，其活動範圍正處在沿黃河流域東西往來的交通線西段。

〔註16〕 棄與禹同時，他或許即是在面對禹建立夏朝，已然讓夏人獨立於黃帝民族外，致使黃帝民族中衰，為化解黃帝民族的危機（那不只是政治危機，還包括經濟危機），故而帶領周族全體向夏族學習農業的關鍵人，其子孫則繼承遺策，不斷推動著「全盤夏化」的治國要略。這或許就是〈周本紀〉要特別強調他善於農事的原因。

積德行義，國人皆戴之。」〔註17〕他依然靠著農業起家與富國。

第二節　姜族的發祥與遷移路線

　　當日的周族有個長期累積的大問題，就是該族一直與戎狄雜處，彼此常有爭執，古公亶父忍讓無法換取和平，只得帶領子民由豳移至岐山下，於是與姜族開始交會。《史記‧周本紀》說：「薰育戎狄攻之，欲得財物，予之。已復攻，欲得地與民，民皆怒欲戰。古公曰：『有民立君，將以利之。今戎狄所爲攻戰，以吾地與民，民之在我，與其在彼何異？民欲以我故戰，殺人父子面君之，予不忍爲。』乃與私屬，遂去豳度漆沮，踰梁山，止於岐下。」古公亶父遷族至岐山下，並不意味著該地沒有戎狄，〔註18〕但，或許空間較廣闊，與戎狄不至於完全混居，使他能開始確立周人該有的風俗，而與戎狄的文化做出區隔，營建城廓、宮室與房屋，設立各階層政府制度，使周族更具有立國的規模，《史記‧周本紀》說：「於是古公乃貶戎狄之俗，而營築城郭室屋，而邑別居之。作五官有司，民皆歌樂之。」有一些學者指出姜族就是與周族混居的戎族，〔註19〕並且即是戎族裡面的羌族，他們引用文獻論證此說，譬如《左傳‧襄公十四年》記載晉國的范宣子對戎族的戎子駒支說：「來，姜戎氏！昔秦人迫逐乃祖吾離于瓜州，乃祖吾離被苫蓋，蒙荊棘以來歸我先君。」〔註20〕戎子駒支則回答：「昔秦人負恃其眾，貪于土地，逐我諸戎，惠公蠲其大德，謂我諸戎是四嶽之裔胄也，毋是翦棄。」

〔註17〕見《史記會注考證》卷四，〈周本紀〉第四，頁64～65。
〔註18〕正好相反，還有混夷（或名昆夷，犬夷，犬侯），見學者杜正勝先生《古代社會與國家‧封建與宗法》，〈周代封建的建立（上）〉，西元1992年，頁335。他認爲周太王能在岐下立足，同樣靠著武力與混夷鬥爭而獲取土地，其引《詩經‧大雅‧綿》的原文說：「肆不殄厥慍，亦不隕厥問，柞棫拔矣。行道兌矣，混夷駾矣，維其喙矣。」意即無能殄絕混夷的慍怒，同樣不敢廢其聘問鄰國的禮節。筆者揣測這種處境應該要相對而論，如果情況並不比來岐山前來得好，那舉族遷居就沒有實質意義了。因此，生活空間尚能容許兩族共存，這是合理的推測。
〔註19〕這是聞一多先生、童書業先生與顧頡剛先生的論點，聞一多先生認爲春秋有「姜戎」，自稱四岳的後裔，而姜齊同樣是四岳的後裔，看來齊國與姜戎本是同種；童書業先生則拿《左傳‧襄公十四年》、《國語‧鄭語》還有《山海經‧海內經》裡的文字證實這個說法；顧頡剛先生則表示瓜州的戎族有二姓，其一姓姜，因此姜屬於戎族。本文後面還會討論其內容，轉引自宣兆琦〈姜太公族源及遷徙路線考〉，見《中國論文卷》，頁46。
〔註20〕見《春秋左傳注疏‧襄公十四年》卷第三十二，頁557～558。

　　這段文字顯現姜戎就是炎帝後裔的姜族。學者童書業先生則更舉《山海經·海內經》說：「伯夷父生西岳，西岳生先龍，先龍是始生氐羌。」東晉郭璞按《漢書·古今人表》而注說：「伯夷父顓頊師，今氐羌其苗裔也。」〔註21〕由此而連鎖推斷出姜族與西戎的羌族本屬同族的說法。學者楊善群先生則更由語言分析的途徑指出「姜」字與「羌」字古音相同，而「羌」字從羊從人，表示族名；「姜」字從羊從女，表示族姓，因此姜族與羌族確屬同族。〔註22〕姜族是否確屬羌族，這點筆者很難據此論斷，不過，文獻指出姜戎的存在，使得姜族與戎族的關係頗值得討論。戎族只是個籠統的族名，其內部族員與其族源恐怕都甚為複雜，關於「戎」這個字，《說文解字》說：「戎，兵也，從戈甲。」〔註23〕因此，戎族只是在指西方某個善戰的族，羌族或許被包括在內，但，不能說羌族就是姜族。在炎帝民族被黃帝民族取替後，姜族頓失母族屏障，其中部分族人可能因此流離失所，而與當地戎人雜居，逐漸有戎化的現象，故而被諸夏（前面的具體例證是晉國）拿「姜戎」來稱呼。學者宣兆琦先生則進而指出亦可能係在某個時期姜族的女人嫁於西戎，繁衍後世，其子孫懷著攀附華夏的心態，故自己號稱姜戎，但，不能把這個姜戎與姜族主體混雜視同。〔註24〕

　　《後漢書·西羌傳》有一段文字，很具體指出西戎的羌族與姜族既有淵源更有不同，其說：「西羌之本，出於三苗，姜姓之別也。」〔註25〕這是指出羌族出自苗裔系統，屬於姜姓卻不是姜姓的正宗。還說：「所居無常，依隨水草。地少五穀，以產牧為業，其俗氏族無定，或以父名母姓為種號。」這就與姜族為農業民族的狀況不同，卻很有可能得證出姜族女人嫁與羌族，由於羌族沒有氏族觀念，因此他們直接挪引母姓而自稱姜戎。再說：「相與婚姻，父沒則妻後母，兄亡則納釐嫂，故國無鰥寡，種類繁熾。」這種父死兒娶後母與兄死弟娶兄嫂的倫理現象，主要是為避免族中人因亡故致使整個家族財產散失，這種倫理觀只出現在畜牧民族的社會裡（夷與商亦存在此現象，甚至齊國同樣餘有此風），而與農業維生的諸夏部落集團頗為不同，前面光就「同

〔註21〕見《山海經·海內經》第十八，袁珂《山海經校注·海經新釋》卷十三，西元 1982 年，頁 462。

〔註22〕楊善群〈姜太公籍貫和早年活動〉，《史林》學報，北京，西元 1987 年，第二期，轉引自宣兆琦〈姜太公族源及遷徙路線考〉，見《中國論文卷》，頁 46。

〔註23〕見《說文解字注》，頁 636。

〔註24〕見其〈姜太公族源及遷徙路線考〉，見《中國論文卷》，頁 48。

〔註25〕見《後漢書》卷八十七，列傳第七十七，第四冊，頁 2869。

姓不婚」這點即可做例證。《後漢書・西羌傳》還有說：「不立君臣，無相長一，強則分種爲酋豪，弱則爲人附落，更相抄暴，以力爲雄，殺人償死，無它禁令。其兵長在山谷，短於平地，不能持久，而果於觸突，以戰死爲吉利，病終爲不祥。」〔註26〕這些都能使我們更加印證戎族確實是個軍事化的部族，而姜族的主體應該不是由姜族女人嫁與西戎後的姜戎構成，不過，由於生活環境的影響，或許該族確有戎化的現象。

　　戎化的現象，即使是古公亶父改革前的周族亦不能免，更何況是在農業與畜牧兩大民族夾縫裡求生存的姜族？

　　跨族嫁娶絕對是個大事，甚至決策過程裡常內蘊著政治性。姜族各與周族與戎族通婚，反映其與生產型態頗具差異的兩大民族周旋的智慧。周族受戎狄侵擾始自后稷的兒子不窋，譬如《國語・周語上》說：「及夏之衰也，我先王不窋用失其官，而自竄于戎狄之間。」〔註27〕不過，這個戎狄或許包括姜族女人嫁與西戎後的姜戎，卻不該包括姜族在內，否則古公亶父爲何反而會搬遷至姜族生活的大本營周原，如此繼續與戎狄雜居，則搬遷就沒有意義了（雖然，這裡到處都散佈著戎狄，不過相信還是會有程度的差異）。而且，古公亶父亦娶姜族女人爲妻，如《詩經・大雅》裡有一篇〈綿〉的詩說：「古公亶父，來朝走馬。率西水滸，至于岐下。爰及姜女，聿來胥宇。周原膴膴，堇荼如飴。爰始爰謀，爰契我龜。曰止曰時，築室于茲。」〔註28〕這段話的意思是說：古公亶父早晨騎著馬沿著邠地西的水邊來到岐山下，與他的妻子姜女共同來考察是否能營造居室。周原這塊地土壤很肥美，連種植苦荼都會變得如糖漿般好吃。我們要開始謀畫與占卜，想要在這裡是否能長期居住。占卜的徵兆說這裡可居住，於是我們將要在這裡建築居室。由此可知，搬至周原主要跟這裡更適合農耕有關，而且，周族不僅獲得姜族的同意，更獲得他們協助玉成此事。〔註29〕

〔註26〕《後漢書》這裡說「強則分種爲酋豪，弱則爲人附落」其實甚有意思，頗能「間接」證實筆者說姜族（或說全部的畜牧民族）是善於生存懂得權變的一群人，這種畜牧民族的性格後來肯定影響到姜太公立國時治理齊國的態度。

〔註27〕見《國語・周語上》卷第一，頁2～3。

〔註28〕見《毛詩注疏・大雅・綿》卷第十六，頁547。古工亶父的妻子是姜女，表示周族與姜族有通婚關係，其實，周族娶姜族女人爲妻本爲慣例，周族的始祖后稷就是姜原的兒子，這見諸《史記・周本紀》說：「周后稷名　　，其母有邰氏女，曰姜原。」見《史記會注考證》卷四，〈周本紀〉第四，頁64。

〔註29〕姜族與周族的關係深厚，《詩經》裡還有好幾段文獻可提供佐證，譬如《大雅・

　　不過，《史記·齊太公世家》說姜太公是「東海上人」，意即他象徵的姜族後來竟然來到濱海的山東，這是怎麼回事呢？宣兆琦先生推測，姜族會離開西戎的原因有三，第一，自身人口發生膨脹危機，迫使姜族過剩的人口必須遠離他鄉開闢生路，其他人則繼承先業留在原地，這些人很可能就是被諸夏稱做「姜戎」的族人。第二，好戰黷武的戎族對其持續施壓，不斷激起殘酷的民族戰爭，促使姜族不得不舉族而遷，在尋覓耕地的過程裡，逐漸由西往東發展。第三，上古的農業還具有刀耕火種的拋荒性質，廣種薄收，不知施肥與澆灌，不懂得休耕來恢復土地生機，致使土地常種不上幾年就變得貧瘠而不能再種莊稼，不得不遷族再換新耕地。宣兆琦先生按照華北地理環境推測出姜族由西往東的合理路線，他們順著黃河先由陝西至河北的涿鹿，再由河北往河南的南陽，最後由河南來到山東的日照。光在山東就有幾度大遷移的過程，姜族先在魯地居住過一段很長的時間，並陸續建立一些小國，後來北上往泰安與濟南地區，再沿著泰沂山脈北麓的東西交通大道，向東落腳至淄濰流域，而在此兩河流域建立一個龐大的姜姓集團，各個姜姓諸侯國林立，最後順著淄河與彌河往南至沂河，再折向東南至日照的東莒鄉，或直接順著濰河至東莒鄉，這裡據說就是姜太公的出生地。〔註30〕

　　關於姜族的遷移路線，還有各種不同的推測。〔註31〕比較特殊者，譬如王玉哲先生按照錢穆先生的說法，由六個論點繼續推測姜族與周族的最早起源不在陝西，而在山西，雖然在克商前周族確實搬至渭水北岸的岐山。〔註32〕

生民》說：「厥初生民，實維姜嫄。生民如何？克禋克祀，以弗無子。」《大雅·思齊》說：「思齊大任，文王之母，思媚周姜，京室之婦。」《魯頌·閟宮》說：「閟宮有侐，實實枚枚，赫赫姜嫄，其德不回。」都可看出姜族為周族的外戚部族。見《毛詩注疏·大雅·生民》卷第十七，頁587；《毛詩注疏·大雅·思齊》卷第十六，頁561；《毛詩注疏·魯頌·閟宮》卷第二十，頁776。
〔註30〕見其〈姜太公族源及遷徙路線考〉，見《中國論文卷》，頁54～59。
〔註31〕譬如楊善群則認為姜族由陝西至河南至河北至山東，見其〈姜太公籍貫和早年活動〉，《史林》學報，轉引見同上，頁55。鄒衡先生則認為分佈在齊地的姜族，是在克商後才分封來的，而且是由陝西到洛陽，最後到齊地，他還認為姜太公是不得志的殷商舊臣，他帶去的姜齊文化帶有大量的商文化因素，見其《夏商周考古學論文集·論先周文化》（1980，文物出版社），轉引自王志民與邱文山《齊文化與魯文化》第二章〈齊、魯文化之源〉，第一節「齊文化的淵源」，頁24。這裡引鄒衡的第一個論點並不是歷史事實（說詳見後），其第二個論點則不是齊國具有商文化元素（因素）的主因，齊國地區本來的東夷文化，纔是齊國具有商文化元素的主因。
〔註32〕王玉哲的論點是說：第一，山西汾水流域自商至西周一直留有周族的根據地；

據此，他說姜族直至周朝建國後，因姜太公受周成王封於臨淄設立齊國，纔開始遷移至山東，前此則都世居山西，其餘支族如呂國與申國則在周宣王時纔由山西南部的霍太山遷至河南的南陽地區。果眞如此，則山東早在商朝時期即有一些姜姓諸侯國就變得很難解釋了。〔註33〕然而，筆者並不想在這裡細部著墨關於姜族遷移路線的討論，我們只想確認姜族由西戎地區遷至東夷地區是個歷史事實，這個事實相信會孕育出姜族兩個重要的文化傳統：第一，姜族與戎族曾經有長期混居的經驗，加上其是個能量較弱的農業民族（相對於周族來說），因此與戎族的相處比較採取順應與融化兼攝的態度，而不是強烈打壓敵人；第二，由於姜族有著長路程遷移的歷史經驗，這個部族的性格應該相當堅毅耐苦，而能不斷順應各種差異性頗大的氣候與地理的考驗，由其中曲折謀取自身的生存，終至得到全面發展的機會。我們相信這兩點對姜族後來能包容東夷人，而使齊國兼容夷商與夏周兩大文化，逐漸變爲一個強盛的大國，是個積極正面的影響因素。

第三節　姜太公的生平與人格

關於姜太公的生平，文獻記載各異，眾說紛紜，再加上後世民間傳說與演義的渲染，更令人無法辨識。其實，這種現象早在司馬遷寫《史記》時就已經給他帶來很大困擾，因此〈齊太公世家〉常拿「或曰」兩字來做認識姜太公各種生平的開頭。由於姜太公是齊國的開創者，對齊文化與齊學的醞釀有著開創性的影響，我們無法忽視他的重要性，因此這裡將把各種史料稍做理性梳理，整合出關於姜太公生平相對較客觀的輪廓。

姜太公的先世衰微，因此出身於微賤的處境，《史記・齊太公世家》說：

第二，姬姓的古國唯獨在山西省最多；第三，姜姓諸國的族原同樣在山西；第四，商朝末年在山西的古國有易曾與周族發生衝突；第五，周原本來就在山西太原；第六，周族的遷徙路線由東而西。見其〈先周族最早來源於山西〉，《古史集林》，頁172～196。錢穆先生最早的說法見〈周初地理考〉，《燕京學報》第十期，轉引自王玉哲《中華遠古史》第十一章〈先周族的來源及其社會發展〉，第二節「先周族最早來源於山西」，頁438～441。

〔註33〕筆者推測，姜族是個大族，或許其支族各自在不同時期遷徙至山東，最早在夏朝前即有姜族建立的北齊國與逢國；最晚則是姜太公封於齊。關於山東的姜姓古國的討論，詳見逄振鎬《先齊文化源流》第二節「齊地姜姓古國文化」，頁129～151。

「夏商之時，申呂或封枝庶，子孫或爲庶人，尙其後苗裔也。本姓姜氏，從其封姓，故曰呂尙。呂尙蓋嘗窮困，年老矣。」〔註34〕《史記・太史公自序》則補充說：「申呂肖矣，尙父側微。」〔註35〕在這段文字裡，裴駰《史記集解》徵引徐廣說：「肖音痟，痟猶衰微。」張守節《史記正義》則說：「呂尙之祖，封于申，申呂後痟微，故尙父微賤也。」由這裡可知，姜太公出身於已沒落的貴族家世，且過著窮困的生活至年老，因爲討生活的需要，他做過很多卑微的差事，譬如《戰國策・秦策五》說：「太公望，齊之逐夫，朝歌之廢屠，子良之逐臣，棘津之讎不庸。」〔註36〕而《尉繚子・武議》則說：「太公望年七十，屠牛朝歌，賣食盟津，過七十餘而主不聽，人人謂之狂夫也。」〔註37〕《韓詩外傳》說：「呂望行年五十；賣食棘津，年七十，屠於朝歌，九十乃爲天子師，則遇文王也。」〔註38〕最後，則有《說苑・尊賢》說：「太公望故老婦之出夫也，朝歌之屠佐也，棘津迎客之舍人也，年七十而相周，九十而封齊。」〔註39〕文獻關於姜太公的生平其年紀記載頗爲錯亂，不過，我們大致由這些文獻確認姜太公未仕周前有幾個經歷：第一，他見識卓越且才華洋溢，可能曾經想在商朝仕宦，無奈紂王不能賞識與任用他，使他被一般老百姓嘲笑爲狂夫；第二，他可能因此生活貧困而面臨婚姻的不幸，竟然曾被其夫人嫌棄至逐出家門；第三，在不斷爲生存而掙扎的過程裡，他可能曾經在商朝首都朝歌當過屠夫，並在朝歌郊外的盟津（棘津）做過賣食物的小販。

　　這些備受挫折而處於社會底層的經歷，相信對他後來治理國政更富有彈性影響頗鉅（相較於其他貴族而言，如周公旦，說詳後文）。尤其是第一點，他曾經想在商朝做官，卻無法受到賞識，這點使他滿腹的學問卻無法轉換做生存的技能，《史記・齊太公世家》還有說：「太公博聞，嘗事紂，紂無道，

〔註34〕見《史記會注考證》卷三十二，〈齊太公世家〉第二，頁 549。

〔註35〕見《史記會注考證》卷一百三十，〈太史公自序〉第七十，頁 1374。

〔註36〕見《戰國策・秦策五》，上冊，西元 1990 年，頁 296。

〔註37〕見劉仲平《尉繚子今註今譯・武議》第八，西元 1987 年，頁 105。

〔註38〕見賴炎元《韓詩外傳今註今譯》卷七，西元 1992 年，頁 282。

〔註39〕見羅少卿《說苑讀本・尊賢》卷八，西元 1996 年，頁 212。在《說苑・雜言》裡則說：「太公年七十而不自達，孫叔教三去相而不自悔，何則？不強合非其人也。」意指姜太公到七十歲都還不自求顯達，這是因爲不想勉強與不相宜的人共事。因此，對照前面引文說「年七十而相周」，這應該是取其整數而言，姜太公相齊或在七十歲後。見《說苑讀本・雜言》卷十七，頁 487。

去之，游說諸侯，無所遇。」〔註40〕太史公到底有沒有在商朝做過官？究竟是想當官而沒有機會，還是當過官不受重視（或覺得君王無道）而離開？司馬遷不能確認姜太公是否曾在紂王前面做官，故而還說：「或曰，呂尚處士，隱海濱。」隱含的意思是說姜太公根本就不想做官，寧願當個隱居於山東海濱的處士。在這裡，日本學者瀧川龜太郎《史記會注考證》徵引清朝崔述說：「孟子云，太公辟紂居東海之濱，則是太公不仕紂也，太公辟紂之不暇，而寧肯自投於朝歌孟津紂之國中哉？」他還徵引清朝梁玉繩說：「周初無游說之風，而太公又豈游說之士？明是戰國好事者爲之。」其實，如果姜太公出身微賤屬實，在貧無立錐地的困境裡，他想藉由做官來翻轉人生是很合理的意願，問題只在於有沒有機會。更何況在商朝還被時人公認是永得天命眷顧的社會氣氛裡，而能取替商朝開創新局的周朝還只是個諸侯國，正傯促於西陲拓殖國土，連周國都還只是商朝的臣屬，姜太公想在王朝內覓得官職就更不奇怪了，但，重點不僅是商紂王暴虐無道，還包括他不可能給姜太公靠智慧施展才華的機會，因此，有沒有曾經在商朝做官已經不重要了，姜太公根本沒有機會去好好做官，這纔是問題的癥結。

　　至於梁玉繩先生說直至戰國纔有游說之風，姜太公如何會在商末即去做游說之士，這點頗值得議論。司馬遷拿「游說」這個詞彙來表示姜太公曾經懷著理想投干於諸侯，「游說」這個詞彙誠然出自戰國時期，然而撇開嚴格意義關於外交戰略的游說不談，姜太公有沒有確實曾往各地諸侯國尋覓得君行道的機會？我們如果站在姜太公的處境，就不該排除這種可能性，問題出在還是沒有得遇明主，使他只有繼續隱居於海濱。這些錯綜雜亂的文獻記載其實有個共通點，就是姜太公直至遇見周文王前，他的智慧與才華長期被埋沒閒置，《說苑·雜言》說：「太公田不足以償種，漁不足以償網，治天下有餘智。」〔註41〕田既種不好，魚更捕不著，空有治天下的「餘智」，他眞是倒楣絕頂了。幸好他長壽，學者宣兆琦先生指出他總計活至一百三十九歲，〔註42〕

〔註40〕見《史記會注考證》卷三十二，〈齊太公世家〉第二，頁550。

〔註41〕見《說苑讀本·雜言》卷十七，頁492。

〔註42〕宣兆琦先生引《姜太公年譜》與《姜太公新論》說：「姜太公於公元前一二一一年生於今山東省日照市東，即《史記》所言之東呂鄉東呂里，於公元前一〇七二年卒於鎬京，葬於華（即華原，在今陝西省西安市南），陪文王墓，活了一百三十九歲。」見其《齊國政治史》第二章〈西周時期的齊國政治〉，第一節「姜太公的人格與政風」，西元1997年，頁28。

雖然前面文獻對他究竟幾歲時得遇周文王有不同說法，不論是哪種，他遇見周文王已經年老是個事實。就在《史記正義》徵引《說苑》說姜太公「年七十，釣于渭渚三日三夜，魚無食者，望即忿脫其衣冠」的悲慘處境裡，周文王有一天因打獵路過，而終於與姜太公在渭水遇上了（由地點來看，這應該是姜太公自己的特意佈局，否則他不會由東海而至西土，這還是他希望得君行道的心境使然）。呂尚會被稱做太公，《史記・齊太公世家》記載這個說法：「周西伯獵，果遇太公於渭之陽，與語大說，曰：『自吾先君太公曰，當有聖人適周，周以興，子真是耶。吾太公望子久矣。』故號之曰太公望。」〔註43〕

　　姜太公幸好與周文王遇上，這使得他長年的患難都轉換做生命承擔大任該有的磨練，而他各階層都待過的豐富閱歷，使他替文王與武王規劃如何傾覆商朝時有頗深的陰謀詭計……

　　學者王德敏與莊春波兩位先生換個角度，解釋姜太公在商朝內地經商為何屢屢失敗，主因來自姜太公已經受託於文王，藉由商業活動來掩飾政治企圖，在內地刺探機密與買通叛臣，他們引《鬼谷子・忤合》說：「呂尚三就文王，三入殷而不能有所明，然後合於文王。」〔註44〕還有《孫子兵法・用間》說：「周之興也，呂牙在殷。」〔註45〕意思是說姜太公根本意不在經商，而在蒐集情報。〔註46〕姜太公變身潛至商地蒐集情報雖然確有可能，不過這應與姜太公早年的貧困與經商失利沒有衝突，只是時間上有先後的區隔而已。相反地，對於有志做事的姜太公來說，因沒有善盡其能而遭遇失敗的歷練，應該更有助於他日後行事有著深藏不露的智略吧？姜太公的陰謀詭計文獻記載相當大量，譬如說，他知道如何製造輿論，來爭取人民認同商朝已經要覆亡的印象，《論衡・恢國》說：「傳書或稱武王伐紂，太公陰謀食小兒以丹，令身純赤，長大，教言『殷亡』，殷民見兒身赤，以為天神，及言『殷亡』，皆謂商滅。」〔註47〕按照商強周弱的客觀條件，姜太公認為，要想圖謀商朝，得先要恭順事奉紂王，不引起他的警

〔註43〕見《史記會注考證》卷三十二，〈齊太公世家〉第二，頁550。

〔註44〕見蕭登福《鬼谷子研究》，下篇《鬼谷子譯註・忤合》第六，西元1990年，頁189。

〔註45〕《孫子兵法・用間》後面還說：「故惟明君賢將，能以上智為間者，必成大功，此兵之要。」見《十一家注孫子・用間篇》卷上，西元1982年，頁1～8。

〔註46〕見王德敏與莊春波《齊文化與中國傳統文化》第二章〈齊文化的著名代表人物及其謀略文化〉，第一節「太公『道術』與齊文化基因」，《齊文化叢書》，第二十冊，西元1997年，頁55。

〔註47〕見黃暉《論衡校釋》第十九卷，〈恢國〉第五十八，第三冊，頁826～827。

覺，待自己羽翼豐滿，再把握客觀時機，猛然起來消滅商朝。文王聽信姜太公的話，裝出沈迷聲色的樣態，讓紂王對他失去戒心，起先把他關起來，後來竟然把他放回，《淮南子‧道應訓》如此說文王：「歸，乃為玉門，築靈台，相女童，擊鐘鼓，以待紂之失也。」〔註48〕紂王果然中計，誤想文王已經毫無銳志，《淮南子‧道應訓》記載紂王說：「周伯昌改道異行，吾無憂矣。」這都是姜太公在全盤佈置的大局。

《六韜》是部齊國稷下學者收集相傳為姜太公謀略與軼事而編寫的兵書，或最低限度這部書是稷下學者依託紀錄著姜太公輔佐周文王的過程，其內容或許稍能體現姜太公當日克商諄諄善告文王的細緻心術，《六韜‧武韜‧發啟》說：「道在不可見，事在不可聞，勝在不可知，微哉微哉！鷙鳥將擊，卑身斂翼，猛獸將搏，弭耳俯伏。聖有將動，必有愚色。」〔註49〕意思是說周文王事奉商紂王要表現出愚昧的臉色，擺低身段，樣子要裝得很溫順，《六韜‧武韜‧文伐》還說：「因其所喜，以順其志，彼將生驕，女有奸事。苟能因之，必能擊之。」〔註50〕意思是說自己凡事因應商紂王的意志去辦理，藉此鬆懈商紂王對自己的疑慮，這些都是促使商紂王無法察覺文王正在勵精圖治的原因。而且，由這裡可看出姜太公在當時人心理意識裡投射出的「社會形象」（不論那是否是真實歷史裡的姜太公），那就是心機深沈，有布置全盤大局的頭腦。

因此，《史記‧齊太公世家》會說：「天下三分，其二歸周者，太公之謀計居多。」〔註51〕還說：「周西伯昌之脫羑里歸，與呂尚陰謀修德，以傾商政，其事多兵權與奇計。故後世之言兵及周之陰權，皆宗太公為本謀。」這點已經指出後世齊學會有大量的兵法書籍傳世的其中一個原因，就跟姜太公個人的生命傾向醞釀的文化典範有關。姜太公的人格會影響其後來治理齊國的政風，其中有三點思維傾向特別值得注意，我們可由此看出統治階層在凝聚齊學特徵的過程裡自然架構出的政治規範：第一，輕鬼神而重人事。由於商朝末年上帝總是在保護商王室社稷江山的傳統天命思想，〔註52〕面臨著王室殘

〔註48〕見《淮南子譯注‧道應訓》第十二卷，頁581。
〔註49〕見徐培根《太公六韜今註今譯‧武韜‧發啟》第十二，西元1993年，頁79。
〔註50〕見《太公六韜今註今譯‧武韜‧文伐》第十四，頁88。
〔註51〕見《史記會注考證》卷三十二，〈齊太公世家〉第二，頁550。
〔註52〕《史記‧宋微子世家》如此記說：「紂既立不明，淫亂於政。微子數諫，紂不聽，及祖尹以周西伯昌之修德滅黎國，懼禍至，以告紂。紂曰：『我生不有命

暴腐化的統治眾民，與周國修德安民招賢納士的強烈對比，使得疑神重人的思想開始萌芽，〔註53〕姜太公則是這種思想的領先啓蒙者（甚至早於周王室嫡系且負責深化周文化而制禮作樂的周公旦），譬如唐朝杜祐的《通典》引《六韜》說：「周武王伐紂，師至氾水牛頭山，風甚雷疾，鼓旗毀折，王之驂乘，惶恐而死，太公曰：『用兵者順天之道未必吉，逆之未必凶，若失人事，則三軍敗亡。且天道鬼神，視之不見，聽之不聞，智將不法，而愚將拘之。若乃好賢而能用，舉事而得時，則不看時日而事利，不假卜筮而事吉，不禱祀而福從。』遂命驅之前進。」〔註54〕當周武王乘坐時駕馭的馬都因風雷疾打被驚嚇而死，這應該對常人來說都已經視爲凶兆或警訊而停止動作，更何況是諸侯要「背叛」原來的宗主？然而姜太公卻覺得天道鬼神的意見我們無法得知，我們只能在人事層面做該有的奮勉，這就是理性精神。

這裡並不是說姜太公要逆天行事，而是指出人事的奮勉經營纔是影響勝利或敗亡的關鍵因素，如果能善用賢能，精準度量狀況，則不需看時日、卜筮與禱祀卻自然能事就，這種信任人更甚於鬼神的思想，相信是齊學後來特別重視科學暨其技術應用的一大潛因。

第二，愛民而富民。有鑑於商王室只相信上帝的庇護卻不在意民生疾苦，逐漸引發其衰亡的徵象遍地橫生，姜太公認爲治國的癥結只在於統治者

在天乎？是何能爲。』」這就是最傳統的「血統天命觀」，與周國當日正在發展並逐漸獲得認同的德性天命觀的差異。見《史記會注考證》卷三十八，〈宋微子世家〉第八，頁608。不過，「疑神重人」並不是否認上帝的存在，而是人要靠奮勉來獲得上帝的眷顧，而且周朝不再大量使用『上帝』這個詞彙，而開始改稱『天』來指稱那創生萬有的全能者。吾師陳啓雲先生就曾表示：「中國殷商時代的『上帝』，對殷民族而言，也是眾神中最高一尊之神。不過此殷商的『上帝』，對殷民族以外的其他民族（尤其『羌方』、『鬼方』等敵人），卻是不仁慈、不庇佑或不被崇信的。因此，西周克殷以後，代之以至高無上的『天』。此『天』是『哀於四方民』（所有人，包括羌方、鬼方）、覆蓋『普天之下』、『萬類群生』、『至高無上，從一大』（《說文》）的『天』。」見其《中國古代思想文化的歷史論析》伍〈『儒家』、『道家』在中國古代思想文化史中的定位〉，西元2001年，頁118～119。

〔註53〕《逸周書‧明堂》第五十五說：「大維商紂暴虐，脯鬼侯以享諸侯，天下患之，四海兆民，欣戴文武。」這裡可看出兩點：其一，商紂王信鬼，不惜傷害諸侯，已經攪得天下都動盪不安；其二，百姓已經不再對商朝擁有天命如此堅信不移，而對文王與武王的仁民愛物開始寄予厚望。見朱又曾《逸周書集訓校釋》，頁100～101。

〔註54〕見《通典‧兵典》卷一百六十二，〈推人事破災異〉第十五，第五冊，西元1988年，頁4176。

是否能愛民，並能認眞體察人民的實際處境而懂得順應。譬如《說苑‧政理》說：「武王問於太公曰：『治國之道若何？』太公對曰：『治國之道，愛民而已。』　曰：『愛民若何？』曰：『利之而勿害，成之勿敗，生之勿殺，與之勿奪，樂之勿苦，喜之勿怒，此治國之道，使民之誼也，愛之而已矣。民失其所務，則害之也；農失其時，則敗之也；有罪者重其罰，則殺之也；重賦斂者，則奪之也；多徭役以罷民力，則苦之也；勞而擾之，則怒之也。故善爲國者遇民，如父母之愛子，兄之愛弟，聞其饑寒爲之哀，見其勞苦爲之悲。』」〔註55〕統治者如果眞能哀民所饑與悲民所苦，就要能使大量的人民生活富裕起來，而不是只將財富藏於政府倉庫，或只讓大夫與士生活富裕，《說苑‧政理》還說：「文王問於呂望曰：『爲天下若何？』對曰：『王國富民，霸國富士；僅存之國，富大夫；亡道之國，富倉府，是謂上溢而下漏。』文王曰：『善！』對曰：『宿善不祥。是日也，發其倉府，以賑鰥寡孤獨。』」〔註56〕姜太公願意愛民，使他後來統治齊國，面對大多數被統治者爲夷人或商人後裔，面對夷商崇尙鬼神的文化傳統，他不強迫人民只能接受他「輕鬼神而重人事」的思想，而是順應人民的習慣，使其並未覺得面臨著信仰被強制改變的對立處境，而能自然與統治者融洽合作；姜太公願意富民，使他會特別發展讓人民經營手工業，而使齊國逐漸蛻變爲一個工商大國。

　　第三，尙制度而愼賞罰。姜太公很重視法令是否能產生制度化的威信，因此他不贊同隨意變更法令，他希望「法法」，意即拿制度化的法令做國政運作的根基與典範，不可隨意取權而變更法令，譬如《說苑‧政理》說：「武王問於太公曰：『爲國而數更法令者，何也？』太公曰：『爲國而數更法令者，不法法，以其所善爲法者也。故令出而亂，亂則更爲法，是以其法令數更也。』」〔註57〕同樣因爲想避免人情徇私的弊端，他認爲統治者要愼賞罰，賞罰的目的在於獎善懲惡，維繫賞罰有賴於制度化的保障，通過制度化的賞罰，統治者的誠信獲得人民信服，譬如《六韜‧文韜‧賞罰》說：「文王問太公曰：「賞所以存勸，罰所以示懲。吾欲賞一以勸百，罰一以懲眾，爲之奈何？」太公曰：『凡用賞者貴信，用罰者貴必。賞信罰必於耳目之所聞見，則不聞見者莫

─────────────

〔註55〕見《說苑讀本‧政理》卷七，頁181。
〔註56〕見同上，頁180。
〔註57〕見同上，頁182。

不陰化矣。夫誠暢於天地，通於神明，而況於人乎？』」〔註58〕學者楊向奎先生認爲《尚書》裡的〈呂刑〉篇出於呂國，由於呂國是守護社稷的國，呂刑即是守護社稷的治人法典，姜太公曾先被封做呂王，因此呂刑是太公時期已設立的第一部成文法。楊先生想藉此指出姜太公所屬的呂國本來就有重視憲章法規的傳統。雖然《說苑》是漢朝收集先秦軼事的作品，《六韜》則是最早寫於戰國時期的兵書，不過這些材料的收錄都能呈現出某種屬於姜太公特有的思維傾向（這種傾向尤其表現在務實面對問題而設想出治本的辦法），而且，來自客觀性的思維，面對具體人事問題，會由制度化的途徑來解決，這點確實是齊學不同於其他三種地域性學術的最大特點。〔註59〕

　　據說當周文王打敗黎國，商臣祖伊奔告於商紂王，表示老天已經終止商朝的天命，會告訴人吉凶禍福的大烏龜，現在都不靈驗了，人民沒有不想商王早點死掉，而商紂王卻依舊認爲自己生來就有天命，因此不信周文王能奈何商朝，《尚書‧西伯戡黎》說：「西伯既堪黎，祖伊恐，奔告于王。曰：『天子！天既訖我殷命，格人元龜，罔敢知吉。非先王不相我後人，惟王淫戲用自絕。故天棄我，不有康食，不虞天性，不迪率典。今我民罔弗欲喪，曰天何不降威？大命不摯！今王其如台？』王曰：『嗚呼！我生不有命在天？』祖伊反曰：『嗚呼！乃罪多參在上，乃能責命于天！殷之即喪，指乃功，不無戮于爾邦。』」〔註60〕商臣祖伊已經看出商朝的滅亡是紂王淫戲人間的結果，老天竟然會放棄一個長期蒙天眷顧的王朝，只因它不被人民接納信賴，可見人事的奮勉纔是興衰的關鍵因素，這種思潮已經是商末普遍的共識，雖然周朝自認能滅掉商朝而得統治萬民是老天對新朝的「受命」（授與天命）是，但，他們開始體認這個天命沒有德性不會恆在，統治者必須要不斷體察民意，否則國脈會重蹈商朝斷滅的後果。〔註61〕《尚書‧康誥》說：「天乃大命文王，殪

〔註58〕見《太公六韜今註今譯‧文韜‧賞罰》第十一，頁76～77。

〔註59〕宣兆琦先生認爲「守道修德」同樣爲姜太公獨特人格造就出的政風，並表示商朝本有順從天命繼承祖業的德性觀念，其德性的重點在面對天，姜太公則順手接過這個觀念，填充進新的內容，把德性落在政治實踐裡。筆者則認爲這並不是姜太公的獨創，而是整個西周滅商後周人反省過後的整體思潮，因此不能稱作其獨特人格醞釀出的政風。見其《齊國政治史》第二章〈西周時期的齊國政治〉，第一節「姜太公的人格與政風」，頁30～34。

〔註60〕見《尚書正義》卷第十，〈西伯戡黎〉第十六，頁144～145。

〔註61〕蒲慕州先生說：「周人在克商之後爲了要給周人代商的事實得到政治上的合法性與宗教上的合理性，逐漸將天或上帝的地位，提昇到一個具有道德判斷意志

戎殷，誕受厥命。」〔註62〕周公還藉成王的命令告誡負責帶領殷民後裔被封至衛國的康叔說：「惟命不于常，汝念哉！無我殄享。明乃服命，高乃聽，用康乂民。」〔註63〕學者杜正勝先生對此表示可見周朝承襲商朝的天命思想，殷人取替夏族而做共主的天命，至此重回周朝的手裡，〔註64〕我們應該還能看出周文化在承襲商文化的影響的同時，其意識層面已經發生新的巨大變化！

　　在這裡還要補充一點：雖然我們慣說商紂王「暴虐無道」，然而，他的各種後來會被視作荒唐的行徑其實並沒有真正「逾越」東夷人對自身風俗的既有認知，意即其「荒唐」只是站在周人後來新萌生的道德評價而發。因此，學者張傑先生則認為周朝建國前「德」字的觀念只是某一族的圖騰與其族特有的品德，這固然不錯，然其同樣認為商朝晚期「德」字已有施惠於百姓的意思，並據此認為商紂王的酒池肉林、男女無別、喜歡歌舞與廣收禽獸這些行徑屬於「失德」就會有「語病」，因為商朝晚期或在周國已有對「德」字的反思，然而對商紂王本人來說則並未違背商族「特有的品德」。〔註65〕

的對人間世事的最高仲裁者，因而有所謂『天命靡常』的說法，上帝不再是無目的的降災賜福，而是有選擇的，有目的地施行其大能力。」見其《追尋一己之福：中國古代的信仰世界》第二章〈殷商及西周時代之宗教信仰〉，頁53。

〔註62〕見《尚書正義》卷第十四，〈康誥〉第十一，頁201。

〔註63〕見同上，頁206。在《詩經·大雅·文王》的詩裡，同樣訴說著周人「天命靡常」的想法：「假哉天命，有商孫子。商之孫子，其麗不億。上帝既命，侯于周服。侯服于周，天命靡常。」見《毛詩注疏·大雅·文王》卷第十六，頁535～536。

〔註64〕見其《古代社會與國家》，貳〈國家起源與發展〉，「夏商時代的國家形態」（下篇），頁251～254。杜正勝先生還表示，周人早先宣揚的天命其實是一種政治口號，他引《尚書·牧誓》記武王對將士說：「今予發，惟恭行天之罰。」還引《逸周書·商誓》記武王對殷商大族說：「予來致上帝之威命明罰。」見參〈封建政治與社會〉，「〈牧誓〉反映的歷史情境」，頁322。我們不能更不應否認周朝道德性的天命觀背後有其政治實務面的考量（譬如周朝取替商朝該如何能取得人民的真實信服），不過，我們很難由這兩段文獻就看出這只是「政治口號」而不是周人新型態的信仰，那得通過「反思」，激發出這種領悟：天命並不常在誰的身上，只要無德，就會被上帝遺棄。這確實是中國人文精神的發端。

〔註65〕見宮源海主編《德法之治與齊國政權研究》第二章〈德主刑輔：姜齊政權的建立〉，第一節「敬德保民：武王滅商和周初大分封」，西元2004年，頁33～34。本書是聯合執筆，該章由學者張傑先生撰寫。關於商紂王的行徑，原文見《史記·殷本紀》：「帝紂資辨捷疾，聞見甚敏；材力過人，手格猛獸；知足以距諫，言足以飾非；矜人臣以能，高天下以聲，以為皆出己之下。好

學者徐復觀先生指出，周人在宗教層面，雖然屬於商朝的系統，但，在周人的領導人物裡，卻能看出有一種新精神的躍動。這種新精神的躍動，纔使傳統的宗教有新的轉向，這使得整個文化有新的發展。周人革掉商人的命（政權），成爲新的勝利者，但通過周初文獻看出，他們並不像一般民族戰勝後常有趾高氣昂的氣象，而是《易傳》說的「憂患意識」。這憂患意識不同於作爲原始宗教動機的恐怖與絕望。一般人常在恐怖絕望裡感覺自己的卑微，而放棄自己的責任，聽憑外在的神爲自己作主，這是脫離自己意志裡的理性導引，由於這實際是在觀念的幽暗世界裡的行動，其本身沒有任何道德評價可言。由卜辭描寫「殷人尚鬼」的生活正是如此。憂患意識最大的特徵，來自於當事者對吉凶成敗深思熟慮而來的遠見，在這種遠見裡，主要發現吉凶成敗與當事者的行爲有很密切關係，並且承認當事者對行爲應負主體的責任。憂患正是由這種責任感而來，要靠自身的奮勉來突破困難而向未突破時的心理狀態。因此這憂患意識是人類精神開始直接對事物發生責任感的表現，就精神層面來說，這就是開始有人的自覺的表現。徐復觀先生還表示，在憂患意識的躍動裡，人的信心的根據，漸由神而轉向自己本身行爲的謹慎與奮勉，這種謹慎與奮勉，就表現在「敬」的觀念裡，這是直承憂患意識的警惕性而來的精神斂抑與集中，與對事的謹慎與認眞的心理狀態。這正是中國人文精神最早的出現，「敬」成爲道德的性格，變做這種人文精神的動能，使周人在制度做飛躍性的革新，並把商人的宗教做本質的轉化。〔註66〕

酒淫樂，嬖於婦人，愛妲己，妲己之言是從。於是使師涓作新淫聲，北里之舞，靡靡之樂。厚賦稅以實鹿臺之錢，而盈鉅橋之粟。益收狗馬奇物，充仞宮室。益廣沙丘苑臺，多取野獸蜚鳥置其中。慢於鬼神。大鵝樂戲於沙丘，以酒爲池，縣肉爲林，使男女裸相逐其閒，爲長夜之飲。」見《史記會注考證》卷三，〈殷本紀〉第三，頁60～61。這其中只有「慢於鬼神」不符夷人風俗，或是商紂王自認恆有天命而對鬼神顯得驕慢，這正是埋下商朝內亂的禍亂，因爲堅信鬼神正是凝聚夷商共識的基石。

〔註66〕 見徐復觀《中國人性論史》（先秦篇）第二章〈周初宗教中人文精神的躍動〉，西元 1994 年，頁 15～24。徐復觀先生在這裡說：「中國的人文精神，並非突然出現，尤其是經過了神權的精神解放而來的。」他還說：「周原來是在殷帝國的政治、文化體系之內的一個方國；他關於宗教方面的文化，大體上屬於殷文化的一支；但在文物制度方面，因爲它是方國的關係，自然沒有殷自身發展得完備。」他還說：「但人類精神的自覺，並不一定受物質成就的限制。周之克殷，乃係一個有精神自覺的統治集團，克服了一個沒有精神自覺或自覺得不夠的統治集團。」見同上。

第四節　姜太公因應夷俗的改革

　　姜太公何時被封於齊？歷來有兩個說法。最普遍的說法是說，周武王克商後立即就封太公至齊國，如《史記·齊太公世家》說：「武王已平商而王天下，封師尚父於齊營丘。」〔註67〕太公於是去營丘建國，卻立即面臨當地萊國的傾襲，想與其爭奪營丘的主控權，而太公雖然暫時擊退萊人，卻一直未能徹底弭平萊人與其利益衝突導致不斷進犯的亂事，《史記·齊太公世家》說：「東就國，道宿行遲，逆旅之人曰：『吾聞時難得而易失，客寢甚安，殆非就國者也。』太公聞之，夜衣而行，黎明至國。萊侯來伐，與之爭營丘。營丘邊萊，萊人，夷也。會紂之亂，而周初定，未能集遠方，是以與太公爭國。」然而，學者李玉潔先生指出，這種說法有個矛盾，就是武王克商後，還未佔領東夷的廣大地區，周公東征前，這裡都還是蒲姑國的領土，根本不能論及太公的封國問題。再者，根據《史記·魯周公世家》的記載，當姜太公與周公旦的長子各自至其封國後，都曾因國政已經上軌道而向周公旦報政，可見周公旦此時已經是周朝的實際統治者。如果姜太公受封於齊是在武王克商時，如此他就應該向周武王報政，但，我們沒有看見有任何文獻做此記載，因此姜太公在武王克商後就被封於齊可能是個誤傳。〔註68〕

　　反過來說，姜太公被封於齊，應該就是在周公東征後的事。學者有這個說法最早出自傅斯年先生。他表示，周武王克殷，先封姜太公於呂，故稱呂望。周公東征勝利後，希望能控制東方，因此將姜太公改封於齊。傅先生提出間接的證據指出先秦時期男人不稱姓，而國君無氏，姜太公被稱為呂望，其子被稱為呂伋，父子都稱做呂，這只有可能是封邑。封在呂而不在齊，這是當日周朝實際控制的範圍使然，雖然後來因需要換封於齊，然而舊號未改，這在先秦各諸侯國都是很常見的事。〔註69〕李玉潔先生同意此說，他並按照蒙文通先生推測古申國與呂國的地點，進而更具體指出姜太公最早的封國當在陝西省北部，距離鎬京不太遠的地點，周公東征後纔率其部眾往東就新封的齊國。〔註70〕姜太公受封於齊，其實際就任的時間確實比較可能在周公東

〔註67〕見《史記會注考證》卷三十二，〈齊太公世家〉第二，頁551。

〔註68〕見《齊史稿》第二章〈姜姓齊國的建立〉，第二節「太公望受封於齊」，頁312～313。

〔註69〕見其〈大東小東說〉，《傅斯年全集》，第三冊，頁16。

〔註70〕見《齊史稿》第二章〈姜姓齊國的建立〉，第二節「太公望受封於齊」，頁314～315。

征後，不過周武王克商後即已改封姜太公至齊亦不無可能，但，即便如此，即便姜族早在太公受封前已佔有山東局部地區做諸侯國領土，面對東夷人佔有絕大部山東地區領土的處境，沒有周公東征帶來的軍事殖民拓墾，相信姜太公很難有效統治這塊文化與政治長期嚴重對立的封土，更何況，即便有軍事做後盾支持，姜齊統治的早期還是充滿困頓與挫折。

其實，筆者的這個論點，早有文獻可徵，如《漢書・地理志》說：「至周成王時，薄姑氏與四國共作亂，成王滅之，以封師尚父，是爲太公。」〔註71〕顏師古則在這裡注說：「武王封太公於齊，初未得爽鳩之地，成王以益之也。」顏師古指出武王先已封太公於齊，然而該地尚未獲得，太公實際上並未就任，直至夷商亂事結束，成王纔重封太公增置齊國……

在建國的早期，由於萊夷不斷傾擾，首都營丘的防衛尚未鞏固，深受夏周文化傳統陶冶的統治階層尚無法完全融進當地夷商風俗濃厚的生活，或者還有安全的顧慮，齊國的國君過世，接連五世都會返回岐山周原的周朝龍興祖地埋葬，《禮記・檀弓上》說：「大公封於營丘，比及五世，皆返葬於周。」〔註72〕周王室封齊給姜太公，並不見得是對姜太公輔佐克商的犒賞，或許更有期望他繼續替王室屏障邊疆的意蘊，因此，當《左傳・昭公十二年》記載楚靈王跟周王室說：「昔我先王熊繹與呂伋、王孫牟、燮父、禽父並事康王，四國皆有分，我獨無有。今吾使人於周，求鼎以爲分。王其與我乎？」〔註73〕這裡雖讓我們能看出周王室對齊國的看重，使其與衛、晉與魯這幾個姬姓諸侯國享有獲鼎的同等待遇，但，這畢竟只是個禮器的賞賜嘉勉，同樣在山東，齊國面臨的生存危機，就遠比周公旦受封的魯國來得嚴峻（夷人在汶泗河谷流域的軍事能量本來就較弱，齊比魯更遠離西土而位於東疆最前線，如果有動亂這裡會首當其衝，且魯國因周公旦自己當朝攝政，早期獲得王室的支援自然遠過於齊國），〔註74〕改封姜太公至齊絕對有著極爲特殊的考量，如果不

〔註71〕見《漢書・地理志》第八下，卷二十八下，第二冊，頁 1659～1660。

〔註72〕見《禮記正義・檀弓上》卷第七，頁 125。「大公」就是指姜太公。再者，《史記・周本紀》同樣說：「於是封功臣謀士，而師尚父爲首封，封尚父於營丘，曰齊。」見《史記會注考證》卷四，〈周本紀〉第四，頁 71。

〔註73〕見《春秋左傳注疏・昭公十二年》卷第四十五，頁 794。

〔註74〕關於周王室對魯國的特殊政策，詳見後面的討論，這裡只引《左傳・定公四年》說：「分之土田陪敦，祝宗卜史，備物典策，官司彝器，因商奄之民，命以伯禽。」而《詩經・魯頌・閟宮》則說：「公車千乘，朱英綠滕，二矛重弓，公徒三萬。」這都能看出周王室對魯國的大量支援。再者，周王室還特賜魯

是因爲看重姜太公解除亂象的獨特能耐，就未免有點對王室宗族與外戚功臣間的封賞有著厚此薄彼的態度了。〔註75〕

齊國並未完全被王室信任。李玉潔先生指出，西周初年，周朝大封諸侯來屛藩王室，但，同時還派出諸監，對遠封的諸侯國實施「監國政策」，譬如王室就對商朝後裔的武庚派出三監來監視其狀況，齊國很有可能也是在諸監的監視裡立國，譬如《史記‧齊太公世家》記載：「哀公時，紀侯譖之周，周烹哀公，而立其弟靜，是爲胡公。」〔註76〕被封在東夷地區的紀侯曾因故在周夷王面前譖齊哀公（這是姜太公的玄孫），結果夷王把哀公烹殺，改立哀公弟靜爲新任國君，由此可見周天子對齊國國君有生殺廢立的大權，而紀國很有可能就是由諸監地位發展起來的諸侯國。〔註77〕但，由於封姜太公在周朝的最東疆前線，直接面臨著各種緊急事端的威脅，因此，即便在稍後的周成王時期，還曾召康公告知姜太公給他不需王室同意即可權宜行事而出兵的征討權，《左傳‧僖公四年》記載管仲說：「昔召康公命我先君大公曰：『五侯九伯，女實征之，以夾輔周室。』」〔註78〕不僅姜太公可征討在齊國周遭的夷人諸國，還可對不服周王室的其他五侯九伯都有征討權，如此纔能善盡對周王室「夾輔」的責任。這裡固然看出王室對姜太公有著特殊的信任，然而綜合上面的相關文獻來判斷，周王室很有心機地在做權柄的交互制衡，既願意對姜太公授予特權來保護王室，更要提防他掌握特權反而不利於王室。

學者齊秀生先生指出，按《禮記‧王制》的規定說：「次國三卿，二卿命

國天子的禮樂，譬如《史記‧魯周公世家》說：「成王乃命魯得郊祭文王，魯有天子禮樂者，以褒周公之德也。」這更能看出周王室對魯國有著如何優厚的待遇，讓其能彰顯王室在東土的威嚴。見《齊文化與魯文化》第三章〈齊、魯立國與文化形成〉，第四節「齊、魯分封的文化差異」，頁69～70。

〔註75〕王志民與邱文山兩位先生聯合指出魯國的就封與齊國的就封有兩點不同的動因：其一，封齊的目的在「制夷」，藉此抵禦萊夷對周人的威嚇；封魯的目的在「屛周」，意即做周王室的衛星國，能輔佐王室鞏固東土。其二，封齊的目的在「發展經濟」，幫忙周王室開發邊疆；封魯的目的在「重建文化」，建設魯國爲東土的周文化中心。他們因此總結說：「齊重在武，魯重在文；齊重在物質的、實際的，魯重在精神的、觀念的。動因既有如此差異，在後來文化建構上就形成了齊、魯文化不同的特色。」見《齊文化與魯文化》第三章〈齊、魯立國與文化形成〉，第四節「齊、魯分封的文化差異」，頁66～69。筆者認爲這同時釀就出齊學與魯學不同的學術風格與思維特徵。

〔註76〕見《史記會注考證》卷三十二，〈齊太公世家〉第二，頁551。

〔註77〕見《齊史稿》第二章〈姜姓齊國的建立〉，第三節「西周時期的齊國」，頁321。

〔註78〕見《春秋左傳注疏‧僖公四年》卷第十二，頁201。

於天子，一卿命於其君。」〔註79〕意即諸侯國能有三個上卿，其中兩個由周天子任命，這就是「命卿」，其中一個則由諸侯國君自己任命。姜太公封齊的時候屬於二等爵，意即侯爵，國君被稱作「齊侯」，因此齊國可有三位上卿，雖然據研究，不知出於什麼原因，整個姜齊政權從未任命過自己權限裡的那一位上卿。周天子剛封齊，就任命國氏和高氏做齊國的上卿，其責任就是要「監國」，除幫周天子監督齊國外，還要在齊國國君不在的時候替國君行政，甚至有廢與立國君的權柄。這是上卿在國家官制設置上很特殊的一面。〔註80〕按這個說法來看，周王室早期對諸侯國的全面監控應該是相當嚴密了，齊國同樣不例外。

　　姜太公率領其族居住在營丘這個不過百里的彈丸小國，被包圍在如汪洋大海般為數眾多的夷人諸國裡，隨時都面臨著被吞沒滅頂的險境。因此，他顯然不可能如魯國驟然展開狂風暴雨般激烈的變革，而採取較隱蔽的漸進態度，先取得夷人的信任，在順應其風俗的過程裡鞏固政權，最後纔視實際情況簡化夷禮，並夾帶統治者的優勢自然傳播周朝的禮樂教化。姜太公治理齊國的政策，簡單來說就是「因其俗，簡其禮」，《史記‧齊太公世家》說得很詳細：「太公至國修政，因其俗，簡其禮，通商工之業，便魚鹽之利，而人民多歸齊，齊為大國。」〔註81〕宣兆琦先生指出，「俗」與「禮」合起來就是現在說的文化，「俗」意指當時人的各種生活方式，「禮」則意指維持並繼續發展這些生活方式的制度。這個政策就是對東夷人既有的風俗習慣因襲照舊，對其現存的制度不激烈革除，而採取平和調整的辦法，避免新建立的姜齊與土著夷人產生矛盾引發動亂。〔註82〕順著這段文字，我們想藉此指出太公「通商工之業，便魚鹽之利」的經濟政策是其文化政策能獲得顯著成效的主因，因為使人民沒有族裔的區隔，都能藉由經營魚鹽工商而富裕，這能有效凝聚齊國人民對統治階層的向心，更是因應齊國當日農業尚未大規模發展起來，轉化與提高民生經濟的好辦法。

　　學者王恩田先生指出，姜齊在西周早中期的國君常拿太陽號做「丁公」、

〔註79〕見《禮記正義‧王制》卷第十一，頁220。
〔註80〕見其主編的《舉賢尚功：齊國官制與用人思想研究》第一章〈緒論〉，一「本課題研究的主要對象」，西元2005年，頁2～3。
〔註81〕見《史記會注考證》卷三十二，〈齊太公世家〉第二，頁551。
〔註82〕見其《齊國政治史》第二章〈西周時期的齊國政治〉，第二節「姜太公封齊及建國方針」，頁38。

「乙公」與「癸公」，這本是商人習俗，加上太公屬於姜姓，建國前齊地的諸侯逢伯屬於姜姓，他推測蒲姑很可能亦屬於姜姓，加上《漢書》說姜太公受封在周公已東征後的周成王時期，由此間接論點可知太公本不是周族，而是領導夷人降服周朝的商族。〔註83〕筆者並不同意此點（說詳見前），然而，王先生的論點亦可為姜太公帶領其整個宗室去「因其俗」做佐證，而不僅只有順應夷人過自己原本的生活而已。張傑先生則指出，東夷人有太陽崇拜的風俗，齊國太公的繼承人丁公呂伋、乙公得與癸公慈母，都是用日干做名號，貴為姜姓卻承襲子姓的命名習慣，這就是因為要順應東夷人的風俗的緣故。當齊國君主都用東夷的日干來命名，這就從自身都開始做到「因其俗，簡其禮」了。〔註84〕只有統治階層都願意與「俗」同浮沈，纔能凝聚出君民彼此都認同的齊國。這應該是姜太公對子孫的立國遺教，纔能有如此徹底的展現。

第五節　統治兼顧理想與現實

　　姜太公「因其俗，簡其禮」的政策，更積極的落實就是任用夷人當地的賢士來替齊國做事，並由實際的績效與否來做賞罰的依據，這種不依靠血緣裙帶關係來做事的態度，既是空前未有的創舉，更使得齊國迅速壯大起來。這種措施被稱做「尊賢上功」，文獻常將其與周公旦治理魯國時採取「親親上恩」的措施聯繫討論並彼此做出區隔，如《呂氏春秋・長見》就曾說：「呂太公望封於齊，周公旦封於魯，二君者甚相善也。相謂曰：『何以治國？』太公望曰：『尊賢上功。』周公旦曰：『親親上恩。』〔註85〕太公望曰：『魯自此削矣。』」這段文字還有其他兩種版本，首先，《漢書・地理志》說：「昔太公始封，周公曰：『何以治齊？』太公曰：『舉賢而上功。』周公曰：『後世必有篡殺之臣。』其後二十九世為彊臣田和所滅，而和自立為齊侯。」〔註86〕該篇

〔註83〕見其〈關於齊國建國史的幾個問題〉，《中國論文卷》，頁126～129。

〔註84〕見《德法之治與齊國政權研究》第二章〈德主刑輔：姜齊政權的建立〉，第二節「德主刑輔：太公建立姜齊政權」，頁63～65。

〔註85〕《呂氏春秋・長見》後面記周公回說：「周公旦曰：『魯雖削，有齊者亦必非呂氏也。』其後齊日以大，至於霸，二十四世而田成子有齊國。魯公以削，至於覲存，三十四世而亡。」見林品石《呂氏春秋今註今譯・仲冬紀》卷十一，〈長見〉第五，上冊，西元1990年，頁294。如果這段紀錄屬實，則姜太公與周公旦兩人誰究竟比較具有政治智慧，實在是很難論斷。

〔註86〕見《漢書・地理志》第八下，卷二十八下，第二冊，頁1661～1662。

還將角色對調過來說：「周公始封，太公問：『何以治魯？』周公曰：『尊尊而親親。』太公曰：『後世寖弱矣。』故魯自文公以後，祿去公室，政在大夫，季氏逐昭公，陵夷微弱，三十四世而爲楚所滅。」再者，《說苑・政理》說：「齊之所以不如魯者，太公之賢不如伯禽，伯禽與太公俱受封，而各之國，五月太公來朝，周公問曰：『何治之疾也？』對曰：『尊賢，先疏後親，先義後仁也。』此霸者之跡也。周公曰：『太公之澤及五世。』三年伯禽來朝，周公問曰：『何治之難也？』對曰：『親親者，先內後外，先仁後義也。』此王者之跡也。周公曰：『魯之澤及十世。』故魯有王跡者，仁厚也；齊有霸跡者，武政也。齊之所以不如魯也，太公之賢不如伯禽也，」〔註87〕《說苑》則帶著很明確的感情傾向，指出姜太公只是個霸者，不只不及於制禮作樂的周公旦，連周公旦的兒子伯禽都不如，而後者是個賢明的王者。

這三種文獻內容雖然略有差異，大抵上卻都指出姜太公的措施主要在推尊賢人與按照績效來獎賞，周公旦（或伯禽）的措施則主要在按照血緣親疏的倫理秩序來推恩獎賞，乍看起來好像差距頗大，其實相對於崇尚鬼神的商朝文化傳統，這只是面對人事佈局的態度不同，屬於正在塑型的周朝文化傳統內部兩種略異的發展軌道，正如宣兆琦先生的看法，古人不明此理，把其拿做齊魯兩國不同的建國方針而完全對立起來，殊不知姜太公與周公旦只是程度的差異，而這兩種態度在實踐過程裡往往無法割離。〔註88〕甚至，不僅周公旦強調「親親」，講究萬世一系承接天命的商王朝同樣在人事佈局裡認同「親親」，譬如《史記・梁孝王世家》記竇太后跟漢景帝說：「吾聞殷道親親，周道尊尊，其義一也。」〔註89〕其大臣袁盎還解釋說：「殷道親親者立弟，周道尊尊者立子，殷道質，質者法天，親其所親，故立弟；周道文，文者法地，尊者敬也，敬其本始，故立長子。」鄭玄曾在《禮記・大傳》說：「親親，父母爲首；尊尊，君爲首。」〔註90〕「親親」重視宗族的統緒，「尊尊」重視君

〔註87〕見《說苑讀本・政理》卷七，頁201～202。
〔註88〕見其《齊國政治史》第二章〈西周時期的齊國政治〉，第二節「姜太公封齊及建國方針」，頁39～41。宣兆琦先生表示：「『尊賢尚功』和『親親尊尊』並非齊魯兩國絕對化了的建國政治方針。問題在於魯君伯禽以『親親尊尊』爲主，未把『尊賢尚功』擺在相應重要的位置上。而齊君太公則把二者等其量觀，甚或矯枉過正，在當時的背景下把尊賢尚功擺在了第一位。若此，足見太公超人的政治謀略和驚人的氣魄了！」見同上，頁41。
〔註89〕見《史記會注考證》卷五十八，〈梁孝王世家〉第二十八，頁829。
〔註90〕見《禮記正義・大傳》卷第三十四，頁619。

王的統緒，因此，這個「親親」與「尊尊」其實都在前面說的「親親」範圍裡（意即同由血統來做王位繼承的標準），商朝兄終弟及，周朝父死子繼，都是家族宗法制度在政治層面的體現。商朝與周朝的文化差異，重點並不在於王位的傳承，而在周朝給賢人出仕的機會，商朝則包括臣僚在內主要都由宗族人士擔任，姜齊總共有二十九任國君，其中七任為兄終弟及，二十二任為父死子繼，不論是就商制還是周制，齊國王位傳承這種根基議題，顯然都沒有脫離「親親」的範圍，而只是對賢人輔政表示特別賞識與任用的態度，這是周文化兼容並蓄的體現，並且，獲得夷人菁英的支持，則更能鞏固齊國的統治。

而且，張傑先生指出，姜太公的用人政策，其實是把世卿世祿制與「尊賢上功」的政策相結合，這首先來自事實上太公受封的齊國人才奇缺，單靠宗族部屬委實不夠任用，冀圖緩和民族對立情緒並穩固政權，他不得不在殷人舊部族和土著部族裡選拔賢人，充實其統治隊伍。但，他並沒有放棄世卿世祿制，因為當時是個由周天子為天下共主，按各諸侯國做主體，包容各級卿、大夫與士在內的貴族社會，世卿世祿制則是維繫這個社會體制最根本的一種制度，姜太公理應堅定不移在落實著這個制度。〔註91〕這個論點值得我們留意，不宜把姜太公的政策給簡化認知。反過來說，周公旦難道沒有「尊賢上功」的態度嗎？《史記‧魯周公世家》記當周公先派其子伯禽就封於魯，跟他說：「我一沐三捉髮，一飯三吐哺，起以待士，猶恐失天下之賢人，子之魯，無以國驕人。」〔註92〕這種求賢若渴的情緒，繼承其風的魯國不可能改弦易轍，重點只在周公旦強調宗族內的菁英該優先得到王室晉任，如此既可避免宗族人士因沒有被安頓滋生怨懟，更可保護王室免受異姓或異族欺凌。因此，姜太公與周公旦在治理齊國與魯國的差異，該只是在「先尊賢上功而後親親上恩」與「先親親上恩而後尊賢上功」的內部順序差異，而不是完全對立的兩種建國路線。換個角度來想，姜太公在當時「親親上恩」如此理所當然的背景裡卻先著重於「尊賢上功」的施政態度，這是相當大膽驚人的政治謀略與氣魄。學者張良才與修建軍兩位先生聯合表示，姜太公受封至齊，單靠宗族部屬並不容易在民族矛盾異常尖銳的東夷地區站穩腳跟，故而

〔註91〕見《德法之治與齊國政權研究》第二章〈德主刑輔：姜齊政權的建立〉，第二節「德主刑輔：太公建立姜齊政權」，頁69～70。
〔註92〕見《史記會注考證》卷三十三，〈魯周公世家〉第三，頁567。

不得不在土著部族與商人後裔裡選拔人才組織混合政府，齊國的國氏與高氏就是由氏族首領變爲領主貴族，當然，這與姜太公自己就是由功臣出身有關。〔註93〕

　　姜太公任用賢人的狀況現在已經無法詳細稽考了，但，《韓非子・外儲說右上》卻記載姜太公誅殺不願意爲臣的賢人，姜太公本想邀請狂譎與華士兄弟兩人來出仕，想不到兩人說：「吾不臣天子，不友諸侯，耕作而食之，掘井而飲之，吾無求於人也。無上之名，無君之祿，不事仕而事力。」〔註94〕姜太公至營丘，聽見他們的說法，首先就派人把他們殺了。周公旦當時知道這個消息，本想阻止而來不及，問太公說：「夫二子賢者也，今日饗國而殺賢者，何也？」姜太公的回答很冗長，簡單的意思就是說：「議不臣天子，不友諸侯，吾恐其亂法易教也，故以爲首誅。」這是要消弭來自民間內部的消極對抗。

　　這裡可看出兩個重點：首先，東夷地區在王化範圍外，商朝時期因屬同族且自身軍事甚強而早已不受羈束，此時對新統治帶著敵意或反抗心態，或對亂世抱持著厭倦與惡感，徹底不想滋生瓜葛，這兩人的言論堪稱典型。再者，姜太公知其賢者而不惜首誅，可見他治國徹底懷抱著實用心態，有利於吾國則採納，不利於吾國則滅除，姜太公的納賢政策需由這個角度來理解，纔能在既要納賢卻還敢殺賢的矛盾認知裡獲得統一。還有個例證，可指出姜

〔註93〕見《姜太公新論・論姜太公的政治文化觀》，北京燕山出版社，西元1993年，頁144，轉引自《齊國政治史》第二章〈西周時期的齊國政治〉，第二節「姜太公封齊及建國方針」，頁41。張良才與修建軍兩位先生或沒有考慮國氏與高氏本由周王室任命來「監國」的事實。

〔註94〕見邵增樺《韓非子今註今譯・外儲說右上》第五卷，下冊，西元1982年，頁662。這裡錄出姜太公表示自己爲何要誅殺狂譎與華士兩人的完整說法：「彼不臣天子者，是望不得而臣也；不友諸侯者，是望不得而使也；耕作而食之，掘井而飲之，無求於人者，是望不得以賞罰勸禁也。且無上名，雖知，不爲望用；不仰君祿，雖賢，不爲望功。不仕，則不治；不任，則不忠。且先王之所以使其臣民者，非爵祿則刑罰也。今四者不足以使之，則望當誰爲君乎？不服兵革而顯，不親耕耨而名，又非所以教于國也。今有馬於此，如驥之狀者，天下之至良也。然而驅之不前，卻之不止，左之不左，右之不右，則臧獲雖賤，不托其足。臧獲之所願托其足於驥者，以驥之可以追利辟害也。今不爲人用，臧獲雖賤，不托其足焉。已自謂以爲世之賢士，而不爲主用，行極賢而不用於君，此非明主之所以臣也，亦驥之不可左右矣，是以誅之。」可見姜太公治國並不是採取完全放任的政策，而是選擇願意與自己合作的東夷人來幫忙管理齊國。反過來說，東夷人本來累世安於部落生活（或名爲國而實際只是部落規模），某些人或許並不適應正規國家就此在自己鄉土建立，狂譎與華士就反映著這種心態。

太公即使已經任用賢人，卻因其理念與己不符，在綏靖政局的考量裡不惜殺掉，這就是司寇營蕩。《春秋繁露·五行相勝》記載姜太公曾經問營蕩治國的要點是什麼，有如此對話：「營蕩對曰：『任仁義而已。』太公曰：『任仁義奈何？』營蕩對曰：『仁者愛人，義者尊老。』太公曰：『愛人尊老奈何？』營蕩對曰：『愛人者，有子不食其力；尊老者，妻長而夫拜之。』太公曰：『寡人欲以仁義治齊，今子以仁義亂齊，寡人立而誅之以定齊。』」〔註95〕營蕩認為父母任著孩子不自食其力而賴活，妻子年長而丈夫會向她禮敬，這就是愛人與尊老，姜太公卻認為自己本想拿仁義來治理齊國，他指派掌管司法的營蕩卻拿仁義來混亂齊國，因此殺掉營蕩來示警，藉此整飭端正齊國的社會風氣。《韓非子》與《春秋繁露》的這些記載重點並不在是否真有其人其事，重點端在他們共同塑造出姜太公很鮮明的治國風格，這種治國風格簡單來說就是理想與現實並重，不因想招攬東夷賢人輔佐共治齊國，而犧牲齊國的長治久安，姜太公的「尊賢」有一條不可逾越的警戒線，這條警戒線就是齊國的政局能否穩住，「尊賢」如果能穩住政局，則尊賢；「尊賢」如果不能穩住政局，則殺賢。齊國就是在這條警戒線的監督裡，逐漸收服東夷子民。

這很像後世美國棒子與蘿蔔交替的外交政策，只是齊國拿來辦內政而已。在這裡，我們還可看出夷商的風俗與周文化確實差異頗大，在彼此對各種事情的認知迥異而不斷滋生衝突的狀態裡，姜太公的蘿蔔與棒子交相揮舞，時而給予獎賞，時而強烈打擊，這裡已經透顯出未來齊學的實用特徵……

第六節　姜太公與周公旦的異同

東漢班固在《漢書·藝文志》拿他那時纔出現的思想學派觀念來說姜太公是個「道家」，如果真要說姜太公是道家，或許會是個敏於心機的「黃老派道家」，而不是隱逸避世的「莊老派道家」（由西漢歸類出的學派觀念往前溯問姜太公的思想性質本來甚怪，不過，黃老派的道家確實深受齊學影響，而莊老派的道家純出自楚學），不論如何，他絕對不會是個有著真誠倫理信仰與德性理念的儒家。這或許就是姜太公與周公旦的最大不同吧？由於姜太公與周公旦各自是樹立齊國與魯國各種開國典範的人，比較他們的異同可因此大

〔註95〕見賴炎元《春秋繁露今註今譯》卷第十三，〈五行相勝〉第五十九，頁345～
346。

略呈現出齊學與魯學的異同，當然，由於本書的重點還在梳理齊文化的淵源與發展，這種比較希望能使我們對此議題有更清晰的認知。

《史記・齊太公世家》曾經如此記載：「武王將伐紂，卜龜兆不吉，風雨暴至，群公盡懼，唯太公彊之勸武王，武王於是遂行。」〔註96〕太公信人事不賴天啓，由此可見。杜佑《通典》一百六十二徵引《六韜》而對此事有更具體的描寫：「周武王伐紂，師至汜水牛頭山，風甚雷疾，鼓旗毀折，王之驂乘，惶恐而死。太公曰：『好賢而能用，舉事而得時，則不看時日而事利，不假卜筮而事吉，不禱祀而福從。』遂命驅之前進。周公曰：『今時迎太歲，龜灼言凶，卜筮不吉，星變爲災，請還師。』太公怒曰：『今紂刳比干，囚箕子，以飛廉爲政，伐之有何不可？枯草朽骨，安可知乎？』乃焚龜折著，援枹而鼓，率眾先涉河。武王從之，遂滅紂。」〔註97〕對於文獻記載商周時期人物的歷史，我們應該著重於其人物性格的深層刻畫，而無法細緻計較其事是否果爲眞實。本段文字亦復如此。武王是個愼謀能斷的君主，因此能認清商朝已經衰敗的事實，而不會因卜筮不吉心裡就深受影響，漠視自己長期累積的奮勉。然而，重點更在這裡描寫出姜太公與周公旦的最大不同，在於如拿天道與人道做光譜的兩極，周公旦更偏向天道，而姜太公更偏向人道，周公旦深信上天告誡人事的消息，深恐人的不愼受到天的譴責，而重蹈商朝覆亡的結局，寧願採取更仔細謹愼的態度，觀察每個事情變化的徵兆；姜太公也不能被簡化說是站在天道的對立面，他只是相信人的自覺與奮勉纔是能否成事的主因，上天果眞有眼，也會幫忙更願意修德納賢的君王，而不會只因卜筮不順，或不賴卜筮指引，就此不幫忙該君王來解救蒼生倒懸的苦。

該段文字現在已經不見於現存的《六韜》本子。不過，《六韜・文韜・盈虛》對姜太公的這種務實的態度還有佐證：「文王問太公曰：『天下熙熙，一盈一虛，一治一亂，所以然者何也？其君賢不肖不等乎？其天時變化自然乎？』太公曰：『君不肖，則國危而民亂。君賢聖，則國安而民治，禍福在君，不在天時。』」〔註98〕姜太公與周公旦在商亡周興的關鍵時刻，面對正要開創新典範的周文化，他們的相同點其實遠大於相異點，前面由「尊賢上功」與「親親上恩」的交互連結只是兩人實施的緩急先後不同已能略窺堂奧，然而，

〔註96〕見《史記會注考證》卷三十二，〈齊太公世家〉第二，頁550。
〔註97〕轉引自《史記會注考證》，見同上，頁550～551。
〔註98〕見《太公六韜今註今譯・文韜・盈虛》第二，頁47。

再由前面對卜筮的反應來看兩人的細部差異，則太公的勇猛進取與周公的持重周詳其實與他們的出身背景有很大關係。姜太公出身於平民，周公旦出身於王孫，這種階層差異雖然在中國早期社會沒有如漢朝以降的差異懸殊，但，畢竟對他們的自我認知、行事態度與風格會產生影響。姜太公早年生活艱辛，經歷過各種坎坷際遇的考驗，曾經面臨過生存底線的掙扎，更容易使他行事大膽而身段柔軟，對下層民眾容易產生同情，制訂政策會考慮人民的實際利益，纔會有發展工商來富民的空前舉措，由於他治理齊國只想掌握大方向來實施，因此只花三個月就向王室報政；周公旦過著王室優裕的生活，又受過良好的貴族教育，因此做事比較細緻避免有差錯，人民的辛苦他有感卻不見得太在意，人民的素質能否提升，卻是他認為國家能否太平的要素，並視為自己的負擔，因此其執政很自然會由理念層面著手，透過制禮作樂來教化人民，對人民的生活只提倡傳統周國的農業，並沒有其他特別的主張。〔註99〕

　　王志民與邱文山兩位先生聯合表示，周公旦生長於王公官府內，過著優裕的生活，在宗法為主的周文化裡，培養出一種善於協調（包括血緣關係在內）人際關係的能耐，成為仁厚與孝順的榜樣。〔註100〕因此，他在構思魯國的立國政策時，並不大注意如何靠自己的能量去壯大魯國，譬如在經濟層面建設魯國，使其成為富強的國家，而更常思考魯國與周王室的關係，不斷與王室保持各種符合宗法禮數的來往，藉此維繫這個靠血緣得來的社稷，而周王室則給予其各種特殊優厚待遇，其中有兩點值得注意：第一，封疆的面積比其他諸侯國都來得大。王與邱兩位先生指出，《史記・十二諸侯年表序》說：「齊晉秦楚其在成周，微甚，封或百里或五十里。」〔註101〕這個「微甚」的封國名單未包括魯國。而《詩經・魯頌》有一首〈閟宮〉詩則記說：「俾侯於魯，大啓爾宇，為周室輔。」〔註102〕鄭玄箋說：「封魯公以為周公後，故云大開汝居，以為我周家之輔。謂封以方七百里，欲其強於眾國。」同詩還有「俾侯於東，賜之山川，土田附庸」的語句，鄭玄箋說：「加賜之以山川土田及附庸，令專統之。」可見魯國確實蒙

〔註99〕見《齊文化與魯文化》第三章〈齊、魯立國與文化形成〉，第一節「太公望與
　　　　周公旦」，頁48～50。

〔註100〕《史記・魯周公世家》記說：「周公旦者，周武王弟也。自文王在時，旦為子
　　　　孝，篤仁異於群子。及武王即位，旦常輔翼武王，用事居多。」見《史記會
　　　　注考證》卷三十三，〈魯周公世家〉第三，頁565。

〔註101〕見《史記會注考證》卷十四，〈十二諸侯年表〉第二，頁235。

〔註102〕見《毛詩注疏・魯頌・閟宮》卷第二十，頁778。

受王室特意的照顧。第二，各種人員與物資的大量贈與，譬如同在〈閟宮〉詩裡有周王室賞賜魯國厚禮的記載：「公車千乘，朱英綠縢，二矛重弓，公徒三萬。」由於彼此關係不同於其他諸侯國，魯國還享有郊祭文王的「特權」，藉此彰顯周公旦卓越的德性與德行，《史記‧魯周公世家》說：「成王乃命魯得郊，祭文王，魯有天子禮樂者，以褒周公之德也。」〔註103〕這些都是魯國與周王室關係親密不同於其他諸侯的鐵證。〔註104〕

　　筆者認爲，這種出身背景釀就人格與待遇的差異，纔能解釋開國時期同在山東，地理環境並沒有絕大差異，而齊國會發展工商，魯國則依然只有農業，而且同樣在面對夷人，周公旦（及其子伯禽）〔註105〕會採取鎮壓的革命態度，立意要全盤改變夷商文化的積習，要全面讓周文化在魯國紮根，〔註106〕而姜太公則會選擇與夷人合作，順應固有風俗來治國，避免文化的衝突消耗纔剛在累積的國本。《史記‧魯周公世家》記載：「魯公伯禽之初受封之魯，三年而後報政周公，周公曰：『何遲也？』伯禽曰：『變其俗，革其禮，喪三年然後除之。』」伯禽的統治比姜太公多花費十倍的光陰纔獲得成效，〔註107〕主因就在伯禽要全盤替換掉東夷的風俗與禮教，改由周文化來做統治階層與廣大人民溝通的橋樑，這與姜太公放下尊貴的身段，與俗民同好樂的因應簡

〔註103〕見《史記會注考證》卷三十三，〈魯周公世家〉第三，頁569。

〔註104〕本段文字前面已經略有討論，這裡只是繼續做不同層面的補充。詳細內容見《齊文化與魯文化》第三章〈齊、魯立國與文化形成〉，第四節「齊、魯分封的文化差異」，頁69～70。

〔註105〕周公雖在武王時已受封於魯，但實際就國到任者應該是其子伯禽，周武王斷沒有「捨弟封任」的道理。關於周公旦與伯禽誰首封治魯，詳見王志民與邱文山兩位先生的討論，見《齊文化與魯文化》第三章〈齊、魯立國與文化形成〉，第三節「魯文化的形成」，頁57～59。

〔註106〕伯禽到魯國後，對殷商遺民與魯人做大規模的調遣與安置。首先，居留於許昌魯城的魯人都遷進首都曲阜內，充實魯國的主體。其次，讓魯國境內的殷人按氏族分治，譬如《左傳‧定公四年》說：「故周公相王室，以尹天下。於周爲睦，分魯公以大路大旂，夏后氏之璜，封父之繁弱。殷民六族：條氏，徐氏，蕭氏，索氏，長勺氏，尾勺氏，使帥其宗氏，輯其分族，將其類醜，以法則周公，用即命于周。是使之職事于魯，以昭周公之明德。」詳細討論見同上，頁61～63。這段文字可證實「周公」與「魯公」實屬二人，意即周公旦與伯禽。

〔註107〕《史記‧魯周公世家》還紀錄說：「太公亦封於齊，五月而報政周公，周公曰：『何疾也？』曰：『吾簡其君臣禮，從其俗爲也。』及後聞伯禽報政遲，乃嘆曰：『嗚呼！魯後世其北面事齊矣。夫政不簡不易，民不有近，平易近民，民必歸之。』」見《史記會注考證》卷三十三，〈魯周公世家〉第三，頁569。

易治國態度確實頗爲不同，致使魯國果然成爲繼承甚至保存周文化的重鎭，提供後世醞釀孔子這般聖賢仰賴認識傳統典章制度的寶庫；而齊國則成爲商周兩種文化撞擊裡蘊生新文化的溫床，其兼容並蓄的精神替後世櫻下諸子百家匯聚於此預先備置奔放思想的前因。〔註108〕兩國各自繁衍出相當不同的學術傾向，魯學重視思想的一貫性，因此發展重點在禮樂對倫理的薰染，齊學則呈現思想的開創性，各種只要能富國強兵的領域，都被其包羅收納（甚至包括魯學的儒家），因此我們會看見孔子對周公的嚮往與志在興復周文化，思考總洋溢著慕古的情調，管子則志在稱霸，由此角度纔會稱引與看重姜太公，希望藉其前智解決現實議題，故而思考會特重法制觀念的釐清。〔註109〕

相對於楚學保留更濃厚的商文化與長江流域土著民族的風土思維，〔註110〕

〔註108〕王志民與邱文山兩位先生聯合指出：「齊文化的形成，從民族學的角度講，是融合了我國早期齊地東夷、姜炎、商、周等多個民族的文化，是民族文化的多元複合體；從地域文化講，則融合了濱海文化與內陸文化的特點，而從物質文化講，則兼具了農業文化、畜牧文化、漁業文化之所長。因而形成其內涵豐富，獨具特色的文化型種。」他們還說：「魯文化的形成則與齊文化有明顯的差異：從民族學講，它是以周文化爲主體，兼收夷、商文化的因子形成的周魯主體文化；從地域文化講，則形成以內陸河谷文化爲主的文化；而從物質文化看，它主要以農業文化爲主體，因而形成較單一的、封閉的文化型種。」見《齊文化與魯文化》第二章〈齊、魯文化之源〉，第三節「齊、魯文化淵源的比較探索」，頁 38。由此可知魯學會特別發展出重視既有歷史文化的傾向，而齊學則不斷匯聚各種外來文化，呈現出思想的開創性。

〔註109〕王志民與邱文山兩位先生聯合指出姜太公與周公不同的歷史意義：「隨著太公傳奇經歷和異乎常人的卓著功勳的被傳播和宣揚，太公後來逐漸被神化成爲法力無邊的『神』。周公則隨著禮樂教化的推行，其漸次成爲倫理教條的人格化身，是一個思之即顯的『完人』。一神一人的被異化，反映出作爲歷史人物的太公與周公的諸多不同質的表現。」見《齊文化與魯文化》第三章〈齊、魯立國與文化形成〉，第一節「太公望與周公旦」，頁 50。筆者認爲齊學與魯學的差異，後來則隱然轉型成道家與儒家的差異，尤其是黃老道家的產生，前有姜太公，後有管子，他們的思想實屬黃老道家獲得孕育的溫床。因此，如能說周公替後來的儒家奠立思想的基石，姜太公則替後來的道家奠立思想的基石，「黃老」裡的黃帝根本無法稽考，其只是作爲東夷人情感的依歸，而實質的思想內容，就首出於姜太公對齊國的經營擘畫，譬如其「因其俗，簡其禮」，就是種具有陰柔型態的政治改革，實質則能鞏固齊國的統治。

〔註110〕學者文崇一先生說：「從古器物、傳說以及若干文獻資料來看，楚文化是一種受殷商文化強烈影響的土著文化。」見其《楚文化研究・序言》，西元 1990年，頁 10。這主要體現在楚人是一個信神鬼而重淫祀的民族，他們不僅相信靈魂，強調神鬼對人生的重要性，更喜歡祭祀祖先與上帝，見同書〈楚的神

齊學確實是東西（商周）兩大文化劇烈交融的結晶，不過我們如果更細緻討論這點，則會發覺齊學其實保存有三種文化傾向：第一，商文化裡崇尚鬼神的傳統，這與東夷原生的文化無法割離；第二，周文化第二種發展的類型，也就是不同於敬神重人的周公路線，姜太公務實於人事的經營佈局；第三，商周兩文化交會蘊生於齊國的兼容並蓄精神。

商文化裡崇尚鬼神的傳統尤其重要，沒有這個傳統，齊學最獨特的客觀真理信念就無法產生（這是齊學迥異於其他三種學派的絕大特色，亦是商文化遺留給齊學最精華的資產），此信念衍生出的科學理念與制度化思考更無法紮根；沒有姜太公務實於人事經營佈局奠立的開國典範，則齊學各種具實用傾向的技術領域就沒有孕育的機會，這包括手工業與商業的發展（工具的不斷創新暨其產量與市場規模的擴大）、統治技術的討論（各種關於治國的理念與具體方法）與兵學的研發（治軍戰略、帶兵技法與戰術佈局），尤其是研發兵學的傳統，這是姜太公帶給齊國最大的文化資產；沒有商周兩大文化在齊國交會，並因姜太公首先給予其融合統整的機會，其後齊國各時期國君繼承與擴大此風，使其蘊生出磅礴渾厚的兼容並蓄精神，齊國不可能蛻變爲一個泱泱大國，在周王朝封派的諸侯國裡長期不斷擁有強國的地位，並能優先帶頭優恤各種觀念領先群倫的士人，而使先秦諸子百家獲得蘊生與集結思想的機會，這恐怕甚至是齊學帶給整個中華文化最大的貢獻了。不過，我們現在想特別討論第二種文化傾向，因爲這既可看出姜太公與周公旦異同背後的複雜性，更能看出周文化兩種稍異的發展路線。根據前面的討論，具有典範意蘊的周文化，其塑型簡單來說有三個階段：其一是由后稷至古公亶父，周國拿農業做立國的根基，產業型態經此確立，與該產業相應的文化生活就能徐圖發展；其二是由文王至武王，周國開始要變爲周朝，建國需要君王的德性人格感召，與招賢輔政宣示新朝有著氣象不凡的文化理想。

在這兩個階段累積的文化認同，由物質至精神架構出周文化的大本大根，其與商文化的不同，不僅體現在產業型態的差異，更體現在周文化逐漸展露重視人文的芽端，修德納賢則是此風的具體例證。第三個階段主要由周公旦繼承其根本進而去制禮作樂，使得周文化的人文內涵被深刻化，一般的認知並不會在這個階段裡給予姜太公歷史位置，只把姜太公當作周文化的繼承者而不是闡發者，筆者並沒有否認周公旦的主流貢獻的意思，這裡只想指

話與宗教〉，三「宗教信仰與宗教儀式」，頁 198～225。

出姜太公與周公旦都是周朝的開國元老，〔註112〕他們兩人的地位相當，對於周文化很自然都有平等的詮釋權，齊國與魯國各做為周文化具體落實紮根的新生基地，魯國體現周公旦的治國理念，齊國體現姜太公的治國理念，雖然周公旦做為王室宗族，其文化詮釋權可能稍大於姜太公，但，我們應把周公旦「貫徹落實禮教」的理念視為周文化的主軸，而把姜太公「變通務實禮教」的理念視為周文化的亞型（王志民與邱文山兩位先生聯合表示，這其實是周王室對齊國採取相對放任的政策，而使齊國能因地制宜，〔註113〕不論如何，這個事實使得周文化有機會開出不同的類型），如此魯文化是周文化的演續，姜太公開創的齊文化則是周文化的變續，再加上齊文化原本就已涵蓋夷文化與夷文化演續出的商文化（姜太公還順承此風），致使齊文化實際上是個涵蓋包容量極廣的文化，〔註114〕能使兩大文化直接在齊國交會而沒有激生出動亂，我們不由得不說姜太公開國早年「因其俗，簡其禮」的政策確實成效極大！因此，姜太公與周公旦的差異，使得周文化產生兩種接續發展的路徑。

　　由這個角度來理解，漢朝時由儒學角度發展出的齊學與魯學，其各自的特色纔能獲得更清晰的認識。儒學裡有齊學與魯學的差異，這是專指兩漢時期對經學義理詮釋不同而有齊學與魯學兩派，也是比較狹隘定義裡的齊學與魯學，學者王成章先生指出，中國學術皆興起於齊魯朝野，〔註115〕齊學重視

〔註112〕他們是首封的一批人，《史記·周本紀》記說：「武王追思先聖王，乃封神農之後於焦，黃帝之後於祝，帝堯之後於薊，帝舜之後於陳，大禹之後於杞。於是封功臣謀士，而師尚父為首封，封尚父於營丘，曰齊，封弟周公旦於曲阜，曰魯，封召公奭於燕，封弟叔鮮於管，弟叔度於蔡。餘各以次受封。」見《史記會注考證》卷四，〈周本紀〉第四，頁71～72。

〔註113〕見《齊文化與魯文化》第三章〈齊、魯立國與文化形成〉，第四節「齊、魯分封的文化差異」，頁70。

〔註114〕張富群先生在〈齊魯文化綜論〉裡表示：「現在學術界有一種對中國文化的『構造分類法』，即以傳統的華夏黃土文化（或稱中原文化）為「內核文化」，而以其周邊地區的文化為『邊緣文化』。那麼，按照這種分類法，『東夷人』的齊魯文化是屬於內核文化還是邊緣文化呢？就其古老性和分佈特點而言，顯然屬於內核文化；而且『中原』一詞有廣狹二義，狹義的中原僅指今河南省一帶，不包括齊魯地區，廣義的中原泛指黃河中下游地區，當然也包括齊魯地區在內。不過齊魯文化的內部結構也不是單一的，它有多成分的構成和不同的層次，如山東半島『大東』地區的文化，在其歷史發展中就帶有明顯的海洋邊緣文化的特點，齊國文化也具有沿海工商文化與內陸農業文化相吻合的『重合邊緣文化』趨向，要對這樣的複雜文化現象作出幾何圖解式的說明，那是很困難的。」見《中國論文卷》，頁221～222。

〔註115〕見王成章《漢代齊魯之學研究》第一章〈秦以前齊魯之學〉，二「中國學術興

今文經，魯學重視古文經，前者能依照經文義理而擴充發揮自我的學說，後者則謹守經文傳統義理，詳做名物訓詁考證，不做強解只望還原本意。魯學出自杏壇的教育，傳承孔門的學風，治經態度嚴肅而謹慎，缺點爲不免流於故步自封。齊學則承襲稷下學風，任由百家諸子談龍論天，其學者雖爲儒生，治經時自由發揮的風氣甚盛，缺點則爲不免流於穿鑿附會。〔註116〕《漢書‧儒林傳》就有「穀梁子本魯學，公羊氏乃齊學」的說法，〔註117〕這是齊學與魯學兩個詞彙首先出現的最早文獻，《穀梁傳》與《公羊傳》各自是面對孔子《春秋》還原義理與發明義理的典籍，齊學與魯學的差異由對比兩書體例作法自能有具體而微的認識。漢朝齊學對經典的自由發揮態度來自其國風，對各種學說都抱持兼容並蓄的精神，如果沒有一個中心理念去貫穿，則會流於散漫失體，而最能做中心理念者常爲個人對某觀念的深刻體會，越有深刻體會則越能自由發揮，這是齊學開創性會如此強的根本原因。周文化能有魯學做傳承者，再有齊學做發揮者，得失互抵，都屬周文化在學術層面的演變。姜太公與周公旦各自在其封國的奮勉，開創出齊學與魯學兩種學術風格的先聲，後者保持周文化的純淨度，前者則打開周文化的幅度……

第七節　姜太公的典範與影響

　　做爲開國君主，姜太公豎立的典範，對齊國產生深遠的影響。《漢書‧地理志》說：「齊詩曰：『子之營兮，遭我虖嶩之間兮。』又曰：『俟我於著乎而。』此亦舒緩之體也。吳札聞齊之歌，曰：『泱泱乎，大風也哉！其太公乎？國未可量也。』」〔註118〕這是說春秋末年吳國季札聽見齊國雍容大度的歌曲，覺得這是姜太公建立的規模，由此歌風可知齊國的國運將不可限量，《漢書‧地理志》還說：「初太公治齊，修道術，尊賢智，賞有功，故至今其士多好經術，

起於齊魯」，香港，珠海大學中文研究所碩士論文，西元 1981 年，頁 18～23。

〔註116〕見王成章《漢代齊魯之學研究》第二章〈漢代齊魯之學〉，四「齊學魯學同異分辨」，77～87。

〔註117〕《漢書‧瑕丘江公傳》記說：「宣帝即位，聞太子好穀梁春秋，以問丞相韋賢、長信少府夏侯勝及侍中樂陵侯史高，皆魯人也，言穀梁子本魯學，公羊氏乃齊學也，宜興《穀梁》。」見《漢書》卷八十八，〈儒林傳〉第五十八，第五冊，頁 3618。這裡可看出齊學與魯學作爲周文化的兩大路線，直至西漢中期依舊有明顯的差異與紛爭。

〔註118〕見《漢書》卷二十八下，〈地理志〉第八下，第二冊，頁 1659～1661。

矜功名，舒緩闊達而足智。其失夸奢朋黨，言與行繆，虛詐不情，急之則離散，緩之則放縱。」直至漢朝，齊地有志的讀書人都有好學經術的傳統，積極於建立功勳獲得名位，個個心胸寬大，不計較枝微末節，卻足智多謀。缺點則是喜歡過荒誕奢侈的生活，好結交朋黨，言論與舉止不統一，做事不實在，有時會不惜詐欺牟取利益，不在意他人的情感反映，一旦遇上緊急的狀況，常沒有持續的耐性而避開磨練，沒有什麼外在的刺激，則就習慣於變得放縱自己，繼續過著舒服享樂的日子。這裡對齊人的細緻描寫，不見得都來自姜太公的直接影響，卻應該與姜太公奠立齊文化的架構（譬如實用觀念與發展工商的政策），輻射至社會對人民產生的間接影響有關（譬如社會經濟發達，人就習於由利己角度來思考問題，並因物質資源供應無虞，而自然過著較奢華的生活）。不過，齊文化的內蘊複雜，由天然地理的條件至人為歷史的因素，都是型塑齊文化給人這些一般印象的來源，不宜全部簡化為姜太公個人施政風格的結果。

　　但，季札說「泱泱乎，大風也哉」，這段話的白話文就是「雍容大度」，確實可概括出姜太公帶給齊國的歷史貢獻，及其架構的開國典範。我們由這四個字出發，可歸納出三點來詳細解說姜太公架構的典範：第一，各種人才匯聚。《說文解字》解釋「賢」這個字說：「多財也，從貝。」〔註119〕意思是說賢人是指很能生財致富的人，這種說法或許在夷商文化裡自有脈絡可循，不過，這種早期社會對「賢」字的解釋，相信在周朝建國前後已不被採納，起碼這決不是周文化會對賢人的認知。但，傳說姜太公做過各種低階層的賤業（如商人與屠夫），不論這是否果為事實，我們由其他各種姜太公的言行可知，他納賢的標準顯然也決不會僅侷限於道德上的君子，而是苟能有利於社稷者則皆接納其為齊國效命，他能建立一個中國歷史上首先積極提倡工商的諸侯國，要落實這個理念，相信就要有大量相應的工商菁英被其視作賢人來輔政，這種例證多不勝數，我們就拿後來如齊桓公能成就「尊王攘夷」的霸業，其輔政大臣多為經營工商的人士可知，鮑叔牙與管仲都曾是「同賈南陽」的商人就不用說了，〔註120〕連衛國窮困的甯越在本國活不下去，先來到齊國

〔註119〕《說文解字注》，頁282。
〔註120〕《史記‧管晏列傳》記說：「管仲貧困，常欺鮑叔，鮑叔終善遇之，不以為言。」該段《史記索隱》引《呂氏春秋》說：「管仲與鮑叔同賈南陽，及分財利，而管仲嘗欺鮑叔多自取，鮑叔知其有母而貧，不以為貪也。」見《史記會注考證》卷六十二，〈管晏列傳〉第二，頁850。

經商當牛販，因敲著牛角唱著悲涼的商歌，有意無意間被去郊外迎客的齊桓公聽見了，覺得意境頗不尋常，竟然就把他迎回宮內，與他談話後大喜，立即任他官職，群臣表示不解，希望齊桓公能先派人去他的祖國調查，再任他為官都還不遲，齊桓公卻覺得如此不妥，憂慮因知道他的小惡而忘記他的大美，這纔是人君會失去天下賢士的癥結。〔註121〕

　　這個事情本身就能使我們看見三項重點：第一，不論甯越有意或無意，他想來齊國做官，卻必須先當個牛販，可見齊國統治階層並不會特別看輕工商人士，相反地，經商可能在齊國是打進該國社會尤其是統治階層的終南捷徑。〔註122〕第二，齊國統治階層任人唯賢，跨越貴賤差異，貧無立錐的窮人能靠自己的見識躍升為顯貴，這使得在母國無法維生卻有險智強略的人紛紛由各處匯聚於齊國，想闖一番天地，卒有稷下學宮的蘊生。第三，齊國統治階層確實有著難得的政治胸襟，不由責全的心態接納確有見地的賢士，這使得人不需隱蔽其小虧，而能奮勉於大德，這可避免國家內耗於枝微末節的個人瑣事，專注於國政經營。回過來討論姜太公架構的典範：第二，各種思想競放。由於商文化（含夷文化）與周文化（含夏文化）兩大文化的衝突性在齊國獲得姜太公的兼融與調和，齊國不僅匯聚各種人才，更開始變成各種思想薈萃傳播的溫床（有些國家或許能匯聚各種見識卓絕的良相能臣與技術幹

〔註121〕　本段出自《淮南子‧道應訓》，其記說：「甯越欲干齊桓公，困窮無以自達。於是為商旅，將任車，以商于齊。暮宿於郭門之外。桓公郊迎客，夜開門，辟任車，爝火甚盛，從者甚眾甯越飯牛車下，望見桓公而悲，擊牛角而疾商歌‧桓公聞之，撫其僕之手曰：『異哉，歌者非常人也！』命後車載之。桓公及至，從者以請，桓公贛之衣冠而見，說以為天下。桓公大說，將任之，群臣爭之曰：『客，衛人也。衛之去齊不遠，君不若使人問之。問之而故賢者也，用之未晚。』桓公曰：『不然。問之，患其有小惡也。以人之小惡而忘人之大美，此人主之所以失天下之士也。』」見《淮南子譯注‧道應訓》第十二卷，頁556。

〔註122〕　學者沈剛伯先生指出：「僅是工商發達尚不足以構成齊國特殊的文化，因為春秋戰國的國家大都均知道通商惠工以厚植國力；小如衛鄭東周也偶有大規模的國際貿易，至若邯鄲、大梁的繁榮熱鬧，則並不亞於臨淄。然而他們都是軍國主義的國家，把農村當作兵的主要來源，因而均以重農輕商為其基本國策。商人不特不能過問政治，在社會上的地位也是很低的。齊國卻不如此。大概太公因為『簡其禮』的關係，未曾徹底推行封建制度，在政治上雖有公卿的特權階級，但社會卻比較開放。」他還說：「因為太公主張『舉賢而尚功』，就是允許中產階級參加政治，與世卿公族分享政權；這實在是自西周以至戰國初期別的國家所沒有的事。」見其〈齊國建立的時期及其特殊的文化〉，《中國上古史論文選集》，西元1979年，頁1222～1223。

僚，卻不見得能招徠各種思想家夾帶其思想在此薈萃），這種趨向在戰國早期就隨著諸子興起而大顯，齊國成為許多尖端學說的發祥地與傳播地，我們或可舉統治數字來論證此點，據學者林麗娥先生統計：用最嚴格的標準，就齊學的締造者而言，籍屬本地的學者有五十人；而外來與里籍不詳的稷下先生有十四人（不含其歸納為魯學的孟子與荀子）；不屬於齊學，卻因曾來過齊國，而與齊學有關的各地學者有二十人；確認由他國至齊的學者中，由魯國來的六人最多，文化較落後的燕國、韓國與秦國則無一人。

如果由學者的學派來說，儒家共有四十三人（本地學者二十五人；外來與里籍不詳的學者十八人）；道家共有十二人（本地學者六人；外來與里籍不詳的學者六人）；名家共有三人（本地學者兩人；外來學者一人）；墨家共有八人（本地學者五人；外來與里籍不詳的學者兩人；加上被班固《漢書·藝文志》列為小說家，後人多列為墨家的宋鈃，其為宋國人）；法家共有三人（本地與外來學者各一人，加上被班固列為道家，而後人常列為法家的管仲）；陰陽家共有五人（本地學者四人，里籍不詳學者一人）；縱橫家共有四人（本地學者一人，外來學者兩人，里籍不詳學者一人）；兵家共有八人（本地學者四人，外來學者三人，加上被班固列為道家，而後人常列為兵家的姜太公）；醫家兩人（本地學者與里籍不詳學者各一人）；天文數術本地學者一人。〔註123〕林先生統計的對象俱為卓然自成一家的大師，雖然學派的歸類恰當與否自來就是個頗受爭議的命題，不過，由這個角度來觀察，應該確能看出當日齊學各種思想競放的現象。齊國政治本有開明的傳統，君王納諫於士人已蔚為常態，譬如齊莊公想給魯國智者臧紇封邑，臧紇不但不要，聽莊公對他吹噓征討晉國的事，還罵莊公其實如老鼠怕人般害怕晉國，纔會當晉國有災難，就想起兵，晉國恢復安寧，就立即表態要事奉它，這不是怯如老鼠是什麼？《左傳·襄公二十三年》說：「齊侯將為臧紇田，臧紇聞之，見齊侯。與之言伐晉，對曰：『多則多矣，抑君似鼠。晝伏夜動，不穴於寢廟，畏人故也。今君聞晉之亂而後作焉，寧將事之，非鼠如何？』乃弗與田。」〔註124〕

〔註123〕見《先秦齊學考》第七章〈先秦齊學的特色〉，第一節「齊學學者眾多」，頁432～437。其實，由於定義寬嚴標準有異，林麗娥先生在其書內不同章節有關人數的統計略有不同，她在〈先秦齊國學者一覽表〉裡，又統計出本地學者有五十名；外來學者有二十二名；里籍不詳的學者有十五名，見第四章〈先秦齊國學者考〉，附「先秦齊國學者一覽表」，頁236～246。
〔註124〕見《春秋左傳注疏·襄公二十三年》卷第三十五，頁607～608。

賢士可罵君王如鼠？這是如何大膽的逾矩行徑啊⋯⋯

　　莊公很不高興，只是不給予臧紇封邑而已，但，他尊重臧紇的發言，不會因臧紇這樣說就背地裡迫害他。能有這種現象，證實齊國統治階層的招賢納士並不只是一種政治謀略，他們誠心想與人數佔絕大多數的被統治者夷人合作，能善取其長來改革與扶持國政，後來更進而接納各國有創見與才能的學者能人來這裡發揮，故而會發展出開明的政治，這更是齊學能做為先秦時期醞釀民主思潮獨一無二的發祥地的原因。姜太公架構出齊國各種思想競放的典範，其中與姜太公關係最直接者當屬兵家，齊國託名姜太公的軍事著作相當大量，譬如《漢書‧藝文志》記載：「《太公》二百三十七篇：《謀》八十一篇，《言》七十一篇，《兵》八十五篇。」〔註125〕《隋志‧經籍志》則記載：「《太公六韜》五卷，《太公陰謀》一卷，《太公陰符鈐錄》一卷，《太公金匱》二卷，《太公兵法》二卷，《太公兵法》六卷，《太公伏符陰陽謀》一卷。」〔註126〕班固在著錄時對於作者已經有懷疑，他在《漢書‧藝文志》錄《太公》書後面自注曰：「呂望為周師尚父，本有道者。或有近世又以為太公術者所增加也。」其實，由這些書託名姜太公，而他在齊國已經成為典範人物來看，我們推測不無可能是戰國時稷下先生們思索兵學時依託前賢的作品，可見姜太公對齊國兵學的影響至為深鉅，可惜現在除《六韜》外都已失傳。齊學現存相關的軍事著作，還有《孫子兵法》、《孫臏兵法》、《司馬法》與《管子》書中討論的軍事思想等，這些都是齊國從春秋到戰國，經歷長期對外戰爭，總結其經驗，提昇而為軍事（含軍政）的理論。

　　對軍事的重視，必然牽連到需要重視客觀的形勢與條件，因此發展出各種層面的兵學原理，而由軍事知識的發達，會自然延伸出對知識本身的重視，齊學特重知識真理，相信與人文環境長期刺激士人思索軍事議題有直接的關係。

　　《漢書‧地理志》說姜太公剛開始治理齊國時奮勉在「修道術」，其崇智尚謀的精神，相信是各種思想能競放於齊國的大背景⋯⋯

　　關於姜太公架構的典範，還有：第三，各種產業經營。東夷人本來就有經營魚鹽的傳統，姜太公受命來營丘囤墾，再大規模帶進周朝農耕的物質生

〔註125〕見《漢書》卷三十，〈藝文志〉第十，第二冊，頁1729。
〔註126〕見《隋書》卷三十四，〈經籍志三〉第二十九，第二冊，西元1993年，頁1013。
　　　　後面隔著一本《黃帝兵法孤虛雜記》，接著還附有：「《太公三宮兵法》一卷，《太公書禁忌立成集》二卷，《太公枕中記》一卷。」

產技能，並順應山東地區的天然環境與東夷人生活的習慣，融合發展出各種產業匯聚於齊國經營的盛況，這種繁榮的景象尤其首都臨淄爲盛，直至整個戰國時期，都是絕無僅有的事。《漢書‧地理志》：「太公以齊地負海爲鹵，少五穀而人民寡，乃勸女工之業，通魚鹽之利，而人物輻湊。」〔註127〕還說：「後十四世，桓公用管仲，設輕重以富國，合諸侯成伯功，身在陪臣而取三歸。故其俗彌侈，織作冰紈綺繡純麗之物，號爲冠帶衣履天下。」太公架構的產業典範，由齊桓公與其相管仲繼承，其「輕重」就是經濟政策，由太公勸導發展女工，到管仲統政使齊國的紡織品已臻極盡華麗能事，天下各國的貴族與富人無不愛穿著齊國的冠帶衣履，替齊國賺進極豐厚的利潤，使得齊地由原來生活貧瘠困苦與人丁單薄的狀況，猛然跳躍爲風俗奢侈萎靡，人民大規模匯聚於齊國過富裕生活的狀況。齊國的富強並不僅來自其有效的經濟政策，更來自其經濟政策吸引大批外來人口移居於齊國，而齊國也善待這些移民，把他們一視同仁都當作齊人，這種沒有地域意識包袱發展出的國風，纔能使在齊國生活的人民，都能安心在齊國生息繁衍。雖然尚沒有直接的文獻證實，不過，邱文山先生估計，自立國開始，姜太公就不受限於區區百里的齊國，而是把周圍的廣大地區（各諸侯國）都當作發展經濟的範圍，因此牢牢奠立齊國的經濟基石。〔註128〕

姜太公的這種深謀遠慮的戰略早在其統治齊國時已略見成效的端倪，因此周公旦曾經很憂慮地說：「嗚呼！魯後世其北面事齊矣。夫政不簡不易，民不有近，平易近民，民必歸之。」（見《史記‧魯周公世家》）對照後來魯國一直受著齊國的威脅與侵略（雖然最後魯國亡於楚國），周公旦應該是不幸言中了。

《史記‧貨殖列傳》說：「夫用貧求富，農不如工，工不如商，刺繡不如倚市門。」〔註129〕可見經營工商其利潤確實遠大於農耕，齊國能把土地不適合於農耕的危機化爲經營工商的轉機，可見統治者確有遠大的見地，但，至戰國時期，齊國的農業也已經很發達，不論是否爲本國人民自己耕作，抑或經由跨國交易獲得糧食，《史記‧蘇秦列傳》記載蘇秦曾來到臨淄看見「粟如

〔註127〕見《漢書》卷二十八下，〈地理志〉第八下，第二冊，頁1660。
〔註128〕見其《齊文化與中華文明》第一章〈齊文化概述〉，第二節「齊文化的初步形成」，西元2006年，頁12。
〔註129〕見《史記會注考證》卷一百二十九，〈貨殖列傳〉第六十九，頁1361。

丘山」，並對齊國首都臨淄的印象有如此說法說：「臨淄之中七萬戶，臣竊度之，不下戶三男子，三七二十一萬，不待發於遠縣，而臨淄之卒，故已二十一萬矣。」〔註130〕這是說臨淄光就年富精強的男人來說就已經有二十一萬人，他再說：「臨淄甚富而實，其民無不吹竽鼓瑟，彈琴擊筑，鬥雞走狗，六博蹋鞠者。臨淄之塗，車轂擊，人肩摩，連衽成帷，舉袂成幕，揮汗成雨，家殷人足，志高氣揚。」這裡是說臨淄各種娛樂與工藝都有，馬路上來往的車輛擁擠到輪軸會相撞，逛街的人潮多到肩膀相互摩擦，舉起衣袖都能如帷幕把天給遮住，揮個汗都像在下雨，由於經濟好了，人都變得志高氣揚自視不凡，可見人民至此已經脫離溫飽的層次，纔會有多餘的精神去發展各種娛樂，儘管有的娛樂深具文藝氣息，有的娛樂如賭博可能不見得是好事。蘇秦因而總結說：「齊之強，天下莫能當。」這種強不是軍事上的蠻強，而是真正富利民生增值國本的厚強。蘇秦這裡當然有描寫過度誇張的狀況，不過，應能使我們確認臨淄當日已經是天下首富的大都會，而姜太公架構各種產業在齊國都能經營的典範，至此應該已經被證實獲得卓越的效益。

與各種產業相伴發展的現象，就是各種技術盛行。齊國各種科學技術的研發冠於天下（這些科技成就主要記錄在《考工記》這部書裡），相信與其產業的需要刺激思考有關，更跟各種開放的思想在齊國交互碰撞，使齊人猛於大膽創新有關，不過，這屬於姜太公架構典範的餘波，已經是後話了。

〔註130〕見《史記會注考證》卷六十九，〈蘇秦列傳〉第九，頁903。

第三章 地理環境對文化與產業發展的影響

摘　要

　　這裡冀圖檢視下面四個問題：第一，在中國這五千餘年來氣候寒暖交替變化的事實裡，由商朝至戰國時期，氣候的變化對於政治發展可能產生如何的影響？畢竟由歷史的眼光來看先秦氣候的大背景，有兩個重點特別值得注意：首先，周朝覆亡商朝，並不僅是改朝替換政權的變化而已，更是中華文化史的關鍵性變化，中國由原先商朝深信天命的天道信仰，轉變爲周朝瞭解天命靡常，故而更需奮勉自強於人事的人道信仰，這種思想轉變歷程，如果加上氣候轉寒的背景因素來認識，狀況就會有個更清晰的輪廓。再者，就山東地區來說，如果早至新石器時期，晚至商紂王時期，山東地區都處於暖濕型氣候，東夷族的人民會開始種植五穀，並不是很奇怪的事。但，新石器時期由於生產工具尚屬粗糙的石具，其限制使種植無法量產，而會往同爲暖濕型氣候滋生的沼澤與森林漁獵或畜牧，來做食物的主要補充，當然，這還會有地區性的差異，地靠海濱的齊地，相對來說漁業較發達，地靠谷原的魯地，相對來說獵業較發達。

　　第二，要認識山東的氣候對齊國產生如何的影響，得通過釐清齊國在不同時期的疆域輪廓。筆者認爲關於齊國的領土，由營丘爲主軸，西北五十餘里臨薄姑，往東十餘里臨紀國，北至海濱約百里，南至逢山百餘里，這個說法恐怕剛立國的姜太公想管理都有困難，拿齊國東邊長期有萊夷爲患來說，

直至春秋初年，齊國的領土都只有山東偏北的大部，根本並未濱海，因此，「四至」的說法並不是西周初年齊國的疆域，而是其獲授權得自由征討的範圍。成王時因王室政策調整，大幅擴大各諸侯國的封土，致使齊國疆域被改封為方五百里，不過，徵諸實際狀況，齊國封土應該遠無法擴張至此數，如果能擴大，或許僅得加上西北的薄姑國因參與叛變被弭平後，由其國境併至齊國內做封土。齊國疆域的全盛時期，當在齊湣王十五年（西元前 286 年）齊國出兵徹底滅掉宋國，佔領其全部土地，疆域向東南擴大至河南省東部與山東、江蘇暨安徽三省交會的廣大地區，純粹向南則擴張至現在河南省睢縣、江蘇省徐州市、睢寧縣與宿遷市，這是齊國曾經往南擴張的極致了。

　　第三，由齊國的地理環境來認識宗教，就會發現山東是個宗教信仰很濃厚的地區，土著民族本來就有自然崇拜的現象，對各種萬物都視作內含神靈而深具敬畏，東夷民族自然不例外，這種現象加上山東靠海，大海的變化莫測，萬里無雲與烏雲密佈交替，人靠天吃飯（不論是出海捕魚或沿岸曬鹽，甚至去做遠洋貿易），在危險與機會裡給人各種心情的張弛，更使齊學充滿著濃厚的宗教特徵。齊地最原始與最重要的自然崇拜為八神，其中祭祀天主的所在稱做「天齊」，據說即是齊國會稱做「齊」的原因。八神的信仰很不系統化，包括天地日月陰陽六者都有觀念的重複，不過，這正表示原始信仰尚未統合的狀況，而胡適先生更表示這個八神信仰演變出戰國的陰陽家，這因天齊淵被先民視作天的臍眼，屬於崇拜生殖器的迷信，由男女關係而推想至天地日月，拿天配地，拿日配月，都變做夫婦的關係，進而由此推想出「陰」與「陽」這兩種觀念，後來經過齊魯儒生與燕齊方士的改變與宣傳，就變做中國中古時期的中心思想，這象徵著齊學早期真理觀的孕育，並呈現中國型態真理觀的重要特徵。

　　第四，《史記·貨殖列傳》裡反覆說齊人心胸寬闊，還說他們「好議論」，這恐怕還是與生活環境的富庶，沒有立即明顯的外患與危機，纔使得齊人能如此悠閒的高談闊論。齊國的文化會如此，還與其工商業繁榮有重要關係，人民不需全從事極耗體能的農業，而有多餘的精神去做精神性的活動，其間孰為因果甚難論斷，大抵來說齊國的天然環境本就更適合從事低密度的農業，並將其原料轉做工商業，譬如種植桑麻來發展紡織業，使得齊國的衣服華麗居當世第一，其中女人紡織在齊國的生產事業裡具有相當重要的地位，這是齊國開國而降的傳統。如果沒有中國北方的氣候逐漸轉暖，山東變得適

合穀類生植繁衍，光靠人工的保障與獎勵措施，決無法就使齊國發展出大規模的農業，齊桓公能開創其「尊王攘夷」的歷史霸業，實在是各種條件的配合纔能蘊生。這裡並不是站在地理環境決定論的角度來立言，而是希望站在商文化與周文化薈萃出齊文化的角度裡，認識地理環境對先秦齊國的文化與產業的可能影響。

第一節　先秦氣候的大背景

奠立在商文化與周文化這兩大文化薈萃於齊國的認知根基上，我們來討論齊國的地理環境對文化與產業的影響纔能突顯出深意，這有兩個理由：首先，整個周朝時期山東地區並不只有齊國，而齊國的政治版圖一直不斷在擴張，如果沒有對齊國建國前的文化與歷史背景有個概括性的瞭解，並帶著歷史的眼光，按著不同時期的疆域發展來繼續後面的討論，認知地理環境會顯得架空論虛，因為我們根本尚未摸清自己在談哪個時期的齊國，如何瞭解其地理環境？再者，筆者相信文化對齊人的影響超過地理對齊人的影響，雖然地理環境會影響早期山東地區居民謀生技能的選擇，更是夷與商文化順此蘊生的原因，但，如果只由這個角度來觀察，就無法合理解釋其後兩大文化為何能薈萃於齊國，使齊學產生兼容並蓄這個最大特色的背景。我們得先綜合認識齊文化的兩大源頭，纔能更明朗地認識齊地理，並能瞭解自然與人文環境如何影響其文化細部發展與產業具體經營，因此，請容筆者在這裡纔展開該議題的討論。

首先，我們來認識山東氣候的變化歷程。學術界大體上長期的看法是說，整個中國的氣候，由西元前三千年開始至今，五千年來一直處於寒暖交替的變化歷程，山東地區也不例外。學者葛劍雄與趙發國兩位先生聯合表示，民國十九年至二十年（西元 1930 年至 1931 年）於現在章丘市龍山鎮城子崖龍山文化遺址發掘出炭化的竹節與大量喜暖動物的遺骸，可與黃河下游地區直至西周初年相當多器物都是拿竹子製作的互證，從商朝至西周初年，竹類相當廣闊散佈在黃河流域，山東處於黃河下游，正就是當日竹類的散佈地區，而與現在竹類大面積散佈於長江流域及其往南的狀況不同。他們並舉西周早期的郯國人，把觀察家燕由南方剛過來的時間訂為春分，開始展開農耕，而現在春分時（一般為三月二十二日）家燕纔剛到上海，二十世紀三〇年代時統計山東省郯城市（西周的郯國）的年平均溫度要低於上海攝氏一點五度，一

月的平均溫度要低攝氏四點六度，由此得證西周早期的郊國約如現在的上海一般溫暖，這可做爲古齊氣候比現在溫暖的證據。前面這種論點，主要依據學者竺可楨先生的看法，他並判斷當日山東的年平均溫度比現在高出攝氏兩度。〔註1〕學者劉昭民先生則認爲距今一萬年前沃姆冰河期結束，黃河流域氣候就逐漸轉暖濕，距今五千年前的黃帝時期發展至最高峰，與現在長江流域的氣候極相像，而由現在山東、河南、山西、陝西與甘肅各地挖出新石器時期的動植物遺骸（如獐鹿魚鱉小米竹節）現在都生於長江往南的區域來看，此時已由黃土草原氣候轉爲森林沼澤氣候了。〔註2〕

　　約由成湯到商紂時期（意即整個商朝時期）繼續爲暖濕氣候，學者胡厚宣先生根據甲骨文記載與考古發掘，列出八點論據，指出商朝時期的黃河流域其氣候遠比現在暖濕：第一，甲骨文記載商朝巫祝每年無月不在卜雨，可知當時無月不可降雨。第二，卜辭屢見徙雨與耳雨的詞彙，可見當日連綿不斷的雨甚大量，而現在河南省安陽市九月份平均雨量只有四百公釐。第三，由祈年與受年的卜辭裡推測當時稻與黍一年可兩獲，且栽培有早至一至二月，收穫有晚至十二至十三月的狀況，可知當日黃河流域處於無冬狀態。第四，由卜辭裡稻與黍並貞的例證來看，商朝米產爲最普通的農產品，且爲人民主食，與現在長江以南的民風狀況很像。第五，卜辭裡屢見水牛，其中勹牛最常見，勹牛就是黑色犁田的牛，現在只能在南方看見此類牛種。第六，殷墟遺物出土有鏤象牙的禮器，象齒亦甚大量。卜骨常用象骨，卜辭裡有人手牽象的形狀，且有獲象、射兕（就是犀牛）與獲兕的紀錄，這些都是現在南方熱帶的動物。第七，殷墟發現大量竹鼠、貘、腫面豬、獐、聖水牛與印度象這些喜暖濕哺乳類動物骨骸，古生物學家一般認爲這些動物屬於「華南型」甚至「東南亞型」的物種。第八，由當日常見田獵內容的卜辭與其獵獲的獸物種類很多，且卜辭地名常有拿「林」字來命名的現象，可見當時黃河流域有廣大的森林與草原，現在則很罕見。〔註3〕胡厚宣先生這些列證由現象

〔註1〕　見其《古齊地理》第一章〈自然〉，第一節〈氣候〉，頁287～288。
〔註2〕　這是科學家透過考古對沃姆冰河期（Würm iceage）結束後中國黃河流域氣候的普遍看法，見劉昭民《中國歷史上氣候之變遷》第五章〈中國歷史上各朝代之氣候及其變遷情形〉，第一節「距今五千年前（黃帝之前300年）至夏代（夏禹元年至桀五十二年，西元前2205年至西元前1767年）：屬於暖濕氣候時期」，西元1994年，頁31。
〔註3〕　轉引自《中國歷史上氣候之變遷》第五章〈中國歷史上各朝代之氣候及其變遷情形〉，第二節「殷商時代（成湯十八年至紂王三十二年，西元前1766年

出發，雖然沒有經過更細緻的歸類處理，內容顯得有些零散，不過應已能使我們確信商朝屬於暖濕的氣候。

然而，自商紂王末年開始，氣候就逐漸轉為寒冷，〔註4〕譬如《太平御覽》曾引《金匱》說：「武王伐紂，紂駐洛邑，天陰寒雨雪十餘日，深丈餘。」商朝滅亡後，由於武王過世，周公輔佐成王，商人後裔領著大象禍害東夷，周公東征，把大象驅趕至江南，《呂氏春秋・古樂》說：「成王立，殷民反，王命周公踐伐之。商人服象，為虐于東夷，周公遂以師逐之，至于江南。」〔註5〕《孟子・滕文公下》對此亦有說：「周公相武王，誅紂伐奄，三年，討其君，驅飛廉於海而戮之，滅國者五十，驅虎豹犀象而遠之，天下大悅。」〔註6〕葛劍雄與趙發國兩位先生聯合表示，犀象這些喜暖動物會南遷，並不是人為手腕能控制，而是包括山東在內的黃河流域氣候迅速由暖轉寒的效應，如果不是因為氣候的變化，僅憑當日人對自然還不大強的駕馭狀況，不大可能就把犀象驅趕至長江

至西元前 1122 年）：繼續為暖濕氣候時期」，頁 35～42。在這裡，劉昭民先生則繼續舉六項證據說明商朝的氣候暖於今天：其一，由《呂氏春秋・古樂》說：「商人服象，為虐於東夷，周公以師逐之，至于江南。」《孟子・滕文公下》則說：「及紂之身，天下又大亂。周公相武王誅紂。」還說：「驅虎豹犀象而遠之，天下大悅。」可見殷人是服象的民族，當時在黃河流域象的數量甚多。其二，考古學家一再於殷墟發現大量象牙雕刻品與象牙杯，可見當時黃河流域有很多象，氣候必然暖於今日。其三，殷商時期黃河流域的原野有很多竹，由殷墟出土的遺物裡能發現甲骨和銅器常有雕刻竹的符號，而銅器中的酒器常多模仿竹簡，可見當時氣候很暖和。其四，殷商時期已有稻的種植，甲骨卜辭有「秜」字，在《說文解字》說：「秜，稻今年落，來年自生，謂之秜。」可見「秜」是自古至今最普遍的野生稻（Oryza Perennis），在殷商時期已有，且已經人工培種。其四，民國 24 年至 26 年（西元 1935 年至 1937 年），瑞典博物館在藏有兩件殷商時期的銅器上銹有殘存的織物，經紡織專家的鑑定後，證實其為絲帛織品，且織法甚精（係斜紋織法），可見殷商時期的絲織業已經有相當高度的水準，包括蠶絲產量，而蠶宜於暖濕氣候環境中生長。其六，殷墟出土的甲骨卜辭中常有「桑，絲，帛，巾，幕」這些字，銅器上同樣有這些紋路的裝飾圖案，尤其是蠶紋裝飾圖案，可見蠶在殷人心目中佔有很重要的地位。由這些論證能得知商朝的氣候暖於今天。

〔註4〕 在這裡劉昭民先生的看法與筆者接受的觀念略有不同，他認為周朝前期繼續為溫暖氣候時期，後期則轉為寒冷乾旱，筆者則認為氣候轉換的時間自商朝末年就開始，劉昭民先生的觀點見《中國歷史上氣候之變遷》第五章〈中國歷史上各朝代之氣候及其變遷情形〉，第三節「周朝時代（周武王十三年至周平王四十九年，西元前 1122 年至西元前 722 年）：前期繼續為溫暖氣候時期，後期則轉寒冷乾旱」，頁 46～55。

〔註5〕 見《呂氏春秋今註今譯・仲夏紀》卷五，〈古樂〉第五，上冊，頁 141。

〔註6〕 見《孟子注疏・滕文公下》卷第六，頁 117。

往南的區域。〔註7〕而且，這種趨寒現象似乎持續加重，至西周中葉後，發展出劉昭民先生說的中國有史而降第一個小冰河期，《竹書紀年》說：「周孝王七年冬，大雨雹，江漢冰，牛馬凍死。」〔註8〕其接著還說周孝王十三年有同樣的狀況。劉昭民先生表示現在的長江與漢江冬天一般並不會結冰，根據長江與漢江結冰的紀錄與花粉孢子化石的研究，科學家推測當時的年均溫要比現在低攝氏零點五至一度。〔註9〕當長江與漢江都已結冰，黃河流域想來應該會更冷。此後直至西周末年，中原地區的氣候不但變得較寒冷，而且乾旱連年，民生疾苦，終於導致戎狄不斷內侵，周王室被迫東遷，釀就紛亂的春秋戰國時期。

因此，劉昭民先生認為氣候轉變是改變西周歷史的最大因素。

這些都有文獻可徵，自周厲王二十二年開始，連續至二十六年，《竹書紀年》說：「皆連年大旱，王徙於彘。」〔註10〕大旱使得厲王不得不暫時遷都避開旱災，其後的宣王時期卻依舊如此，《隨巢子》殘本說：「厲宣之世，天旱地坼。」〔註11〕《通鑑外紀》則說：「二相立宣王，大旱。」最後在周幽王時期則氣候大變，《竹書紀年》說：「周幽王四年，六月，隕霜。」六月本該屬於夏季，當時卻已開始降霜，《竹書紀年》說：「幽王九年，秋九月，桃杏實。」〔註12〕劉昭民先生說按現在中原桃杏實的季節是在夏季，而周幽王時竟然遲至秋季九月（相當於國曆十月）。而且旱象並未解除，《楚茨序》說：「刺幽王也，田萊多荒，饑饉降喪，民卒流亡。」《詩谷有蓷序》還說：「閔周也，凶年饑饉，室家相棄。」其疏說：「平王之時，周道衰，棄其九族。」這種氣候

〔註7〕 叔向曰：「君必殺之，吾先君唐叔，射兕于徒林，以為大甲，所以封于晉。」犀牛逐漸往南，見《藝文類聚》卷第二十四，〈人部〉，《類書薈編》第一輯，第一冊，西元1977年，頁426～441。

〔註8〕 見《今本竹書紀年疏證》下卷，頁14。

〔註9〕 見《中國歷史上氣候之變遷》第五章〈中國歷史上各朝代之氣候及其變遷情形〉，第三節「周朝時代（周武王十三年至周平王四十九年，西元前1122年至西元前722）：前期繼續為溫暖氣候時期，後期則轉寒冷乾旱」，頁52～53。

〔註10〕 見《今本竹書紀年疏證》下卷，頁16。

〔註11〕 這裡的徵引出自劉昭民先生，然《隨巢子》本文說「幽厲」，意即是厲王與幽王，中間跳過宣王，雖然其文意不變，因為氣候並不會突變（而是漸變），厲王開始的旱災，繼續發生在宣王時期，而在幽王時期劇烈顯現，這個過程應該實屬正常。見阮廷焯《先秦諸子考佚》十〈隨巢子考佚〉，西元1980年，頁218。阮廷焯先生在這裡說：「《國語‧周語上》：『幽王二年，西周三川皆震。』又云：『是歲也，三川竭，岐山崩。』則天旱地坼乃幽王時事。」

〔註12〕 見《今本竹書紀年疏證》下卷，頁22。

異變現象直至幽王被殺，西周覆亡，平王遷至東都雒邑，都尚未完全結束。
由商紂王至周幽王，時間跨越整個西周時期（1100B.C.～770B.C.），約計三百
三十年，黃河流域的氣候逐漸轉爲寒冷乾旱期，尤其自孝王至幽王時期最爲
嚴重，時間超過一百五十年。劉昭民先生只由後者立論，因此其認知的冰河
期只有一百五十年，葛劍雄與趙發國兩位先生只把前面成王時期犀象轉往長
江流域的狀況當作寒冷期的證據，而未指出後面孝王至幽王時期的各種狀
況，因此其認知的寒冷期只有兩百五十年，我們如把這兩個狀況都整合起來
評估，掐頭去尾，則會有超過三百三十年的時間氣候都有驅寒的現象，如此
說法應該會更貼靠事實，而且深具思考的意蘊。

　　這是整個黃河流域的狀況，山東的氣候自然被包括在內。由平王末年至
秦始皇統一中國，其間包括整個春秋戰國時期，氣候再轉爲暖濕期。〔註 13〕
專門就齊國來說，譬如《左傳・襄公十八年》記載晉國的部將劉難與士弱率
領諸侯各國的軍隊共同包圍齊國，裡面說：「劉難、士弱率諸侯之師，焚申池
之竹木。」〔註 14〕《史記・齊太公世家》則說齊懿公曾斷丙戎父親的腳，並
奪庸職妻子的貞節，使這兩人聯手在申池的竹林謀殺懿公：「懿公游於申池，
二人浴戲，職曰斷足子，戎曰奪妻者，二人俱病此言，乃怨，謀與公游竹中，
二人弑懿公車上，棄竹中而亡去。」〔註 15〕能把懿公棄屍於竹林，可見其面
積應該甚大，故而不易察覺。申池究竟在哪裡？司馬貞《史記集解》引說：「杜
預曰：『齊南城西門名申門，齊城無池，唯此門左右有池，疑此是也。』左思
〈齊都賦〉注曰：『申池，海濱齊藪也。』」杜預與左思的說法不一，葛劍雄
與趙發國兩位先生聯合認爲由前面《左傳・襄公十八年》的狀況來看，申池
應該不會是海濱齊藪，山東文管會博物館的學者張學海與羅勳章兩位先生聯
合書寫的〈臨淄齊國故城勘探紀要〉則證實說臨淄小城的西城壕（護城河）
與古繫水相接（現在稱做泥河），這裡有泉水源頭，申池就在這裡，當日是王
室的園囿，他們剛調查時還有一片沼澤，現在則已變爲耕田。〔註 16〕《藝文
類聚》則引《晏子春秋》佚文說：「齊景公樹竹，令吏守之，公出過之，有斬

〔註 13〕見《中國歷史上氣候之變遷》第五章〈中國歷史上各朝代之氣候及其變遷情
　　　　形〉，第四節「春秋戰國時代（周平王四十九年至秦始皇二十六年，西元前 722
　　　　年至西元前 221 年）：屬於暖濕氣候時期」，頁 55～68。
〔註 14〕見《春秋左傳注疏・襄公十八年》卷第三十三，頁 578。
〔註 15〕見《史記會注考證》卷三十二，〈齊太公世家〉第二，頁 557。
〔註 16〕見張學海與羅勳章〈臨淄齊國故城勘探紀要〉，《考古卷》，頁 292。

竹者，拘之，將加罪焉。」〔註17〕由這些大片茂盛野生竹林的存在，並可人工種植竹子的例證可知，春秋的齊國其氣候相當溫暖。

　　《詩經‧豳風‧東山》裡的詩說：「我徂東山，慆慆不歸，我來自東，零雨其濛。」〔註18〕劉昭民先生藉此證實春秋時期黃河流域常有連綿雨，他並統計《左傳》紀錄春秋魯國冬季無冰的狀況竟有八年，可見當日的氣候遠較現在暖和，齊國緊靠著魯國，氣候理當一致。劉昭民先生還舉《詩經》各篇裡面常有兕觥、象弭與象笏這些器具的描寫，證實當日犀牛與大象普遍存在於黃河流域。犀牛與大象這些喜暖動物當然有可能因黃河流域氣候轉暖，而由長江流域重新北遷中原生活，不過，由於當日各諸侯國南北來往交通已經比較發達，透過納貢、獻禮甚至貿易都有可能使犀象製品由長江流域輸往黃河流域，犀象在黃河流域甚至長江流域的絕跡該有一個漫長的演變過程，雖然此時氣候再度轉暖，但，隨著黃河流域的逐漸開發，野生犀象在該區域生活想來已越來越不容易。不過，當日巴蜀與江浙區域有犀象生存還有直接證據，如《國語‧楚語上》說：「巴浦之犀犛兕象，其可盡乎？」〔註19〕《竹書紀年》則說：「周安王三年四月，越王使公師隅來獻舟三百，箭五百萬，及犀角象齒。」〔註20〕氣候暖濕的現象，由春秋至戰國，持續至西漢末葉，大致都沒有改變，因此《周禮‧職方氏》說「青州」：「其浸沂沐，其利蒲魚，其民二男二女，其穀宜稻麥。」〔註21〕其說「袞州」：「其利蒲魚，其民二男三女，其畜宜六擾，其穀宜四種。」青州與袞州都在山東，四種穀類鄭玄疏說是黍稷稻麥，不論《周禮》說此事的時間早至春秋，晚至西漢，由其農產可知當日山東地區的氣候都很暖濕，纔會量產現在已不常見種植的稻穀。

　　因此，山東地區會量產稻穀，實在是各種客觀條件的共同和合，至於量產的具體時間與史實，請再見後面的討論。

〔註17〕見《藝文類聚》第二十四卷，〈人部〉八，頁426。其實，齊景公不只在種植竹子，還在養槐樹，由此可知當日的氣候當甚溫暖。養槐樹的文字同見於《藝文類聚》相同段落，由於語意結構雷同，茲不再徵引，見同上，頁433。
〔註18〕見《毛詩注疏‧豳風‧東山》卷第八，頁295。
〔註19〕見《國語‧楚語上》卷第十七，頁557。
〔註20〕安王紀年見《今本竹書紀年疏證》下卷，頁38～39。然而，本段文字不見於王國維疏證，由於《竹書紀年》這部書逸失已久，歷來其他古籍常徵引此書片段文字，或許此為王國維漏輯的文字。
〔註21〕見《周禮注疏‧職方氏》卷第三十三，《十三經注疏》，第三冊，西元1995年，頁499～500。

　　《尚書・禹貢》則如此說「兗州」：「九河既道，雷夏既澤，灉沮會同。桑土既蠶，是降丘宅土。」〔註22〕還說：「厥貢漆絲，厥篚織文，浮于濟漯，達於河。」意思是說黃河下游的九條支流都在此疏通了，雷夏澤已經因灉水與沮水的匯聚而為湖，能種桑樹的地帶都已經在養蠶，人們都由丘陵搬來平原居住。這裡進貢的物品為漆與絲，還有特別包裝的棉綺織品，進貢的船隻由濟水與漯水出航，最後轉至黃河。《尚書・禹貢》則如此說「青州」：「厥貢鹽絺，海物惟錯，岱畎絲枲鉛松怪石。」還說：「厥篚檿絲，浮于汶，達于濟。」意思是說進貢的物產有鹽、細葛布與各種海產，還有泰山出產的絲麻鉛松與怪石。還有特別包裝的野生蠶絲，進貢的船隻由汶水出航，最後來至濟水。〈禹貢〉篇寫的是傳說中大禹時期的狀況，這篇文字的寫作時間可能跨越不同的時空背景，不過，按照其內容如物產的豐富開發與交通的便利繁榮，恐怕在戰國時期纔有如此景象。《史記・貨殖列傳》同樣曾說：「齊帶山海，膏壤千里，宜桑麻，人民多文綵布帛魚鹽。」〔註23〕這些文獻裡都有指出齊國因為地靠海洋，其最基本的產業首推魚鹽，藉由黃河各支流輸出中原進貢與各地消費，林麗娥先生表示蠶的生育宜在高溫濕潤多雨的地區，桑樹的種植同樣需土壤肥沃，灌溉便利與氣候較暖的地區，現在中國蠶絲主要產地在長江流域，尤其在江蘇、浙江、安徽與四川這四省最常見，而戰國時期的齊國卻能生產高品質的蠶絲，其冠帶風靡天下，替齊國帶來莫大的財富，這當是山東氣候暖濕釀出的效益。〔註24〕

第二節　兩大文化的競合

　　這裡總結討論由商朝末年至整個周朝（西周至東周，東周包含春秋至戰國兩時期）的氣候變化歷程，如由秦王政統一六國（221B.C.）做時間下限，約計跨越九百年的光陰。由歷史的眼光來看前面詳論先秦氣候的大背景，有兩個重點特別值得注意：首先，周朝覆亡商朝，並不僅是改朝替換政權的變化而已（雖然這確實是個翻天覆地的大變化），更是中華文化史的關鍵性變化，中國由原先商朝深信天命的天道信仰，轉變為周朝瞭解天命靡常，故而更需奮勉自強於人事的人道信仰，這種思想轉變歷程，如果加上氣候轉寒的

〔註22〕見《尚書正義》卷第六，〈禹貢〉第一，頁79～81。
〔註23〕見《史記會注考證》卷一百二十九，〈貨殖列傳〉第六十九，頁1358。
〔註24〕見《先秦齊學考》第二章〈先秦齊學產生的背景〉，第一節「齊國地理環境」，頁29。

背景因素來認識，狀況就會有個更清晰的輪廓。如果僅是商紂王暴虐無道，天示懲於人間，周武王滅亡商朝，氣候為何沒有因此回暖？而且前面曾指出在武王滅商的過程裡，《史記・齊太公世家》記載「風雨暴至」，《通典》引《六韜》佚文說「風甚雷疾」，氣候惡象環生，群臣都惶惶然不知如何是好，只有姜太公強烈表示順天不見得吉，逆天不見得凶，只有失去人事纔會敗亡，這纔促使武王決志消滅商紂王，並獲得勝利。然而，武王即位僅有兩年就過世了，這又象徵著什麼惡兆？氣候未曾因周朝建立新局而好轉，難道在暗示周朝未曾獲得天命？筆者覺得，這在當日必然是周朝全體君臣甚至人民共同在擔憂的大問題，更是武庚會聯合周王室宗親管叔與蔡叔，暨東夷諸國共同叛變的心理因素，因為叛變者都相信周朝根本未曾獲得天命的眷顧，處境纔會如此風雨飄搖，而他們自己纔是在順天命行事，至於周公攝政當國將不利於孺子成王，只是其弔民伐罪的公開理由而已。

周公東征勝利，把大象趕離東夷地區，使得天下大悅，則只是順應氣候的變化與軍事的勝利做出有利於己的解釋，藉由人事的奮勉，確保世人相信周朝的確擁有天命，或許他確實曾派過兵員驅趕大象，但，沒有氣候的幫忙，大象或其他喜暖動物要被驅趕至江南，想來也不是容易的事。因此，這場氣候轉寒的天象狀況，頓時成為商周兩大文化爭奪天命擁有權的平台，兩大陣營的人，各自依照此時氣候的大背景去做人事的判斷與奮勉（誰已失去天命，誰已重獲天命），希望能因此獲得天命的眷顧。但，天象顯然沒有因誰的希望而隨境轉好，直至周幽王失國，黃河流域的氣候都偏向寒冷，這使得殷遺民更加深信周王朝並未獲得天命，此信念不因武庚叛亂失敗而隕落，相反地，他們長期在等待復國的機會。依據《詩經・商頌》的〈玄鳥〉這首詩，裡面說：「商之先後，受命不殆，在武丁孫子。武丁孫子，武王靡不勝，龍旂十乘，大饎是承。」〔註25〕胡適先生認為這是商民族的預言，他們懸想一個喚做「武王」的中興英雄，未來能帶領他們洗雪亡國的痛苦，做出復興民族的大業。〔註26〕當齊桓公死後，齊國大亂，屬於殷遺民後裔的宋襄公想接著做中原霸主，藉機復興商朝，故而曾使用夷商舊俗，殺人祭於亳社來取悅國人，《左傳・昭公十年》記載：「平子伐莒，取郠，獻俘，始用人於亳社。」〔註27〕當宋楚兩國要在泓決戰，宋襄公

〔註25〕見《毛詩注疏・商頌・玄鳥》卷第二十，頁794。
〔註26〕見胡適《說儒》四，《胡適作品集》，第十五冊，西元1986年，頁44～63。
〔註27〕見《春秋左傳注疏・昭公十年》卷第四十四，頁765～766。

的大司馬子魚曾勸告他商朝已經沒有天命了，襄公要強取，不會得到天的赦免，《史記·宋微子世家》紀錄子魚很沈痛地說：「天之棄商久矣！」〔註28〕

　　宋襄公確實失敗了，然而，殷遺民終會復興的夢想並不曾稍歇，胡適先生將此預言比附做希伯來民族「彌賽亞」（Messiah）降生救世的預言，其指出由於軍事導致政治復興的夢想始終沒有著落，於是這種預言就逐漸變換內容，轉爲宗教與文化復興的意味越來越濃，而做爲商人後裔的孔子的出現，就應許著這個具有心理期待意蘊的預言，《左傳·昭公七年》記孟僖子臨死前說：「吾聞將有達者曰孔丘，聖人之後也，而滅於宋。」〔註29〕還說：「臧孫紇有言曰：『聖人有明德者，若不當世，其後必有達人。』胡適先生藉此表示孔子尚在壯年，就已被一般人認作應運而生的聖人了，〔註30〕孔子自己亦有此自我認知，而展現出超人的自信，〔註31〕因此纔會在《論語·述而》說：「天生德於予，桓魋其如予何？」〔註32〕並在《論語·子罕》說：「文王既沒，文不在茲乎？天之將喪斯文也，後死者不得與於斯文也。天之未喪斯文也，匡人其如予何？」〔註33〕其實，不需附會彌賽亞的預言，中國自身就有其中國型態的預言，這種預言拿五百年做單位，認爲每隔五百年就會有聖人復出，由其各種管道來承擔濟世淑民的重責大任，如《孟子·公孫丑下》說：「五百

〔註28〕《史記·宋微子世家》記說：「十三年夏，宋伐鄭，子魚曰：『禍在此矣！』秋，楚伐宋以救鄭，襄公將戰，子魚諫曰：『天之棄商久矣！不可。』」見《史記會注考證》卷三十八，〈宋微子世家〉第八，頁615。

〔註29〕見《春秋左傳注疏·昭公七年》卷第四十四，頁765。

〔註30〕見《說儒》四，頁44～63。胡適先生說：「孔子生於魯襄公二十二年（前五五一），上距殷武庚的滅亡，已有五百多年。大概這個『五百年必有王者興』的預言由來已久，所以宋襄公（泓之戰在前六三八）正當殷亡後的第五世紀，他那復興殷商的野心也正是那預言之下的產兒。到了孔子出世的時代，那預言的五百年之期已過了幾十年，殷民族的渴望正在最高度。」他還說：「這樣一個人，正因爲他的出身特別微賤，所以人們特別驚異他的天才與學力之高，特別追想到他的先世遺澤的長久而偉大。所以當他少年時代，他已是民間人望所歸了；民間已隱隱的，紛紛的傳說：『五百年必有聖者興，今其將在孔丘乎！』」見同上，頁52～53。

〔註31〕胡適先生說：「孔子的談話裏時時顯出他確有點相信他是受命於天的。『天生德於予』『天之未喪斯文也』『天喪予』『下學而上達，知我者其天乎！』此等地方，若依宋儒『天即理也』的說法，無論如何講不通。若用民俗學的常識來看待此等話語，一切就都好懂了。」見同上，頁56。

〔註32〕見《論語注疏·述而》卷第七，《十三經注疏》，第八冊，西元1995年，頁63。

〔註33〕見《論語注疏·子罕》卷第九，頁77。

年必有王者興，其間自有名士者。」〔註34〕《孟子·盡心下》曾細數往日應許五百年復出的聖人名單，由堯舜湯文王至於孔子都在裡面，〔註35〕且連司馬遷都相信這個預言，而對自己有高度期許，其《史記·太史公自序》說：「先人有言，自周公卒，五百歲而有孔子，孔子卒後，至於今五百歲，有能紹明世，正易傳，繼春秋，本詩書禮樂之際，意在斯乎！意在斯乎！小子何敢讓焉。」〔註36〕

不過，做為「素王」的孔子，他的出現，雖然應許著殷民族的長期願望，然而，他存在的意蘊，卻不是站在民族復興的狹隘眼光，只替殷人出頭，來爭回殷民族失去的榮耀，相反地，他卻是個完全化解商文化與周文化長期對立的橋樑（儘管時至春秋，隨著禮崩樂壞的發展，這兩大文化都已經在式微，因此其衝突已經無法表面化），這包括他的血緣與角色，都具有這種意蘊。我們或可如此想，一個宋國貴族正考父的嫡系子孫，不會僅留戀於天命信仰（或許，這對孔子個人來說已經是個事實，除了遭遇重大的危機，無須反覆再對他人強調，他更沒有拿此做號召的政治心機），〔註37〕想藉著殷人的期待心理

〔註34〕見《孟子注疏·公孫丑下》卷第四，頁85。中國這五百年為計量單位的預言還有天象的支持，《漢書·天文志》說：「夫天運三十歲一小變，百年中變，五百年大變，三大變一紀，三紀而大備，此其大數也。」見《漢書》卷二十六，〈天文志〉第六，第二冊，頁1300。就兩漢時期的思想來說，這裡說的「變」不只包括天象的變化，還有人事的變化，這兩者會相互交感。

〔註35〕《孟子·盡心下》記說：「孟子曰『由堯舜至於湯，五百有餘歲。若禹皋陶，則見而知之；若湯，則聞而知之。由湯至於文王，五百有餘歲。若伊尹萊朱，則見而知之；若文王，則聞而知之。由文王至於孔子，五百有餘歲。若太公望散宜生，則見而知之；若孔子，則聞而知之。由孔子而來至於今，百有餘歲。去聖人之世，若此其未遠也，近聖人之居，若此其甚也。然而無有乎爾！則亦無有乎爾！』」「然而無有乎爾」與「則亦無有乎爾」意思是說然而已經沒有親眼看見聖人的行止，而知道聖人的大道的人了，而我恐怕將來連耳聞聖人的大道的人，都要跟著絕跡於人間了，那意味著孟子不得不大膽承擔聖學，實在是憂慮聖學就此隱沒不彰。這篇文字放在《孟子》書最末，既是自序，還可說是孟子對自己一生懷抱的夫子自道了。見《孟子注疏·盡心下》卷第十四，頁264。

〔註36〕見《史記會注考證》卷一百三十，〈太史公自序〉第七十，頁1369～1370。

〔註37〕然而，人文與天命，修養心性與信仰真理，在孔子身上已做出思考脈絡的融合，雖然他實踐的還是周道。吾師陳啓雲先生說：「人本、人道、人文主義固然是孔子與儒學的基本觀念。但孔子是否因此而缺少或否認終極真理與超俗宗教理想？在西方傳統中，哲學上的『終極真理』和宗教上『最高的信仰』（上帝）是同位或合一的。」他還說：「《論語》多處顯示孔子本身是堅信天命的。上引《述而》子路請禱一節只是孔子對子路『祈禱』方式的問難，孔子說：『丘

繼續製造世道與族群的緊張，卻更青睞著周公制禮作樂開創的人文精神，認為周道由商道而出，自當更精緻而能裨益於現世，奮勉要將其整合前聖智慧開出的仁道落實於人間，光就這點來看，孔子做為早期中華文化的繼承者與光大者，已經堪稱擔當後世表率而無愧！〔註38〕這是屬於商文化脈絡意識天命的最好結局（因其已與周文化融合），但，沒有孔子出世前的五百餘年，面對氣候並未好轉，新朝的建立並沒有影響自然環境，還是相信天命的周朝君臣，想來只有更積極去奮勉於人事，架構人道於政治與社會，拿德性來安撫黎民眾生，纔能稍微抒解面對天命的緊繃吧？筆者私想，這應該是周公面臨父兄相繼過世，輔佐尚在稚齡的雛君成王，稍待夷商亂事戡平，立即就開始制禮作樂的心理背景，只有在人間架構出更恢弘壯闊的周文化，纔能杜絕與淡化生民對商文化的懷念，如此周朝纔能確保受天命維繫……

　　當相信天道的商朝竟會失去天命，後繼的周朝不能重蹈覆轍，只有往人間架構人道，纔能確保自己擁有天命。這使得商周交替不僅是政權的交替，更是中華文化關鍵性的變化，開出中國往後三千年的文化格局。

　　由歷史的眼光來看先秦氣候的大背景，還有一個重點值得注意。就山東地區來說，如果早至新石器時期，晚至商紂王時期，山東地區都處於暖濕型氣候，東夷族的人民會開始種植五穀，並不是很奇怪的事。但，新石器時期由於生產工具尚屬粗糙的石具，其限制使種植無法量產，而會往同為暖濕型氣候滋生的沼澤與森林漁獵或畜牧，來做食物的主要補充，當然，這還會有地區性的差異，地靠海濱的齊地，相對來說漁業較發達，地靠谷原的魯地，相對來說獵業較發達。商朝時期東夷人或許農業仰賴的程度越來越深，但，由於生產工具並沒有具體的突破與應用（青銅器主要用於兵器、禮器、樂器

之禱也久矣』應是孔子對『祈禱』意義正面的肯定。《太平御覽》五百二十九引《莊子》曰：『孔子病，子貢出卜。孔子曰：『待也。吾坐不席不敢先，居處若齋，食飲若祭，吾卜之久矣。』』《論衡‧感應篇》：『聖人修身正行，素禱之日久，天地鬼神知其無罪，故曰：『禱久矣。』』應該是最好的旁證和側面的解釋。」最後，他還說：「孔子不但堅信『天道』和『天命』，如：子曰：『道之將行也與，命也；道之將廢也與，命也。』（《憲問》），而且有『受命於天』的強烈使命感。」見其《中國古代思想文化的歷史論析》陸〈孔子的正名論、真理觀和語言哲學〉，三「孔子的『真理觀』和『語言觀』」，頁144。

〔註38〕《論語‧為政》記說：「子曰：『殷因於夏禮，所損益可知也；周因於殷禮，所損益可知也。』」見《論語注疏‧為政》卷第二，頁19。《論語‧八佾》則記說：「子曰：『周監於二代，郁郁乎文哉！吾從周。』」見《論語注疏‧八佾》卷第三，頁28。

與酒器，雖然早在大汶口文化晚期即發現一件含銅的孔雀綠骨鑿，而被確認為銅器者，則在山東省長島縣店子村龍山文化遺址裡的灰坑發現一枚圓型銅片；並且，在膠縣三里河龍山文化遺址裡也有發現兩件銅錐器，〔註39〕但，即使有拿做農具，其經濟產能恐不高），因此該地應該還是農牧漁獵交錯的狀態。至姜太公建立齊國，此時氣候卻已經轉冷，即便鐵器已經開始運用至生活技術層面，經營農業卻已比過去更困難，土地鹽化不說，人民因商周交替與武庚叛變這些長年戰爭而死亡與流散，勞動人口遽減，這是姜太公會「通工商之業，便漁鹽之利」的主要原因。因此，由於氣候的變化與人類的技術這兩項狀況的交錯，早期的東夷族在氣候暖濕時因技術的尚差而無法大規模發展農業；後期的齊國雖然技術已經轉精，卻在氣候乾冷的狀況而無法大規模發展農業，山東地區的農業真正獲得全面改善，應該遲至春秋時期。〔註40〕

　　這裡由先秦氣候的大背景來認識兩大文化的競合，姜太公與其齊國都是這場天象與人文交相衝擊裡的承受者，齊國的立國旨向（包括消弭夷商後裔的民族對立而採取兼容並蓄的政治國策，與面對不適農耕的生產環境，改為發展工商漁鹽貿易的經濟國策），卻因此獲得奠立。

第三節　山東的天然環境

　　現在的山東省，如果拿大運河做界線，西境是平均高度五十公尺以降的沖積平原，東境則是平均高度一千公尺左右的泰沂山脈為主體的山東丘陵，雖然不是很高，但，如果由更西一望無際的黃淮平原往東看去，最高約在一千五百四十二公尺的泰山確實會給人高大挺拔的感覺，因此《孟子·盡心上》會說孔子「登泰山而小天下」，這不是沒有道理。山東半島地區則有膠東丘陵、膠東地塹與膠西丘陵三塊，膠東丘陵平均高度兩百五十公尺左右，特徵為各山自居峰巒，沒有相互連接，山與山交錯著河谷，因沒有什麼起伏，地理學稱此為殘丘，交通來往很便利。膠東地塹則做南北向，平均高度在五十公尺以降，南北膠河流通於此，交通來往亦很便利。膠西丘陵東部有平均高度五

〔註39〕見〈山東長島北莊遺址發掘簡報〉，頁385～394；《膠縣三里河》參〈居住遺址和出土遺物〉，一「大汶口文化」，頁21。
〔註40〕學者李亞農先生認為春秋戰國時期首先採用鐵製生產工具就是齊國，論點見其《中國的奴隸制與封建制》，出版不詳，轉引自王光榮〈齊國的手工業和商業的發展〉，《中國論文卷》，頁187。

百公尺的殘丘，西部則就是前面說的泰沂山脈，由於臨淄就在這裡，我們更能想見當姜太公在這裡的營丘開國（位於現在淄博市臨淄區齊都鎮），〔註41〕其最早的範圍無法很大。根據學者曲英傑先生的說法，姜太公最早的封地只有方百里，意即東西與南北的長各為一百里，如此相乘則面積有一萬平方里。由於臨淄城西北五十餘里就是薄姑國，東隔淄水十餘里就是紀國，因此其東西長只能有五十里左右。其北至海濱約百里，其南至逢山百餘里，南北長在兩百里左右，如此相乘纔能一萬平方里。〔註42〕齊國剛開國，就要在這片狹長的膠西丘陵發展農業，就地理環境來說確實也不容易。泰沂山脈相對較險阻，加上山脈西北東南向的限制，對於接鄰的魯國，無異變做一道地理上的城牆，《史記・貨殖列傳》說「泰山之陽則魯，其陰則齊」，裡面並由此區隔討論齊魯兩國的民風與產業，齊國與魯國各自發展而逐漸有人文的差異，相信泰沂山脈的阻隔應該也是個重要原因。〔註43〕

關於山東的土壤狀況，前面在關於新石器遺址的挖掘裡已經有大略談過，現在則再指出《尚書・禹貢》裡的說法，這應該是指春秋至戰國時期的土質。《尚書・禹貢》說：「海岱惟青州。嵎夷既略，濰淄其道。厥土白墳，海濱廣斥。厥田惟上下，厥賦中上。〔註44〕意思是指大海與泰山間是青州，嵎夷已經被掃平，濰水與淄水已經獲得疏通，這裡的土壤為色白的鹹土，然已沾腐殖膏肥的黑土，綜合而為灰土，濱海有廣大可煮鹽的鹹土，這裡的田如拿九個等級來論名列第三，上繳中央的賦稅則名列第四。青州即在現在山東省的中部與東部，屬於齊國最早發祥與擴張的地區，由土質來看，我們不難理解齊國早期為何要發展工商魚鹽，這與其耕地土質不盡適合農業有關，然而，由於濰水與淄水已經獲得

〔註41〕見曲英傑《齊都臨淄城》第一章〈齊都溯源〉，一「淄水營丘」，《齊文化叢書》，第十八冊，西元1997年，頁12～14。《說苑・至公》記說：「辛櫟見魯穆公曰：『周公不如太公之賢也。』穆公曰：『子何以言之？』辛櫟對曰：『周公擇地而封曲阜，太公擇地而封營丘，爵土等。其地不若營丘之美，人民不如營丘之眾。不徙若是，營丘又有天固。』見《說苑讀本・至公》卷十四，頁405。姜太公會選擇營丘建立國都，顯然是看見這裡有天險屏障且人口眾多。

〔註42〕見《齊都臨淄城》第二章〈西周齊都〉，一「太公築城」，頁34。曲英傑先生則在這裡認為很可能由於逢國剛滅絕，其地尚無歸屬，而周人克商，只是相互間的王位更換，原有的諸侯只要臣服於周王，全部封賞照舊，因此新受封者只能選擇沒有歸屬的地點立國。這是姜太公的封地最早只有方百里的癥結。

〔註43〕見《先秦齊學考》第二章〈先秦齊學產生的背景〉，第一節「齊國地理環境」，頁25～26。

〔註44〕見《尚書正義》卷第六，〈禹貢〉第一，頁81。

疏通，政府該有大規模灌溉改良土質的工程〔註45〕（詳見後文）。後來國土逐漸拓展至現在山東省西部，古稱兗州，《尚書・禹貢》說：「桑土既蠶，是降丘宅土。厥土黑墳，厥草惟繇，厥木惟條。厥田惟中下，厥賦貞。」〔註46〕意思是指這裡的土地都變做種植桑樹的桑土，人民逐漸由丘陵搬來這裡的平原居住。這裡的土壤色黑而膏肥，草長得非常茂盛，樹木一條接著一條，長得非常高大濃密。這裡的田名列第六，上繳中央的賦稅名列第九。當開拓至兗州，由於植被密度甚高，富含腐殖質的土壤，很適合農耕，因此人民逐漸由膠東與膠西兩丘陵往這裡屯墾，使得齊國的農業逐漸發達起來。〔註47〕《尚書・禹貢》在土質等級的區劃上有令人疑惑的狀況，「墳」字鄭玄注引說「膏肥」，「白墳」與「黑墳」相比，自然應屬富含腐殖質的「黑墳」比摻雜鹹土的「白墳」來得膏肥，不過等級上卻是「黑墳」第六，「白墳」第三，撇開等級議題不論，這裡詳論的內容都屬符合實情。

山東在春秋時期前的植被面積很大，《藝文類聚》引《鹽鐵論》說：「昔太公封營丘之墟，辟草萊而居焉。」〔註48〕由此可知山東的東部丘陵當日布滿著大面積的森林與草地，姜太公得開發纔能在營丘建都立國，《孟子・告子上》曾說：「牛山之木嘗美矣，以其郊於大國也，斧斤伐之，可以為美乎？是其日夜之所息，雨露之所潤，非無萌蘗之生焉，牛羊又從而牧之，是以若彼濯濯也。」〔註49〕牛山就是在臨淄東南的山，孟子說它往日曾經林蔭濃密，

〔註45〕 學者姜楠先生說：「西周春秋時代，齊國疆土僅限於淄濰流域，平原面積狹窄，多鹽鹹，沼澤。這意味著以農立國對於齊人而言已不可能。然齊國自有其地理優勢，它背依大海，多漁鹽之利；面對山陵，富林礦之藏。」見其〈說「齊氣」與「魯氣」：從《詩經》有關齊、魯諸篇看齊魯文化之不同特徵〉，《齊魯文化》，西元 1994 年，第二期（總計第一一九期），頁 67。

〔註46〕 見《尚書正義》卷第六，〈禹貢〉第一，頁 80。

〔註47〕 「兗州」原屬於魯國，齊國逐漸侵佔魯國領土後，纔開始擁有發展農業的客觀條件。姜楠先生說：「魯國與齊國不同，其領域以汶河流域和泗河中上游為中心，此地丘陵不高，河流湖泊較多，且有汶陽、泗西等平原，土質肥沃，宜於農桑。這種優越的自然環境為魯國的農業經濟奠定了堅實之基。」他還說：「魯國得天獨厚的自然條件頗宜農耕，因此，魯國的農業經濟始終遙遙領先於鄰近各國。魯國素以農作物品種多、產量大而聞名。《周禮・職方氏》中即有兗州（原魯屬）『其穀宜四種（鄭注曰四種為黍、稷、稻、麥）』之記載。」見其〈說「齊氣」與「魯氣」：從《詩經》有關齊、魯諸篇看齊魯文化之不同特徵〉，《齊魯文化》，西元 1994 年，第二期（總計第一一九期），頁 68。

〔註48〕 見《藝文類聚》第五十一卷，〈封爵部〉，頁 914。

〔註49〕 見《孟子注疏・告子上》卷第十一，頁 200。

長得很美，只因地靠齊國首都的郊外，人們拿著斧頭砍伐不斷，現在還美得
起來嗎？山上經由日夜生息與雨露滋潤，並不是沒有枝芽生長，然而，當地
人還牽著牛羊在山上放牧，不斷啃食草木的結果，使得牛山現在變得光禿禿。
這裡印證牛山的林木曾經植被著森林與草地，卻因人民的濫墾與放牧而改變
地貌。不過，植被滿佈的狀況應該侷限在春秋時期前，葛劍雄與趙發國兩位
先生聯合表示，臨淄發現齊景公的大型殉馬坑，由殉馬的密度來看，馬坑全
長二百一十五米，全部殉馬則可達六百匹，他們指出這意味著齊國當時的養
馬業極其興盛，而春秋時期大面積草地的存在則是牧業發展的物質條件。至
戰國時期，隨著人口的大規模膨脹，土地不斷被開發與利用，植被面積自然
日漸萎縮，這種狀況尤其在西部平原特別明顯，由早先未獲開墾的原始森林
與草地，猛然變為人口密度較高的地區，〔註 50〕而膠東丘陵如即墨，在齊威
王時期，《史記·田敬仲完世家》記載威王派人去即墨視察，獲得報告說當地：
「田野辟，民人給，官無事，東方以寧。」〔註 51〕意指其已經完整開發，人
口殷實，社會秩序良好，即墨做為齊國東南靠海偏僻城池都已如此，這象徵
著整個山東的東部至此都已在齊國的掌握，並獲得開發。

　　戰國時期，隨著齊國的冶鐵業與煮鹽業的迅速發展，做為燃料來源的森林
就不斷被破壞，特別是產礦的山區森林做為嚴重。《管子·地數》說：「出銅之
山四百六十七山，出鐵之山三千六百九山，此之所以分壤樹穀也。戈矛之所發，
刀幣之所起也。」〔註 52〕冶鐵不僅可用於戰爭兵器，更是製作貨幣的材質，因
此需要量相當大，齊國統計出產銅鐵的礦山數量，俾能精確管理與開採，齊桓
公曾經提議要全面開發礦山（他稱做「斷山木鼓山鐵」，見《管子·輕重》），管
仲則不同意，要桓公精確計畫需要量，然後纔徵召人民開採，避免消耗人民精

〔註50〕葛劍雄與趙發國兩位先生聯合表示：「《論語·季氏》曾載齊景公「有馬千駟」，
　　　　說明齊國當時的養馬業是極其興盛的。」見其《古齊地理》第一章〈自然〉，
　　　　第三節〈植被〉，頁 295。由這裡的討論，更能確認春秋時期（含）前的齊地
　　　　（山東）主要還是過著農牧交雜的生活，而由牧業完全過渡到農業，則能解
　　　　釋東夷人完成其「周化」的過程（當然，還更豐富與質變周文化），這是由產
　　　　業角度來看待文化變遷的觀點，雖然我們並不認為文化變遷由產業型態來主
　　　　導（順應這種論點則會牽引出共產主義經濟史觀的窠臼），徵諸史實，齊國的
　　　　文化變遷，甚至自然環境與產業型態的變遷，都是人的意志在主導，這包括
　　　　統治階層與受治階層的共同合作。
〔註51〕見《史記會注考證》卷四十六，〈田敬仲完世家〉第十六，頁 734。
〔註52〕見李勉《管子今註今譯·地數》第七十七，下冊，西元 1988 年，頁 1086。

神過鉅，然而由於環保意識的欠缺，這種計畫性開採還是使得齊國山林面臨枯竭的窘況。管仲曾經把煮鹽業比喻做楚國的黃金，他要齊桓公大量開發煮鹽，包括大量砍柴來提供煮鹽的燃料，如此可使齊國立即富裕，《管子・輕重甲》記管仲說：「使夷吾得居楚之黃金，吾能令農毋耕而食，女毋織而衣，今齊有渠展之鹽，請君伐菹薪，煮沸水爲鹽，正而積之。」〔註53〕當農業與煮鹽業發生矛盾，則要拿煮鹽業爲優先，如此纔能在與他國競爭的狀況裡獲得暴利：「管子對曰：『孟春既至，農事且起，大夫可得繕冢墓，理宮室，立台榭，築墙垣，北海之眾，無得聚庸而煮鹽，若此，則鹽必坐長而十倍。』桓公曰：『善，行事奈何？』管子對曰：『請以令糶之梁趙宋衛濮陽，彼盡馈食之國也，無鹽則腫，守圍之國，用鹽獨甚。』」他國孟春時節有農事，齊國難道自己沒有農事？寧可向他國購買糧食輸進本國供人民食用，不可耽誤煮鹽的工作，這是當日齊國的經濟政策，然而，很容易就可想見，如此當然會使齊國的天然植被劇烈萎縮，致使西漢時期《史記・貨殖列傳》會如此說山東：「頗有桑麻之業，無林澤之饒，地小人眾。」〔註54〕

　　因開礦而大量破壞森林，遲至東漢時期，人們纔逐漸意識到這不僅使農業蕭條，受飢者眾，更因破壞地底陰氣的精華，地內空虛，無法含蘊水氣，因此不斷滋生各種水旱災，《漢書・貢禹傳》說：「今漢家鑄錢，及諸鐵官皆置吏卒徒，攻山取銅鐵，一歲功十萬人已上，中農食七人，是七十萬人常受其飢也。鑿地數百丈，銷陰氣之精，地臧空虛，不能含氣出雲，斬伐林木亡有時禁，水旱之災未必不繇此也。」〔註55〕這種經驗累積的慘痛認知，由此可使我們知道早期森林被人類破壞的程度，對自然的傷害性確實很大。

第四節　齊國疆域的變化

　　齊國由營丘做起點，逐漸展開其擴張國土的歷程。西周時期，山東還有許多王室新封的諸侯國與周朝建立前即已存在的古國，這些國家林立包圍著齊國，前者有替王室監視齊國的意思（如紀國），後者則尤其屬東夷族裔的各國，對齊國懷著敵意的態度，視齊國的存在爲其心腹大患，因此，姜太公黎

〔註53〕見《管子今註今譯・輕重甲》第八十，下冊，頁1131。
〔註54〕見《史記會注考證》卷一百二十九，〈貨殖列傳〉第六十九，頁1358。
〔註55〕見《漢書》卷七十二，〈貢禹傳〉第四十二，第四冊，頁3075。

明至其封國，立即就受到萊夷的偷襲，想要跟他搶奪營丘，營丘則本屬薄姑國的地盤，裡面居民盡是夷人，在這種內外交侵的處境裡，齊國還能取得人和，逐漸擴張領土，確實不是容易的事。

剛開國的齊國，其範圍到底有多大？前面根據曲英傑先生的考證，指出齊國由營丘為主軸，西北五十餘里臨薄姑，往東十餘里臨紀國，北至海濱約百里，南至逢山百餘里，他的推測來自《孟子‧告子下》說：「太公之封於齊也，亦為方百里也，地非不足也，而儉於百里。」〔註56〕東西長五十餘里，南北長兩百里，如此相乘纔能符合方百里的說法。《左傳‧僖公四年》曾記載管仲告知楚國使臣武王當日封給齊國的土地說：「賜我先君履，東至于海，西至于河，南至于穆陵，北至于無棣。」〔註57〕這個說法學者一般都覺得不免誇大，古黃河流經的範圍甚廣，現在河北省武強與巨鹿，還有河南省滑縣都包括在內，穆陵在現在臨朐縣東南的大峴山上，無棣則在河北省鹽山縣南宣惠河，如此遼闊的範圍，剛立國的姜太公恐怕想管理都有困難，拿齊國東邊長期有萊夷為患來說，直至春秋初年，齊國的領土都只有山東偏北的大部，根本並未濱海，因此，葛劍雄與趙發國兩位先生聯合表示，前面「四至」的說法並不是西周初年齊國的疆域，而是其獲授權得自由征討的範圍。鄭玄曾在《毛詩正義》裡註解《詩經‧齊風》說：「成王用周公之法制，廣大邦國之境，而齊受上公之地，更方五百里。」〔註58〕成王時因王室政策調整，大幅擴大各諸侯國的封土，致使齊國疆域被改封為方五百里，不過，徵諸實際狀況，齊國封土應該遠無法擴張至此數，如果能擴大，或許僅得加上西北的薄姑國因參與叛變被弭平後，由其國境併至齊國內做封土，薄姑國活動的區域不會超過淄河往東，因此齊國併其封土，疆域還是很偏狹。〔註59〕

齊國的領土擴張，當薄姑國被滅，由地緣位置來看，接著會被侵略的最重要國家就是紀國，故址在現在的山東省青州市。紀與萊為唇齒相依的鄰國，兩國疆域犬牙交錯，同因齊國不斷東拓領土而壓縮其土，致使兩國不得

〔註56〕見《孟子注疏‧告子下》卷第十二，頁220。

〔註57〕見《春秋左傳注疏‧僖公四年》卷第十二，頁202。

〔註58〕見《毛詩注疏‧齊風‧齊譜》卷五，頁186。

〔註59〕薄姑國鼎盛時期應該在商朝晚期，且長期臣服與支持商朝，因此早在周公輔政時期，它就與武庚會同三監作亂，雖然後來滅亡，太公封齊就國的時候，還受到其餘部的侵擾，見《古齊地理》第二章〈疆域政區〉，第一節〈齊國疆域的變遷〉，頁326～328。

不聯合抗齊，因此常被後人誤認做一國。紀國與齊國爲世仇，《史記・齊太公世家》記說：「哀公時，紀侯譖之，周烹哀公。」〔註60〕葛劍雄與趙發國兩位先生聯合表示，齊哀公被紀侯讒害，哀公的弟弟胡公只得由營丘遷至薄姑避難，紀國可能因此奪取齊國淄河往東的雋邑，後來齊獻公再把都城遷回臨淄，紀國因此面臨著齊國積蓄復仇的局面。〔註61〕不過，實情則是說，由於紀侯向周夷王進讒言，使得齊哀公被烹殺，齊國父死子繼的傳統至此被打破，周夷王改立哀公弟靜（齊胡公），釀就齊國內部爭奪政權的長期混亂，直至齊文公繼立爲止，國家經濟受到嚴重的折損。〔註62〕這使得齊國對紀國有宿怨。

　　由齊文公立到齊僖公卒（西元前 815 年至前 698 年），共計有一百一十七年，齊國再回歸平穩的時期，尤其是齊莊公（西元前 794 年至前 731 年，共計六十四年）與齊僖公（西元前 730 年至前 698 年，共計三十三年）在位的時候，他們利用周天子地位衰微的機會，使齊國一躍成爲大國，至齊襄公立（西元前 697 年），齊國累積強大的軍事能量，首先就想滅掉紀國。其實，早在齊僖公二十四年（西元 707 年），齊國就準備用偷襲的辦法進攻紀國，由於紀國已有戒備而作罷。齊僖公三十二年（西元前 699 年），紀國再隨鄭國與魯國與齊國作戰，打敗齊國。這更增加齊國與紀國間的仇恨。首先，在齊襄公三年（西元前 695 年），齊國已經準備滅掉紀國，由於魯國出面調停，齊國因此作罷，同意會盟。齊襄公五年（西元前 693 年）齊國全面進攻紀國，並佔

〔註60〕《史記集解》在這裡說烹齊哀公的人是周夷王。見《史記會注考證》卷三十二，〈齊太公世家〉第二，頁 551。周夷王會被諡號曰「夷」，應與其失周禮而倒退回商文化的舉止有關，烹人即是明顯的例證，這本是夷俗，商紂王即深好此道，當然，還有自己不尊周禮，罔顧周天子的威嚴，下堂去見諸侯的事情，瀧川龜太郎先生在《史記・周本紀》的《史記會注考證》裡說：「《左傳・昭公二十六年》云：『至于夷王，王慚於厥身，諸侯莫不　走其望，以祈王身。』《禮記・郊特牲》云：『下堂而見諸侯，天子之失禮，由夷王以下。』」見《史記會注考證》卷四，〈周本紀〉第四，頁 77。

〔註61〕葛劍雄與趙發國兩位先生聯合表示《左傳・桓公六年》與《左傳・桓公十七年》記載著周王室還有魯國與鄭國都曾經替齊國與紀國的敵對關係做過幾回調解，然而由於具體領土利益的糾葛，卻沒有效果。見其《古齊地理》第二章〈疆域政區〉，第一節〈齊國疆域的變遷〉，頁 330。

〔註62〕紀國與齊國會成為「世仇」可能別有原因。李玉潔先生認爲紀國國君可能就是周王室派出的監國者，而紀國則是由「諸監」發展出來的諸侯國。見其《齊史稿》第二章〈姜姓齊國的建立〉，第三節「西周時期的齊國」，頁 321。

領其邢、鄆與部三個邑（各在現在山東省臨朐縣東南、昌邑縣與安丘市西南），遷其人民至他處生活。齊襄公佔領三邑，卻停止繼續攻打，這對紀國君臣與百姓是個心理戰爭，希望逼紀國投降，果真在隔年，紀侯的三弟紀季再把其鄑邑獻給齊國，致使紀國發生分裂（或一說紀侯為避免國家滅亡，與紀季各自裂土治理，而由紀季主動率土歸服齊國，藉此保存祖宗的祭祀不廢）；齊襄公八年（西元前 690 年），由於齊國威逼日盛，紀侯不甘屈辱事齊，又把國家讓給紀季，自己出外流亡，紀季再獻國土，至此紀國完全滅亡。

　　再如萊國，該國疆域相當廣大，葛劍雄與趙發國兩位先生聯合由史料裡選出三個具有象徵性的地點，來指出萊國的範圍。首先為現在的高密市，《史記・管晏列傳》有「晏平仲，萊夷維人」的記載，《漢書・地理志》有關於「夷安」的注說：「應劭曰：『故萊夷維邑』」，意即漢朝的夷安就是春秋的萊夷維，而漢朝的夷安就在現在的高密市；再者為現在的平度市，《左傳・襄公六年》記說：「萊共公浮柔奔棠。」〔註 63〕杜預注說：「棠，萊邑，即墨有棠鄉。」東晉的即墨就是現在的平度市。第三為現在的淄博市博山區。《水經注》曾說：「淄水出縣西南山下，世謂之原泉。」〔註64〕還說：「東北流逕萊蕪谷。」學者王獻唐先生考證萊蕪谷就在現在的博山區，這裡是萊人活動的區域。高密、平度與博山這三個相距遙遠的地區都散佈著萊人，大致包圍齊國的東部全境，甚至南部都有萊人活躍的蹤跡，這顯然對齊國產生莫大的威脅，因此由西周至春秋，兩國戰事不斷，春秋中葉，當齊國國勢漸強，於是對萊國陸續展開征討，不過由於萊國的軍事甚強，消滅該國要直至齊靈公的時候。〔註65〕

　　還有曹國與淳于國，《史記・管蔡世家》說：「武王已克殷紂平天下，封功臣諸弟。」〔註66〕還說：「封叔振鐸於曹。」裴駰《史記集解》引宋忠說曹在「濟陰定陶縣」，意即現在山東省定陶縣西北。曹國約在春秋時期範圍最大，其地南至曹縣，北至陽谷，西至堙城，東至巨野。由於統治集團的腐敗，長期輾轉臣服於他國，齊桓公稱霸則臣服於齊國，齊國衰落，則臣服於楚國，後又因晉國施壓，而臣服於晉國，終因侵略宋國，反被宋國打敗而就此一蹶不振。〔註67〕

〔註63〕見《春秋左傳注疏・襄公六年》卷第三十，頁 517。

〔註64〕見《水經注疏・淄水》卷二十六，中冊，頁 2222。

〔註65〕見王獻唐《山東古國考》，濟南，齊魯書社，西元 1983 年，頁 119。轉引自《古齊地理》第二章〈疆域政區〉，第一節〈齊國疆域的變遷〉，頁 331～332。

〔註66〕見《史記會注考證》卷三十五，〈管蔡世家〉第五，頁 587。

〔註67〕見《古齊地理》第二章〈疆域政區〉，第一節〈齊國疆域的變遷〉，頁 328 與

淳于國，這是夏桀最小的兒子淳維留居山東建立的諸侯國，《史記正義》在《史記・扁鵲倉公列傳》裡引《括地志》說：「淳于國城在密州安丘縣東北三十里，古之斟灌國也。」〔註68〕還引《水經》說：「淳于縣故夏后氏之斟灌國也，周武王以封淳于公，號淳于國也。」該國故址在現在安丘縣東北淳于村，本是同宗斟灌國的封土，因其國已亡，周武王滅商後，除了封宗親與謀士功臣，就是重新給封過去王朝古國先賢後裔，淳于國即是其證。再如莒國，莒國亦為周武王安撫承認的東夷諸侯國，杜預《釋例譜》說：「莒，嬴姓，少昊之後，周武王封茲于莒。」莒國主要故址就在現在山東省莒縣。有人根據文獻與銅器銘文綜合判斷，莒國曾經參加武庚聯合管蔡的叛亂，在周公鎮壓弭平後，被迫由現在的費縣遷至現在的膠州市城西的計斤城。莒國做為夷商文化的諸侯國，與周王室長期關係不睦，時常遭致征討，在西周後期由於王室內外交困無暇東顧，東夷諸國乘機復興，莒國則南遷至現在的莒縣，藉此擴大發展規模。〔註69〕

　　還有幾個稍微有名的小國，如薛國；如譚國；如杞國；如陽國；如滕國，更多的國家只有名稱卻無詳細史蹟，甚至常只在被滅亡時纔出現於文獻。這些國家包圍在齊國的周圍，隨著齊國的日漸強大，他們飽經戰爭的威脅，只能艱難地維持著。春秋時期，經過齊桓公與管仲的聯合勵精圖治，《國語・齊語》說齊國版圖：「正封疆，地南至于陶陰，西至于濟，北至于河，東至于紀鄣。」〔註70〕還有《管子・小匡》則說：「正其封疆，地南至於岱陰，西至於濟，北至於海，東至於紀隨，地方三百六十里。」〔註71〕這兩段說法，乍看似乎對方位有不同的標準，然而實質內容並沒有太大差異，濟就是古濟水，河就是古黃河，陶陰與岱陰相同，都是在泰山北部，紀鄣與紀隨相同，都是指紀國的鄣邑（隨與鄣音同），約在現在青州市西北，由此判斷，葛劍雄與趙發國兩位先生聯合表示，齊國的疆域南不過泰山，西在現在山東省齊河縣，北至黃河（現在河北省天津市南），東北至海（此為渤海，而不是地靠黃海的海濱），東不過現在山東半島的彌河。《韓非子・有度》曾說：「齊桓公并國三十，啓地三千里。」〔註72〕齊桓公確實是齊國疆域能擴大的關鍵領袖，葛劍

337。
〔註68〕見《史記會注考證》卷一百五，〈扁鵲倉公列傳〉第四十五，頁1146。
〔註69〕見《古齊地理》第二章〈疆域政區〉，第一節〈齊國疆域的變遷〉，頁331。
〔註70〕見《國語・齊語》卷第六，頁241。
〔註71〕見《管子今註今譯・小匡》第二十，上冊，頁392。
〔註72〕見《韓非子今註今譯・有度》第二卷，上冊，頁278。

雄與趙發國兩位先生聯合指出齊桓公滅國闢土現在可考者有：齊桓公二年（西元前 684 年）出兵滅譚國，雖然未佔領其地；齊桓公九年（西元前 677 年）對遂國復仇，把遂國納為版圖；齊桓公二十二年（西元前 664 年）降服鄣國；齊桓公二十六年（西元前 660 年）把陽國人由沂水縣西南遷至他處，其封土歸齊國。〔註73〕這些都是有明確時間記載曾發生過的事。

《管子‧小匡》說：「桓公東救徐州，分吳半，存魯蔡陵，割越地，南據宋鄭，征伐楚。」〔註74〕還說：「伐譚萊而不有也，諸侯稱仁焉。通齊國之魚鹽于東萊，使關市幾而不正，廛而不稅，以為諸侯之利，諸侯稱寬焉。」〔註75〕前面是說齊桓公做為霸主主持過的國際正義舉措，包括救徐州因此獲得吳國一半的土地，後面則指出面對山東自家鄰國如譚國與萊國，為彰顯自己霸主的德政，不僅打贏也不佔領其土地，甚至與東萊地區相通魚鹽這種厚利而不徵稅，如此來看，齊國領土要能如韓非子說「并國三十，啟地三千里」恐怕是不可能的事，反而是《管子‧輕重丁》說：「管子問於桓公曰：『敢問齊方于幾何里？』桓公曰：『方五百里。』」〔註76〕周成王往日就已經改封齊國方五百里的地，然而，經過齊桓公與管仲君臣的聯合經營，剛開始先擴張至地方三百六十里，至桓公晚年纔真正達到地方五百里，應該比較接近於事實。齊桓公歿後齊國繼續開疆闢土，其可考者主要有：鄋瞞，曾在齊昭公十七年（西元前 616 年）進攻齊國，後再侵略魯國，損失慘重；齊惠公二年（西元前 607 年）再侵略齊國，損兵折將毫無效果，卻受到衛國進攻，從此一蹶不振；齊頃公五年（西元前 594 年）被晉國消滅，其在現在高青縣西北的首都則被齊國佔領。萊國，齊惠公七年（西元前 602 年）前，齊國相繼滅掉譚國與紀國，因此開始與萊國正面交鋒，該年齊惠公拿萊國「不與謀」做藉口，直接進攻萊國；隔年則繼續打萊，事見於《左傳‧宣公七年》與《春秋‧宣公九年》，這些侵略過程裡應該有對萊國的土地鯨吞蠶食。〔註77〕

齊靈公時則更加劇打萊的舉措，齊靈公十一年（西元前 571 年），繼續征

〔註73〕見《古齊地理》第二章〈疆域政區〉，第一節〈齊國疆域的變遷〉，頁 338～339。
〔註74〕見《管子今註今譯‧小匡》第二十，上冊，頁 392。
〔註75〕見同上，頁 393。
〔註76〕見《管子今註今譯‧輕重丁》第八十三，下冊，頁 1200。
〔註77〕《左傳‧宣公七年》記說：「夏，公會齊侯伐萊。」見《春秋左傳注疏‧宣公七年》卷第二十二，頁 377。《春秋‧宣公九年》記說：「齊侯伐萊。」該經文無傳記。見《春秋左傳注疏‧宣公九年》卷第二十二，頁 379。

討萊國，萊國派其大夫正輿子賄賂齊國的太監夙殺衛，贈其精選的馬牛各百匹，齊國軍隊就回去了。然而，該年夏天，魯國的夫人齊姜過世，齊靈公召喚萊國君主共公替齊姜送葬，萊共公不至，《左傳·襄公二年》記載：「故晏弱城東陽以偪之。」〔註78〕意思是說齊靈公的大臣晏弱修築齊國與萊國邊境的東陽城，藉此逼迫萊國，讓萊國深受心理威脅。齊靈公十四年（西元前568年），齊國包圍萊國都城，萊國王湫與王輿子率師主動攻擊大敗，齊國利用靠著城牆築土山的辦法，於次年攻破萊都，萊共公逃亡至裳邑（現在即墨市西南），王湫與王輿子逃亡至莒國，被莒國人殺掉，晏弱再度包圍裳邑，最後攻破裳邑，萊國完全滅亡，齊國領土終於瀕臨黃海。滅掉萊國，具有極重要的象徵意蘊，由於萊國裡的萊人屬於東夷族最強大與強悍的支族，萊國滅國，意味著傳承東夷人的直接歷史至此結束，其族人都被容納至齊國做子民。還有莒國，春秋時期它是個規模中等的國家，儘管西有強齊，其國勢還是強於一般小國，魯隱公四年（西元前719年），莒國征討杞國，取其首都牟婁，隨後再滅掉向國。魯襄公六年（西元前576年），莒國再滅掉鄅國，葛劍雄與趙發國兩位先生聯合表示，至春秋中晚期，莒國最大疆域大致領有現在山東省安丘、五蓮、諸城、日照、莒縣、沂水、膠縣與膠南這些縣市，但，因為內政動盪不安，統治者不思武備，自認為國土地處僻陋的東夷地區，不會受到強國的注意，卻因西臨齊國與魯國，反覆招致各種外侮。〔註79〕

魯宣公四年（西元前605年），莒國與郯國發生政治矛盾，齊魯兩國出面調停，莒國不接納，反而招致魯國的征討，被魯國奪去向邑。魯昭公元年（西元前541年），魯國再奪莒國的鄆邑，其後鄑邑與鄅邑都被魯國佔領，齊國亦經常進攻莒國，齊莊公三年（西元前551年），齊國出兵侵襲莒國的介根邑。齊景公二十五年（西元前523年），齊國進攻莒國，打至紀鄣邑並佔領該地，至戰國初期，莒國交相再受楚國與越國的威脅，最後被齊國完全消滅。〔註80〕杞國，本是夏禹後裔建立，因此是個古國，佐證來自《大戴禮記·少閒》說：

〔註78〕見《春秋左傳注疏·襄公二年》卷第二十九，頁499。

〔註79〕見《古齊地理》第二章〈疆域政區〉，第一節〈齊國疆域的變遷〉，頁342。

〔註80〕《墨子·非攻中》記說：「東方自莒之國者，其為國甚小，間於大國之閒，不敬事於大。大國亦弗之從而愛利。是以東者越人夾削其壤地，西者齊人兼而有之。計莒之所以亡于齊越之間者，以是攻戰也。」清孫詒讓引說：「蘇云：《史記》云：『楚簡王元年，北伐滅莒。』據此則莒實為齊滅，故其地在戰國屬齊。詒讓案：《戰國策·西周策》云：『邾莒亡於齊。』亦其證。」見《墨子閒詁》卷五，〈非攻中〉第十八，西元1995年，頁123。因此，莒國應該是被齊國消滅。

「成湯卒受天命，不忍天下粒食之民刈戮，不得以疾死，故乃放移夏桀，散亡其佐，乃遷姒姓于杞。」〔註81〕杞國長期立國於山東半島，周武王克商後，重封杞國於現在河南省杞縣，至周平王東遷，由於宋國日強，杞國受其欺凌，再回至山東婁鄉故址（就是牟婁，現在諸城市西南），然而，因再遭莒國奪都，被迫再舉國北遷，魯隱公五年（西元前 707 年）杞國消滅並佔領淳于國，拿其都淳于（現在安丘市東）做首都。由於齊國想控制杞國，召諸侯在緣陵（現在昌縣南）替杞國築新城，將其遷都至此，然而，晉國亦想染指，而於晉平公十四年（西元前 544 年）再替杞國築城淳于，使其復遷都淳于，最後在戰國時期，於楚惠王四十四年（西元前445年）被楚國滅掉。

　　至於薛國與滕國，這兩國實際被齊國消滅的時間都不詳，我們只知在戰國時期，變做田齊的齊威王三十年（西元前322年），威王已封田嬰於薛，故而在此前薛國已經被消滅；滕國則可能大略在齊湣王元年（西元前 300 年）被宋康王兼併，此前則夾在諸大國左右為難。這些都還是稍微名見經傳的國家，其餘諸國在春秋時期至戰國時期被齊國消滅者更不計其數。齊國在戰國時期強盛的局面已經越來越明顯，包括連魯國都被其視為併吞的對象。齊宣王四十四年（西元前 412 年）奪取魯國的莒邑（現在莒縣）與安陽邑（現在曹縣）；第二年再取都邑（現在棗莊市西南）；齊宣王四十六年（西元前 414 年）再奪成邑（現在寧陽縣），魯國至此大面積的疆域淪落為齊國的領土。齊國還不斷襲取其他鄰國的土地，齊宣公四十九年（西元前407年）攻打衛國，取得本屬於宋國的貫丘（現在曹縣南）；齊康公十五年（西元前 390 年），再奪取魏國的襄陵（現在鄒城市）；齊康公二十五年（西元前380年）起兵侵襲燕國，奪取桑丘（現在河北省徐水縣西南）；田齊桓公七年（西元前368年）再攻打魏國，奪取觀邑（現在河北省清豐縣南）。〔註82〕

　　齊威王時齊國已經成為諸侯最強的國家，國內大治不說，其對外擴張的幅度比往日更大，諸侯有二十餘年的時間不敢對齊國輕掠其鋒，《史記・田敬仲完世家》說齊威王：「遂起兵，西擊趙衛，敗魏於濁澤，而圍惠王，惠王請獻觀以和解，趙人歸我長城，於是齊國震懼，人人不敢飾非，務盡其誠，齊國大治，諸侯聞之，莫敢致兵於齊二十餘年。」〔註83〕齊威王二十四年（西

〔註81〕見高明《大戴禮記今註今譯・少閒》第七十六，西元 1984 年，頁 445。
〔註82〕見《古齊地理》第二章〈疆域政區〉，第一節〈齊國疆域的變遷〉，頁 342～343。
〔註83〕見《史記會注考證》卷四十六，〈田敬仲完世家〉第十六，頁 735。

元前年），齊威王與魏惠王相會，齊威王對其說出齊國大概的輪廓：「吾臣有檀子者，使守南城，則楚人不敢爲寇東取，泗上十二諸侯皆來朝；吾臣有汾子者，使守高唐，則趙人不敢東漁於河；吾吏有黔夫者，使守徐州，則燕人祭北門，趙人祭西門，徙而從者七千餘家，吾臣有種首者，使備盜賊，則道不拾遺。」〔註84〕根據學者安國先生對這些地點的考證：南城，在現在棗莊市北；高唐，在現在高唐縣東；徐州，在現在河北省滄州市北。由此可知齊威王時期齊國的版圖已經更大幅擴張。齊宣王時版圖繼續擴張，《戰國策‧齊策一》記載蘇秦曾經爲游說宣王而告說：「齊南有泰山，東有琅邪，西有清河，北有渤海，此所謂四塞之國也。」〔註85〕這裡是由要塞的觀點指出齊國有哪些國防天險，而不是說齊國的版圖，不過，清河已在跨至現在河北省清河縣，可知宣王時齊國西面的版圖當更大，葛劍雄與趙發國兩位先生聯合指出，齊宣王時西北最大疆域應該遠至桑丘、幾（現在河北省大名縣東南）與馬陵（現在河南省范縣西南）。〔註86〕林麗娥先生則表示，春秋末年齊國已領有山東省偏北的大部與河北省的東南部，戰國時期至此已幾乎囊括山東省全境。〔註87〕

　　不過，齊國疆域的全盛時期當在齊湣王十五年（西元前286年）齊國出兵徹底滅掉宋國，佔領其全部土地，疆域向東南擴大至河南省東部與山東、江蘇暨安徽三省交會的廣大地區，純粹向南則擴張至現在河南省睢縣、江蘇省徐州市、睢寧縣與宿遷市，這是齊國曾經往南擴張的極致了。林麗娥先生則認爲此時的山東省只剩現在的泰安市與曲阜市的局部領土還在魯國的管轄，河北省則只有西南局部還有中山國與趙國的領土，其餘全部歸屬於齊國。齊國領土的擴張如此劇烈，自然引起六國的恐懼，最終導致由秦昭王主謀的五國聯合征討齊國，事在秦昭王二十二年（齊湣王十六年，西元前二八五年），第二年燕國將領樂毅攻破齊國首都臨淄，湣王被楚國將領淖齒殺害，齊國八百年來累積的財富與文物被洗劫一空，有五年的時間，齊國只有負隅在即墨與莒兩城抵抗，其餘七十餘城均被佔領，即使後來田單復國，使原本流落在民間做家傭的湣王長子齊襄王終於能還都臨淄，齊國已經元氣大傷，就此一蹶不振，其子王建在位，有四十餘年不議論兵事，不僅使齊國武備停滯，且在國際上自甘孤立，王建四

〔註84〕見同上，頁736。
〔註85〕見《戰國策‧齊策一》，上冊，頁337。
〔註86〕見《古齊地理》第二章〈疆域政區〉，第一節〈齊國疆域的變遷〉，頁344。
〔註87〕見《先秦齊學考》第二章〈先秦齊學產生的背景〉，第一節「齊國地理環境」，頁24。

十四年（西元前 221 年）齊國被秦國完全滅掉，不僅齊國獨立的歷史至此結束，戰國的歷史至此也完全結束了。由齊國版圖擴張至徹底滅國的過程可知，齊國的疆域不能與現在的山東省簡單化做等號，戰國齊學是來自齊國的學問型態，屬於特殊時間與空間的文化蘊生結晶，其固然與最早發祥的地域有關，卻絕不僅是地域性的學問，而更是整個齊國對後世的最大貢獻。

　　諸子百家，約已超過一半來自戰國齊學的醞釀……

第五節　齊國的文化與產業

　　如同前面的討論，戰國齊學能獲得大發展，並不僅來自其靠海的地理環境與特殊的氣候背景，更與夷商與夏周兩大文化系統的交會有關，並且，其後統治階層的政風與諸侯各國的政軍強弱，都交互影響著戰國齊學能否持續擴張。不過，現在我們想特別在這裡討論，齊國的天然環境，如何影響齊學暨整個齊國文化的最早誕生，而在其自然環境裡齊國工商產業的順勢興起，如何進而影響並塑造齊學獨特的思想特徵……

　　山東是個宗教信仰很濃厚的地區。土著民族本來就有自然崇拜的現象，對各種萬物都視作內含神靈而深具敬畏，東夷民族自然不例外，這種現象加上山東靠海，大海的變化莫測，萬里無雲與烏雲密佈交替，人靠天吃飯（不論是出海捕魚或沿岸曬鹽，甚至去做遠洋貿易），在危險與機會裡給人各種心情的張弛，更使齊學充滿著濃厚的宗教特徵。齊地最原始與最重要的自然崇拜為八神，其出現的時間已不可知，或曰出自姜太公而降，八神都與自然天象與地理有關，〔註88〕其中祭祀天主的所在稱做「天齊」，據說即是齊國會稱做「齊」的原因，〔註89〕《史記·封禪書》說：「齊所以為齊，以天齊也，其

〔註88〕《史記·封禪書》說：「八神將自古而有之，或曰太公以來作之。」見《史記會注考證》卷二十八，〈封禪書〉第六，頁 501。關於八神，該書說「一曰天主，祀天齊」；「二曰地主，祀泰山」；「三曰兵主，祀蚩尤」；「四曰陰主，祀三山」；「五曰陽主，祀之罘」；「六曰月主，祀之萊山」；「七曰日主，祀成山」；「八曰四時主，祀琅邪」。見同上。

〔註89〕還有異說，王樹明先生曾引用后羿神話與其史跡的傳說，對齊地的得名進行推斷，並由考古資料觀察考證，「齊」字中的菱形、箭頭形、三角形與甲骨文「矢」字的寫法，還有金文「矢」字的形狀很像。他說「齊」字的形狀原本是三枚箭頭的摹畫，查「齊」字的本義，更多與箭鏃這類遠射兵具有關。因此，齊地會用「齊」字為名，緣起於齊地先民有尚箭與崇武的風格，見其〈齊地得名推闡〉，《東夷古國史研究》（第一輯），西元 1988 年，頁 134。筆者認

祀絕，莫知起時。」天齊位於臨淄城南十里的牛山腳下，〈封禪書〉說：「天齊淵水，居臨淄南郊山下者。」《史記索隱》引解道彪《齊記》說：「臨淄城南有天齊泉，五泉並出，有異於常，言如天之腹齊也。」意即天齊會得名，因其泉水湧出如同上天的腹臍。王恩田先生指出，中國共產黨建政後，曾在齊古城的考古調查裡採集有「天寳」銘文的半瓦當，時間約在戰國或秦朝時期，《齊乘》說天齊淵出土過帶天齊字的瓦，而「寳」與「臍」與「齊」三字相通，《周禮・鄥人》說：「寳門用瓢寳。」〔註90〕鄭玄注說：「寳讀爲齊，取其甘瓠割去柢，以齊爲尊。」王先生似乎在徵引《周禮・鄥人》這段話有誤差，原文應作「禁門用瓢齎」，不過其意總括應該相通。他並指出金朝大定年間臨淄故城內出土有北齊刻石，裡面亦有「天齊觀」的描寫，由此可知齊國祭祀天齊的習俗確實曾流傳相當長的時間，並未立即滅絕。〔註91〕

　　學者鄭傑文先生表示，天齊淵位在魯中丘陵北緣，原來深不可測，面對平原能有如此深淵，自然會引發當地先民的崇拜心理，《齊記補》引晏嬰說：「吾聞江深五里，海深七里，此淵殆與天齊。」不僅如此，這裡還有特殊的自然天象，該地附近的臨淄辛店南郊，每遇淫雨季節，就特別多閃電，常有電閃下擊，而天齊淵南的山就稱做蛟山，因傳說淵中常有蛟龍，《管子・輕重丁》說：「龍鬥於馬潬之陽，牛山之陰，管子入復於桓公曰：『天使使者臨君之郊，請使大夫初飾左右玄服天使者乎。』天下聞之曰：『神哉齊桓公！天使使者臨君之郊。』不待舉兵而朝者八諸侯，此乘天威而動天下之道也。故智者役使鬼神，而愚者信之。」〔註92〕這個馬潬牛山就在天齊淵一帶，天齊淵上面多閃電，淵底有蛟龍，因此在先民眼裡變做神秘的崇拜對象，把這裡與上天聯繫起來，在這裡祭祀天主，而後來的齊國君臣如齊桓公與管仲更利用這個現象來「神道設政」，使得各諸侯國因天主而威服於齊國。光就天齊淵裡的天齊泉來說，鄭傑文先生引用當地老人親見說，天齊淵不只五泉，而是由大小兩組姊妹泉組合而出，大泉五個泉眼，小泉約莫四五十個泉眼，有的噴吐有的四溢有的潺潺細流，又因地熱，泉水長年在攝氏四十至五十度左右，多日蒸汽升騰，更增加神秘的感覺。他認爲天主的信仰會在這裡生根，還與

為這並不見得會與「天齊淵」的說法有觀念衝突，國家的得名本來就會有各種複雜的因緣和合過程，或許兩者共同成立。
〔註90〕見《周禮注疏・鄥人》卷第十九，頁300。
〔註91〕見其〈關於齊國建國的幾個問題〉《中國論文卷》，頁125。
〔註92〕見《管子今註今譯・輕重丁》第八十三，下冊，頁1197。

殷人天命觀念甚濃，周人滅商，想製造輿論爭取東夷民族的歸順，因此姜太公抬出天主的信仰，並設在天齊淵裡，對當地土著產生說服性，藉此鞏固自己的統治。〔註93〕

這個天主的信仰，並不能簡單說就是上帝的信仰，或者更精確來說，天主的信仰只是一種上帝的信仰，然而，上帝的信仰有各種呈現的信仰型態，後面要說的「八神」都是上帝信仰，其信主：天，地，兵，陰，陽，月，日，四時。這八神除兵主與四時主外，都具有兩兩相對性。

祭祀地主，意即泰山的山神梁父。祭祀兵主，意即曾經擔任東夷部落共主的蚩尤，這是夷夏衝突的文化心理反映。祭祀陰主，其祠在三山（意即參山），在現在山東省掖縣北。祭祀陽主，其祠在之罘，之罘山在現在山東省煙台市北。祭祀月主，其祠在萊山，萊山在現在山東省龍口市南。祭祀日主，其祠在成山，成山在現在山東省榮成縣，如尖楔狀插往東海裡，這裡是山東海濱每天最早看見太陽的地點。日主祠的成山最東；陽主祠的之罘山第二；月主祠的萊山第三；最後是陰主祠的參山最西，這種排序頗值得研究。最後的神是四時主，其祠在琅邪，琅邪在現在山東省膠南縣東南境。鄭傑文先生表示，祭祀春夏秋冬四季，當是魯東平原地理單元的先民原始信仰的演續。同屬於這個地理單元，北去數十里的膠縣三里河大汶口文化遺址裡，曾發現一座碳化粟粒的庫房，再加上郯國亦屬於魯東平原地理單元，郯子曾講過他的先祖少昊拿鳥名官的軼事，這些官職都與節氣有關，由此可知這裡的東夷人有研究曆法來指導農時的傳統，而「山頭記曆」的原始曆法亦產生於此，《山海經・大荒東經》記載「日月所出」的山頭有六：大言山、合虛山、明星山、鞠陵于天山、猗天蘇門山與壑明俊疾山；《山海經・大荒西經》記載「日月所入」的山頭亦有六：豐沮玉門山、龍山、日月山、鏖鏊鉅山、常陽山與大荒山，〔註94〕這六對山兩兩對應，變做早期東夷人觀察與紀錄日月出沒的紀年法，這些都是四時主崇拜會產生的文化背景，至姜太公立國，東夷人的信仰已經跨過自然崇拜的階段，開始有更成熟的人為宗教意蘊了。

雖然，八神的信仰很不系統化，就我們的眼光來看，包括天地日月陰陽

〔註93〕見鄭傑文《齊宗教研究》第五章〈齊地的國神教：齊地人為宗教的鼎盛〉，第一節「八神崇拜」，《齊文化叢書》，第十七冊，西元 1997 年，頁 404～405。

〔註94〕這個統計出自袁珂先生的校注，見《山海經・大荒東經》第十四，《山海經校注・海經新釋》卷九，頁 340～341。

六者都有觀念的重複，不過，這正表示原始信仰尚未統合的狀況，而胡適先生更表示這個八神信仰演變出戰國的陰陽家，這因天齊淵被先民視作天的臍眼，屬於崇拜生殖器的迷信，由男女關係而推想至天地日月，拿天配地，拿日配月，都變做夫婦的關係，進而由此推想出「陰」與「陽」這兩種觀念，後來經過齊魯儒生與燕齊方士的改變與宣傳，就變做中國中古時期的中心思想。〔註95〕「陰」與「陽」這兩個觀念具有統攝存有的抽象性，觀念的抽象來自認識真理的需要，由八神的信仰發展出這兩種抽象的觀念，不僅意味著陰陽家的即將誕生，更象徵著齊學早期真理觀的孕育，只是這種真理觀不是來自西洋主客二元對立的思考，而是來自兩極的交融調和。我們會稱做真理觀，意味著抽象觀念的產生都是來自人類企圖掌握真相（全相）的渴望，八神信仰的對象雖然各自有異（這或許與當日身處不同地區的東夷人，各因生活情境發展出不同的信仰對象有關），其實統攝起來都是「上帝的觀念」的變型，只是東夷人尚未如其後裔商人發展出更成熟而具體的上帝觀念（商人拿「禘」這個字來稱謂），而較具渾沌性的有各種崇拜對象，不過隨著商朝的建立，在其轄內的東夷人受到影響，使得天主信仰獨大，加上姜太公順應夷俗的政策，而繼承商朝的周朝同樣深信天命，深怕因觸怒上帝而遭遇嚴厲的懲罰，做為周朝封國的齊國自然不會例外，這是後來齊國的統治階層常要拿天主來增強統治合法性的原因。

由於大氣環流的影響，東海濱常會出現海市蜃樓，或幻映出草樹山川，或幻映出城郭人物，住在海濱的東夷人或後來的齊人，長期浸染在這種生活環境裡，很容易就對海外興起無限幻想，相對來說已經很發達的航海業（前面指出在山東省長島市發現龍山文化時期的船尾與船槳，並在外海底發現石錨），更帶來各種海外傳說，相信這是《山海經》這部書產生的重要背景，裡面紀錄著各種奇思怪念（或略有其據而誇張其說未可知），如〈大荒東經〉裡記載東海外大荒內有兩耳張大的大人國、身材矮短的小人國、只吃黍穀能使喚禽獸的蔿國、人人衣冠帶劍的君子國與能直思感而氣通不交配而生子的司幽國……，這些內容數量龐大至不可盡舉，再如《史記・封禪書》紀錄著渤海有三神山與不死藥的傳說：「蓬萊方丈瀛洲，此三神山者，其傳在勃海中，去人不遠，患且至，則船風引而去。蓋嘗有至者，諸僊人及不死之藥皆在焉。

〔註95〕見《中國中古思想史長編》（上），第一章〈齊學〉，《胡適作品集》，第二十一冊，西元1988年，頁87～88。

其物禽獸盡白，而黃金銀爲宮闕。未至，望之如雲，及到，三神山反居水下，臨之，風輒引去，終莫能至云。」〔註96〕地靠渤海的齊國與燕國，都是盛產這種傳說的地點，因此逐漸釀出戰國時期的方仙道，〈封禪書〉說方仙道的內容常依託於鬼神，並與鄒衍的陰陽學說結合，講論此說的方士極其大量，雖然他們自己都不見能說通其理：「形解銷化，依於鬼神之事，鄒衍以陰陽主運顯於諸侯，而燕齊海上之方士，傳其術不能通。然則怪迂阿諛苟合之徒自此興，不可勝數也。」方仙道的立基在於統治階層長生的企圖，由海外仙人再往內發展至山岳仙人的傳說，使得齊國到處都瀰漫著「仙境」。

因此，難怪不同時期的人，都對齊人有好做荒誕不經的大言的印象，這恐怕就是齊人的風俗習慣吧？這種風俗習慣的產生，還伴隨著其他齊人的性格，《管子‧水地》就曾說：「齊之水道躁而復，故其民貪麤而好勇。」還說：「齊晉之水，枯旱而運，淤滯而雜，故其民諂諛葆詐，巧佞而好利。」〔註97〕意思是說水性與民性會相通感染，齊國的水常急躁而迴轉出漩渦，釀出的人民性格常貪婪粗暴而過猛，而且水量不大容易枯竭而混濁，沈滯而污雜，使得人民常易諂諛，好做虛偽的襃獎，巧言佞色喜好利益。《史記‧貨殖列傳》則說齊國：「地重，難動搖，怯於眾鬥，勇於持刺，故多劫人者，大國之風也。」〔註98〕意思是說齊國面積很大根基雄厚，人民生活富庶故而貪生怕死，膽怯於替公共利益而與他國戰鬥，卻勇敢於替私人利益而偷襲暗殺他人，這種重視個人甚於團體的態度，就是一個大國的文化。司馬遷曾經親身在齊國游歷，有如此感想，見《史記‧齊太公世家》說：「吾適齊，自泰山屬之瑯邪，北被於海，膏壤二千里，其民闊達多匿知，其天性也。以太公之聖，建國本，桓公之盛，修善政，以爲諸侯會盟，稱伯，不亦宜乎？洋洋哉，固大國之風也。」〔註99〕他看出齊人心胸寬闊達觀，並常有很多被隱藏起來的聰明算計，這種矛盾而並存的天性，如果拿自然環境來說，正與齊國有大面積的平原與急躁而迴轉出漩渦的水流其義理相通，如果更細緻接通自然環境與風俗習慣間的脈絡，則因生活富庶而人個個心胸闊達，因要繼續累積出更富庶的生活，因此蘊生大量被隱藏起來的聰明算計。

〔註96〕見《史記會注考證》卷二十八，〈封禪書〉第六，頁502。
〔註97〕見《管子今註今譯‧水地》第三十九，下冊，頁678。
〔註98〕見《史記會注考證》卷一百二十九，〈貨殖列傳〉第六十九，頁1358。
〔註99〕見《史記會注考證》卷三十二，〈齊太公世家〉第二，頁564。

〈貨殖列傳〉裡除如前反覆說齊人心胸寬闊，還說他們「好議論」，這恐怕還是與生活環境的富庶，沒有立即明顯的外患與危機，纔使得齊人能如此悠閒的高談闊論。《漢書‧地理志》則由政治的角度出發，指出齊人性格養成的原因：「初太公治齊，修道術，尊賢智，賞有功，故至今其士多好經術，矜功名，舒緩闊達而足智。其失夸奢朋黨，言與行謬，虛詐不情。急之則離散，緩之則放縱。」〔註100〕姜太公獎賞與推尊賢人與智者，使得齊國的讀書人多喜歡學習經典實用於政治，建立勳績與名聲，因此齊國會有心胸寬闊而足智多謀的風俗，班固還指出這種風俗的缺點在好誇大奢侈的生活態度，喜歡結黨立派，言行相互乖違（譬如說得天花亂墜卻疏於落實），容易心虛不惜詐騙他人來掩飾自己的實際行徑，有時狀況緊急，人就禁不住磨練而自己瓦解，有時狀況舒緩，人就容易放縱精神而不再奮勉。齊人的天性至此已經暴露無遺，而且雖然說法各有不同，卻大致都能使我們拼出齊國風俗的完整輪廓。〈地理志〉說：「凡民函五常之性，而其剛柔緩急，音聲不同，繫水土之風氣，故謂之風；好惡取舍，動靜亡常，隨君王之情欲，故謂之俗。」〔註101〕自然環境與人文環境的結合，釀就一個地區的風俗，齊國的風俗早在戰國時期已廣為人知，其荒誕不經的言語，使得人只要聽見，都會覺得只有齊國人纔會如此說，因此孟子纔會在聽見弟子咸丘蒙的話後說：「此非君子之言，齊東野人之語也。」〔註102〕（《孟子‧萬章上》）《莊子‧逍遙遊》則說：「齊諧者，志怪者也。」〔註103〕意思是說齊國的書籍常記載各種怪異的事情。

齊國的文化會如此，還與其工商業繁榮有重要關係，人民不需全從事極耗體能的農業，而有多餘的精神去做精神性的活動，其間孰為因果甚難論斷，大抵來說齊國的天然環境本就更適合從事低密度的農業，並將其原料轉做工商業，譬如種植桑麻來發展紡織業，使得齊國的衣服華麗居當世第一。發展工商並不是齊國風俗會如此的主因，卻肯定有加劇其風俗的效益。最具體的例證，齊國有一種民家長女不出嫁的獨特風俗，據說出自春秋時期齊襄公的命令，《漢書‧地理志》說：「始桓公兄襄公淫亂，姑姊妹不嫁，於是令國中民家長女不得嫁，名曰『巫兒』，為嫁主祠，嫁者不利其家。民至今以為俗。」

〔註100〕見《漢書》卷二十八下，〈地理志〉第八下，第二冊，頁 1661。
〔註101〕見同上，頁 1640。
〔註102〕見《孟子注疏‧萬章上》卷第九，頁 164。
〔註103〕見錢穆《莊子纂箋‧內篇‧逍遙遊》第一，西元 1993 年，頁 1。

〔註104〕意即民家的長女不得出嫁，要稱做「巫兒」，平日主持家中的祭祀。班固說這來自齊襄公的淫亂做出的命令未免太過偏頗，該習俗的產生恐怕遠早於齊襄公，學者梁方健先生指出這既與母系氏族社會的遺風有關，更與齊國的社會經濟特點有關，身為長女的巫兒雖然不出嫁，然而，這並不是說她們沒有婚姻的事實，《戰國策・齊策四》記齊人見田駢說：「臣鄰人之女，設為不嫁，行年三十，而有七子。不嫁則不嫁，然嫁過畢矣。」〔註105〕這裡說的不嫁而有孩子的女人，應該就是身為長女的巫兒，而她們的丈夫可能來自招入女家的贅婿，這是齊國風俗裡與巫兒搭配的婚姻制度，姜太公本身與淳于髡都曾經做過贅婿，可見這種風俗流傳甚早。〔註106〕由於齊國早期不利於發展農業，女人從事的紡織這類家庭手工業在經濟活動裡居於相當重要的地位，長女擔負起維持家庭生計的重責，應該是此俗會存在的重要原因。〔註107〕

　　女人紡織在齊國的生產事業裡具有相當重要的地位，這是齊國開國而降的傳統。《藝文類聚》引《鹽鐵論》曰：「昔太公封營丘之墟，辟草萊而居焉。地薄人少，於是通利末之道，極女工之功，是以鄰國交於齊，財畜貨殖，世為彊國。管仲相桓公，襲先君業，輕重之變，南服彊楚，而霸諸侯。」〔註108〕齊國能富強，跟經營女工直接相關，人都要穿衣服，齊國出產的衣服與當日

〔註104〕見《漢書》卷二十八下，〈地理志〉第八下，第二冊，頁1662。

〔註105〕見《戰國策・齊策四》，上冊，頁420。

〔註106〕姜楠先生說：「『巫兒』不嫁卻未必沒有婚姻生活，相反，她可以隨意選擇對象，包括自己的兄弟在內。在齊人心目中，此並非關乎倫常的大禮大節問題，而僅為一種無可厚非的風俗。」見其〈說「齊氣」與「魯氣」：從《詩經》有關齊、魯諸篇看齊魯文化之不同特徵〉，《齊魯文化》，西元1994年，第二期（總計第一一九期），頁67～70。

〔註107〕見梁方健《齊國社會生活史》第四章〈婚姻〉，第五節「特殊的婚姻型態」，《齊文化叢書》，第十七冊，西元1997年，頁115～119。梁方健先生在這裡表示，齊國婚姻裡「叔接嫂」（弟弟娶哥哥的太太）與「妻後母」（兒子娶爸爸的續弦）實屬普遍存在的現象，且在當時人眼裡視為正常，他引《左傳・閔公二年》記說：「惠公之即位也少，齊人使昭伯烝於宣姜，不可，強之，生齊子，戴公，文公，宋桓夫人，許穆夫人。」宣姜是齊國女人，衛宣公的夫人，衛惠公的母親，而昭伯則是宣公的庶子公子頑，意即惠公的庶兄。宣公死後，齊人使昭伯出面讓庶子昭伯烝於嫡母，這就是「妻後母」的實例。再者，他還引《莊子・盜跖》記說：「昔者桓公小白，殺兄入嫂。」而《左傳・成公十七年》則說：「齊慶克通于聲孟子，與婦人蒙衣乘輦而入于閎。」慶克是齊桓公的兒子公子無虧的兒子，聲孟子則是齊桓公的孫子惠公的兒子頃公的夫人，兩人就是叔嫂關係而相通。

〔註108〕見《藝文類聚》第五十一卷，〈封爵部〉，頁914。

的時尚結合，人人把穿齊國衣服視作品味的象徵，很容易就能大發利市，因此《漢書‧地理志》說：「其俗彌侈，織作冰紈綺繡純麗之物，號爲冠帶衣履天下。」〔註109〕齊國會有奢侈的風俗，顯然原因已經很清晰。當然，齊國能富庶還包括經營魚鹽，尤其是鹽，這對內陸來說極爲稀有，卻屬於民生必需品，齊國只要壟斷賣鹽的生意，就能富甲冠於各國，《史記‧貨殖列傳》曾說：「山東多魚鹽漆絲聲色。」〔註110〕還說：「齊帶山海，膏壤千里，宜桑麻，人民多文綵布帛魚鹽。臨菑亦海岱之間一都會也。」〔註111〕我們同時要注意，春秋時期齊國農田的面積已經越來越大，能有「膏壤千里」的狀況，不再如往日只是鹹鹵沼澤，除農業工具與耕作技術的水平提高，更跟齊國統治階層大量在整治農田有關，這方面的文獻已經很難查考，根據葛劍雄與趙發國兩位先生在《古齊地理》按照《左傳》統計齊國的治田狀況，似乎呈現齊國治田規模甚大的事實，〔註112〕然而筆者覆閱發現這些統計全出自魯國，而與齊國無關，不宜把齊國在戰國時期大量侵蝕魯國的這些土地預先當做齊國在治田，不過這確實反映山東地區的土壤已經獲得開闢，魯國如此，齊國想來規模當更大。

這些統計，只有《左傳‧宣公元年》說齊國獲得魯國餽贈在現在山東省鄆城縣的濟西田，其它如：《左傳‧昭公元年》說魯國在現在山東省鄆城縣東北開闢鄆田；《左傳‧昭公六年》說魯國獲得現在山東省莒縣的莒田；《左傳‧襄公二十九年》與《左傳‧昭公七年》都說晉國在整治現在山東省安丘縣東北的杞田，而與魯國發生矛盾；《左傳‧哀公二年》說魯國獲得在現在山東省滕縣南的漷東田與現在山東費縣東南的沂西田，這些文獻可使我們看出山東已經變爲糧食的重要產地，《左傳‧隱公六年》就說：「冬，京師來告饑，公爲之請糴於宋衛齊鄭，禮也。」〔註113〕齊國能輸出糧食賑濟京師的周王室，

〔註109〕見《漢書》卷二十八下，〈地理志〉第八下，第二冊，頁1660。

〔註110〕見《史記會注考證》卷一百二十九，〈貨殖列傳〉第六十九，頁1354。

〔註111〕見《史記會注考證》卷一百二十九，〈貨殖列傳〉第六十九，頁1358。

〔註112〕見《古齊地理》第三章〈經濟〉，第二節〈農業〉，頁388～389。

〔註113〕葛劍雄與趙發國兩位先生在《古齊地理》裡錯把「隱公六年」誤植做「隱公元年」，見同上，頁389。見《春秋左傳注疏‧隱公六年》卷第四，頁71。葛與趙兩位先生在這裡表示這能證實齊地已經是當時糧食的一個主要產地（甚至早在商朝就已經是當時重要的農業區，這種說法委實脫離史實與目前的學術共識太過），筆者則認爲偶發案例不能據此即做出這種論斷，我們僅能說當時齊國的糧食應該已能自給，纔能救濟他國，而「產地」則更有固定對外輸

可見其糧食生產已經能自給。不過，春秋時期齊國境內還是有大片尚未開發的隙地，譬如《史記‧齊太公世家》就記載在燕國與齊國的交界，當燕莊公殷勤護送協助自給征討山戎的齊桓公回國，不慎誤闖齊境，使得齊桓公為顯現知禮，慷慨把燕莊公踏至的齊境都送給燕國，這表示兩國的交界沒有什麼明顯標的，意即就是隙地的意思。〔註114〕按照上面的討論，我們當能看出齊國的產業相當龐雜，歷來文獻常會說齊國靠發展工商富國，這固然是事實，但，我們也不能忽略這只是相對於其它各國一個較特殊的事實，因此纔會被文獻積極徵引，這絕不是說齊國就沒有農業，相反地，齊國正因至春秋時期農業已經相當發達，人民沒有溫飽的顧慮，纔更能發揮其環境適宜發展工商的特點，這種產業的特徵使得其環境醞釀的齊學相對來說複雜性很高，既有農業社會順天應人的特徵，更有工商業社會戡天利人的特徵。

　　《管子‧輕重丁》曾記載齊桓公想平衡農業與工商業的貧富差距，使得農人能安於自己的工作，因此派大臣去東南西北的國境內部做產業發展調查，結果鮑叔先由西部回報說：「西方之氓者，帶濟負河，菹澤之萌也，獵漁取薪，蒸而為食。」〔註115〕齊國西部的人民，地靠濟水與黃河，生活在沼澤，平日的生活為捕魚取柴，食物會先蒸熟纔吃。賓胥再由南部回報說：「南方之萌者，山居谷處，登降之萌也，上斷輪軸，下采杼栗，田獵而為食。」齊國南部的人民，有的住在山上，有的住在谷裡，每天都要爬上爬下，往上要砍取高山樹木，來做輪軸的材料，往下要採集杼栗來吃，不過他們最主要的食物還是靠打獵得來。甯戚再由東部回報說：「東方之萌，帶山負海，若處，上斷福，漁獵之萌也，治葛縷而為食。」齊國東部的人民，四周是高山，眼前有大海，居住在山谷裡，經常要上山砍樹木來做輪輻，多數是捕魚打獵的人，常做絲麻的工作來維持生活。隰朋最後由北部回報說：「北方之萌者，衍處負海，煮沛為鹽，梁濟取魚之萌也，薪食。」齊國北部的人民，居住在曠野，地面全靠著海濱，日常工作為煮沸海水來蒸鹽，築壩渡水來取魚，取薪煮熟

　　出甚至大量販售的意思，我們得知道由姜齊至田齊，齊國從未成為農業生產大國。

〔註114〕《史記‧齊太公世家》說：「燕告急於齊。齊桓公救燕，遂伐山戎，至于孤竹而還。燕莊公遂送桓公入齊境，桓公曰：『非天子，諸侯相送不出境。吾不可以無禮於燕。』於是分溝割燕君所至與燕。」見《史記會注考證》卷三十二，〈齊太公世家〉第二，頁 554。這顯示兩國沒有明顯的地界標的存在，到處荒野，纔會使得送行會不知不覺來到他國境內。

〔註115〕見《管子今註今譯‧輕重丁》第八十三，下冊，頁 1195。

纔吃。四部的產業狀況使我們得知，齊國確實是個由漁獵轉型為工商的社會，農業則是後來經由政治層面的加強推廣，纔逐漸獲得改善，這個推廣的主要操盤人，就是齊桓公與管仲。他們見這些經營工商的人常放貸高利給農人，讓農人能借錢來繳稅與播種，因此釋放出各種具有綜合性的措施，既獎勵工商，更能推廣農業。

譬如他們下令如往後要向公室獻禮，都只能敬獻鑮枝藍鼓這些樂器，使得這些樂器因各地都在收購而利潤倍增，然後再召見這些經營工商的人，跟他們表示願意把敬獻得來的樂器全都出售，藉此折抵他們給農人的放貸與高利，《管子‧輕重丁》如此記說：「桓公舉衣而問曰：『寡人多務，令衡籍吾國，聞子之假貸吾貧萌，使有以終其上令。寡人有鑮枝蘭鼓，其賈中純萬泉也，願以為吾貧萌決其子息之數，使無券契之責。』」〔註116〕這些借貸的人很感動齊桓公對農人的憂慮，都表示願意買得樂器，再把樂器敬獻給公室，齊桓公則表示因為有他們的借貸，使得農人春天得耕種，夏天得除草，他已經很感激了，請大家務必收回，否則他會心裡不安：「稱貸之家皆齊首而稽顙曰：『君之憂萌至於此，請再以拜獻堂下。』桓公曰：『不可，子使吾萌春有以傳粗，夏有以決芸，寡人之德子無所寵，若此而不受，寡人不得於心。』」因此這些借貸的人就再拜而接受，農人個個感懷而相互告誡，明白墾田務農是齊桓公最焦慮在關注的事，他們對此不能懈怠，同篇記說：「四方之萌聞之，父教其子，兄教其弟，曰：『夫墾田發務，上之所急，可以無庶乎？君之憂我至於此。』此之謂反準。」這裡所謂的「反準」就是讓工商與農業取得平衡，不因太過發展工商而傷害與壓榨農業，筆者覺得這段文字的重要性在於：齊國農業的真正大規模發展要晚至春秋早期，沒有齊桓公與管仲當政時的保障與獎勵，而順著齊國本來的環境去經營產業，則只能由漁獵經濟轉型至工商經濟，絕對發展不出大規模的農業經濟。

工商經濟是發展農業經濟的基石，這是齊國社會的產業發展史不同於其他諸侯國的最大特點。

筆者這個推測，同在《管子‧輕重丁》裡有段文字獲得更明確的證實，內文如此說：「管子問於桓公：『敢問齊方于幾何里？』桓公曰：『方五百里。』管子曰：『陰雍長城之地，其於齊國三分之一，非穀之所生也。海莊龍夏，其於齊國四分之一也，朝夕外之，所墑齊地者五分之一，非穀之所生也。然則

〔註116〕見同上，頁1196。

吾非託食之主耶？』」〔註117〕齊國的大部國土都不適合生植五穀，北部地靠長城處都是砂土，中部海莊龍夏常見沼澤與森林，東部靠海遍布鹹土，五穀都需仰賴他國運輸補給，因此管仲嘲諷齊桓公如同「寄食的國君」。齊桓公對此深有警醒，因此請問管仲該如何改善，管仲則告知不能再讓商人與農人各行其事，國君只負責抽稅，要能互相調節扶持，使農業能在齊國獨立生根發展，內文說：「桓公遽然起曰：『然則為之奈何？』管子對曰：『動之以言，潰之以辭，可以為國基。且君幣籍而務，則賈人獨操國趣；君穀籍而務，則農人獨操國固。君動言操辭，左右之流，君獨因之。』」因此，齊桓公纔會施展前面的政治手腕。如果真只靠齊桓公與管仲的提倡，而沒有天然環境的配合，齊國真能「人定勝天」嗎？答案很明顯，記得前面第三章第一節曾詳細討論氣候變化的歷程，如果沒有此時中國北方的氣候逐漸轉暖，山東變得適合穀類生植繁衍，光靠人工的保障與獎勵措施，決無法就使齊國發展出大規模的農業，而齊桓公能開創其「尊王攘夷」的歷史霸業，實在是各種社會條件的配合纔能蘊生。筆者的觀點是如果沒有齊桓公與管仲君臣兩人對農業的關注，齊國具有大規模的農業經濟，其時間起點恐怕還得再往後。

《管子・輕重甲》記說：「齊之北澤燒火，光照堂下。管子入賀桓公曰：『吾田野辟，農夫必有百倍之利矣。』是歲租稅九月而具，粟又美。桓公召管子而問曰：『此何故也？』管子對曰：『萬乘之國，千乘之國，不能無薪而炊，今北澤燒莫之續，則是農夫得居裝而賣其薪蕘，一束十倍，則春有以倳耜，夏有以決芸，此租稅所以九月而具也。』」〔註118〕齊國北部的沼澤被人為點火燒盡闢做田地讓農夫耕作，收穫的粟米長得很美，農夫拾取沼澤周圍森林的樹木來煮飯，自家收藏不完，還有餘薪出賣，一束薪能賣到超過平日十倍的價錢，使得農夫都富有起來，九月剛到，租稅就全都徵收完成了。這段文字正紀錄著齊桓公時期農業經濟獲得開展的繁榮景象。

當齊國不只靠發展工商來營生，更開始有獨立自主的農業，兩者相互配合良性循環，它就開始變做一個真正殷實的富國！

〔註117〕見《管子今註今譯・輕重丁》第八十三，下冊，頁1200。
〔註118〕見《管子今註今譯・輕重甲》第八十，下冊，頁1130。

第四章　兼容並蓄的社會風氣對齊學的醞釀

摘　要

　　由於夷與夏兩種文化並存，齊國在婚姻制度上就呈現一般性與特殊性並存的現象。譬如早在商王朝時期，就已經規範貴族一夫多妻制的合理性，還有，遵循周禮，齊國同樣實施同姓不婚的制度。夏朝與商朝都沒有這種嚴密的制度，即使好色如齊桓公，都不敢違背周禮，納同屬姜姓者為妻室。齊國與魯國長期保持聯姻的關係，僅就文獻來看，春秋時期魯國國君娶齊女為夫人就有六人。屬於齊國特有的東夷風俗，還有兄妹父女私通的風俗，這與前面同姓不婚的差異在後者屬於未婚配而有性交且未生子的行徑，因此齊人在道德觀念上因未與同姓不婚有直接衝突，而繼續發展此風俗。

　　齊襄公喜歡自己的異母妹文姜，為把文姜留在身旁，通令全國長女不得出嫁，藉此替家裡主持祭祀，有學者認為這醞出後來所謂「巫兒」的風俗，異性親人私通的狀況在齊國可能甚為普遍，這些巫兒未嫁而生子，有些或是招贅而得夫婿，有些或就是親人亂倫防範不及而生出孩子，這種風俗春秋時期其餘諸侯國都未見，由此可使我們看出：當年姜太公實施「因其俗，簡其禮」的政策，其具體內容很複雜。當父親過世，兒子得娶自己生母外的其餘諸母為妻，這稱作「烝」。當已婚男人死掉，他的兄弟得要娶其妻子為妻，這稱作「報」。這類風俗出現在東夷民族為時甚早，常如連體嬰般交替出現，早在傳說裡的舜帝即有紀錄。

　　東夷民族還有個特殊的風俗稱做「奔婚」，意即年輕男女不經過「父母之命，媒妁之言」就自由結合的婚姻，這種婚姻常沒有婚姻的儀式，卻直接透過性交來確認彼此關係，其實，這種私自結合的婚姻不但不被視作淫亂，東夷民族的風俗甚至還對此提供公開性交的場所，譬如在宗廟或在郊外設立公開性交的地點並讓人觀看，反映出夷商文化對性愛的開放性，齊國就有這種風俗，甚至吸引魯國君主不顧體面，隨意跨越國境去觀看，而齊國君主常透過性來籠絡賢士，齊桓公自己就設立中國最早的官妓，而宮內設市就是讓賢士選擇女人夜合，如氣息相應則娶做侍妾的地點，這反映出齊國的國風務實而開放。

　　齊國先民普遍出身於東夷，打獵本來就是他們的生活，隨著齊國逐漸邁往農業社會甚至工商業社會，打獵就變做人民的日常娛樂。齊國君主大都喜愛音樂與舞蹈，這種狀況持續發展至戰國時期依舊如此，譬如齊康公喜歡萬人唱歌跳舞，他特地給歌妓吃得很好穿著華麗，因為怕身體姿態舞動得不夠美觀，影響他看歌舞的興致。齊宣王喜歡聽眾人吹竽，樂隊人數動輒三百人，他的兒子湣王則喜歡聽單人獨奏，他們的個別差異性反映出他們對音樂的真實喜歡。宣王的父親齊威王同樣好聽樂，他的大臣鄒忌就因精通鼓琴而馬上封侯。可見順應國君的生活娛樂來取富貴，確屬在齊國的終南捷徑。

　　齊國還有專屬於民間的各種娛樂活動，譬如投壺，這是射禮的演化，在空間不夠寬敞的情況裡，拿箭投壺比賽誰投中次數比較多。管仲是齊國崇尚奢靡的大宗師，他賦與奢靡一套說法，鼓勵齊國人擴大消費來刺激生產，共同創造工商的繁榮。因為這種態度，管仲本人極為富有，他有三個公館，富有如同國君，齊桓公卻沒說什麼，正因管仲身居相位，如同齊國的門面，他要帶頭鋪張消費。經歷管仲的創業，至齊景公時已經成為極為富裕的國家，只不過齊景公只在意自己的富裕，不在意人民的富裕，貧富不均的結果，令晏嬰不禁極為憂慮，當齊景公相問如何跟著使人民富有，他要齊景公帶頭節制慾望。

　　管子與晏子做為齊學的早期奠基者，他們有個共同點，就是徹底務實的態度（卻不是毫無理想的短視），這纔是首尾貫通的齊風。齊人承襲商人與其東夷民族的風俗，很喜歡喝酒宴飲，當時齊國貴族階層在各種場合都會舉行宴飲，譬如冊封臣屬、慶祝功績或甚至平常接見臣屬，都會舉行朝宴或賜宴。齊人好誇大虛張的民性，使得他們普遍喜歡帶巨冠來顯示自己的高貴。他們普遍好吃水產，女人喜歡穿男人的衣服，這都顯現出流行文化的風向。由於齊國的工商業特別繁榮，社會階層的分化事實已經很明顯，管仲纔會提出「四

民」的居住政策。由食衣住行各種生活裡，我們能清晰看見齊國處處內蘊著夷與夏兩種禮俗。

第一節　婚姻制度的表裡與眞相

　　這裡想特別細論齊國各種婚姻制度並存的現象，醞就齊人與齊學如何的道德觀與倫理觀。這些道德觀與倫理觀或許會與今天的社會價值不一樣（有些甚至很難被接受），然而，我們把文獻攤開，想探索的重點在於：齊人如何發展出自認適合的生活型態。

　　由於夷與夏兩種文化並存，齊國在婚姻制度上就呈現一般性與特殊性並存的現象。譬如早在商王朝時期，就已經規範貴族一夫多妻制的合理性，我們由甲骨卜辭可看出，商朝諸王除一個正妻外，還有爲數不一的妃妾。周朝則繼承此傳統並進而去完善制度，因此《禮記‧曲禮下》說：「天子有后，有夫人，有世婦，有嬪，有妻，有妾。」〔註1〕還說：「公侯有夫人，有世婦，有妻，有妾。」〔註2〕這只是名相階層的區劃，實際人數則有很大的變化，譬如《禮記‧內則》裡唐朝孔穎達曾在《禮記正義》註解天子如何安頓與妻妾的房事問題時就曾說：「《天子御法》云：『天子十五日乃一御者。』按《九嬪注》云：『女御八十一人當九夕，世婦二十七人當三夕，九嬪九人當一夕，三夫人當一夕，后當一夕，亦十五日而遍云。自望後反之是也。』」〔註3〕意思是說女御八十一人，每九人陪天子睡一晚（總共有九個晚上）；世婦二十七人，每九人陪天子睡一晚（共三晚）；夫人三人，共陪天子睡一晚；王后單獨陪天子睡一晚，總共十五天反覆輪替，如此天子共有一百二十一位各種名目的妻子。孔穎達還說：「君大夫一妻二妾，則三日御遍。士一妻一妾，則二日御遍。」意思是說君大夫妻妾共計三人，每人陪君大夫睡一晚；士一妻一妾，每人陪士睡一晚。這些就是貴族各階層娶妻人數的概況，當然，一般庶民則都實踐著一夫一妻制。這種一般性的狀況同樣存在於齊國，譬如司馬貞在《史記‧田敬仲完世家》的《史記索隱》裡引說：「陳成子有數十婦，生男百餘人。」〔註4〕雖然這恐怕內有政治陰謀，不過亦反映出齊國貴族的常態。

〔註1〕　見《禮記正義‧曲禮下》卷第四，頁80。
〔註2〕　見《禮記正義‧內則》卷第二十八，頁534。
〔註3〕　見《禮記正義‧檀弓上》卷第七，頁125。
〔註4〕　《史記‧田敬仲完世家》說：「田常乃選齊國中女子長七尺以上爲後宮，後宮

　　還有，遵循周禮，齊國同樣實施同姓不婚的制度。夏朝與商朝都沒有這種嚴密的制度，《魏書·高祖紀》說：「夏殷不嫌一族之婚，周制始絕同姓之娶。」〔註5〕《太平御覽》引《禮外傳》說：「夏殷五世之後，則通婚姻，周公制禮，百世不通。」由此可知在夏朝與商朝，同姓間的血緣關係如果超過五世，就能有婚姻，甚至有時並未嚴格落實，譬如梁方健先生就據甲骨卜辭的記載指出商王武丁其中一位妻子婦好與武丁同為子姓。〔註6〕但，周朝已把同姓婚配視作極重要的婚姻戒律，這恐怕是歷史經驗釀就出的優生學知識，譬如《左傳·僖公二十三年》說：「男女同姓，其生不蕃。」〔註7〕《左傳·昭公元年》說：「內官不及同姓，其生不殖。」〔註8〕《國語·晉語四》說：「同姓不婚，惡不殖也。」〔註9〕都反映周人同姓不婚的制度目的在保護其宗族人口的繁衍與健康，甚至《左傳·昭公元年》引子產的話說：「買妾不知其姓，則卜之。」〔註10〕他還說：「男女辨姓，禮之大司也。」買妾如果不知道她的姓，都還要去跟鬼神占卜，避免敗壞同姓不婚的倫理，可見態度的嚴謹。再者，同姓不婚還能對宗法制度有補充的意蘊，如此既能持續維繫周天子與同姓諸侯的宗法關係，還可通過異姓聯姻，將異姓的姻親關係納入宗法制度的範圍，使得整個天下的諸侯都有親屬關係，藉此鞏固統治。同姓不婚在周朝係各諸侯國普遍遵行的婚姻制度，齊國自然不例外，如《左傳·僖公十七年》說齊桓公「好內，多內寵」，裡面就記說：「夫人三：王姬徐嬴蔡姬。」〔註11〕還說：「內嬖如夫人者六人。」這六人為長衛姬、少衛姬、鄭姬、葛嬴、密姬與宋華子。

　　由這些夫人的姓來看，即使好色如齊桓公，都不敢違背周禮，納同屬姜姓者為妻室！由此可見在「禮崩樂壞」的時刻，周禮還是在私人深層生活裡影響著齊國，尤其是希望「尊王攘夷」的齊桓公。

以百數，而使賓客舍人出入後宮者不禁，及田常卒，有七十餘男。」意即田常讓賓客替他「播種」，藉此厚植自己的政治勢能，這亦是齊人典型成大事不拘泥於細節，隱藏不露的心機。見《史記會注考證》卷四十六，〈田敬仲完世家〉第十六，頁733。

〔註5〕見《魏書》卷七，〈高祖紀〉第七，第一冊，西元1993年，頁153。

〔註6〕見《齊國社會生活史》第四章〈婚姻〉，第二節「婚姻制度」，頁100。

〔註7〕見《春秋左傳注疏·僖公二十三年》卷第十五，頁252。

〔註8〕見《春秋左傳注疏·昭公元年》卷第四十一，頁707。

〔註9〕見《國語·晉語四》卷第十，頁349。

〔註10〕見《春秋左傳注疏·昭公元年》卷第四十一，頁707。

〔註11〕見《春秋左傳注疏·僖公十七年》卷第十四，頁237。

　　齊國公室女子出嫁的國家亦必然是異姓國，譬如《詩經‧陳風》有一首〈衡門〉詩說：「豈其取妻，必齊之姜。」〔註12〕意思是說娶妻必然要娶齊國公室姜姓的女子。陳國爲舜的後裔，嬀姓，姜姓的齊國與嬀姓的陳國婚配，符合同姓不婚的原則。《詩經‧衛風》有一首〈碩人〉詩說：「碩人其頎，衣錦褧衣。齊侯之子，衛侯之妻，東宮之妹，邢侯之姨，譚公維私。」〔註13〕意思是說衛莊公娶齊莊公的美麗女兒，齊東宮太子得臣的妹妹爲妻。這位莊姜（因爲嫁給衛莊公，而本姓姜，故名莊姜）是邢侯妻子的姊妹，更是譚公妻子的姊妹，使得衛莊公跟著成爲這兩國君主的姊妹夫。邢國姬姓，爲周公的支裔，譚國子姓，爲商朝的後裔，由此可知，齊莊公把三個女兒都嫁給異姓國君爲妻。其中姜姓與姬姓是兩個長期通婚的氏族，周王室與齊國的長期姻親關係於史有徵，《左傳‧成公二年》記載當晉景公打敗齊頃公的軍隊，派遣使者鞏朔向周定王報告，周定王不願意見他，原因就在齊頃公爲自己妃子的哥哥，周定王說：「夫齊，甥舅之國也，而大師之後也，寧不亦淫從其欲以怒叔父，抑豈不可諫誨？」〔註14〕他希望做爲自己叔父的晉景公，更該勸告齊頃公使他悔悟，而不是攻打他。後來的周靈王亦復如此，他稱齊靈公的祖父齊惠公爲伯舅，要齊靈公效法祖父保衛周王室，因此《左傳‧襄公十四年》記說：「王使劉定公賜齊侯命，曰：『昔伯舅大公，右我先王，股肱周室，師保萬民，世胙大師，以表東海，王室之不壞，繫伯舅是賴。今余命女環，茲率舅氏之典，纂乃祖考，無忝乃舊。』」〔註15〕

　　齊國亦與魯國長期保持聯姻的關係，僅就文獻來看，梁方健先生統計春秋時期魯國國君娶齊女爲夫人就有六人，〔註16〕譬如《左傳‧文公二年》記說：「襄仲如齊納幣，禮也。凡君即位，好舅甥，脩昏姻，娶元妃，以奉粢盛，孝也。」〔註17〕梁先生引民國楊伯峻注說：「齊與魯世爲婚姻，魯公屢娶齊女，齊與魯爲舅甥之國，遣使通好，故曰好舅甥。」《左傳‧哀公二十四年》則說：「周公及武公娶於薛，孝惠娶於商，自桓以下娶於齊。」〔註18〕

〔註12〕見《毛詩注疏‧陳風‧衡門》卷第七，頁252。
〔註13〕見《毛詩注疏‧衛風‧碩人》卷第三，頁129。
〔註14〕見《春秋左傳注疏‧成公二年》卷第二十五，頁431。
〔註15〕見《春秋左傳注疏‧襄公十四年》卷第三十二，頁564。
〔註16〕見《齊國社會生活史》第四章〈婚姻〉，第二節「婚姻制度」，頁102～103。
〔註17〕見《春秋左傳注疏‧文公二年》卷第十八，頁304。
〔註18〕見《春秋左傳注疏‧哀公二十四年》卷第六十，頁1050。

可見魯國跟各國聯姻，而跟齊國的婚配關係尤其緊密。然而，這只是齊國婚姻制度的表面，在這一般性的狀態裡，其實還保留大量具有地域特殊性的東夷婚姻民俗。譬如在春秋時期，齊國還是有兩例同姓婚配的現象，如《左傳‧襄公二十五年》記說：「齊棠公之妻東郭偃之姊也，東郭偃臣崔武子，棠公死，偃御武子以弔焉，見棠姜而美之，使偃取之。偃曰：『男女辨姓，今君出自丁，臣出自桓，不可。』武子筮之，遇困之大過。史皆曰：『吉。』示陳文子，文子曰：『夫從風，風隕妻，不可娶也。』」〔註19〕崔武子想娶齊大夫棠公的亡妻，因棠姜爲東郭偃的姊姊，東郭偃雖爲崔武子的臣子，卻拒絕他的命令，因爲崔武子是齊丁公的後裔，東郭偃是齊桓公的後裔，兩人都屬姜姓，依禮不得結婚。但，崔武子後來不顧占卜的吉凶（不論實知有禍卻附和他的史官，或陳文子的忠告），硬是娶棠姜爲妻，結果齊莊公與棠姜私通，崔武子恨極，藉齊莊公來自己家裡與棠姜私通的情境裡把莊公殺了，而引發齊國政治的風暴，多人因此受難，尤其是連續忠實記錄「崔杼弒其君」不惜身死的太史三兄弟。

還有《左傳‧襄公二十八年》記說：「齊慶封好田，而耆酒，與慶舍政，則以其內實遷于盧蒲嫳氏，易內而飲酒，數日，國遷朝焉，使諸亡人得賊者以告而反之，故反盧蒲癸，癸臣子之，有寵妻之。慶舍之士謂盧蒲癸曰：『男女辨姓，子不辟宗，何也？』曰：『宗不余辟，余獨焉辟之？賦詩斷章，余取所求焉，惡識宗？』」〔註20〕齊國慶封喜歡打獵，也喜歡喝酒（這兩者都是齊人來自東夷民族的風俗），把政權交給兒子慶舍，把自己全部的寶藏與妻妾都遷至盧蒲嫳的家裡，交換寵妾來飲酒尋歡，連續幾天，使得齊國要見慶封的人全都來至盧蒲嫳的家裡請示，包括因崔杼禍亂逃亡的人，慶封透過賊人告知他們都可回來，使得盧蒲癸回來做慶舍的臣子，慶舍很喜愛他，就把女兒嫁給他，慶舍的家人問盧蒲癸男女要辨姓，他爲什麼不躲避同宗的女人？盧蒲癸拿讀詩斷章取義的說法表示是同宗的女人不躲避自己，他如何能躲避同宗，又如何知道誰是同宗呢？這兩例都屬於同姓不婚的變態，意即主事者都知道同姓不婚的周禮，卻因私欲而執意如此，致使後來引發政治的災難（因爲大家都深信不該如此，執意馳騁私欲的人自然會引發骨牌效應的禍端）。然而，我們未嘗不能說這裡還內藏有夷與夏不同風俗的衝突議題，譬

〔註19〕見《春秋左傳注疏‧襄公二十五年》卷第三十六，頁617～618。
〔註20〕見《春秋左傳注疏‧襄公二十八年》卷第四十一，頁654。

如這兩例都有與他人寵妾相淫的狀況（由丈夫的態度來說，前者被動發生，後者主動發生），這可能就與東夷的風俗有關。這裡面蘊含著一個態度，意即女人為丈夫的附屬品，正常狀態裡只能被丈夫獨佔其身體，如果自己的女人被他人共享，這不是來自男人彼此透過女人來增進情誼，就是在羞辱男人。

早在夏朝時期，東夷民族的領袖羿就因夏朝統治無道，興兵反抗，射箭殺掉雒伯，而強娶他的妻子雒嬪，《楚辭·天問》說：「帝降夷羿，革孽夏民。胡射夫河伯，而妻彼雒嬪？」〔註21〕這裡說「革孽夏民」表示羿剷除傷害夏朝人民的暴政，由於《楚辭》來自楚學，楚學背後的文化背景除與長江流域的土著民族有關，更與夷商文化有關，因此會站在東夷的角度來說話。由此可見男人侵犯他人的女人來表達某種態度，這在東夷民族來說淵源甚早，雖不屬於禮，卻屬於俗。在春秋時期，齊國還時有此風，譬如《左傳·文公十八年》記說：「齊懿公之為公子也，與邴歜之父爭田弗勝，及即位，乃掘而刖之，而使歜僕，納閻職之妻，而使職驂乘。夏五月，公游于申池，二人浴于池，歜以扑抶職，職怒，歜曰：『人奪女妻而不怒，一抶女庸何傷？』職曰：『與刖其父而弗能病者何如？』乃謀弒懿公，納諸竹中，歸舍爵而行。」〔註22〕白話的意思是說，齊懿公做公子的時候，與邴歜的父親爭田未得，懷恨在心底，至其即位，邴歜的父親已死，就把他的屍體掘出，把腳切斷來洩憤，並且竟然還派邴歜駕車，再把閻職的妻子納來，更命閻職在車上陪駕。夏天五月，齊懿公至申池游玩，邴歜與閻職兩人在池裡洗澡，邴歜拿木棍打閻職，閻職很生氣，邴歜就說：「人家奪你的妻子都不憤怒，打你一下又有什麼傷害呢？」閻職則回嘴說：「與切斷你父親的腳還不恨比較起來如何？」邴歜與閻職兩人因此商量聯合殺掉懿公，丟棄在竹林裡，共同飲酒纔離開。因此奪妻者還得要面臨遭報復的處境。

齊懿公這種行徑在周禮看來很荒唐，在東夷民族風俗來說卻可能極正常，權柄越大的人，自然能擁有更多的女人，或許純由生物繁殖法則來說不難理解。然而，人同時會有情感，奪妻對男人的羞辱，使奪妻者得要持續有強大的權柄，否則難保不會在未防備的處境裡遇上反撲。因此，齊懿公真正的荒唐，或許不是奪取閻職的妻子，而是還把閻職喚來一同陪駕吧？邴歜亦復如此。屬於齊國特有的東夷風俗，還有兄妹父女私通的風俗，譬如漢朝陸賈在《新語·無為》說：「齊桓公好婦人之色，妻姑姊妹，而國中多淫於骨肉。」

〔註21〕見《楚辭注釋·天問》，頁235。
〔註22〕見《春秋左傳注疏·文公十八年》卷第二十，頁351。

〔註23〕這與前面同姓不婚的差異，或許在後者屬於未婚配而有性交且未生子的行徑，因此齊人在道德觀念上因未與同姓不婚有直接衝突，而繼續發展此風俗，再如《左傳・桓公十八年》記說：「十八年春，公將有行，遂與姜氏如齊。申繻曰：『女有家，男有室，無相瀆也，謂之有禮，易此必敗。』公會齊侯于濼，遂及文姜如齊，齊侯通焉，公謫之，以告。」〔註24〕魯桓公要去齊國，竟然帶自己的夫人文姜同往，文姜本是齊襄公的妹妹，因此魯國的大夫申繻會由周禮的角度說：「女人有自己的家，男人有自己的室，不相互違背自己有家室的處境纔是有禮，如果改變這個原則必然會失敗。」魯桓公先與齊襄公在濼水會見，然後桓公跟文姜一起來齊國都城，接著齊襄公就與終日思念的文姜私通，魯桓公責備文姜，文姜就告訴齊襄公，結果竟然就此給魯桓公引來殺機，《左傳・桓公十八年》語言很模糊地記說：「夏四月，丙子享公，使公子彭生乘公，公薨於車。」

前引的話意思是說齊襄公設宴款待魯桓公，後派公子彭生替桓公駕車，結果桓公竟然就死在車上，桓公被誰殺害？恐怕只有齊襄公，他想與文姜常相左右，索性就命彭生把魯桓公殺了，雖然後來頂罪還是他的臣子彭生。據說齊襄公為把文姜留在身旁，於是通令全國長女不得出嫁，藉此替家裡主持祭祀，釀出後來所謂「巫兒」的風俗，這雖然不盡是事實（此風俗或不該如此晚出），卻可看出異性親人私通的狀況在齊國應該甚為普遍，這些巫兒未嫁而生子，有些或是招贅而得夫婿，有些或就是親人亂倫防範不及而生出孩子。這種風俗春秋時期其餘諸侯國都未見，由此可使我們看出：當年姜太公實施「因其俗，簡其禮」的政策，其具體內容竟是如此複雜！由表面來看這個政策或許不覺得有什麼特殊，只要真正落實至風俗習慣上，就能明白不同的文化碰撞，對人性都在經歷殘酷的考驗，這些殘酷的政治交互屠殺，未嘗不能說是夷與夏兩大文化的矛盾與衝突，由於齊國終究還是承認周禮的地位，然而夷風卻是個既存的事實，這些衝突的表面都是率由夷風，因而遭受重視周禮的人譴責與制裁（或者假周禮來做政治鬥爭），西周後期至春秋初期，由於周王室衰落與諸侯相爭不已，東夷諸國紛紛藉機復興，或許由文化層面來看，春秋時期齊國各種違背周禮的事情層出不窮，未嘗不可說是某種「夷風復甦」的效應。還有些婚姻現象不見得只出現於齊國，卻屬齊國承襲東夷民族常出

〔註23〕見王毅《新語讀本・無為》第四，頁40。
〔註24〕見《春秋左傳注疏・桓公十八年》卷第七，頁130。

現的習俗，譬如「妻後母」與「叔接嫂」的現象，前者《春秋》稱做「蒸」，後者《春秋》稱做「報」，這種風俗與華夏民族的倫理差異性頗大。

什麼是「蒸」呢？當父親過世，兒子得娶自己生母外的其餘諸母爲妻。什麼是「報」呢？當已婚男人死掉，他的兄弟得要娶其妻子爲妻。這類風俗出現在東夷民族爲時甚早，譬如舜就是出身於東夷，擔任各部落的共主，孟子在《孟子‧離婁下》裡說：「舜生於諸馮，遷於負夏，卒於鳴條，東夷之人也。」〔註25〕他早年不被父親瞽瞍與異母弟象接納，每每想置他於死地，有一回瞽瞍命舜鑿井，當舜越鑽越深至底層，瞽瞍就與象共同填土埋井，兩人認爲舜已經死掉，象就很高興地說：「舜妻堯二女與琴，象取之，牛羊倉廩，予父母。」〔註26〕意思是說舜的牛羊糧草由父母接手，兩個妻子則由象接手，這就是「叔接嫂」的風俗，儘管舜不久就回來粉碎他的美夢。「蒸」與「報」常如連體嬰般交替出現，這與親情倫理的基本觀念全都與華夏民族不同有關，東夷民族的倫理奠基在「順情」的考量，因此會順應實際狀況與心理需要，而沒有角色情感節制的觀念，譬如《左傳‧襄公四年》記說：「昔有夏之方衰也，后羿自鉏遷于窮石，因夏民以代夏政，恃其射也，不脩民事，而淫于原獸。」〔註27〕夏朝衰微，東夷共主羿就替換掉夏朝來管理夏民，他仰賴自己箭術高超，不照顧人民的生活，而沈溺在打獵裡，這其實本就是東夷人的生活習慣。接著說：「寒浞，伯明氏之讒子弟也。伯明后寒棄之，夷羿收之，信而使之，以爲己相。」寒浞是伯明這個東夷部族好說謊的子弟，這個部族不要他這種人，羿卻收他做養子，還信任他不已，任命其擔任宰相，使他有機會對內買通宮人，對外賄賂臣子，讓內外都服從他的詐術。

此時羿還在沈溺於打獵，甫由獵場回來，寒浞的家眾就把他殺了，還把他的肉拿給其子去吃，《左傳‧襄公四年》接著記說：「羿猶不悛，將歸自田，家眾殺而亨之，以食其子，其子不忍食諸，死于窮門。靡奔有鬲氏，浞因羿室，生澆及豷。」其子不忍吃父親的肉，因此被殺於窮門，寒浞就承襲羿的妻子，生出澆與豷這兩個孩子，這就是在「妻後母」。當澆長大了，竟然再娶羿死去的兒子的妻子女歧爲妻，這就是在「叔接嫂」，《楚辭‧天問》記錄此事說：「惟澆在戶，何求于嫂？何少康逐犬，而顛隕厥首？女歧縫裳，而館同

〔註25〕見《孟子注疏‧離婁下》卷第八，頁141。
〔註26〕見《史記會注考證》卷一，〈五帝本紀〉第一，頁34。
〔註27〕見《春秋左傳注疏‧襄公四年》卷第四十一，頁506～507。

爰止。何顛易厥首，而親以逢殆？」〔註 28〕意思是說澆在門口，對嫂嫂會有什麼企求？少康爲什麼會趁打獵放犬逐獸來殺掉澆，卻誤殺女歧而獲取她的腦袋？因爲女歧在替澆縫衣裳，而兩人在屋舍私通同住，女歧與澆親暱，卻使自己遭遇危殆。由此可知「蒸」與「報」確屬東夷風俗。但，不僅東夷民族，華夏民族早期都還有這種風俗，至春秋戰國時期都還禁不勝禁，只不過正統的周禮視爲嚴重違禮的行徑，如《史記索隱》在《史記·匈奴列傳》引《括地譜》說：「夏桀無道，湯放之鳴條，三年而死，其子獯粥，妻桀之眾妾，避居北野，隨畜移徙，中國謂之匈奴。」〔註 29〕這就是華夏民族同有「妻後母」現象的例證，只不過獯粥似乎再度回歸游牧生活，變做匈奴這個游牧民族的祖先，這表示「妻後母」與「叔接嫂」的風俗確實反映游牧生活的實際處境，當能保護女人的男人死去了，孤零零的女人該如何繼續過生活？由先夫的兄弟或兒子繼續承擔保護她的責任，或許確屬務實的作法。

就春秋時期的齊國來說，無論是「妻後母」還是「叔接嫂」，在文獻裡都有反映。《左傳·閔公二年》記說：「初，惠公之即位也少，齊人使昭伯蒸於宣姜，不可，強之，生齊子，戴公，文公，宋桓夫人，許穆夫人。」〔註 30〕惠公很年輕就即位了，齊國人命惠公的庶兄昭伯娶後母宣姜，昭伯不願意，齊國人就強迫他，陸續生出五個孩子，其中戴公與文公都是後來的衛國君主。這個宣姜是個苦命的女人，或許她長得太美了，衛宣公本來要把她許配給自己的長子急子，竟然不顧自己的元配夷姜（她亦是齊國公主，且本爲衛宣公庶母），而娶宣姜爲妻，生出壽與朔兩人，急子的母親夷姜悲憤自盡，《左傳·桓公十六年》記說：「初，衛宣公蒸於夷姜，生急子。屬諸右公子，爲之娶於齊而美，公取之，生壽及朔，屬壽於左公子，夷姜縊。」〔註 31〕宣姜與子朔爲奪權，因此構陷急子，使宣公派急子出使齊國，並派人佯裝惡盜要在半路殺急子，壽與急子雖屬同父異母，知道這個陰謀，不忍見兄長被害，因此要急子趕緊逃開衛國，急子寧死不肯，說：「棄父之命，惡用子矣，有無父之國則可也。」他不肯違背父親的命令（即使是錯誤的命令），認爲自己身處在有文化的國度裡，只有不識父親的國度纔有逃開的事。結果壽設酒替他餞行，

〔註 28〕見《楚辭注釋·天問》，頁 243。
〔註 29〕《史記·匈奴列傳》原文說：「匈奴，其先祖夏后氏之苗裔也。」見《史記會注考證》卷一百十，〈匈奴列傳〉第五十，頁 1184。
〔註 30〕見《春秋左傳注疏·閔公二年》卷第十一，頁 191。
〔註 31〕見《春秋左傳注疏·桓公十六年》卷第七，頁 128。

讓急子喝醉，自己帶著使者的旌旗出發，惡盜就在半路把他殺了。等到急子
酒醒趕去，看見弟弟死了，就跟惡盜表白自己纔是眞急子，要他把自己殺了，
因此急子也跟著死了。國人因此都怨恨因此即位的惠公（意即朔），幾個公子
聯合起來推翻他，使他不得不出奔至齊國。

　　這個發生在衛國的史實，內容全與齊國人有關，更精確地說，跟東夷民
族的風俗有關。衛國本就是康叔帶領殷遺民後裔設立的諸侯國，再因跟齊國
聯姻，因此這種「妻後母」與「叔接嫂」連鎖產生的現象，就不會太令人奇
怪，夷姜做爲嫁至衛國的齊國女人，能接受丈夫的兒子娶自己爲妻，卻不能
接受後來的丈夫娶自己的媳婦爲妻，而竟然會自盡抗議，這恐怕與失寵產生
的不平衡心情有關，否則夷風本來如此。而宣姜能甘願嫁給自己的公公爲妻，
並不惜陷害自己原來該嫁的丈夫，只因希望推自己的孩子爲國君，結果不僅
一個孩子當國君，她還被強迫再嫁給自己丈夫的年幼兒子爲妻，因此生出五
個孩子，其中兩個同樣當上國君，其子顯貴至此（這個過程還賠上三條人命），
這究竟是宣姜的幸與不幸？這個事件內蘊的衝突性，都被我們視作夷夏兩大
文化衝突的演續，意即這兩大文化的衝突不再如往日白熱化，直接演變出大
規模的軍事鬥爭，而隱藏在人與人的生活如婚姻裡，隨時因人的思維與習慣
不和而製造嚴重糾葛。只有從這種角度來理解問題，我們纔能明白急子爲何
會在遭遇父母欲置死的處境裡，依然表示自己身處在有文化的國度裡，不遵
循父親的命令，就不是爲人子的道理，因爲就夷風來說不論「妻後母」或「叔
接嫂」或甚至父親娶媳都是合禮的行徑，做孩子只有尊重父親的意思。這種
被周禮視作大逆不道的行徑，連被視作賢君的齊桓公都不能免，譬如《莊子・
盜跖》說：「昔者，桓公小白殺兄入嫂，而管仲爲臣。」〔註32〕這就是在落實
「叔接嫂」的風俗。

　　而且，這種風俗還繼續傳承，《左傳・成公十七年》記說：「齊慶克通于
聲孟子，與婦人蒙衣乘輦而入于閎。」〔註33〕慶克是齊桓公的孫子（公子無
虧的兒子），聲孟子是齊桓公的孫子齊頃公（齊惠公的兒子）的夫人，發生此
事時齊惠公已死，聲孟子的兒子齊靈公在位，而慶克要與聲孟子私通，竟然
還要穿著女人的衣服跟著其他女人，坐著小車混進齊國宮內的小巷裡，這可
看出兩點意蘊：第一，周禮與夷風的衝突性持續存在，使得相信夷風的人不

〔註32〕見《莊子纂箋・雜篇・盜跖》第七，頁249。
〔註33〕見《春秋左傳注疏・成公十七年》卷第二十八，頁482。

敢明目張膽的違背周禮；第二，人能否實踐夷風，跟其人現實的權柄有很大的關係，權柄越大，實踐夷風的勇氣就越大，這與周禮此際的式微有關。周王室的衰落，使得齊國的領導階層已視周禮如無物，他們本不是純粹的周人，文化血脈裡夷商文化的元素要大於夏周文化的元素，落實夷風本屬自然而然的行徑。這種風俗持續至戰國時期都還能見，譬如《淮南子‧氾論訓》記說：「孟卯妻其嫂，有五子焉，然而相魏，寧其危，解其患。」〔註34〕孟卯是齊人，因身爲辯士善於議論，後來擔任魏國宰相，跟嫂嫂生出五個孩子，卻不妨礙他的仕宦與功業，而這種婚姻生出的子女，並沒有受到社會的歧視，甚至享有完全合法的社會地位，譬如前面說的昭伯蒸宣姜生出的子女，除最大的齊子早死外，其餘兩個兒子爲衛國君主，兩個女兒爲諸侯夫人，這必然還要有一套更堅強的社會價值認知系統來認可，否則光只是靠周禮的崩壞，或許能讓亂倫者遂行自己的行徑，決無法使他們這些因敗禮而生出的子女還進而都獲得社會的完全接納，這套社會價值系統就是東夷民族的風俗。

　　東夷民族還有個特殊的風俗稱做「奔婚」，意即年輕男女沒有經過「父母之命，媒妁之言」就自由結合的婚姻，這種婚姻常沒有婚姻的儀式，卻直接透過性交來確認彼此關係，《詩經‧齊風》有一首〈東方之日〉說：「東方之日兮，彼姝者子，在我室兮。在我室兮，履我即兮。東方之月兮，彼姝者子，在我闥兮。在我闥兮，履我發兮。」〔註35〕這首詩表示男女相悅溜至家門室內裡偷情，其實，這種私自結合的婚姻不但不被視作淫亂，東夷民族的風俗甚至還對此提供公開性交的場所，譬如《墨子‧明鬼下》說：「燕之有祖，當齊之社稷，宋之有桑林，楚之有雲夢也。此男女之所屬而觀也。」〔註36〕這個「屬而觀」就是指男女相悅聚合性交並讓人觀看的意思。燕齊宋楚四國都是深受夷商文化影響的區域，他們或在宗廟或在郊外設立公開性交的地點並讓人觀看，反映出夷商文化對性愛的開放性，齊國這種風俗甚至吸引魯國君主不顧體面，隨意跨越國境去觀看，《春秋‧莊公二十三年》記說：「夏，公如齊觀社。」〔註37〕《左傳》對此說：「公如齊觀社，非禮也。」魯臣曹劌勸諫說：「君舉必書，書而不法，後嗣何觀？」意思是說國君的行爲動見觀瞻，其行爲都會被記錄下來，如果國

〔註34〕見《淮南子譯注‧氾論訓》第十三卷，頁646。
〔註35〕見《毛詩注疏‧齊風‧東方之日》卷第五，頁191。
〔註36〕見孫詒讓《墨子閒詁》卷八，〈明鬼下〉第三十一，頁207。
〔註37〕見《春秋左傳注疏‧莊公二十三年》卷第十，頁171。

君有違背周禮的行為被後世知道，要讓後嗣子孫如何面對這種醜事？《穀梁傳》則說：「公如齊觀社，常事曰視，非常曰觀，觀，無事之辭也，以是為尸女也。」〔註38〕梁方健先生引用學者郭沫若先生在《甲骨文研究・釋祖妣》的看法指出「尸女」就是男女通淫的意思，魯莊公特地跨出國境去齊國，竟只是跟著湊熱鬧去看男女如何在社裡面公然性交？

　　齊國的女人能大膽選擇他們的對象，這是很尋常的事情。當齊景公有棵心愛的槐樹，已經派官吏保護，還下令侵犯者會受重罰，卻還是被人酒醉傷害了，景公派人把他逮捕準備治罪，他的女兒卻來到晏嬰家裡，跟他說自己已經長大，不勝情慾的痛苦，主動希望能做晏嬰的侍妾，《晏子春秋・內篇諫下》記她對晏嬰說：「負郭之民賤妾，請有道于相國，不勝其欲，願得充數乎下陳。」〔註39〕這雖然是個特殊的事件，然而身做女人能如此大膽的說話（而且內容還是在說自己有無法克制的情慾），這顯然是種齊國女人求偶時很尋常的說話風格，纔會出現在與國家重臣晏嬰的對話裡。晏子聽出內有隱情，就先把她收做侍妾了⋯⋯

　　想來，異文化的差異，如果加上性愛的因素，總會特別吸引人。

　　魯國在周公與伯禽接續「變其俗，革其禮」的文化政策裡，早已成為落實周禮最認真的國度，魯國人有三類，其一為姬姓公族（這是統治階層）；其二為殷民六族（魯國負責監視這些遺民，後來他們都成為國人）；其三為東夷民族（這是世居在魯的土著），《左傳・定公六年》記當陽虎專政，他挾制定公、三桓甚至全部國人都在宗社盟誓：「盟公及三桓于周社，盟國人于亳社。」〔註40〕把姬姓公族的統治階層與殷民六族的國人都找來盟誓，卻沒有與東夷土著盟誓，這顯見東夷文化在魯國毫無地位可言，連宗社都沒有，當然不會有這種性愛風俗，魯莊公如果想看，只有跑去齊國。相對於齊國來說，魯國可能日常生活真是太單調了，因此當齊景公怕魯國因孔子當政而臻於富強，派人送給魯國君臣齊國擅長歌舞的美女八十人，竟然就使魯定公貪圖感官享樂，三日不上朝聽政，《史

〔註38〕見《春秋穀梁傳注疏・莊公二十三年》卷第六，西元1995年，頁59。

〔註39〕《晏子春秋・內篇諫下》記晏子回答：「晏子聞之，笑曰：『嬰其淫於色乎？何為老而見奔？雖然，是必有故。』令內之。」其後則詢問緣故，並幫那父親受冤的女兒平反。見王更生《晏子春秋今註今譯・內篇諫下・景公欲殺犯所愛之槐者晏子諫》第二，西元1989年，頁60。由於《晏子春秋》的篇名都甚長，避免影響本文，因此都將該書篇名詳列在註釋內。

〔註40〕《左傳・定公六年》還記陽虎要大家在大街上發誓：「詛于五父之衢。」這就是「陪臣執國命」，挾持權柄來控制統治階層的意志的典型表現。見《春秋左傳注疏・定公六年》卷第五十五，頁961。

記‧孔子世家》說：「選齊國中女子好者八十人，皆衣文衣而舞康樂，文馬三十駟，遺魯君，陳女樂文馬於魯城南高門外。季桓子微服往觀再三，將受，乃語魯君爲周道游，往觀終日，殆於政事。」〔註41〕把齊國的娛樂活動引到魯國去，魯國恐怕很難承受得住這種腐蝕。齊國在夷風的輻射裡，由於婚姻觀念迥異於周文化，因此最早設立稱做「女閭」的娼妓制度，如《韓非子‧難二》說：「昔者桓公宮中二市，婦閭二百，被髮而御婦人。」〔註42〕《韓非子‧外儲說右下》說：「昔桓公之霸也，內屬事鮑叔，外屬事管仲，桓公被髮而御婦人，日遊於市。」〔註43〕最後還有《戰國策‧東周策》說：「齊桓公宮中七市，女閭七百，國人非之。」〔註44〕

　　這些資料綜合起來，應能證實齊桓公在宮裡設有好幾個市（不論是兩個或七個），並在其中規劃里巷，讓數百位女人居住在裡面（不論是兩百人或七百人），這裡居住如此大量的女人在做什麼？齊桓公披頭散髮每天在裡面閒逛能幹什麼？這些女人應該是官妓，而齊桓公大概只能是在嫖妓了。因此，學者如童書業先生表示這是娼妓行業的開始。我們不妨進而想像：齊桓公在宮內設市，這是仿照民間規模而設，他自己不方便整日廝混於民間，因此在宮內仿照出虛擬的民間來供應玩樂（如果沒有絲毫出自玩樂的心態，他在自己宮內就有各種妻妾，不需再設市容納官妓），如此民間的娼妓業的誕生應該早於宮內而盛行於齊國。齊國娼妓業的興起，應與工商業的發達有直接關係，大量人口不再從事勞動生產的農業，而工商業的經營常有應酬交際的過程，因此娼妓業就是爲提供國內外客商的需要而自然出現。但，齊桓公如果純粹只由個人需要出發在宮內設立官妓，則未免有點太過大費周章，或許更有藉性愛羅致游士匯聚於齊國的意蘊，國家還可徵收夜合的渡資來充實國庫，這應該纔是女閭存在的主要原因，齊桓公首開養士的制度，《國語‧齊語》說：「爲遊士八十人，奉之以車馬、衣裘，多其資幣，使周遊於四方，以號召天下之賢士。」〔註45〕贈送賢士車馬衣裘資幣固然厚重，贈送他們女人則更能籠絡賢士爲齊國死心塌地奮鬥，宮內設市或就是讓賢士選擇女人夜合，如氣息相應則娶做侍妾的地點。齊國的國風務實而開放，對人性的肉體需要都採

〔註41〕見《史記會注考證》卷四十七，〈孔子世家〉第十七，頁 750。
〔註42〕見《韓非子今註今譯‧難二》第二卷，上冊，頁 374。
〔註43〕見《韓非子今註今譯‧外儲說右下》第五卷，下冊，頁 719。
〔註44〕見《戰國策‧東周策》，上冊，頁 15。
〔註45〕見《國語‧齊語》卷第六，頁 239。

取理解與順應的態度，這使得各種層次的人才都能被齊國網羅。

　　同樣在這個脈絡裡，齊國還有「合獨」的制度。《管子‧入國》說：「所謂合獨者，凡國都皆有掌媒，丈夫無妻曰鰥，婦人無夫曰寡，取鰥寡而合和之，予田宅而家室之，三年然后事之，此謂之合獨。」〔註46〕意即由國家在國都與各大城市設立掌媒的官員，讓無妻的男人與無夫的女人兩兩相配，並給予他們田宅與房屋使其能成家，三年後再對國家提供勞役，這種制度應該不只包括喪妻與喪夫的人，更包括逾時未嫁娶的人。《管子》這部書為稷下先生收集管仲治國言行而成書，因此內容頗能反映管仲的理念與政策，「合獨」的政策應該始於管仲，我們有間接的佐證，《說苑‧貴德》記說：「桓公之平陵，見家人有年老而自養者，公問其故，對曰：『吾有子九人，家貧無以妻之，吾使傭而未返也。』桓公取外御者五人妻之，管仲入見曰：『公之施惠不亦小矣。』公曰：『何也？』對曰：『公待所見而施惠焉，則齊國之有妻者少矣。』公曰：『若何？』管仲曰：『令國丈夫三十而室，女子十五而嫁。』」〔註47〕齊桓公看見平陵的老者喪妻獨立撫養九子，就把侍奉他的五位女人拿出來給老者做妻妾，管仲對桓公表示只有當他看見有人貧困纔特別幫忙，這種恩惠未免太過單薄了，應該命令男人年滿三十就要娶妻，女人年滿十五就要嫁人，政府提供制度性的管道給予優惠待遇，使他們都能成家。這種政策都能如此，喪妻或喪夫的人給予「合獨」的辦法就很正常了，這個政策實施前，早已逾時尚未嫁娶的男女，政府輔導他們合婚更屬合理。提供制度性的福利讓人嫁娶來自齊國務實而開放的國風，當然還有增殖人口與增加賦稅的意蘊。

　　女人不因喪夫而守寡終身，這是夷風的態度。

　　這裡由婚姻制度的表面與裡面來認識齊國的道德觀與倫理觀，我們會發覺由於周禮與夷風的長期差異，表現出的具體兩性觀念差異性頗大，東夷民族對性愛採取完全自由的態度，甚至超越血親的限制，雖然姜太公有「因其俗，簡其禮」的國策，難道不會在落實的過程裡，醞釀周禮與夷風的嚴重對立與摩擦？我們由前面數個政治事件的爆發都與兩性議題有關可知，顯然這種衝突相當劇烈，它不可能不衝擊齊國內部好學深思的人，去思索衝突背後問題的本質，即使不是個好學深思的人，僅僅只是做為齊國的普通百姓，面對兩套截然不同的價值觀，難道不會感覺生活上充滿著價值的不協調與緊張

〔註46〕見《管子今註今譯‧入國》第五十四，下冊，頁 870。
〔註47〕見《說苑讀本‧貴德》卷五，頁 125～126。

感？然而，齊國畢竟有自己獨立的文化傳統，這個傳統的獨立性，意味著在夷與夏兩大文化系統的長期對立裡，自有一套相容與相應的態度，而不是兩大價值二元對立的殊死抉擇，這種態度促使齊國的思想特別發達（其實，這也是面對價值矛盾這個難關的心理需要），使得各種主張都能在齊國流通，能否被實際採行則要看當日的現實情境而論，這種務實而開放的態度，就是戰國時期稷下學術能蓬勃興起的根本原因。

第二節　各種娛樂活動盛行於世

　　齊國的娛樂活動異常豐富，各種民俗節慶裡都有娛樂的意蘊，而且這些娛樂活動都與齊文化綿密相關，齊國的節慶娛樂肯定相當瘋狂，前面說在社祭時會有男女性交的活動就不再說了，孔子與子貢曾共同觀看魯國的蜡祭，孔子問子貢是否快樂？子貢覺得全國的人都瘋狂了，他表示不知道這有什麼快樂。《禮記・雜記下》說：「子貢觀於蜡。孔子曰：『賜也，樂乎？』對曰：『一國之人皆若狂，賜未知其樂也。』子曰：『百日之蜡，一日之澤，非爾所知也，張而不弛，文武弗能也，弛而不張，文武弗爲也。一張一馳，文武之道也。』」〔註48〕孔子則表示只有緊繃沒有放鬆，即便是文王與武王都做不到；只有放鬆沒有緊繃，文王與武王決不會想如此做；只有放鬆與緊繃的交替運作，纔是文王與武王治理人民的辦法。魯國的蜡祭都已至舉國瘋狂的程度，齊國的蜡祭大概就像是狂歡節吧？齊國比較具體（文獻可徵）的娛樂活動有：打獵，齊國先民普遍出身於東夷，打獵本來就是他們的生活，隨著齊國逐漸邁往農業社會甚至工商業社會，打獵就變做人民的日常娛樂。現存的《詩經》三百零五篇裡，專門描寫打獵的詩只有七篇，其中〈還〉與〈盧令〉這兩篇就出自〈齊風〉，而且都是歌頌打獵的快樂，可見東夷人善射的傳統並不是空穴來風。〈還〉詩說：「子之還兮，遭我乎猺之閒兮。並驅從兩肩兮，揖我謂我儇兮。子之茂兮，遭我乎猺之道兮。並驅從兩牡兮，揖我謂我好兮。子之昌兮，遭我乎猺之陽兮。並驅從兩狼兮，揖我謂我臧兮。」〔註49〕這首詩是描寫人在打獵過程中相遇，共同追逐獵物，表現出對打獵的濃厚眷戀。

　　西漢毛亨在《毛詩序》則進而解釋說：「還，刺荒也，哀公好田獵，從禽獸

〔註48〕見《禮記正義・雜記下》卷第四十三，頁751。
〔註49〕見《毛詩注疏・齊風・還》卷第五，頁189。

而無厭，國人化之，遂成風俗。習於田獵，謂之賢；閑於馳逐，謂之好焉。」
這裡的意思是說齊哀公好田獵，齊國人受影響而變做風俗，嫻熟於打獵就被認
知做賢能；悠閒於奔馳逐獵就被視作正確的行徑。齊哀公是姜太公的玄孫，因
被紀侯誣陷，而被周夷王烹殺，他恐怕沒這個本事能讓齊人把打獵當做風俗，
這個風俗該早於齊國的設立，而就是東夷人的生活傳統。〈盧令〉詩說：「盧令
令，其人美且仁。盧重環，其人美且鬈。盧重鋂，其人美且偲。」〔註50〕盧是
指田犬，這首詩在描寫打獵的田犬與其主人樣態的強壯美麗，《毛詩序》說：「盧
令，刺荒也。襄公好田獵，畢弋，而不脩民事，百姓苦之，故陳古以風焉。」
這裡指出這首詩在指齊襄公喜好打獵卻不顧民生疾苦，百姓深受其害纔作詩來
諷刺，毛亨是魯國人，可能太過受周禮觀念的影響，否則這首詩或許在指齊襄
公，卻完全看不出諷刺的意味，齊襄公或許確屬無道的國君，然而這首詩卻很
純粹只在歌頌打獵的美好，不宜只由周禮的態度來評斷此事。齊襄公確實很喜
歡打獵，其兒子桓公曾在《國語・齊語》裡對管仲說：「昔吾先君襄公築臺以為
高位，田狩畢弋，不聽國政，卑聖侮士，而唯女是崇。」〔註51〕後來的齊景公
同樣喜歡打獵，《晏子春秋・內篇諫上》記他打獵長達十八天不回來：「景公畋
于署梁，十有八日而不返。晏子自國往見公，比至，衣冠不正，不革衣冠，望
游而馳。公望見晏子，下車逆勞曰：『夫子何為遽？國家得無有故乎？』」〔註52〕

　　齊景公能打獵打到十八天不回來，晏子因此故意由國都趕至打獵的地點，
連衣冠都不整的來至景公面前，使得景公緊張相問是否國家出什麼事情了？晏
子回答說：「『不亦急也？雖然，嬰願有復也；國人皆以君為安于野而不安于國，
好獸而惡民，毋乃不可乎？』」晏子表示國人現在都認為國君喜歡在野外打獵，
而不喜歡在國家管事，意即喜歡野獸甚於人民，這就是最緊急的事情了。由此
可知在春秋末葉，打獵已經變做「娛樂的行為」，而不是生活的常態。《晏子春
秋・內篇諫下》還如此記說：「景公春夏游獵，又起大臺之役。晏子諫曰：『春
夏起役，且游獵，奪民農時，國家空虛，不可！』」〔註53〕由此可知當日農耕生
活已經變做人民的基本作息，國君打獵動輒會徵集人民去服勞役，干擾按時節

〔註50〕見《毛詩注疏・齊風・盧令》卷第五，頁198。《毛詩序》在這裡說：「盧令，
　　　　刺荒也。襄公好田獵，畢弋而不脩民事，百姓苦之，故陳古以風焉。」
〔註51〕見《國語・齊語》卷第六，頁223。
〔註52〕見《晏子春秋今註今譯・內篇諫上・景公從畋十八日不返國晏子諫》第二十
　　　　三，頁60。
〔註53〕見《晏子春秋今註今譯・內篇諫下・景公春夏游獵興役晏子諫》第八，頁73。

耕作的行爲，這會使得國家變得空虛。由春秋早期齊桓公用發展工商來做獎勵農業的基石，至春秋末業農業生活已經是人民的主軸（即使這農業的内容還包括蠶絲），這是個很重要的變化。這裡要強調一個觀念：《晏子春秋》應是稷下學者追記齊景公與晏子往事的紀錄，具體内容的效度或許尚有些疑義，眞假混雜其間，然而裡面談的「生活實況」，卻可供我們藉此觀察當時社會的背景事實。

　　齊國還有兩個很重要的娛樂活動，那就是音樂與舞蹈。東夷民族本來就能歌善舞，《路史・後記》曾針對東夷首領少昊氏說：「立建鼓，制浮磬，以通山川之風。作《大淵》之樂以諧人神，和上下，是曰《九淵》。」這裡點出歌舞興起的原因在於促進人神關係的和諧，這是在調和上下的關係，意即歌舞本意在希望人能「通神」。但，「九淵」這首曲子的内容我們已經不大瞭解，倒是其後傳說同爲東夷領袖的舜作的《韶樂》，相關文獻内容較多，譬如在《尙書・堯典》裡，舜對大臣夔說：「命汝典樂，教胄子。直而溫，寬而栗，剛而無虐，簡而無傲，詩言志，歌永言，聲依永，律和聲，八音克諧，無相奪倫，神人以和。」〔註54〕夔則回答說：「於！予擊石拊石，百獸率舞。」他命令夔作樂，該樂的曲折高低依著歌聲，並伴隨著舞蹈，其規模陣容相當龐大。

　　韶樂在夏商兩朝都經過修改，傳至春秋末葉，孔子偕弟子來齊國跟隨魯君避難，還曾聽見此樂，震撼地表示裡面内蘊著至善至美的意境，《論語・述而》記說：「子在齊聞韶，三月不知肉味。曰：『不圖爲樂之至於斯也。』」〔註55〕《論語・八佾》則說：「子謂韶：『盡美矣，又盡善也。』」〔註56〕《論語・衛靈公》則記孔子說：「服周之冕，樂則韶舞。」〔註57〕《史記・孔子世家》則記載孔子曾經跟著齊國的樂師學習韶樂，說：「孔子適齊，爲高昭子家臣，欲以通乎景公，與齊太師語樂，聞韶音學之，三月不知肉味。」〔註58〕由孔子再三讚許韶樂可知，韶樂應該是個被賦予深沈教化意義，兼具高度娛樂性質的歌舞樂。齊國各類型的音樂與舞蹈都有，譬如在魯定公十年（齊景公四十八年，西元前五〇〇年）齊魯兩國的國君在夾谷相會，齊景公冀圖威嚇魯定公，派人表演兵器的舞蹈，《史記・孔子世家》說：「齊有司趨而進曰：『請奏四方之舞』，景公曰：『諾』，於是旍旄羽被矛戟劍撥鼓噪而至，孔子趨而進，歷階而登，不盡一

〔註54〕見《尙書正義》卷第三，〈舜典〉第二，頁46。
〔註55〕見《論語注疏・述而》卷第七，頁61。
〔註56〕見《論語注疏・八佾》卷第三，頁32。
〔註57〕見《論語注疏・衛靈公》第十五，頁138。
〔註58〕見《史記會注考證》卷四十七，〈孔子世家〉第十七，頁746。

等，舉袂而言曰：『吾兩君爲好會，夷狄之樂何爲於此！請命有司！』」〔註59〕
這裡很明顯看出兵器的舞蹈是東夷民族由打獵或作戰演化出的娛樂，孔子對於
這種不合禮的娛樂很不滿。齊景公冀圖羞辱魯定公，再搬出齊國的低俗娛樂如
請侏儒娼妓演員在定公前面表演「宮樂」，《史記·孔子世家》說：「有頃，齊有
司趨而進曰：『請奏宮中之樂。』景公曰：『諾。』優倡侏儒爲戲而前。孔子趨
而進，歷階而登，不盡一等，曰：『匹夫而熒惑諸侯者，罪當誅！請命有司！』」
孔子很憤怒，表示該殺掉這些蠱惑君王的佞人。

　　《史記·孔子世家》還記說：「有司加法焉，手足異處，景公懼而動，知
義不若，歸而大恐，告其群臣曰：『魯以君子之道輔其君，而子獨以夷狄之道
教寡人，使得罪於魯君，爲之奈何？』」當孔子派魯國的執法單位殺掉齊國的
表演宮樂的優倡侏儒，齊景公憂慮表示自己的「夷狄之道」已得罪魯君，如
此該如何是好，可見這種宮樂確屬東夷特有的娛樂，當齊景公後來還進而贈
送這種宮樂給魯國君臣來蠱惑他們，更難怪孔子會辭官離開魯國了。齊國君
主大都喜愛音樂與舞蹈，這種狀況持續發展至戰國時期依舊如此，譬如齊康
公喜歡萬人唱歌跳舞，他特地給歌妓吃得很好穿著華麗，因爲怕身體姿態舞
動得不夠美觀，影響他看歌舞的興致，《墨子·非樂上》記說：「昔者齊康公
興樂萬，萬人不可衣短褐，曰：『食飲不美，面目顏色，不足視也；衣服不美，
身體從容醜羸，不足觀也。』是以食必粱肉，衣必文繡。」〔註60〕齊宣王喜
歡聽眾人吹竽，樂隊人數動輒三百人，他的兒子湣王則喜歡聽單人獨奏，《韓
非子·內儲說上》記說：「齊宣王使人吹竽，必三百人，南郭處士請爲王吹竽，
宣王說之，廩食以數百人。宣王死，湣王立，好一一聽之，處士逃。」〔註61〕
由於國君喜愛音樂與舞蹈，齊國的臣子不論出於巴結或勸諫的原因，精通樂
理的人大有人在。譬如宣王的父親齊威王亦好聽樂，他的大臣鄒忌就因精通
鼓琴而馬上封侯，《史記·六國年表》在周顯王十一年（西元前 358 年）說：
「鄒忌以鼓琴見威王。」〔註62〕隔年還說：「封鄒忌爲成侯。」可見順應國君
的娛樂來取富貴，確屬在齊國的終南捷徑。

　　但，也有完全相反的例證，大臣正因同樣擅長樂理，因此很容易就能攻破

〔註59〕見同上，頁 749。
〔註60〕見《墨子閒詁》卷八，〈非樂上〉第三十二，頁 231～232。
〔註61〕見《韓非子今註今譯·內儲說上》第五卷，下冊，頁 475。
〔註62〕見《史記會注考證》卷十五，〈六國年表〉第三，頁 290。

國君的心防，使其改變錯誤的決策。譬如晏子冀圖勸告齊景公因打獵無禮招管山澤的官員，官員不來，他竟把官員逮捕想治罪，晏子就說：「先王之濟五味，和五聲也，以平其心，成其政也。聲亦如味，一氣二體三類四物五聲六律七音八風九歌，以相成也。清濁大小短長疾徐哀樂剛柔遲速高下出入周疏，以相濟也。」〔註63〕這段話的大意是說身為國君要能調和各種不同的聲音來治理政事，而不該只滿意有附和自己的單音，使得景公受教而同意放人。當齊景公趁晏子出使魯國時趕緊命人起造大臺，讓百姓深受徭役的辛苦，晏子回來知道了，就對齊景公唱歌道：「凍水洗我，若之何？太上靡敝我，若之何？」意思是說服徭役的百姓讓冷水淋濕衣裳，寒冷凍澈骨髓，朝內只知荒淫無度讓民生凋蔽，這該怎麼辦呢？晏子唱完嘆息流涕，使得景公感動不已，下令停止繼續施工。後來齊景公還想去美化長庲臺，晏子知道就再唱歌：「穗兮不得穫，秋風至兮殫零落；風雨之拂殺也，太上之靡敝也。」這首歌的意思跟前面大致無差，使得景公不得不再度下令停工。戰國時期，喜愛鼓琴的齊宣王曾問大臣匡倩儒者是否鼓琴，《韓非子‧外儲說左下》記說：「又問：『儒者鼓瑟乎？』曰：『不也。夫瑟以小絃為小聲，是大小易序，貴賤易位，儒者以為害義，故不鼓也。』宣王曰：『善』。」〔註64〕宣王雖然愛鼓琴，但明白儒者不鼓琴的義理，而對匡倩表示尊重的意思，可知在齊國「音樂政治學」的效益確實頗大。

　　齊國還有專屬於民間的各種娛樂活動，譬如投壺，這是射禮的演化，在空間不夠寬敞的情況裡，拿箭投壺比賽誰投中次數比較多，齊威王擅做滑稽語的大臣淳于髡曾說：「若乃州閭之會，男女雜坐，行酒稽留，六博投壺，相引為曹，握手無罰，目眙不禁。」這裡可看出投壺確屬下層社會的生活娛樂，而且使得男女興致盎然的忘記禮教而做出握手或亂瞄這些越軌的行徑。不只投壺，文內還說至六博，六博是一種擲采下棋的遊戲，棋盤兩端各放六枚棋子，其中最重要的棋子稱做「梟」，棋盤中間放有六枚骰子稱做「博」，下棋時會先投骰子再行棋，《韓非子‧外儲說左下》記說：「齊宣王問匡倩曰：『儒者博乎？』曰：『不也。』王曰：『何也？』匡倩對曰：『博者貴梟，勝者必殺梟，殺梟者是殺所貴也，儒者以為害義，故不博也。』」要贏棋就得殺掉梟，

〔註63〕本段文字出於兩處，首見於《晏子春秋今註今譯‧外篇‧景公謂梁丘據與己和晏子諫》第五，頁321。還可見於《春秋左傳注疏‧昭公二十年》卷四十九，頁858～861。出於《左傳》的文字有提到齊景公打獵不悅想治罪於官員事。
〔註64〕見《韓非子今註今譯‧外儲說左下》第五卷，下冊，頁624。

由於這種競爭會傷害道義，因此儒者不鼓勵下此棋，但，由宣王與匡倩的問答可知這是齊國民間流行的玩意。《史記‧蘇秦列傳》記蘇秦曾經跟齊宣王說：「臨菑甚富而實，其民無不吹竽鼓瑟，彈琴擊筑，鬥雞走狗，六博踏鞠者。」〔註65〕由此可知，齊國民間娛樂裡還有鬥雞與賽狗這類比賽，甚至還有「踏鞠」，《史記集解》引劉向《別錄》說：「踏鞠，兵勢也。所以練武士知有材也，皆因嬉戲而講練之。」這是種踢球遊戲，藉此訓練軍事技術，更能從中選拔武士。齊國君臣與人民的娛樂活動如此多樣，可見社會有相當人口並不在從事於農忙，這些人有時間娛樂，娛樂的過程更容易刺激他們豐富的思考，這些遊戲可使我們看出齊學會滋生如此豐富內容的背景。

娛樂的多樣性，象徵著齊學思想的多樣性⋯⋯

第三節　奢靡與儉樸的風尚兼容

雖然齊國的娛樂具有多樣性，但，我們更需明白這個多樣性裡有著內在脈絡的一貫性，意即齊人是個很懂得享受生活的一群人，他們對世俗人生有著各種好奇與想望，而敢於大膽追逐。這種元素刺激他們思想的豐富性，他們如果願意思想，目的在服務於他們的好奇與想望，如果沒有這股意念，則他們不容易激生出任何思考的樂趣。對世俗人生有各種憧憬，就很容易流連於物質的享樂，伴隨著這種心態，就會有奢靡的生活習慣。

管仲是齊國崇尚奢靡的大宗師，而且他還賦與奢靡一套說法，鼓勵齊國人擴大消費來刺激生產，共同創造工商的繁榮。他在《管子‧侈靡》裡說：「問曰：『興時化若何？莫善於侈靡。』賤有實，敬無用，則人可刑也。故賤粟米而如敬珠玉，好禮樂而如賤事業，本之殆也。」〔註66〕他認為人要隨著不同時空的需要來做相應的變化，此時最重要的莫過於提倡奢侈糜爛的生活，因為只有消費纔能生產，如果大家太過輕賤粟米而太過重視珠玉，使得貴重的珠玉沒有流通買賣，便宜的粟米卻大量在買賣，國家決無法強盛。如果太過喜愛禮樂而太過輕視事業，使得沒有人從事於生產，只在意禮樂教化，這就是在根本層面的懈怠。他還說：「通於侈靡，而士可戚。」〔註67〕意思是說如

〔註65〕見《史記會注考證》卷六十九，〈蘇秦列傳〉第九，頁903。
〔註66〕見《管子今註今譯‧侈靡》第三十五，上冊，頁593。
〔註67〕見同上，頁594。

果提倡奢侈靡爛的社會風氣，如此士人就容易因物質的需要而被國君任用，國君也纔知道如何與士人合作。他還接著說：「不侈，本事不得立。」〔註68〕這個「本事」是什麼？他說：「積者立於日而侈，美車馬而馳，多酒醴而靡，千歲毋出食，此謂本事。」〔註69〕有積蓄的人，有餘財的時日就開始過奢侈靡爛的生活，喜愛購買奔馳快速的漂亮車馬，美酒多得喝都喝不完，糧食長期都沒有短缺的憂患，這就是立國的根本要事。他認爲人要由利害出發去思考事情，利害的最精華處就在於金錢，由上至下都由利害做基準，然後人與人纔能溝通，如此纔能共同生活在一個國家裡，他說：「百姓無寶，以利爲首。一上一下，唯利所處。利然後能通，通然後成國。」這種功利觀念不同於戰國晉學帶有權柄脅人的功利觀念，而就是「有錢能使鬼推磨」的思想。

因此，人的日常生活都要勇於消費，各行各業都要勇於創作，他拿喪事來舉例說：「巨瘞培，所以使貧民也；美壟墓，所以文明也；巨棺槨，所以起木工也；多衣衾，所以起女工也。猶不盡，故有次畜也，有差樊，有瘞藏，作此相食，然後民相利，守戰之備合矣。」意即大事鋪張於建造精緻華美的墳墓，如此使得貧民有工事可做；把墓碑墳頭裝飾得美輪美奐，纔能因消費而替國家創造出豐富的物質文明；購買大型的棺槨，纔能讓木工有利潤可圖；給死者穿著極華麗的壽衣，纔能讓女工能賺更多的錢。這些做完了，還要在墳墓內室購買各種裝飾品，喪事的過程喪家不舉火，使得鄰居互相幫忙照顧飲食，如此一旦發生戰事，就能快速統合龐大的物質。專門針對商人，他說：「移商人於國，非用人也，不擇鄉而處，不擇君而使。出則從利，入則不守。國之山林也，則而利之，市塵之所及，二依其本，故上侈而下靡，而君臣相上下相親。」他認爲把商人經商具有流動性，限定他們只能在國內居住或經商，這不是用人的辦法，他們沒有祖國，更不特定替哪個國君工作，讓他們在各國跑來跑去就能使他們獲利，把他們規範在國內裡他們就無利可圖，因此，要使齊國本身就創造出能獲利的條件，譬如開放山林的木材或礦產生意，設立規則使他們能合法賺錢，讓他們在市場買賣能賺取高於成本兩倍的利潤，致使政府鼓勵奢侈消費，而民間大規模去做物資的買賣流通，君臣上下都能因共同獲利而和睦相處。管仲這種觀念，已經把管理齊國就視作經營商家，齊國政府就是個商人政府，這恐怕是舉世最早的政商結合現象。

〔註68〕見同上，頁598。
〔註69〕見同上，頁596。

　　這些文獻內容實在太多了，我們無法全部盡舉，如再徵引幾個例證，譬如《管子‧揆度》說：「令諸侯之子將委質者，皆以雙武之皮，卿大夫豹飾，列大夫豹幨。大夫散其邑粟，與其財物，以市虎豹之皮，故山林之人刺其猛獸，若從親戚之仇。此君冕服於朝，而猛獸勝於外，大夫已散其財物，萬人得受其流，此堯舜之數也。」〔註70〕意思是說各諸侯的孩子到齊國做人質，都要穿兩張豹皮做的皮衣；卿大夫要穿豹皮做袖子的衣服；列大夫要穿豹皮做外衣的衣服，如此，諸位官員就會賣出自己的糧食，給人民財物，來購買虎豹的獸皮，住在山林裡的獵人就會去打猛獸，如同報自己親戚被殺害的仇恨。如此，既能使各官員在朝裡穿著華麗的衣服，而外面的猛獸也被消除，因財物獲得流通，而使萬人受到照顧。《管子‧乘馬數》則說：「若歲凶旱水溢，民失本，則修宮室臺榭，以前無狗後無彘者爲庸，故修宮室臺榭，非麗其樂也，以平國筴也。」〔註71〕如果年歲大凶，不論天災或水患，使得人民不能安其本業，政府就要修築宮室臺榭，讓養不起狗或豬的農民來做工人，因此政府修築宮室臺榭並不是要取樂，如此鋪張的原因正是要執行使人民過好生活的國策。因此，《管子‧牧民》說：「凡有地牧民者，務在四時，守在倉廩。國多財，則遠者來；地辟舉，則民留處；倉廩實，則知禮節；衣食足，則知榮辱。」〔註72〕管仲管理齊國的政策，就是要讓人民在齊國有機會發財，如此纔能招徠各國人民匯聚於齊國生活，只有人民先富有了，纔能接著去顧及禮節與榮辱的問題，這是種對生活抱持極務實的態度。

　　因爲這種態度，管仲本人極爲富有，《史記‧貨殖列傳》如此記說：「其後齊中衰，管子修之，設輕重九府，則桓公以霸，九合諸侯，一匡天下，而管氏亦有三歸，位在陪臣，富於列國之君。」〔註73〕他僅是個大臣，富有卻已如列國的國君，引起孔子很大的不滿，有人覺得管仲其實很節儉，孔子完全不同意，《論語‧八佾》說：「或曰：『管仲儉乎？』曰：『管氏有三歸，官事不攝，焉得儉？』」〔註74〕這裡「三歸」就是說有娶三個太太，因此設有三座公館的意思，孔子認爲管仲不僅在私德上不節儉，連治理百官也不節儉，不讓官員去做任何兼職，一個官員負責一個工作，使得官員數量龐大，這在

〔註70〕見《管子今註今譯‧揆度》第七十八，下冊，頁1098。
〔註71〕見《管子今註今譯‧乘馬數》第六十九，下冊，頁993。
〔註72〕見《管子今註今譯‧牧民》第一，上冊，頁1。
〔註73〕見《史記會注考證》卷一百二十九，〈貨殖列傳〉第六十九，頁1354。
〔註74〕見《論語注疏‧八佾》卷第三，頁30。

孔子看來就是不知節儉，然而在管仲來看，這就是在讓有專長的人各任其職，避免人有才幹卻毫無機會發揮。孔子是個偉大的教育家，他不想瞭解管仲其實是個精算師，管仲的節儉與不節儉，都不是放在個人享樂這種低層的思考，他殫精竭慮者，莫過於面臨齊國自襄公亂政後中衰，如何開創出富裕的齊國，因此，他有三個公館，富有如同國君，齊桓公卻沒說什麼，正因管仲身居相位，如同齊國的門面，他要帶頭藉由鋪張消費，吸引人民跟進共同創造齊國的財富，相信這是他們君臣的默契。孔子與管仲的差異，應該被視作魯學與齊學的差異纔能看得洞澈，孔子不是沒有贊許管仲，《論語‧憲問》說：「問管仲，曰：『人也。奪伯氏駢邑三百，飯疏食，沒齒無怨言。』」〔註 75〕他贊許管仲是個不錯的人才，奪去伯氏的封邑，使他吃粗糙的食物卻毫無怨言，可見管仲確實是個公正的領袖，他的管理能服人。

孔子與管子的衝突，依舊還是周文化與商文化的衝突的繼續擴大，現在則幽微轉化出農業文化與商業文化的價值觀的衝突……

《論語‧憲問》還說：「子曰：『管仲相桓公，霸諸侯，一匡天下，民到于今受其賜。微管仲，吾其被髮左衽矣。』」〔註 76〕他對管仲處理國際事務的能耐推崇甚高，認為沒有管仲，今天周文化就要消失，諸侯各國就會動盪不安了。這段話筆者有更細緻的新解，由於齊魯兩國本來就是鄰居，相互牽動性很高，管仲在治理齊國的過程裡，由於各種獎勵的政策，使得齊國一躍已變為先進大國，人民不再認同自己做往日樸野的東夷苗裔，這種文化的改頭換面，使得孔子深有感慨，魯國面臨著強大的齊國，如果這是個認同周文化的齊國，對魯國來說就更有心理的保障；如果這是個認同東夷文化的齊國，則魯國就會面臨大量有禮說不清的被欺凌處境，齊國的擴張自然會對魯國產生莫大的威脅感，然而，經過管仲陶冶過的齊國，標舉著「尊王攘夷」（請注意不是「尊夷攘王」，這裡就能看出齊國替自己選擇的文化認同傾向）的政策，使得至今（這個時間點該放在齊景公主政晏嬰輔政的齊國，或者更細緻地說，應是在齊魯兩君夾谷相會前的時間）它如何擴張，都不能違反自己先王先賢設立的原則，而讓身為周王室直系後裔的魯國，儘管都是在面臨著齊國的威脅，不至於反變做要認同東夷文化的悲慘處境，這點孔子有著感慨與感念，雖然後來他在夾谷相會面對齊景公拿東夷風俗羞辱自己的君上，依然義正辭

〔註 75〕見《論語注疏‧憲問》卷第十四，頁 124。
〔註 76〕見同上，頁 127。

嚴地做出反制。孔子應該反思一個問題：如果管仲治理齊國不採取更現實而精確的手段（譬如鼓勵消費來刺激生產），齊國能強大至「霸諸侯，一匡天下」的程度，讓他至今還有感慨與感念嗎？

正因管仲不是真正毫無覺知的奢侈，纔會有弟子請教孔子管仲其實是否是個節儉的人。管仲調節奢侈與節儉的觀念很清晰反映在《管子》這部書裡，《管子‧乘馬》說：「黃金者，用之量也。辨於黃金之理，則知侈儉。知侈儉，則百用節矣，故儉則傷事，侈則傷貨，儉則金賤，金賤則事不成，故傷事。侈則金貴，金貴則貨賤，故傷貨。貨盡而後知不足，是不知量也，事已，而後知貨之有餘，是不知節也，不知量，不知節不可，為之有道。」〔註77〕他拿黃金做例證來說奢侈與節儉其實需相互調節，過度節儉則黃金根本沒有買賣，大家都各自收購私藏不做任何流通，如此根本就沒有商業行為，辦不成任何事情；過度奢侈則黃金流通太過劇烈，致使黃金本身的價格不斷飆高，大家太過重視黃金，本來要用黃金來買賣貨品，卻搞得貨品反而價格相對低落，實質上還是在傷害民生。貨品太快銷盡纔知道貨品準備不夠，這就是沒有精確計量，事情已經在運作了，纔知道要賣的貨品準備得太多了，這就是沒有調節，不知道精確計量來做調節絕不可，這是管仲對於治國較完整的思想，侈靡的態度僅是其中一項策略而已。然而，不論這是否僅為一項策略，實質上齊國就因他的治理而蒸蒸日上，齊國人民生活的侈靡亦已逐漸形成國風，至戰國晚期，蘇秦來到臨淄，還稱讚「臨菑甚富而實」，並說城內人人「家殷人足，志高氣揚」，可見齊國的富裕已經臻至頂點，如此還強調侈靡難道不會醞釀出嚴重的社會問題嗎？早在春秋末葉，晏嬰即已看見此點，而開始提倡尚儉的思想。

晏嬰面對的齊景公，其實幾乎可說是個昏君，他各方面自制程度都很差，對各種慾望都有貪婪的好奇，《晏子春秋》幾乎是他的昏庸大全，唯一的優點是他總還能聽晏嬰的規勸，終至做出正確的判斷。《晏子春秋‧內篇諫下》記他貪圖華美的衣服，說：「景公為履，黃金之綦，飾以銀，連以珠，良玉之絢，其長尺，冰月服之以聽朝。晏子朝，公迎之，履重，僅能舉足，問曰：『天寒乎？』」〔註78〕他自己穿著黃金做鞋帶，白銀做裝飾，珍珠做連貫，美玉做鞋頭的鞋子，由於鞋子太重，腳想舉起都有困難，更不要說真正走動了，他自

〔註77〕見《管子今註今譯‧乘馬》第五，上冊，頁77。
〔註78〕見《晏子春秋今註今譯‧內篇諫下‧景公為履而飾以金玉晏子諫》第十三，頁79～80。

己都覺得沈重，還脫口去問晏嬰天氣寒冷否，晏子就回答：「君奚問天之寒也？古聖人製衣服也，冬輕而暖，夏輕而清，今君之履，冰月服之，是重寒也，履重不節，是過任也，失生之情矣。」晏嬰覺得古聖人製作衣服冬天穿上輕而溫暖，夏天穿上輕而涼爽，現在齊景公穿著鞋子在冰天雪地的嚴冬不但質量重，更不會暖和，鞋子使腳的負擔過重，就失去真實的情感了。他並要齊景公嚴懲負責製作此鞋的魯國工人，說：「故魯工不知寒溫之節，輕重之量，以害正生，其罪一也；作服不常，以笑諸侯，其罪二也；用財無功，以怨百姓，其罪三也。請拘而使吏度之！」他要齊景公依法拘捕並制裁魯國工人，並指派官員審判其罪刑的輕重，因其不知寒暑季節的變化與輕重的份量，傷害人生活的常性，如此奇裝異服更使得齊景公被天下諸侯恥笑，而動用大量的經費，不做對國家有益的事，反而使得百姓怨聲載道，齊景公能制裁這個魯國工人嗎？魯國工人不過只是在依照景公的意思去做罷了。

　　《晏子春秋‧內篇諫下》繼續記說：「魯公苦，請釋之。晏子曰：『不可。嬰聞之，苦身為善者，其賞厚；苦身為非者，其罪重。』公不對。晏子出，令吏拘魯工，令人送之境，使不得入。公撤履，不復服也。」齊景公感覺很苦惱，請求晏嬰釋放魯國工人，晏嬰不肯，認為賞罰應該要分明，齊景公沒話可說了，只好命令官員拘捕魯國工人，把他遣送出國境，命令他不得再回來，自己並把鞋子脫去，不再穿這個令他諸事不順的鞋子了。這個事情，除可使我們看出，當日有錢的齊國人應常會請貧窮的魯國人來自己國內去做手工，這是兩國如此緊鄰，工商社會與農業社會裡的人民緊密互動自然會形成的工作階層分化，更重要在於這反映出晏嬰的尚儉思想。晏嬰不僅拿這個思想約束齊景公，更拿這個思想約束自己，而一再拒絕景公對他的賞賜，譬如當崔杼與慶封穢亂齊國事平後，齊景公想封邶殿給晏嬰，晏嬰卻拒絕了，他對人說：「慶氏之邑足欲，故亡，吾邑不足欲也，益之以邶殿乃足欲，足欲亡無日矣。在外不得宰吾一邑，不受邶殿，非惡富也，恐失富也。」〔註79〕他的意思是說他並不是不想富有，但，慶封正因自己的封邑能滿足自己的慾望，纔會招致滅亡，晏嬰自己的封邑本來不能拿來滿足慾望，現在增加邶殿就能滿足了，如此他就快要滅亡了。他根本沒有時間去管理自己的封邑，現在不接受邶殿，不是因為討厭富有，反而是不想失去富有。他還說：「且夫富如布

────────────

〔註79〕見《晏子春秋今註今譯‧內篇雜下‧子尾疑晏子不受慶氏之邑晏子謂足欲則亡》第十五，頁291～292。

帛之有幅焉，爲之制度，使無遷也。夫民生厚而用利，於是乎正德以幅之，使無黜嫚，謂之幅利。利過則爲敗，吾不敢貪多，所謂幅也。」

晏嬰對於人的富有與否有一套自己的理論，他認爲富有就像是布帛再大都有一定的幅度，這個幅度訂出來，就是要使人不要貪戀不屬於自己的東西。當人民的生計過得富裕，爲官者積累的德性自然會使這個幅度擴大，這使得爲官者不會放鬆懈怠，這就是這個幅度給予的利益。如果獲得的利益超過自己的幅度就會招致失敗，晏嬰不敢貪戀不屬於自己的利益，只因他尊重自己該領受的幅度。當齊景公問晏嬰是否能繼承管仲的偉業去壯大齊國，而使自己如同齊桓公般得享盛名，晏嬰毫不留情澆他冷水，表示自己既當不了管仲，他也當不了齊桓公，因爲齊桓公能任用賢人管仲，讓管仲創造一個有秩序的社會，而齊景公卻不能放手任用賢人，《晏子春秋‧內篇問上》記晏子說：「今君欲彰先君之功烈，而繼管子之業，則無以多辟傷百姓，無以嗜欲怨諸侯，臣孰敢不承善盡力，以順君意。」〔註80〕如果國君能去除各種癖好避免傷害百姓，去除領土的野心避免結怨於諸侯，如此臣子誰敢不順承善旨盡忠謀國，然而，齊景公並不是如此的人，晏嬰說：「今君疏遠賢人，而任讒諛；使民若不勝，籍歛若不得，厚取于民，而薄其施；多求于諸侯，而輕其禮；府藏朽蠹，而禮悖于諸侯；菽粟藏深，而怨積于百姓；君臣交惡，而政刑無常。臣恐國之危失，而公不得享也。又惡能彰先君之功烈，而繼管子之業乎！」當齊景公疏遠賢人，任用諂諛的小人，只怕人民不能竭盡其能爲自己的私欲做事，聚歛剝削唯恐不盡，卻不大願意施予人民；國內的倉庫糧食收藏都已經腐壞，卻還不知禮遇善待諸侯，如此國家還不處於危險的處境？

如果國君只知自己聚歛，糧食深藏於倉庫，卻遭到全國百姓的埋怨；君臣情感交惡，政令與刑罰變化無常，齊景公自己尚且不能得享大位，還如何去創造如同齊桓公般壯烈的功績，而繼承管子的偉業？這裡可使我們看見，齊國經歷管仲的創業，至齊景公時已經成爲極爲富裕的國家，只不過齊景公只在意自己的富裕，不在意人民的富裕，貧富不均的結果，令晏嬰不禁極爲憂慮，當齊景公相問如何跟著使人民富有，他要齊景公帶頭節制慾望，《晏子春秋‧內篇問下》說：「景公問晏子：『富民安眾難乎？』晏子對曰：『易。

〔註80〕見《晏子春秋今註今譯‧內篇問上‧景公問欲如桓公用管仲以成霸業晏子對以不能》第七，頁124。

節欲則民富，中聽則民安，行此兩者而已矣。』」〔註81〕《晏子春秋・內篇問下》還曾記晉國叔向與他關於節儉議題的對話：「叔向問晏子：『嗇吝愛之于行何如？』晏子對曰：『嗇者，君子之道；吝愛者，小人之行也。』叔向問：『何謂也？』晏子曰：『稱財多寡而節用之，富無金藏，貧不假貸，謂之嗇；積多不能分人，而厚自養，謂之吝；不能分人，又不能自養，謂之愛。故夫嗇者，君子之道；吝愛者，小人之行也。』」〔註82〕「嗇」是指衡量財富的多寡而謹慎開支，如果富而有餘，就拿出金錢賑濟貧窮，如果貧窮困窘，再難都不要到需向人借貸的程度。「吝」是指財富不斷累積卻不能分享給窮人過生活，自己豐衣足食至無可復加。「愛」是指財富雖然堆積如山，不願意賑濟貧困，更不能善養自己，只知愛財如命的不斷賺錢，前者是君子的大道，後兩者就是小人的行徑。因此，晏嬰的尚儉只是針對齊國的日趨富裕做調節的勸勉，其與管仲的尚奢並沒有任何對立，而得由「相互治偏」的角度去理解。

意即是說，如果我們設身處地去作假想：晏子處於春秋早期的齊國，他該會建議齊桓公要尚奢來鼓勵消費刺激生產；管子處於春秋末葉的齊國，他該會建議齊景公要尚儉來避免拉大貧富間的差距。管子與晏子做為齊學的早期奠基者，他們有個共同點，就是徹底務實的態度（卻不是毫無理想的短視），這纔是首尾貫通的齊風。

晏子的深謀遠慮，並沒有改變姜齊統治者正逐漸因自己的腐化而邁往滅亡的歷史，當晉國的叔向問他齊國的狀況如何，他毫不避諱地指出姜太公創造的齊國已經臻至末世，滅亡的日子已經不遠了，《晏子春秋・內篇問下》記說：「晏子聘于晉，叔向從之宴，相與語。叔向曰：『齊其何如？』晏子對曰：『此季世也，吾弗知，齊其為田氏乎！』」〔註83〕當齊景公問他後世誰會做齊國的統治者，他竟大膽地就指出田無宇的後嗣纔會做齊國的統治者，《晏子春秋・內篇問上》記說：「公曰：『魯與莒之事，寡人既得而聞之矣，寡人之德亦薄，然後世孰踐有齊國者？』對曰：『田無宇之後為幾。』公曰：『何故也？』

〔註81〕見《晏子春秋今註今譯・內篇問下・景公問富民安眾晏子對以節欲中聽》第七，頁171。

〔註82〕見《晏子春秋今註今譯・內篇問下・叔向問嗇吝愛之于行何如晏子對以嗇者君子之道》第二十三，頁200。

〔註83〕見《晏子春秋今註今譯・內篇問下・晉叔向問齊國若何晏子對以齊德衰民歸田氏》第十七，頁186。

對曰：『公量小，私量大，以施于民，其與士交也，用財無筐筴之藏，國人負攜其子而歸之，若水之流下也。夫先與人利，而後辭其難，不亦寡乎！若苟勿辭也，從而撫之，不亦幾乎！』〔註84〕這裡的意思是說公家的量器較小，私人的量器較大，田無宇用公家的量器來收租，再拿私人的量器來放租，如此對人民暗中施惠，至於和士交往更是傾出自己的收藏來供給，使得國人攜手帶著自己的子女來歸向他，如同水流由高而下般自然。如果人民接受田無宇的利益，而後推辭不接受患難，這不是極不容易的事嗎？如果田無宇再稍加安撫勸勉，整個齊國不就會變做田氏的齊國嗎？《晏子春秋》這兩段談話的真實性有多高還值得商榷，〔註85〕不過田無宇高明的惠民手腕應屬當日事實，尤其在貧富差距日益拉大的齊國，上層社會的奢靡相對於下層社會的赤貧，很容易就激起人民的不滿，野心家居間炒作，就能取得政權。

第四節　食衣住行的各層面特色

我們閱讀《後漢書・東夷列傳》，裡面說：「東夷率皆土著，憙飲酒歌舞，

〔註84〕見《晏子春秋今註今譯・內篇問下・叔向問晉客愛之于行何如晏子對以嗇者君子之道》第二十三，頁200。
〔註85〕或許有人會認為，這有可能是「事後諸葛」的書寫，或成於戰國時期稷下學士手筆，在真假參半間闡釋晏子的思想，果真如此，則藉由晏子的「預言」訴說姜齊將被田氏取替，就稷下學者來說就已經是個政治現實，甚至能替田齊政權張目，而沒有絲毫顧忌了。《晏子春秋》本就成於戰國時期稷下學士的整理，這本是學界公認的觀點，筆者並無疑義（甚至有人認為《晏子春秋》的整理者就是淳于髡），然而，《左傳・昭公三年》記晉國的叔向問晏嬰齊國的狀況，晏嬰回答說：「此季世也，吾弗知，齊其為陳氏矣。公棄其民而歸於陳氏。」《左傳》向來被視作「信史」，因此晏子與叔向的這段談話具有真實性。見《春秋左傳注疏・昭公三年》卷第四十二，頁722。這裡再做補充指出，陳氏就是田氏，兩者只是音轉，《史記・田敬仲完世家》記說：「完之奔齊，齊桓公立十四年矣。完卒，諡為敬仲。仲生穉孟夷。敬仲之如齊，以陳字為田氏。」司馬貞《史記索隱》說：「敬仲奔齊，以陳田二字聲相近，遂以為田氏。」張守節《史記正義》說：「案敬仲既奔齊，不欲稱本國故號，故改陳字為田氏。」見《史記會注考證》卷四十六，〈田敬仲完世家〉第十六，頁731。關於《晏子春秋》成於淳于髡，論點主要見於學者呂斌先生，其引《史記・孟子荀卿列傳》說：「淳于髡，齊人也，博聞強記，學無宗主，其陳說慕晏嬰之為人也。」這就能推測出淳于髡與《晏子春秋》具有某種關係，意即淳于髡對晏嬰的特殊感情，這是他編著《晏子春秋》的主觀原因，且兩者的思想吻合（都屬於雜家），見其〈淳于髡著《晏子春秋》考〉，《齊魯學刊》，西元1985年，第一期（總計第六十四期），頁73～76。

或冠弁衣錦，器用俎豆。」〔註86〕意即喝酒、唱歌與跳舞、穿華麗的衣服與帽冠，善用俎豆祭祀神靈，這都是東夷本來就有的風俗，齊國人民則繼承甚至發揚光大。這裡想藉由認識齊國人的衣食住行，瞭解醞釀出齊學的人，如何度過他們生命裡的每個日子，而物質的生活型態，想來對他們思想的特徵，不可能不產生某種潛移默化的影響。

齊國先民東夷人善於打獵，肉食自然是他們最傳統的主食，不過由於打獵的風險高，他們逐漸發展出畜牧，意即由豢養家畜來獲取生活飲食，這其中稱做「六畜」的牛馬豬羊雞犬最常被吃，《管子・地員》曾拿這些家禽來描寫「五音」，而說：「凡聽徵如負豬豕，覺而駭。凡聽羽如鳴馬在野，凡聽宮如牛鳴窌中。凡聽商如離群羊，凡聽角如雉登木以鳴，音疾以清。」〔註87〕能拿這些家禽來描寫五音，可見齊人對牠們的感覺很熟悉。前面曾引過《管子・乘馬數》，裡面說：「若歲凶旱水溢，民失本，則修宮室臺榭，以前無狗後無彘者為庸，故修宮室臺榭，非麗其樂也，以平國筴也。」命令養不起狗與豬的人去修築宮室臺榭，反過來說，養得起狗與豬的人就不需修築宮室臺榭，可見狗與豬是齊人很普遍的家畜。齊人吃豬很能理解，吃狗則亦屬常事，《晏子春秋・內篇諫下》記齊桓公心愛的狗死了，本來想供應棺木與祭品厚葬，卻因晏嬰勸阻，只好乾脆命廚師把狗煮了，讓群臣品嚐，晏子說：「『孤老凍餒，而死狗有祭，鰥寡不恤，而死狗有棺，行辟若此，百姓聞之，必怨吾君，諸侯聞之，必輕吾國。怨聚于百姓，而權輕于諸侯，而乃以為細物，君其圖之。』公曰：『善。』趣庖治狗，以會朝屬。」〔註88〕齊景公會把狗肉拿做對群臣的賞賜，可見吃狗肉並不是一件奇怪的事，其實，在會下大雪的山東冬天，能吃到狗肉當會覺得身體甚暖和吧？

由於齊國地靠渤海，人還吃水產維生。《管子・八觀》說：「江海雖廣，池澤雖博，魚鱉雖多，罔罟必有正。船網不可一財而成也，非私草木愛魚鱉也，惡廢民於生穀也。故曰：『先王之禁山澤之作者，博民於生穀也。』」〔註89〕意思是說齊國的江海池澤雖然廣闊，使得魚鱉很多，製作捕魚鱉的船網卻要有節度，不能動用太多人民快速製好，影響人民去做其他事情，這並不是私愛草木

〔註86〕見《後漢書》卷第八十五，〈東夷列傳〉第七十五，第四冊，頁2808。

〔註87〕見《管子今註今譯・地員》第五十八，下冊，頁905。

〔註88〕見《晏子春秋今註今譯・內篇諫下・景公欲以人禮葬走狗晏子諫》第二十三，頁105。

〔註89〕見《管子今註今譯・八觀》第十三，上冊，頁248。

魚鱉，而是不願意讓人民荒廢生產五穀，因此先王會禁止人民只在山澤裡作業，就是要推廣人民去生產五穀。這裡可看出齊國人民普遍愛吃水產，然而春秋早期政府正在改良土壤發展農業，因此開始希望人民能做轉型。晏子死後，面對著大臣對自己只知眾口一辭的諂媚，齊景公對晏子更感念不已，因有大臣弦章勸諫齊景公如同晏嬰往日的行徑，景公大喜，正好有漁夫獻魚，就把五十輛馬車載的魚都送給弦章，使得道路都塞車了，《晏子春秋‧外篇不合經術者》記說：「海人入魚，公以五十乘賜弦章。章歸，魚乘塞途，撫其御之手曰：『曩之之唱善者，皆欲若魚者也。』」〔註90〕這裡可看出齊國的水產收穫確實相當豐富，臣子都希望能獲得國君的賞賜自然不在話下，齊人顯然還把吃魚當做很愉快的事。這種狀況至戰國時期依舊如此，有個策士馮諼投至孟嘗君門下做食客，他先被安排至不好的館舍，使他激生不滿，而主動表示希望能吃魚。

　　《戰國策‧齊策四》記說：「居有頃，倚柱彈其劍，歌曰：『長鋏歸來乎！食無魚。』左右以告。孟嘗君曰：『食之，比門下之魚客。』」〔註91〕可見吃魚在戰國時期的齊國都還象徵著受到優厚的待遇。齊國人還愛吃打獵得來的鳥獸，晏子就因節儉而吃這類食物，《晏子春秋‧內篇雜下》記說：「晏子相景公，食脫粟之食，炙三弋五卵苔菜耳矣。公聞之，往燕焉，睹晏子之食也。公曰：『嘻！夫子之家如此其貧乎！而寡人不知，寡人之罪也。』晏子對曰：『以世之不足也，免粟之食飽，士之一乞也；炙三弋，士之二乞也；苔菜五卵，士之三乞也。嬰無倍人之行，而有參士之食，君之賜厚矣！嬰之家不貧。』再拜而謝。」〔註92〕晏嬰吃著粗米野鳥海苔雞卵做日常飲食，其中除粗米外都屬野味。這些野味有時還會拿來做肉醬與肉乾，前者被稱做「醢」；後者被稱做「脯」，《晏子春秋‧內篇雜上》記晏子對曾子說：「今夫蘭本，三年而成，湛之苦酒，則君子不近，庶人不佩；湛之麋醢，而賈匹馬矣。非蘭本美也，所湛然也。」〔註93〕蘭草與槁本兩種植物經過「麋醢」湛染而價值倍增，這裡說「麋醢」就是麋鹿做的肉醬，由於麋鹿因大量補殺而日漸罕見，因此價

〔註90〕見《晏子春秋今註今譯‧外篇不合經術者‧晏子沒左右諛弦章諫景公賜之魚》第十八，頁392。

〔註91〕見《戰國策‧齊策四》，上冊，頁395～396。

〔註92〕見《晏子春秋今註今譯‧內篇雜下‧景公睹晏子之食菲薄而嗟其貧晏子稱其參士之食》第二十六，頁306。

〔註93〕見《晏子春秋今註今譯‧內篇雜上‧曾子將行晏子送之而贈以善言》第二十三，頁251。

值甚高。《管子‧揆度》曾記管仲請齊桓公鼓勵人民耕作，如果耕作有效益者，就賞給他們肉乾，裡面如此說：「君終歲行邑里，其人力同而宮室美者，良萌也，力作者也，脯二束，酒一石，以賜之。」〔註94〕

當然，齊人還越來越愛吃穀類，譬如粟，或稱稷，《管子‧治國》就把種植粟稷當做國富兵強的重要基石，裡面說：「民事農則田墾，田墾則粟多，粟多則國富，國富者兵強，兵強者戰勝，戰勝者地廣。是以先王知眾民強兵廣地富國之必生于粟也。」〔註95〕還有菽，或稱豆，菽豆常與粟稷並稱，《管子‧重令》說：「菽粟不足，末生不禁，民必有飢餓之色。」〔註96〕意思是說菽豆與粟稷這些民生物資如果沒有適量生產，卻太過重視其他奢侈商品的開發（譬如絲織品），而沒有做任何禁止，如此人民就難免要挨餓。這可看出齊國在開展工商的過程裡，確有忽視農業生產的危機，如果太過仰賴境外輸入，一旦發生戰爭，供應就會發生問題，因此稷下有識者呼籲齊國自身亦要種植菽豆與粟稷，使得農產品與商品能共存，而在這裡更能使我們看出齊人的穀類主食為粟稷與菽豆。還有個證據，當齊國西部發生水災而有飢荒，使得糧食價格昂貴，而齊國東部五穀尤其菽粟價格低廉，齊桓公希望把東部的五穀轉運至西部賑災，問管仲該怎麼辦，《管子‧輕重丁》記管仲說：「今齊西之粟，釜百泉，則鏂二十泉也，齊東之粟，釜十泉，則鏂二泉也，請以令籍人三十泉，得以五穀菽粟決其籍，若此，則齊西出三斗而決其籍，齊東出三釜而決其籍，然則釜十之粟，皆實於倉廩。西之民飢者得食，寒者得衣，無本者予之陳，無種者予之新，若此，則東西之相被，遠近之準平矣。」〔註97〕

管仲表示齊西的粟每釜值一百錢，如此一鏂就要二十錢，齊東的粟每釜只有十錢，如此一鏂就要二錢，他請齊桓公下令全國人民能抽稅達三十錢者，可拿五穀尤其菽粟來折抵，如此齊西人民只要出三斗就能免繳稅，齊東人民要出三釜纔能免繳稅，如此每釜十錢的粟都能充實於國家的倉廩而拿出賑災，這使得齊西的人民飢者得食，寒者得衣，無穀下種者有新穀得下種，東西相互調劑補給，穀價就能取得平衡。這裡在講五穀時特別強調菽粟，使我們更確認當日齊人的穀類主食為菽粟。齊人還吃黍與麥，黍或稱黃米，麥則

〔註94〕見《管子今註今譯‧揆度》第七十八，下冊，頁1102。
〔註95〕見《管子今註今譯‧治國》第四十八，下冊，頁767。
〔註96〕見《管子今註今譯‧重令》第十五，上冊，頁276。
〔註97〕見《管子今註今譯‧輕重丁》第八十三，下冊，頁1197。

有大麥與小麥兩種。《管子·輕重丁》說:「正月之朝,穀始也。日至百日,黍秫之始也。九月斂實平,麥之始也。」〔註 98〕正月就要開始播散穀粒在田中,清明節就要開始種黍秫,九月要收藏穀實齊全,就得開始種麥,齊人對麥甚為推崇,還比做穀類的始祖,《管子·輕重己》記說:「以春日至始,數九十二日,謂之夏至,而麥熟,天子祀於太宗,其盛以麥;麥者,穀之始也。宗者,族之始也。」〔註 99〕周天子祭祀祖先,會盛裝著麥來虔誠祭祀,祖先是整個家族的始祖,麥的意義亦亦復如此。黍則屬於穀類裡長得最美的食物,《管子·輕重己》說:「以夏日至始,數四十六日,夏盡而秋始,而黍熟,天子祀於太祖,其盛以黍;黍者,穀之美者也,祖者,國之重者也。」周天子會盛裝著黍來虔誠祭祀,祖先是國家重視的傳承,黍的意義同樣如此。

　　齊人承襲商人與其東夷民族的風俗,很喜歡喝酒宴飲,當時齊國貴族階層在各種場合都會舉行宴飲,譬如冊封臣屬、慶祝功績或甚至平常接見臣屬,都會舉行朝宴或賜宴。宴飲本有周朝詳細制訂的禮節規範,但,齊國貴族常常不拘禮法而荒誕無度,充滿著商人的傳統習性,齊桓公讓投奔來齊國的陳完做管理百工的工正,陳完就在家裡請齊桓公宴飲,齊桓公喝得很高興,不顧天黑不得飲酒的周禮,就要陳完點上燈火繼續飲酒,陳完為維持周禮的尊嚴,故婉言拒絕齊桓公的命令,《左傳·莊公二十二年》記說:「飲桓公酒,樂。公曰:『以火繼之。』辭曰:『臣卜其晝,未卜其夜,不敢。』君子曰:『酒以成禮,不繼以淫,義也。以君成禮,弗納於淫,仁也。』」〔註 100〕《左傳》的作者還稱讚陳完不使齊桓公陷溺在淫樂裡是有仁的表現。齊景公愛喝酒不顧禮法的例證則很多了,譬如《晏子春秋·內篇諫上》記說:「景公飲酒酣,曰:『今日願與諸大夫為樂飲,請無為禮。』晏子蹴然改容曰:『君之言過矣!群臣固欲君之無禮也。力多足以勝其長,勇多足以弒君,而禮不使也。』」〔註 101〕這是他主動要群臣冀圖喝酒喝得痛快而無禮的例子,引發晏嬰的憂慮。同篇還記說:「景公飲酒,七日七夜不止。弦章諫曰:『君欲飲酒七日七夜,章願君廢酒也!不然,章賜死。』」〔註 102〕弦章希望齊景公廢酒,不然就請賜他死,這引發景公的矛盾,

〔註 98〕見同上,頁 1200。
〔註 99〕見《管子今註今譯·輕重己》第八十五,下冊,頁 1244。
〔註 100〕見《春秋左傳注疏·莊公二十二年》卷第九,頁 163。
〔註 101〕見《晏子春秋今註今譯·內篇諫上·景公飲酒酣願諸大夫無為禮晏子諫》第二,頁 3~4。
〔註 102〕見《晏子春秋今註今譯·內篇諫上·景公飲酒七日不納弦章之言晏子諫》第

經由晏嬰的開導，因此決志廢酒。

　　然而，廢酒的事不知能維持多久，因為齊景公因酒廢禮的事蹟實在不勝枚舉。他還曾經因為嗜酒如命，不管國政，結果天災來臨，他依然日夜相繼的尋覓歌舞來陪伴宴飲，同在《晏子春秋·內篇諫上》記說：「景公之時，霖雨十有七日。公飲酒，日夜相繼。晏子請發粟於民，三請不見許。公命柏遽巡國，致能歌者。」〔註103〕他還曾飲酒至深夜，由宮內跑去晏嬰家裡想找他喝酒，晏嬰起先誤認如此緊急是否諸侯或國內發生什麼變故，還盛裝著黑色禮服去迎接，聽見國君竟然要邀他喝酒就拒絕了，表示自己不敢奉陪，《晏子春秋·內篇雜上》記說：「景公飲酒，夜移于晏子之家，前驅款門曰：『君至！』晏子被元端，立于門曰：『諸侯得微有故乎？國家得微有事乎？君何為非時而夜辱？』公曰：『酒醴之味，金石之聲，願與夫子樂之。』晏子對曰：『夫布薦席，陳簠簋者，有人，臣不敢與焉。』」〔註104〕或許出於前面的補償心理，晏嬰曾經在自家招待齊景公喝酒，結果景公喝到日落天黑了，命人點火續飲，再引發晏嬰的不快，他婉言推辭這是不合禮的行徑，希望景公能成全君臣賓主的禮，《晏子春秋·內篇雜上》記說：「晏子飲景公酒，日暮，公呼具火，晏子辭曰：『詩云：『側弁之俄』，言失德也。『屢舞傞傞』，言失容也。『既醉而出，並受其福』，賓主之禮也。『醉而不出，是謂伐德』，賓主之罪也。嬰已卜其日，未卜其夜。』公曰：『善。』舉酒祭之，再拜而出。」〔註105〕

　　善喝酒是夷商的風俗，由晏嬰舉《詩經》的內容來諷刺景公可知，喝酒不夜飲是周禮的規制，齊景公接受晏嬰的責善可見齊國承認周禮的有效性，然而他時不時還會違禮要不就是個人自制性太差，要不就是周禮已有式微的傾向，而夷商風俗的影響回籠。這種狀況似乎在齊國禁不勝禁，戰國時期的齊國君主依舊保有此風，譬如齊威王，《史記·滑稽列傳》記說：「齊威王之時喜隱，好為淫樂長夜之飲，沈湎不治，委政卿大夫。百官荒亂，諸侯並侵，國且危亡，在於旦暮，左右莫敢諫。」〔註106〕這些齊國的君主有個通象，就是不飲則已，

二，頁7。

〔註103〕見《晏子春秋今註今譯·內篇諫上·景公飲酒不恤天災致能歌者晏子諫》第五，頁8。

〔註104〕見《晏子春秋今註今譯·內篇雜上·景公夜從晏子飲晏子稱不敢與》第十二，頁232。

〔註105〕見《晏子春秋今註今譯·內篇雜上·晏子飲景公酒公呼具火晏子稱詩以辭》第十五，頁236。

〔註106〕見《史記會注考證》卷一百二十六，〈滑稽列傳〉第六十六，頁1325。

如果真要飲酒，就動輒要通宵達旦的喝個快活，齊威王的兒子宣王亦復如此，《戰國策·齊策四》記王斗對齊宣王說：「先君好馬，王亦好馬；先君好狗，王亦好狗；先君好酒，王亦好酒；先君好色，王亦好色。」〔註107〕可見喝酒確屬齊人極特殊的國風，加上工商社會的繁榮，使得飲酒更成為很普遍的娛樂。民間亦未免俗，《史記·滑稽列傳》記說：「若乃州閭之會，男女雜坐，行酒醳留，六博投壺，相引為曹，握手無罰，目眙不禁。」〔註108〕喝酒時男女禮教蕩然無存，大家雜坐在一起，眼睛相互亂瞄或甚至握手都無所謂，俗話說「酒後亂性」，可想見齊人愛喝酒與性關係的混亂應該有關係，至於前面曾說過大臣慶封愛喝酒，竟把國政交給兒子慶舍，自己帶著妻妾遷至寵臣盧蒲嫳家裡，與他交換妻妾來喝酒，則更屬酒與性有關的例證。

現在說到衣服，齊人好誇大虛張的民性，使得他們普遍喜歡帶巨冠來顯示自己的高貴，唐朝杜祐《通典·禮》記說：「秦滅齊，獲其君冠而制之，形如通天冠，頂不邪卻，直豎，鐵為卷梁，高九寸，無山述展筩。」〔註109〕齊國君主的王冠高達九寸，與人體身長的比例極不協調，這究竟意味著什麼？

齊國君主帶的這個王冠被稱做通天冠，大概意指戴冠者具有與天意相通的神聖地位，還被稱做側注冠，因為這個王冠需側戴於頭頂，體積很扭曲，《通典·禮》說：「一名側注冠，其體側立而曲注，因名之。」如此鮮豔奇特，甚至看來有點滑稽的王冠，卻象徵著齊國君主的最高統治權威，這不能不說是特殊的國風，如《墨子·公孟》記說：「齊桓公高冠博帶，金劍木盾，以治其國。」〔註110〕《晏子春秋·內篇諫下》則記說：「景公為巨冠長衣以聽朝，疾視矜立，日晏不罷。」〔註111〕除帽冠外，齊國君主穿的衣服也很容易變做話

〔註107〕見《戰國策·齊策四》，上冊，頁415。齊宣王的好酒與好色可看出這兩者的緊密關係，而好馬與好狗則與賭博有關。

〔註108〕見《史記會注考證》卷一百二十六，〈滑稽列傳〉第六十六，頁1326。

〔註109〕見《通典·禮》卷五十七，〈君臣冠冕巾幘等制度〉第十七，第二冊，頁1610。

〔註110〕見《墨子閒詁》卷十二，〈公孟〉第四十八，頁414。

〔註111〕見《晏子春秋今註今譯·內篇諫下·景公為巨冠長衣以聽朝晏子諫》第十六，頁88～89。齊景公尤其喜歡戴這種帽子，因為那會讓他覺得自己「很像聖王」，他曾經問過晏子說：「景公問晏子曰：『吾欲服聖王之服，居聖王之室，如此，則諸侯其至乎？』」見《晏子春秋今註今譯·內篇諫下·景公欲以聖王之居服而致諸侯晏子諫》第十四，頁81。齊景公還有這種故做正經穿著華服的滑稽狀態：「公衣黼黻之衣，素繡之裳，一衣而五采具焉；帶球玉而冠且，被髮亂首，南面而立，傲然。」見《晏子春秋今註今譯·內篇諫下·景公自衿冠裳遊處之貴晏子諫》第十五，頁86。由《晏子春秋》可看出景公著實很

題，尤其他們穿的衣服既時髦更奢侈，很容易引人注意，譬如《晏子春秋‧內篇諫上》說：「景公之時，雨雪三日而不霽，公被狐白之裘，坐于堂側階。」〔註112〕齊景公穿著狐狸的皮裘，狐皮已經很珍貴，其中白狐狸皮更屬稀有，齊景公曾經因為有兩件這種價值千金的白狐皮裘，想穿出來卻怕招人議論，因此計畫送給晏嬰一件，希望能因他穿而使自己免遭人責難，《晏子春秋‧外篇》記說：「景公賜晏子狐之白裘，元豹之茈，其賢千金，使梁丘據致之，晏子辭而不受，三反。公曰：『寡人有此二，將欲服之，今夫子不受，寡人不敢服，與其閉藏之，豈如弊之身乎？』晏子曰：『君就賜，使嬰修百官之政，君服之上，而使嬰服之于下，不可以為教。』固辭而不受。」〔註113〕晏嬰不買他的情面，表示身為大臣不能替國君奢侈於衣服背書。

　　由於白狐皮裘真的太罕見了，還繼續在戰國時期惹起爭議。齊國孟嘗君在秦國被囚禁，就派人向秦昭王的寵姬幸姬求救，幸姬竟然向他開口要件白狐皮裘纔願意搭救，可見這種衣服的價值連城，《史記‧孟嘗君列傳》記說：「孟嘗君使人抵昭王幸姬求解。幸姬曰：『妾願得君狐白裘。』此時孟嘗君有一狐白裘，直千金，天下無雙。入秦獻之昭王，更無他裘。」〔註114〕由於如此貴重的白狐皮裘天下無雙，孟嘗君已經先贈送給秦昭王了，沒有第二件能送給幸姬，因此孟嘗君門下有食客善扮演犬類，潛入宮內把白狐皮裘偷來，再轉贈給幸姬纔得讓孟嘗君脫身。齊國的君主喜歡穿的衣服，很容易就成為整個齊國人民的時尚，甚至各國的時尚，譬如《韓非子‧外儲說左上》記說：「齊桓公好服紫，一國盡服紫。當是時也，五素不得一紫。桓公患之，謂管仲曰：『寡人好服紫，紫貴甚，一國百姓好服紫不已，寡人奈何？』管仲曰：『君欲止之，何不試勿衣紫也，謂左右曰：『吾甚惡紫之臭。』』公曰：『諾。』於是左右適有衣紫而進者，公必曰：『少卻，吾惡紫臭。』于是日，郎中莫衣紫，其明日，國中莫衣紫；三日，境內莫衣紫也。」〔註115〕由此可知統治者

喜歡裝出「聖王的樣子」，卻沒有智慧做出「聖王的行徑」，因此晏子很感嘆表示：「今君欲法聖王之服室，不法其節儉」，見同〈景公欲以聖王之居服而致諸侯晏子諫〉第十四，頁82。

〔註112〕見《晏子春秋今註今譯‧內篇諫上‧景公飲酒不恤天災致能歌者晏子諫》第五，頁8。

〔註113〕見《晏子春秋今註今譯‧外篇‧景公使梁丘據致千金之裘晏子固辭不受》第二十五，頁361。

〔註114〕見《史記會注考證》卷七十五，〈孟嘗君列傳〉第十五，頁950。

〔註115〕見《韓非子今註今譯‧外儲說左上》第五卷，下冊，頁583～584。

的風尚會影響人民對何謂流行的觀感，這種「跟風」的狀態只要開始在市井傳播，使得人人都穿著同款色的衣服，就會讓人逐漸倒盡胃口，最後攪得毫無新鮮感，齊桓公厭倦人民學他穿紫色的衣服，其理大致如此。

這幾則典故可看出齊國的衣服在當時被視作時尚的象徵，齊國製作的白狐皮裘能影響外交大計，可見其衣服的精美華麗，而王室的衣著更會影響全國人民的流行服飾，除了衣著意味著社會地位外，更顯示出齊國衣服的確不同凡響。

齊國女人喜歡穿男人的衣服，據說還是因為「跟風」學習統治者的緣故。《晏子春秋·內篇雜下》記說：「靈公好婦人而丈夫飾者，國人盡服之，公使吏禁之，曰：『女子而男子飾者，裂其衣，斷其帶。』裂衣斷帶相望而不止。」〔註116〕這種女扮男裝的時尚，齊靈公只希望在自己宮內當做娛樂見到，卻不希望變做全國流行的服飾，這種只馳騁自己慾望，卻不希望人民藉由穿著靈公喜好的衣服，跟著馳騁自己「如同貴族」的想像慾望，決無法自然使得女扮男裝的狀況銷聲匿跡，齊靈公問晏嬰該怎麼辦？同篇記說：「晏子對曰：『君使服之于內，而禁之于外，猶懸牛首于門，而賣馬肉于內也。公何以不使內勿服，則外莫敢為也。』公曰：『善。』使內勿服，踰月，而國內莫之服。」由此可知統治階層自己私底的生活舉措都會形成人民的效法，這是最真實的學習，超過統治者的表面宣告。《史記·貨殖列傳》說「齊冠帶衣履天下」，意思是指齊國製作的帽冠皮帶服裝鞋子馳名於世，看來這是齊國統治者率先帶領形成的效應，再加上齊國人民生活自由而社會工商業繁榮，只要有錢，就能滿足自己各種虛榮的心理，更能隨意發揮想像去製作各種型態的衣服，纔會使得齊國製作的衣服對當日各國都具有磁吸般的感染性。服裝的自由意味著人頭腦的自由，頭腦的自由意味著外在社會的開放與內在思考的靈活，這都是齊學會展開的重要環境。

女人能穿男人的服飾，這還可看出齊國女人的社會地位較高，最起碼齊國並沒有在使用國家權柄嚴格限制女人的服飾，這意味著齊國女人享受著自由而奔放的生活，周禮的束縛（男女有別的意識）對日常舉止的影響不大。

現在說到在齊國住的狀況。由於社會發生急劇的變化，春秋時期的齊國，許多人紛紛離開鄉村進入城市去經營工商，使得農業生產在尚未獲得全

〔註116〕見《晏子春秋今註今譯·內篇雜下·靈公禁婦人為丈夫飾不止晏子請先內勿服》第一，頁267。由「國人盡服之」可見這種風尚流行的程度。

面開發的處境裡，就已遭遇極大的存亡危機，加上各諸侯國相互兼併導致戰爭連綿不斷，齊桓公冀圖「尊王攘夷」需要極強大的武裝做支持，然而，隨著齊國工商業具有擴張性的繁榮，本來做為戰鬥的主要單位的士階層此際也面臨信心危機，棄士經商的人不斷增加，逐漸減損齊國軍隊的戰鬥能量，因此，管仲開始首倡把社會按照職業做編組，區隔出「士農工商」這四大社會階層，各階層按照其職業聚居在一起，使生活習慣相同的人相互感染，並避免受其他階層的影響，確保每個階層都能穩定發展。《國語・齊語》記說：「桓公曰：『成民之事若何？』管子對曰：『士農工商四民者，國之石民也，不可使雜處，雜處則其言哤，其事亂。』公曰：『處士農工商若何？』管子對曰：『昔聖王之處士也，使就閒燕；處工，就官府；處商，就市井；處農，就田野。』」〔註117〕如果讓子弟跟著父兄學習，很多教育就在生活裡耳濡目染，看著看著自然就明白，心安而不會見異思遷，使得「士之子恆爲士」、「農之子恆爲農」、「工之子恆爲工」與「商之子恆爲商」，這種「四民分居」的辦法，能寓軍政於民政裡，平日各自從事生產與營生，戰時由於各自群居，政府立刻就能做有效動員整編，讓各區都變做戰鬥與補給單位。

　　由於齊國的工商業特別繁榮，社會階層的分化事實已經很明顯，管仲纔會提出「四民」的居住政策，否則如在戰國初期全國社會尚屬由游牧過渡到農耕的秦國，恐怕只能如商鞅提出「農戰」（農耕與戰鬥合一）的政策吧？管仲還開始做更細密行政區劃的工作，這恐怕最直接的目的在有效管理戶口，這個政策被《國語・齊語》稱做「參其國而伍其鄙」，意即將國君直轄區畫出「國」與「鄙」兩部，「國」是指國都與其周圍郊區；「鄙」是指郊區外圍的田野地區。「國」下面設「鄉」，「國」內總共有二十一鄉，《國語・齊語》說：「制國以爲二十一鄉，工商之鄉六，士農之鄉十五。公帥五鄉焉，國子帥五鄉焉，高子帥五鄉焉。」〔註118〕他特別將工商的鄉歸做一類，士農的鄉歸做一類，而由後面指出戰爭時桓公親率十一個鄉，公室貴族高子與國子各率五

〔註117〕見《國語・齊語》卷第六，頁226。

〔註118〕見同上，頁229。這裡的原文並沒有「士農之鄉」，而只有「士鄉」，吳國的韋昭在這裡認爲「國」是指國都城郭的區域，理應只有士工商，農人則應該住於「鄙」。三國唐固（尚書）則認爲「國」應該是四民共同的居所，因此認爲是漏字，而把士農共列，他因此說：「士與農共十五鄉」。不論如何，我們可由此看出工商確是齊國的行業大宗，纔會被政府如此重視，放進「國」內來管理。

個鄉，三人合統領三軍，〔註119〕我們能看出四民的居住政策目的要使人民能有效做軍事動員（管仲則稱做「作內政而寄軍令」的辦法），「士」與「農」是戰爭的前線動員人馬（當時的農夫尚未被徵集去作戰，應是擔任士的營務備員，譬如運糧與工事）；「工」與「商」是戰爭的後勤補給人馬，而這裡「工」與「商」被特別歸做一類，可見齊國確實是個相當成熟的工商大國。「鄙」或稱做「野」，在下面會設「邑」來管理，春秋時期「鄙」的軍事意義沒有「國」來得大，主要具有管理戶口與開發農業的意義。〔註119〕

因此，當桓公問管仲「五鄙」的狀況，《國語・齊語》記管仲說：「相地而衰征，則民不移；政不旅舊，則民不偷；山澤各致其時，則民不苟；陸阜陵墐井田疇均，則民不憾；無奪民時，則百姓富；犧牲不略，則牛羊遂。」〔註120〕齊國不僅規劃出全國的居住政策，它還仔細規劃各城池的建設，齊地不僅出現中國目前最早的城池（山東省章丘市的城子崖有龍山文化時期的古城），還有關於都城建設的理論，譬如《管子・乘馬》說：「凡立國都，非于大山之下，必于廣川之上。高毋近旱而水用足，下毋近水而溝防省。因天材，就地利，故城郭不必中規矩，道路不必中準繩。」〔註121〕這個內城與外城不見得要按固定比例興築，道路的寬窄不見得要統一出僵化的標準，而要順應實際的天然環境，選擇最自然的辦法去做，這種靈活的務實態度就具有齊學的意蘊。齊國首都臨淄正處於魯中山地面向華北平原的過渡（南高北

〔註119〕《國語・齊語》在這裡還有說：「參國起案，以為三官。」就是在指齊桓公與國子暨高子這兩位齊國上卿共同統領三軍（齊桓公統領中軍，國子與高子則各統領左右軍）。

〔註119〕農人或住於「國」，或住於「鄙」，或都有住，住於「國」的農人受政府直接編制管理，住於「鄙」的農人則沒有明確的戶籍，或已有戶籍而沒有軍籍，受限於文獻記載，這個問題很難繼續細論。杜正勝先生則表示：「春秋中葉以前的政治改革似皆不曾涉及全國人口的掌握。管仲在齊推行參國伍鄙，制國為二十鄉，士鄉十五，工商之鄉六。十五個士鄉的人民業農，分成三組，一組五鄉，分別由齊侯和國、高兩大貴族治理。據說從家到鄉建立一套相當嚴密的階層系統，而與軍隊組織配合，叫作『作內政而寄軍令』。內政有一家，軍隊便有一員，層層而上，成為三軍，亦分由齊侯和國子、高子統率。如果《國語・齊語》的記錄可信，齊桓公的改革仍然沿襲傳統的辦法，只關注一家一丁的『正夫』，並未控制全家可以動員的人力。」見其《編戶齊民》第一章〈編戶齊民的出現〉，三「戶籍的出現及其意義」，西元1990年，頁23。

〔註120〕見《國語・齊語》卷第六，頁236。

〔註121〕見《管子今註今譯・乘馬》第五，上冊，頁75。

低），東臨淄水，正符合「大山之下」與「廣川之上」的條件，山裡水裡各種天然資源豐富，使得住在臨淄的人很能「因天材，就地利」，臨淄靠淄水的城牆不是如一般城牆建築做一直線，而是沿著河岸蛇行，不給攻城者踏在地面的任何餘地，這正是「城郭不必中規矩，道路不必中準繩」的實踐，臨淄城牆有四個排水口與城內的三條排水道相接，直通城外的淄水，組織成很完整的排水網，這符合「高毋近旱而水用足，下毋近水而溝防省」的原則。

曲英傑先生指出，《國語‧齊語》裡管仲整編出齊國三軍依靠的「國」，其實是考慮到臨淄城內居民分佈的實際狀況。現在已發現的大城東西向與南北向幹道兩兩相交圍出的區域略呈方型，每邊長八百公尺，區域內遺存的居住址還可劃出大致相等的四個小方塊，其相互間當隔有十字型街道（略寬於一般的里巷），每個方塊內亦有十字型街道，如此其每個方塊面積略等於管仲的二鄉，其內四部每部面積略等於半鄉，不過，在實際區劃時不會如此整齊，某些區域內建有卿族居宅就近畫入臨靠鄉里，使得居民人數不多而佔地廣大，這種人口分散的地區亦有將數部劃歸一鄉的狀況。」〔註122〕臨淄大城內主要幹道有七條，小城內主要幹道有三條，大城東部南北大道自南牆東側門向北，與東門里的東西大道相接，全長三點三公里，路寬二十公尺，可看出齊國做為泱泱大國的風範。

最後，我們要說到齊國的交通，其工具主要為舟與車。首先，齊國做為濱海的國家，前面已討論過它的海上交通很發達，加上齊國西境的黃河流通出海，成為與各國來往的主要交通要道，在《詩經‧邶風》的〈新臺〉這首詩裡，就紀錄著衛宣公納齊女，齊女乘著河舟到達衛國，宣公則於河上迎接她：「新臺有泚，河水瀰瀰。燕婉之求，籧篨不鮮。」〔註123〕同樣在〈二子乘舟〉裡還說衛宣公聽信讒言，想加害其兒子汲，命汲做外交使節乘船去齊國：「二子乘舟，汎汎其逝。願言思子，不瑕有害。」〔註124〕這兩個例證，都能看出黃河溝通著齊國與衛國，黃河與濟水相通，加上春秋末葉吳王夫差開鑿人工運河疏通濟水與淄水，《史記‧河渠書》說：「於齊，則通菑濟之閒。」〔註125〕這使得臨淄與其他城市產生更密切的聯繫，更使得臨淄成為當時國際性的大都會。

〔註122〕見《齊都臨淄城》第三章〈春秋齊都〉，四「鄉里四民」，頁132。
〔註123〕見《毛詩注疏‧邶風‧新臺》卷第二，頁106。
〔註124〕見《毛詩注疏‧邶風‧二子乘舟》卷第二，頁107。
〔註125〕見《史記會注考證》卷二十九，〈河渠書〉第七，頁520。

　　再者，學者宮源海先生指出，早在商朝的時候，齊地就應該是交通比較發達的地區，最起碼應該要有幾條比較暢通的幹道，否則交通不便，姜太公「通商工之業，便魚鹽之利」的商旅政策的提出，將會毫無依據。前面引過《史記・齊太公世家》，由姜太公「東就國」，萊人立刻「與之爭營丘」來看，客流量較大，交通比較發達的地點，纔能有「逆旅」（旅店），再從「夜衣而行，黎明至國」的搶行速度推測，齊國的交通應該是相當發達。〔註126〕周朝開國，最主要在鎬京至洛邑間的一條寬闊平坦的大道，號稱「周道」，譬如《詩經・小雅・大東》記：「周道如砥，其直如矢。」〔註127〕還有眾多的支道，如魯道就是諸侯國交通道路中最著名的一條，北通齊國營丘（臨淄），西達洛邑，南通吳越。《詩經・齊風・載驅》就記載這條道路上行人來往的盛況與車馬服飾的俊美：「載驅薄薄，簟茀朱鞹。魯道有蕩，齊子發夕；四驪濟濟，垂轡濔濔，魯道有蕩，齊子豈弟；汶水湯湯，行人彭彭，魯道有蕩，齊子憂翔；汶水滔滔，行人儦儦，魯道有蕩，齊子游敖。」〔註128〕雖然沒有直接的文獻能證實是否果有「齊道」，不過合理的估計應該是說：即使齊道並不如周道與魯道該是在周王室的支持裡設立，齊國自身寬裕的經濟應該就能自設其國道，且這對其發展對外貿易當有極其重要的裨益。

　　齊人陸行主要爲乘馬車，先秦時期車馬相連，除戰國末葉趙惠文王提倡「胡服騎射」外，一般沒有無馬的車，因此通常御車就是御馬，乘馬就是乘車。一輛馬車通常會配四匹馬，因此稱做「駟」或「乘」，這常用於戰事，《管子・乘馬》記說：「一乘者，四馬也。」〔註129〕還說：「一馬其甲七，其蔽五。四乘，其甲二十有八，其蔽二十，白徒三十人奉車兩，器制也。」意思是說一輛兵車有穿甲冑的軍士七人，掩護的軍士五人，四輛兵車就有穿甲冑的軍士二十八人，掩護的軍士二十人，空手隨車服役者有三十人，這是車器的制度。春秋戰國時，衡量一個國家的強弱，往往會拿馬車的車數做標準，車數越多國家越強。齊國是個能出一千輛馬車的大國，光算起馬匹就有四千匹，光站在車上的軍士（含

〔註126〕見其主編《德法之治與齊國政權研究》第一章〈導論〉，第一節「齊地地理環境與姜太公封齊的歷史背景」，頁4。

〔註127〕見《毛詩注疏・小雅・大東》卷第十三，頁438。

〔註128〕見《毛詩注疏・齊風・載驅》卷第五，頁200～201。關於魯道的記錄還可見《詩經・齊風・南山》：「南山崔崔，雄狐綏綏，魯道有蕩，齊子由歸；既曰歸止，曷又懷止，葛屨五兩，冠緌雙止；魯道有蕩，齊子庸止，既曰庸止，曷又從止。」見《毛詩注疏・齊風・南山》卷第五，頁195～196。

〔註129〕見《管子今註今譯・乘馬》第五，上冊，頁78。

穿甲冑與掩護）就有一萬兩千人，隨車服役者則有三萬人，這實在很驚人，譬如《管子‧大匡》就記齊桓公率領諸侯征討狄國時說：「諸侯皆許諾，齊車千乘，卒先致緣陵，戰於後，故敗狄。」〔註130〕還有齊景公，《論語‧季氏》說：「齊景公有馬千駟，死之日，民無德而稱焉。」〔註131〕。

馬車同樣也是貴族與平民的日常交通工具，貴族如晏嬰，《晏子春秋‧內篇雜下》記說：「晏子衣緇布之衣，麋鹿之裘，棧軫之車，而駕駑馬以朝。」〔註132〕」即使生活清貧如晏嬰，他還是駕著竹子做橫木的馬車去上朝，雖然這是他個人的節儉性格使然。人民也駕馬車，〔註133〕但，受過刑罰肢體殘缺的人民不得駕車，《管子‧立政》說：「刑餘戮民，不敢服絲，不敢畜連乘車。」〔註134〕馬車配備馬匹的數目會依階層而略有差異，天子的車駕六馬，諸侯與大夫的車駕四馬，士人平日駕車兩馬，人民則一馬。因此，當齊景公駕著六馬的車，帶著婦人出去玩，其宮內的守衛竟然敲擊他的馬，令其不得外出，還憤怒表示齊景公不是他的國君，《晏子春秋‧內篇雜上》記說：「景公正晝，被髮，乘六馬，御婦人以出正閨，刖跪擊其馬而反之，曰：『爾非吾君也。』公慚而不朝。」〔註135〕由於齊景公僭越周天子的禮，引起守衛的指責，齊景公對此同樣深感慚愧，因此自覺沒臉上朝去見群臣（或許他真正難過的不是僭越，而是被守衛指責而已），不過，齊景公的失覺並不僅限於自身，還包括他對晏嬰的賞賜，他賞給晏嬰諸侯用的大馬車，晏嬰不肯接受，他還很任性地威脅說如不接受自己往後也不乘馬車了，《晏子春秋‧內篇雜下》記說：「公使梁丘據遺之輅車乘馬，三返不受，公不說，趣招晏子。晏子至，公曰：『夫子不受，寡人亦不乘。』」〔註136〕晏嬰的拒絕正是對車禮的尊重。

〔註130〕見《管子今註今譯‧大匡》第十八，上冊，頁343。

〔註131〕見《論語注疏‧季氏》卷第十六，頁150。

〔註132〕見《晏子春秋今註今譯‧內篇雜下‧晏子布衣棧車而朝田桓子侍景公飲酒請浮之》第十二，頁285。

〔註133〕這比起後來漢朝建國初年，連將相出外都得乘牛車，實在不可同日而語。《史記‧平準書》記說：「漢興，接秦之弊，丈夫從軍旅，老弱轉糧饟，作業劇而財匱，自天子不能具鈞駟，而將相或乘牛車。」見《史記會注考證》卷三十，〈平準書〉第八，頁524。

〔註134〕見《管子今註今譯‧立政》第四，上冊，頁54。

〔註135〕見《晏子春秋今註今譯‧內篇雜上‧景公慚刖之辱不朝晏子稱直請賞之》第十一，頁229。

〔註136〕見《晏子春秋今註今譯‧內篇雜下‧景公以晏子乘弊車駑馬使梁丘據遺之三返不受》第二十五，頁304。

　　由食衣住行這些生活裡，我們再度看見齊國處處內蘊著夷與夏兩種禮俗，兩種禮俗不斷在衝突，更不斷碰撞出豐富的齊學火花……

第五章　開明的政治傳統催化稷下學術興起

摘　要

　　齊國恐怕是世界上最早人民因經營工商致富而能影響政局的國度，做為國人的意識與做為工商經營者的意識大幅度的重疊，統治者不能無條件執行個人的意志，而必須具有相對的協商性與妥協空間，這使得某種程度的「民主」聲音能在齊國最早滋生。這種現象最晚至齊桓公採納管仲的意見，讓「士農工商」這四種階層各自集居就肯定已經產生，齊桓公還聽從管仲的建議，設立讓國人來議論朝政的制度，稱做「嘖室之議」，據說這套制度是一個議論國事的管道，嘖室則是這種管道的機構名稱，專供人民議論甚至批評國君的過失，能在裡面指出國君缺點的人都被稱做正士（正直的士人），各單位管理政事的負責人都要對正士的議論結果奉行不忘，嘖室裡的正士公認的正確事宜被稱做「嘖室之事」，由鮑叔牙來做執行他們決議的官員，因鮑叔牙能秉持正義把事情拿到國君面前諍諫。

　　春秋時期，齊桓公就有各種選拔人才與教育人才的措施，稱作「三選法」，其對象顯然包括平民階層，因為齊桓公把全國畫出二十一個鄉，他命令各鄉長推舉賢人，住在「三國」內的國人與住在「五鄙」內的野人都是他們推舉的候選人，不會只任用住在城內的賢人而不任用住在城外的賢人，住在城內

的國人不見得都是貴族，住在城外的野人則絕對都是平民，這就替平民階層的出仕開啓大門。齊桓公還有兩種招徠賢人的舉措，其一，設庭燎招士。西周時諸侯去朝覲、祭祀與商議軍國大事的時候，會在大庭燃起火炬，根據爵位的高低，使用庭燎的數目有不同，天子舉一百支火炬，公爵舉五十支火炬，侯伯子男這些爵位都舉三十支火炬，齊桓公地位屬公爵，卻僭用天子的禮節來招士，這能看出齊桓公的野心，顯現其生命確實停留在「霸主」的格局。

其二，派遊士招士。齊桓公希望自己能稱譽於諸侯，管仲因此建議他派遣遊士八十人，給他們車馬皮裘各種物質需要，再給他們大量的貨幣，使他們去各國遊歷，伺機號召天下各國的賢士匯集於齊國出仕，並讓齊國的商人去各國做生意，熟悉各國上下階層的喜好，選擇其中淫亂於國的統治者來征討，如此更能獲得該國人民的接納，因此可知齊桓公的納士更擴及他國賢人。不僅齊國的君主尚賢，受重用的大臣同樣尚賢，晏嬰就有大量提拔賢人給齊景公任用的例證，譬如任用相貌堂堂卻出身於奴隸的越石父，這就意味著齊國很早就已經在落實尚賢的理念。齊國開明的政治使得各種聲音都能出現在這裡，這種傳統至戰國時期依舊如此。齊國的學術與政治這兩大領域自來很難被割裂來檢視，因此，討論稷下興起前的學術環境，很難掙脫齊國的開明政治傳統來單獨認識。

田齊透過殘酷的政爭取得姜齊政權，田齊桓公會在稷下設立學術論壇，招納天下賢士，有兩大重點：其一，消極層面來說，異姓取得傳統的姜齊政權，這種長期犯上的舉措，田齊桓公自知早已引起國內外反感，因此想藉由更大規模的興利舉措，來轉移輿論對篡齊這個頭等大事的敵意；其二，積極層面來說，田齊桓公尤其需要士人精神與實質的支持，出資蓋高樓廣廈供士人居住，讓士人匯集在自己帳內，這能在精神與實質都增強自己統治的合法性，博取歷史美名。稷下學宮的真正興盛始於田齊桓公的兒子齊威王。齊威王時已經給予稷下先生「列大夫」的職銜，不過由鄒忌與淳于髡這些稷下先生直接在參與國政的狀況來看，稷下先生「不治而議論」，意即無事議論國政，有事備王諮詢，平日則純粹專注於講學的狀況恐怕要到宣王時期纔發生。

齊宣王即位，國祚更強，為實踐其「蒞中國而撫四夷」的大願，他開始發起更大規模的兼併戰爭，冀圖讓士人能替他的政治目標廣造輿論，他開始設立對待稷下先生更優裕的政策，這有兩大特點：第一，讓稷下先生做不需負責政事，卻能自由議論國事的上大夫，這種優厚的待遇使得學者能更專注

於著書立說，第二，建築高門大屋提供稷下先生居住，並鋪設康莊大道，使得稷下先生來往交通便利，齊宣王死，隔年齊湣王即位，他想繼承並發揚祖先功業，連續攻打各國，使得五國諸侯都賓服於齊國，由於齊湣王太過執著於外顯的功業而征戰不已，使得百姓苦不堪言，在稷下的士人紛紛離開齊國，如慎到與接予離開後就死去，田駢去薛國，荀子去楚國，稷下盛極而衰，齊國的優勢就在其文化培養出大量極具素質的人才，當大師紛紛離去稷下，意味著其弟子大量跟隨著離開稷下。

　　齊襄王即位，重新恢復稷下先生列大夫的職位，而荀子能重新在稷下學宮講學，還擔任稷下學宮主持祭事的祭酒三回，可見其地位崇隆。齊襄王會由重新恢復列大夫的職位做為支持稷下學宮的重要表示，顯現他經歷齊國大難，已經明白士人的匯聚是齊國的最大保障與寶藏，能善待大師，則匯聚過來的弟子共同奠立齊國的聲望，其效益將無可估量，然而，稷下隨著齊國的衰落，終究無法恢復往日的盛況了。燕昭王肯替由齊國過來的鄒衍打掃前席，請他上座，自謙為弟子屈居末座，對照此刻的齊湣王因不重視稷下先生而使大師紛紛離去，再由攻打燕國的將領都屬各地投奔的士人來看，齊國的衰落甚至於被侵略，正就敗在稷下學宮的頹圮裡。至最後的齊王建即位，他四十餘年不整頓軍事，不援救他國，坐待秦國來犯，齊國滅亡，稷下學宮橫亙一百五十年的歷史，就此徹底結束了。

第一節　齊國開明的政治傳統

　　杜正勝先生表示，西周而降五百年（大約在西元前十世紀至六世紀）的中國社會特質是「城邦」，城裡的人（就是國人）能拿平民的身份來參與政治，並且產生舉足輕重的能量，幾可與國君、貴族鼎足為三，他們不但成為當時社會的中堅，在中國的政治社會發展史裡，同樣是一朵奇葩，國人階級解體後，人民的政治能量就成為絕響了。〔註1〕他舉出大量例證，解釋在春秋時期，列國有難，經常盟大夫或國人於大宮。國人的產生，來自周民族武裝拓殖而營築的城牆，居住在城內的就是國人，有別於居住在郊外的「鄙人」或「野人」。杜正勝先生認為周人的東進殖民，就是把原住民當作社會的基石，譬如魯國有殷民六族，這些遺民後裔是構成社會的主幹，雖然亡國，還是世守其

〔註1〕　見其《周代城邦》第二章〈周人的武裝殖民與邦國〉，西元 1979 年，頁 21。

舊邑，不是「戮餘」的奴隸，因此能與周統治者共患難。他們參與政治有其長遠傳統，傳說他們的政治地位介於祭司、國王與貴族間，西周的銘文就已有國人干預政治的記載，像周朝的國人還能流放厲王於彘。國人干預政治的型態有很多種，譬如或決定國君廢立，或過問外交和戰，或參議國都遷徙，常有貴族立君，不得國人同意，則國君不能有國。而國君的外交政策如果違背國人的意見而自作主張，否則就有流亡的可能。杜正勝先生還舉西元前五〇六年吳軍進入楚都，《左傳・哀公元年》記說：「使召陳懷公。懷公朝國人而問焉。曰：『欲與楚者右，欲與吳者左。』」不論內政或外交，這裡可看出國人對國家大事的決策權甚大。〔註2〕這是西周而降的社會整體背景，魯國已是如此，齊國的國人對政治的決策權，自然只會更大。

　　前面的討論，已經徵引相當大量的文獻例證，都可使我們清晰看見齊國有著極開明的政治傳統。現在，讓我們更仔細探索這個開明政治的詳情。光把時間斷限由春秋時期來說，齊桓公不殺曾刺殺自己的仇敵管仲，卻因知道他有不世出的才幹，任用他為相，對他言聽計從，就已經具有開明政治的特徵。齊桓公面對幾乎要殺害自己的管仲，難道不會感覺憤怒嗎？〔註3〕但，他採納自己的親信鮑叔牙的雅言，《史記・管晏列傳》記說：「公子糾死，管仲囚焉。鮑叔遂進管仲，管仲既用，任政於齊。」〔註4〕《史記正義》則在這裡說：「《齊世家》云：『鮑叔牙曰：『君將治齊，則高傒與叔牙足矣，君且欲霸王，非管夷吾不可，夷吾所居國國重，不可失也。』於是桓公從之。』」管仲的出身卑微，生活貧困，曾經做過商人，《史記・管晏列傳》記說：「管仲貧困，常欺鮑叔，鮑叔終善遇之，不以為言。」還記管仲自己說：「管仲曰：『吾始困時，嘗與鮑叔賈，分財利，多自與，鮑叔不以我為貪，知我貧也。』」出身如此卑微的人，卻能由階下囚的位置被任命做齊國的宰相，這同樣亦屬開明政治的展現。齊國的統治階層在面對其國人時，由於統治者與受治者具有不同的風俗，加上夷商後裔的國人因沒有政治的出路，後來多靠工商營生（不同於野人多靠務農維生），人數幾稀的齊國統治者不論在政權的維繫上或經濟的生存上都依賴人數龐大的國人的支持，因此使得國人的聲音反而逐漸具有

〔註2〕　見同上，28～34。
〔註3〕　《國語・齊語》記說：「夫管夷吾射寡人中鉤，是以濱於死。」見《國語・齊語》卷第六，頁221。
〔註4〕　見《史記會注考證》卷六十二，〈管晏列傳〉第二，頁850。

左右政治的影響，甚至這些國人紛紛開始參與國政，與貴族階層共享權柄，管仲與鮑叔牙就是很典型的例證。

　　齊國恐怕是世界上最早人民因經營工商致富而能影響政局的國度，做爲國人的意識與做爲工商經營者的意識大幅度的重疊，統治者不能無條件執行個人的意志，而必須具有相對的協商性與妥協空間，這使得某種程度的「民主」聲音能在齊國最早滋生。這種現象最晚至齊桓公採納管仲的意見，讓「士農工商」這四種階層各自集居就肯定已經產生，雖然這項政策的執行時間已不可考，然而，齊桓公統治齊國總計四十三年（西元前685年至西元前643年），如果我們暫且假設在他統治的中期頒佈這項政策，意即在齊桓公二十一年至二十二年，時在西元前六六五年至六六四年，這還是比古希臘城邦雅典實施民主政治要早百餘年。齊國的統治者對國人的尊重與拔擢，前面的討論其實已遠溯自姜太公，這裡就不再多說了，齊桓公還設立讓國人來議論朝政的制度，稱做「嘖室之議」，據說這套制度是對古聖王的效法，《管子‧桓公問》記說：「齊桓公問管子曰：『吾念有而勿失，得而勿忘，爲之有道乎？』對曰：『勿創勿作，時至而隨，毋以私好惡害公正，察民所惡以自爲戒。』」〔註5〕這裡意思是說國君不需要有什麼政策的創作，只要順隨人民的意見，不要拿私人的好惡傷害公正的判斷，要鑑察人民對國事有什麼厭惡來做自己的警戒。管仲還說：「黃帝立明臺之議者，上觀於賢也；堯有衢室之問者，下聽於人也；舜有告善之旌，而主不蔽也；禹立諫鼓於朝，而備訊唉；湯有總街之庭，以觀人誹；武王有靈臺之復，而賢者進也。此古聖帝明王所以有而勿失，得而勿忘者也。」

　　管仲指出黃帝設立明臺，來使他在臺上能清晰看見來議論的人誰是賢人；堯設立衢室，能使自己在裡面傾聽人民的聲音；舜設立一面告善的旌旗，向人民昭告前來告訴他如何做善行，避免使他受到蒙蔽；禹設立諫鼓於朝外，備著讓任何有訴求與怨嘆的人民，都能擊鼓喚他出來傾聽；商湯設立一條任人議論國政的街道，讓人民自由在這裡議論甚至誹謗政事，使他知道自己的過失；周武王設立有靈臺，專門招納賢士進來共商國家大計……，這些都是古時的聖帝明王能擁有權柄而不會失去權柄，能獲得信賴而不會忘記自己的過失的原因。這些聖王是否眞有此舉已經很難查考（或許僅是管仲對部分的事實再做美化想像而已），但，當齊桓公表示自己希望能效法這些事蹟時，管仲就建議他設立「嘖室之議」，說：「人有非上之所過，謂之正士，內於嘖室

〔註5〕見《管子今註今譯‧桓公問》第五十六，下冊，頁883。

之議，有司執事者咸以厥事奉職而不忘，為此嘖室之事也，請以東郭牙為之，此人能以正事爭於君前者也。」這裡「嘖室之議」是一個議論國事的管道，嘖室則是這種管道的機構名稱，專供人民議論甚至批評國君的過失，能在裡面指出國君缺點的人都被稱做正士（正直的士人），各單位管理政事的負責人都要對正士的議論結果奉行不忘，嘖室裡的正士公認的正確事宜被稱做「嘖室之事」，由鮑叔牙來做執行他們決議的官員，因鮑叔牙能秉持正義把事情拿到國君面前諍諫。《管子》這部書出自管仲當世賓客與後世稷下先生的手筆，文章言「管仲」者其文常出自前者；言「管子」者其文常出自後者，這篇短文稱管仲為「管子」且單言此事，應是稷下先生對其事蹟的追記。

學者白奚先生指出「嘖室之議」有兩項職能：其一，議政，就是非難君主的過錯；其二，諮詢，讓君主廣聽下面的意見。他並表示「嘖」在《說文解字》裡就是「大呼」的意思，《荀子‧正名》就有「嘖然而不類」，楊倞注說「嘖」字就是「爭言」的意思，因此可想見士人能爭先恐後在嘖室裡坐起喧嘩，毫無顧忌的議論政治。〔註6〕

筆者相信齊桓公的霸業應是多種因素的共同釀就，其間修治內政這點意義應該極重大，修治內政的實質意思就是與國人合作，讓國人對他心服口服，要能讓民性強悍的齊國的國人心服口服，我想「嘖室」這種新鮮的設計，來做不斷溝通彼此意見的橋樑，應該確實存在。果真如此，則其具有「議會」的簡單雛型，雖然對於其制度與實行過程我們已經無法考證。齊桓公有很多禮賢下士不恥親炙的例證，最有名者莫過於「五顧」賢士小臣稷的事情，《新序‧雜事》記說：「齊桓公見小臣稷，一日三至不得見也，從者曰：『萬乘之主，見布衣之士，一日三至而不得見，亦可以止矣。』桓公曰：『不然，士之傲爵祿者，固輕其主；其主傲霸王者，亦輕其士，縱夫子傲爵祿，吾庸敢傲霸王乎？』五往而後得見，天下聞之，皆曰：『桓公猶下布衣之士，而況國君乎？』於是相率而朝，靡有不至。」〔註7〕齊桓公親自去見一個生活在民間的士人，三回都見不著，他的左右已經覺得深受屈辱，桓公則表示如果士人只有不想要爵位與俸祿，纔會對君主輕慢，君主只有不想要完就做聖王的霸業，纔會對士人輕慢，即使小臣稷這位先生不想要爵位與俸祿，我難道不想要完

〔註6〕 見其《稷下學研究：中國古代的思想自由與百家爭鳴》第三章〈稷下學宮的盛衰〉，一「濫觴」，西元1998年，頁39～40。

〔註7〕 見盧元駿《新序今註今譯‧雜事》第五，西元1991年，頁162。

就做聖王的霸業嗎？因此再去拜見他兩回，總共探望五回纔終於與小臣稷見
著面。見面要彎腰謙卑至這種程度，這絕對是一種格局甚大的政治謀略，意
即齊桓公思忖的對象不僅是小臣稷一人，還意味著他真誠希望感召齊國的國
人願意與他合作，小臣稷的不見面固然顯現其清高與對王者的輕視，齊桓公
的謙卑則能喚得國人甚至諸侯的歸往，其政治效應甚大。

　　不僅齊國的君主尚賢，受重用的大臣同樣尚賢，晏嬰就有大量提拔賢人
給齊景公任用的例證。《晏子春秋・內篇雜上》記載晏嬰在出使晉國的路上，
來至中牟，看見在做臣僕替人砍柴負薪的越石父相貌堂堂像個君子，就解下
拉車的左馬給其主人替越石父贖身，後來帶著越石父回齊國，車到家門，晏
嬰不打招呼不做辭讓就自己先進去了，引發越石父的不快請求絕交，晏嬰不
解原因，更自認自己對越石父已經有莫大的幫忙，豈知越石父回答：「臣聞之，
士者詘乎不知己，而申乎知己，故君子不以功輕人之身，不為彼功詘身之理。
吾三年為人臣僕，而莫吾知也。今子贖我，吾以子為知我矣；嚮者子乘，不
我辭也，吾以子為忘；今又不辭而入，是與臣僕我者同矣。我猶且為臣，請
鬻於世。」〔註8〕意思是說士人可受不瞭解自己的人的委屈，而伸展大志於瞭
解自己的人，君子不應當自認有功於人就待人輕慢，更不應當自己受人幫忙
就屈身奉人，他當人臣僕三年，沒有人知道自己，現在晏嬰解左馬來替他贖
身，他已經把晏嬰當知己了，卻沒想到晏嬰乘車不對他禮讓，現在回家更自
己先進去了，這與他人把越石父視作臣僕的意蘊完全相同，既然如此，就請
晏嬰把他再轉賣給他人吧！晏嬰這纔知道越石父確有真才實學，而說：「嚮者
見客之容，而今也見客之意。嬰聞之，省行者不引其過，察實者不譏其辭，
嬰可以辭而無棄乎！嬰誠革之。」晏嬰不僅見著越石父的儀容，更看見越石
父的意志，因此深摯感謝越石父對自己的教誨，令人重新打掃，請越石父上
坐，設酒食禮敬，並待他為食客裡的上客。

　　晏嬰自己出身於卑微的東夷，長得其貌不揚有損官體，能被齊靈公、齊
莊公與齊景公都任用而成為三朝重臣就已經是異數了，他竟還能任用相貌堂
堂卻出身於奴隸的越石父，這就意味著齊國很早就已經在落實尚賢的理念。

　　還有更平步青雲的例證，晏嬰的僕御只因聽從妻子的教誨謙虛做人，就
被晏嬰推薦去做大夫，《晏子春秋・內篇雜上》記說：「晏子為齊相，出，其

〔註8〕　見《晏子春秋今註今譯・內篇雜下・晏子之晉睹齊纍越石父解左驂贖之與歸》
　　　　第二十四，頁 254～255。

御之妻從門閒而闚，其夫爲相御，擁大蓋，策駟馬，意氣揚揚，甚自得也。
既而歸，其妻請去。」〔註9〕齊國的女人真的很強悍，只因先生對工作很有成
就感，妻子不滿意先生的態度就想要離婚，這引發其先生的困惑：「夫問其故，
妻曰：『晏子長不滿六尺，相齊國，名顯諸侯。今者妾觀其出，志念深矣，常
有以自下者。今子長八尺，迺爲人僕御，然子之意，自以爲足，妾是以求去
也。』其後，夫自抑損。晏子怪而問之，御以實對，晏子薦以爲大夫。」這
個短文乍看起來很讓人困惑：晏嬰如何只能因馬夫的做人謙虛就推薦他一舉
當上大夫呢？其間應該還有更多人與人相處的脈絡，只因這篇短文未說，我
們也就無法得悉箇中細節，但，起碼我們能得知齊國的階層區劃並未變做「階
級藩籬」，相反地，人只要有才幹，就能迅速由卑微的階層轉身爲與他真實資
質相應的階層。齊國還善於接納外國人的投效，燕國有位喚做泯子午的遊士，
他想與晏嬰見面，聲稱自己有三百篇的文章，內容條理嚴密，大能強盛齊國
細能幫忙晏嬰，然而，不辭千里真與晏嬰見著面，他卻畏懼晏子的聲威，怕
得連話都講不出口，晏嬰懷著同情的態度來安慰他，待他很禮敬的表情，使
他感覺舒服放鬆，纔能使他克盡自己的意思，後來客人離開了，晏嬰卻悶悶
不樂，正席而坐，有一頓早餐的時間都不說話，左右隨侍的人問他爲何面帶
憂愁，他表示正因泯子午的事情使自己有所反省。

　　《晏子春秋・內篇雜上》因此記晏嬰說：「燕，萬乘之國也；齊，千里之
塗也。泯子午以萬乘之國爲不足說，以千里之塗爲不足遠，則是千萬人之上
也。且猶不能殫其言于我，況乎齊人之懷善而死者乎！吾所以不得睹者，豈
不多矣！然吾失此，何之有也。」〔註10〕意思是說燕國自己就是個有萬輛兵
車的大國，齊國距離燕國有千里遙遠的路程，泯子午不顧自己萬輛兵車的大
國，不顧千里遙遠的路程，只想來見自己，實在是個能量在千萬人上面的名
士，但，他與自己相見卻因畏懼而不能暢談，何況齊人裡面懷抱善道卻不得
與自己相見抑鬱而死的人，恐怕就更多人了。晏嬰害怕自己失去如此大量的
人才，真是罪過甚大，更不要說自己佔居相位，能對齊國有任何幫忙了。這
種不斷自省的態度，使得齊景公雖然昏聵，卻因有晏嬰頂住，使得國家還維

〔註9〕　見《晏子春秋今註今譯・內篇雜上・晏子之御感妻言而自抑損晏子薦以爲大
　　　　夫》第二十五，頁258。
〔註10〕　見《晏子春秋今註今譯・內篇雜上・泯子午見晏子晏子恨不盡其意》第二十
　　　　六，頁259。

持著局面。這種傳統至戰國時期依舊如此，譬如《戰國策・齊策一》記載齊威王時因善於鼓琴而當上宰相的鄒忌，其身長八尺長相美麗，有一天他穿上朝服看著鏡子，問妻與妾說自己與城北徐公比起來誰比較美，兩人都說鄒忌長得美，再問剛來拜訪他的客人同樣的問題，也得到相同的回答，隔天與徐公相見，卻自認自己其實美貌遠不如徐公，因此有所反省，覺得對國家有益，而特別拿此事去對齊威王說：「臣誠知不如徐公美，臣之妻私臣，臣之妾畏臣，臣之客欲有求於臣，皆以美於徐公。今齊地方千里，百二十城，宮婦左右，莫不私王；朝廷之臣，莫不畏王；四境之內，莫不有求於王。由此觀之，王之蔽甚矣！」〔註11〕由晏嬰到鄒忌，我們能不斷看見大臣自省謀國的誠意。

齊威王聽了，覺得很有道理，就下令：「群臣吏民，能面刺寡人之過者，受上賞；上書諫寡人者，受中賞；能謗議於市朝，聞寡人之耳者，受下賞。」這個命令發佈後，果然釀就大量群臣甚至多事的老百姓，冀圖討賞而不斷過來勸告齊威王各種事情：「令初下，群臣進諫，門庭若市。數月之後，時時而間進。期年之後，雖欲言，無可進者。燕趙韓魏聞之，皆朝於齊。此所謂戰勝於朝廷。」這種臨時起意區隔出獎賞等級的政策其實反映著齊人好誇張其事的性格，由於它畢竟不是一種常態性的政治制度設計，因此剛開始來進諫的人門庭若市，數月後就每隔一陣子會有人過來，經過一年後即使有人想進諫，卻已經沒有合適的題材了，其實，齊國的國人反應逐漸冷淡，也反映出齊人普遍都有好嚐新鮮沒有持續性的毛病，不過，齊威王畢竟有心於革新朝政，這點我們亦不能否認。當秦國假道韓國與魏國來攻打齊國，齊威王命令章子做將軍來應敵，結果兩軍好像要媾和般使者不斷來往彼此軍營，其實這是章子故意先派使者去觀看秦軍旗幟，冀圖藉機派軍混入秦軍，探馬一個接著一個對齊威王報告說章子要投降了，齊威王都不理會不做任何回應，結果相關官員沈不住氣了，都表示章子要投降已經眾口一辭，責怪齊威王為何不出兵攻擊章子？齊威王則只是表示章子決不可能反叛，幹嘛要派兵去出擊呢？這種用人不疑的信任，能禁得起考驗嗎？沒有多久，齊軍大勝的消息就傳來了，秦軍不僅大敗，還自稱願做齊國西邊屏障的臣子而向齊國謝罪，希望能獲得齊國的諒解。

左右的人都很好奇問齊威王如何得知章子不會反叛，《戰國策・齊策一》記齊威王說：「章子之母啟得罪其父，其父殺之而埋馬棧之下。吾使者章子將也，

勉之曰：『夫子之強，全兵而還，必更葬將軍之母。』對曰：『臣非不能更葬先妾也。臣之母啓得罪臣之父，臣之父未教而死。夫不得父之教而更葬母，是欺死父也，故不敢。』夫爲人子而不欺死父，豈爲人臣欺生君哉？」〔註12〕章子的父親因母親在他面前犯罪，父親就把母親殺了，還埋在馬圈下面任馬去踐踏，結果齊威王要派章子出征，勸勉他相信他必會得勝而歸，等他回來了，威王會換個地點幫他把母親埋葬，章子卻拒絕表示父親生前沒有留下任何遺言，他不敢欺騙死去的父親去做這件事，齊威王因此相信章子連死去的父親都不敢欺騙，更不會去欺騙活著的國君了。我們由此能看出齊威王是個對部屬很細緻照顧的君主，這種細緻使他自然有機會明白部屬的性格，不會做出失誤的判斷，能做我們這裡解釋何謂開明政治的例證。

齊威王的兒子齊宣王，其開明就更著稱於世了，他是使得稷下學術眞正興盛起來的君主，有兩個例證能說明他如何禮敬士人，首先是顏斶面見齊宣王，兩人發生衝突，《戰國策·齊策四》記說：「齊宣王見顏斶，曰：『斶前！』斶亦曰：『王前！』宣王不悅。左右曰：『王，人君也。斶，人臣也。王曰『斶前』，亦曰『王前』，可乎？』斶對曰：『夫斶前爲慕勢，王前爲趨士。與使斶爲趨勢，不如使王爲趨士。』」〔註13〕這位顏斶顯然是有意特地過來教育齊宣王如何尊重士人，纔會甘冒大不韙去頂撞齊宣王，當然，他得確信齊宣王有這個雅量。

齊宣王起先很生氣，覺得自己受到羞辱：「王忿然作色曰：『王者貴乎？士貴乎？』對曰：『士貴耳，王者不貴。』王曰：『有說乎？』斶曰：『有。昔者秦攻齊，令曰：『有敢去柳下季壟五十步而樵采者，死不赦。』令曰：『有能得齊王頭者，封萬戶侯，賜金千鎰。』由是觀之，生王之頭，曾不若死士之壟也。』宣王默然不悅。」顏斶指出「士人貴於王者」的觀點，顯然是只有在齊國纔會率先出現的高論，這是建立在國人地位高張，而國君亟需國人尤其是國人裡面的菁英支持輔政的事實，這種需要性至戰國時期各國求賢恐急的處境裡更見強烈。然而，齊宣王剛開始對於顏斶完全戳破國君的尊嚴很不高興，他的左右更幫腔表示如果沒有王者的權柄，士人不過只是在農畝鄙野裡徒步的賤人而已，顏斶則表示明君會做明君，正因自己謙卑去推尊士人的地位，他說：「老子曰：『雖貴，必以賤爲本；雖高，必以下爲基。』是以

〔註12〕見《戰國策·齊策一》，上冊，頁327～329。
〔註13〕見《戰國策·齊策四》，上冊，頁407～413。

侯王稱孤寡不穀。是其賤之本與？非夫孤寡者，人之困賤下位也，而侯王以自謂，豈非下人而尊貴士與？夫堯傳舜，舜傳禹，周成王任周公旦，而世世稱曰明主，是以明乎士之貴也。」這段話顯然聽得齊宣王悚然心驚，表面上顏斶在跟他說王者尊重士人的重要性，而且還拿堯舜禹這些例子指出賢明的君主甚至會禪讓王位給出身卑微的士人，其實更暗指如果君主不知謙卑待士，他就會失去自己的王位，這件事更嚴厲地指向齊宣王，因為他的先人田完本就是個由陳國流亡到齊國的士人，最後竟然能竊取姜齊的權柄，如果現在齊宣王不知謙卑待士，難道歷史不會重演嗎？

　　因此齊宣王自嘆說：「嗟呼！君子焉可侮哉，寡人自取病耳！及今聞君子之言，乃今聞細人之行，願請受為弟子。且顏先生與寡人游，食必太牢，出必乘車，妻子衣服麗都。」王者願意做士人的弟子，這已經是對士人最大的尊重了，沒想到這個顏斶更絕了，他完全不領情，不是來求任何高官厚祿，只想對齊宣王做出正言，然後竟然就離開了，《戰國策·齊策四》記說：「顏斶辭去曰：『夫玉生於山，制則破焉，非弗寶貴矣，然夫璞不完。士生乎鄙野，推選則祿焉，非不得尊遂也，然而形神不全。斶願得歸，晚食以當肉，安步以當車，無罪以當貴，清靜貞正以自虞。制言者王也，盡忠直言者斶也。言要道已備矣，願得賜歸，安行而反臣之邑屋。』則再拜而辭去也。」他認為宣王要做明君就當尊重士人，然而士人如果真的出仕，就會弄得「形神不全」的處境，因此他只希望自己能安全的回家好好去過日子，後來果真終身不仕。還有個喚做王斗的士人，他自己來到齊宣王的宮前表示要見王，齊宣王派謁者請他進入，他卻拒絕了，《戰國策·齊策四》記說：「先生王斗造門而欲見齊宣王，宣王請謁者延入。王斗曰：『斗趨見王為好勢，王趨見斗為好士，於王何如？』使者復還報。王曰：『先生徐之，寡人請從。』宣王因趨而迎之於門，與入，曰：『寡人奉先君之宗廟，守社稷，聞先生直言正諫不諱。』王斗對曰：『王聞之過，斗生於亂世，事亂君，焉敢直言正諫？』宣王忿然作色，不說。」〔註14〕王斗主動表示想見齊宣王，齊宣王因為有前面顏斶給他的經驗，因此趕緊出去迎接，結果王斗卻又說他不敢直言正諫……

　　王斗不敢直言正諫就罷了，他卻說自己生於亂世，侍奉著亂君，如何能直言正諫？這就把齊宣王給完全罵進去了，齊宣王是個正常人，難道不該感覺很憤怒很羞辱嗎？彼此僵持一陣子，還是由王斗打破沈默，《戰國策·齊策

〔註14〕見同上，頁414～417。

四》記說：「有間，王斗曰：『昔先君桓公所好者，九合諸侯，一匡天下，天子受籍，立為大伯，今王有四焉。』宣王說，曰：『寡人愚陋，守齊國，唯恐失之，焉能有四焉？』」齊宣王誤認為王斗要誇讚他，因此重新展開笑顏，想請問王斗自己竟然還有哪四個優點，豈知王斗說不是這個意思：「王斗曰：『否。先君好馬，王亦好馬。先君好狗，王亦好狗。先君好酒，王亦好酒。先君好色，王亦好色。先君好士，是王不好士。』宣王曰：『當今之世無士，寡人何好？』」當王斗說齊桓公喜歡騎馬喜歡賽狗喜歡喝酒，宣王都喜歡，只有齊桓公喜歡延攬有才幹的士人從政，獨獨齊宣王不喜歡此事，這就更引起齊宣王的不快，他只有耍嘴皮子般的回應說當今世上已無真正的士人，他想親近也沒有機會了。當王斗還說他只是不喜歡親近士人，哪裡能說憂慮世上已經沒有真正的士人？齊宣王纔回頭表示自己誠然憂國愛民，希望能得到真正的士人來幫他治國，原來話題至此應該已經回到王斗是否希望能得到齊宣王的任免出仕，豈知難堪的話題繼續針對性的發生：「王斗曰：『王之憂國愛民，不若王之愛尺縠也。』王曰：『何謂也？』王斗曰：『王使人為冠，不使左右便辟而使工者何也？為能之也。今王治齊，非左右便辟無使也，臣故曰不如愛尺縠也。』」

王斗說齊宣王憂國愛民的程度，竟不如其愛一尺縠紗，因為當他要做一個王者戴的帽子，他會請專業的工匠去做，不會請自己左右親暱的侍者去做，然而他要治理齊國，不會請專業的士人去做事，卻只找自己左右親暱的侍者去做事，這說明齊宣王愛自己的王帽勝過於憂國愛民。齊宣王終於明白王斗的意思，因此向王斗致謝說自己有罪於國家，而舉用五位士人做官，齊國因此大治。

即使同在《戰國策》這本書裡，我們也很難覓出他國有如此動人的故事，能讓士人如此大膽指出國君的失察，甚至，在戰國晚期的齊國末世，齊國被燕國侵略攻破七十餘座城池，最後因田單死守即墨，終於收復失地，擁立齊宣王的孫子太子庸為王（意即後來的齊襄王），田單則做相國，由於田單的勛業卓著，齊襄王對他很忌憚，有回兩人過淄水，看見老人涉水感覺很寒冷，走都走不動了，坐在沙堆中，田單立即派人由車後拿出衣服分給老人，結果找不到衣服，他就自己脫皮裘給老人穿，齊襄王很厭惡，《戰國策·齊策六》記他喃喃自語說：「田單之施，將欲以取我國乎？不早圖，恐後之。」〔註15〕左右沒有人聽見他說的話，卻見旁邊岩石有個採珠人聽見他說的話，就隨口

〔註15〕見《戰國策·齊策六》，上冊，頁 460～462。

問他該怎麼辦？採珠人說：「王不如因以爲己善。王嘉單之善，下令曰：『寡人憂民之饑也，單收而食之；寡人憂民之寒也，單解裘而衣之；寡人憂勞百姓，而單亦憂之，稱寡人之意。』單有是善而王嘉之，善單之善，亦王之善已。」採珠人建議齊襄王眞要破解田單深得民心的現象，並不是去打壓田單，而是承認並田單的愛民行徑，如同齊襄王在促使田單去做這些事。

　　齊襄王果眞照做了，使得百姓都誤認爲田單的愛民來自齊襄王的授權，而更鞏固齊襄王的權柄，但，他依然對田單深懷戒懼。《戰國策・齊策六》記貂勃常誹謗田單是個小人，田單卻把他推薦給齊襄王去做官，齊襄王有九個寵幸的侍臣都想謀害田單，他們想辦法讓齊襄王派貂勃出使楚國，貂勃尙未回來，這九人就跟齊襄王說貂勃受田單的指使，準備陰結諸侯不利於王，田單坦胸露背向齊襄王請受死罪，齊襄王則語意模糊地表示：「子無罪於寡人，子爲子之臣禮，吾爲吾之王禮而已矣。」〔註16〕意思是說你並沒有什麼罪，我們只是在各盡其君臣的禮數而已，田單顯然遭遇很大的精神折磨。後來貂勃回來，齊襄王宴請他，兩人酒酣耳熱時，齊襄王隨意直呼田單姓名說：「召相田單而來。」貂勃聽見，立即避席叩頭說：「王惡得此亡國之言乎？」接著問齊襄王比周文王與齊桓公如何？齊襄王自己承認不如，貂勃就說：「然，臣固知王不若也。然則周文王得呂尙以爲太公，齊桓公得管夷吾以爲仲父，今王得安平君而獨曰『單』，且自天地之闢，民人之治，爲人臣之功者，誰有厚於安平君者哉？而王曰『單，單』，惡得此亡國之言乎？」他並歷數田單復國的不世勳業，說田單當日如想稱王，沒有人能阻止，然而他卻沒有這麼做，卻迎接齊襄王回來做王，因此齊襄王如果還不知道田單的忠貞，就眞是連嬰兒的計謀都不如了，他嚴峻請齊襄王能殺這九個侍臣來向田單謝罪，否則這樣忠奸混淆下去，齊國就要危險了。齊襄王至此纔有感悟，立即殺掉九位亂臣，驅逐他們的家眷，再把萬戶的夜邑封給田單。

　　這裡詳細舉證齊襄王與田單的君臣互動狀況，冀圖指出齊國的君王並未擁有絕對無上的權威能使其胡做妄爲，即使齊襄王如芒刺在背般不喜歡田單，他依然得尊重田單深受齊國百姓喜愛的事實（使得他如果想壓治田單，就得用更隱微的辦法），如果他不承認甚至顚覆田單對齊國貢獻很大這個事實，他就得面臨王位不保的危機，這個危機的源頭並不是田單做爲權臣會不利於齊襄王，而是齊國人民的反彈。

〔註16〕　見同上，462～466。

　　還有大量的例證說不勝說，我們或可再由春秋時期與戰國時期各舉一個例證，前者如《左傳・襄公二十三年》記說：「齊侯將爲臧紇田，臧紇聞之，見齊侯。與之言伐晉，對曰：『多則多矣，抑君似鼠。晝伏夜動，不穴於寢廟，畏人故也。今君聞晉之亂而後作焉，寧將事之，非鼠如何？』乃弗與田。」〔註17〕齊莊公本來要賞賜田邑給救國有功的大夫臧紇，想不到只因齊莊公對他誇耀自己征討晉國如何厲害，他竟然在齊莊公面前罵他是隻老鼠，因爲老鼠白天躲著晚上纔敢出現，不敢在床前或廟裡去做巢穴，因爲怕人的緣故，齊莊公聽見晉國有災變就起兵，晉國安寧就事奉晉國，這是個老鼠般的行徑，因此齊莊公氣得就不給他封邑了。齊莊公頂多只能生氣不做封賞，卻不能奈何臧紇（譬如因他出言不遜就殺掉他），這就顯示出國人的地位已經在坐大，而醞釀出樸素的民主精神。後者譬如《戰國策・齊策四》記載田齊桓公冷遇孟嘗君，梁惠王虛出相位而要聘請他做相，田齊桓公聽見了，立即寫信表示要挽留：「封書謝孟嘗君曰：『寡人不祥，被於宗廟之祟，沈於諂諛之臣，開罪於君，寡人不足爲也。願君顧先王之宗廟，姑反國統萬人乎？』」〔註18〕從君主這種謙卑的態度裡，我們能明白齊國的統治者與被統治者間並不具備誰宰制誰的關係，而具有合作性，最起碼君臣共治是事實，這使得齊學的政治有著民主的性質，更使得思想家能放膽思索政治問題，去涉入政治制度的改革與政權如何反映人心這些議題，甚至君主不應該世襲的主張，也都呈現在後來稷下學者的討論裡，這就是齊國會產生開明政治的重要背景。

　　相較於其他學術脈絡譬如晉學，思想家們只是在思索如何提高君主的聲望與權威，如何能幫忙君主控制人民，君主應該如何因應現實使用權謀這些專制性的議題，齊學確實因爲它開明的政治傳統，導致思想已經進入客觀認知的層面去架構，不再只是站在功利的角度往現實面思索。

　　最後，我們要對「民主」這個觀念做個省察。「民主」這個觀念夾雜很複雜的思想甚至情緒，尤其在使用中文的人文學術圈裡，一般學者並不會願意使用「民主」這個詞彙來指稱中國開明的政治傳統裡內具的性質，譬如學者金耀基先生就使用「民本」這個詞彙，儘管他認爲「民本思想」畢竟是中國民主珍貴的文化傳統，然而他認爲這兩種觀念相通而不相同，關於其認知的民主，他引用美國林肯說的「政爲民政」（of the people），「政由民出」（by the people）與「政

────────────

〔註17〕見《春秋左傳注疏・襄公二十三年》卷第三十五，頁607～608。
〔註18〕見《戰國策・齊策四》，上冊，頁399。

以養民」(for the people)，雖然第一點與第三點的民有與民享觀念都是中國民本思想的主要內涵，唯獨那第二點的民治觀念是西洋文化的產物，民本思想不需要有民治的精神，民主思想則需要按民治為基點，這就使得兩者的光景不同，他據此否認中國自古就有「民主」思想。〔註19〕不過，根據美國政治學者鮑爾斯（Samuel Bowles）與金蒂斯（Herbert Gintis）兩位先生的共同看法，就民主是基於保障個人自由和行使權力時負有社會責任這個直接的意義來說，今天沒有任何一個資本主義社慧能被合理地稱作民主社會，因為各種民主體制常只是各個先進的資本主義國家社會生活中的裝飾品而已，藉此自豪展示給來訪者，並且被大家讚美，但並不真的在使用，尤其在那些得切實行事的環境裡，譬如家庭、軍隊、工廠和辦公室這類核心機構裡，什麼都有，就是沒有民主。代議制政府、公民自由和正常程序只是遏止無責任的權力王國過份顯眼的擴張，但卻遮掩和加強其特權和統治的各種根本型態。〔註20〕

如果按照鮑爾斯與金蒂斯兩位先生的標準，則不論古今中外，世上根本沒有民主社會的存在，然而，這樣的看法，對於已經認同民主是普世價值的

〔註19〕見其《中國民本思想史·自序》，西元 1993 年，頁 1；並見《中國民本思想史》第一章〈緒論〉，三「中國民本思想之究竟義」，頁 13。金耀基先生還對中西政治哲學的差異有很精當的看法，他說：「西方人言政治，皆從我字出發，『我』是與一切『非我』對立的；因此，喜歡講權利。中國人言政治，則從『人』字出發，『人』是講對偶的；因此，都從義務上講。這一點，在東西方原初時期即鰲然分途，譬如西方說君，必隨之說權；而吾國說天子，則非但不提及『權』字，反強調種種之義務，故若謂西方之政治哲學乃是建築在『權利本位』之上的，中國之政治哲學乃是建築在『義務本位』之上的，恐無大誤。」見該書第二章〈民本思想胚胎時期〉，頁 29。

〔註20〕鮑爾斯與金蒂斯兩位先生還共同表示：「但是，民主並不是一成不變的。在民主制度已經紮下根的地方，它們常常也已經擴張和深化了。一旦一個政治習語成為政治多際交往中的混成語時，它往往已經包括進了各種特殊意義。在其發展過程中，民主因而會毫無區別毫無顧忌地向一切形式的特權挑戰。」見其《民主與資本主義：財產、共同體和現代社會思想的矛盾》第一章〈現在：政治學、經濟學和民主〉，西元 2001 年，頁 1～3。筆者認為鮑爾斯與金蒂斯兩位先生隱含兩層意思：其一，民主會依據各個社會的獨有特徵，發展出各種不同的型態；其二，不同的民主型態展現的共同價值，就是大膽反抗不合理的特權。筆者認為由前面探索齊國的君臣互動裡，就能看出這種大膽議論時政而與腐敗抗衡的精神，而齊國歷任國君則已經釀就出慣例性或制度性的尊重，尤其田齊政權的本質就是士人政權，其君主出身於士人，且依靠著士人來維繫政權，士人的意見對其政權的穩固具有絕對重要性，這是種「士人民主」，有別於古希臘雅典城邦的「公民民主」。

我們並沒有任何意義。〔註21〕任何社會都有其不可抹滅的歷史傳統，我們應
該要去尋覓自身社會的歷史傳統裡符合民主價值的元素，從而做為我們繼續
推進自己想要的民主型態的張本，這就是筆者會採取「民主」這個詞彙來認
識齊國社會的某種開明特徵背後的態度。學者陳德正先生曾比較先秦齊文化
與古希臘雅典文化的開放精神，表示其君主制政體中保留相當的共和民主，
這突出表現在其朝議制度上，與這個制度相聯繫的是在齊國政治生活裡一直
存在著君主納諫和卿大夫直言極諫的現象，這表明齊國君主不具有「乾綱獨
斷」，大權獨攬的專制權柄，臣民有表達自己意見的機會；而雅典政治文化的
開放突出表現在其民主制度上，這種制度具有兩個根本原則：「主權在民」與
「法律面前人人平等」，尤其在主權在民的原則裡，全體自由成年男人都可參
加公民大會，具有最高權柄，每個公民都享有平等的普選權、監督權與立法
權，他因此認為雅典的民主體現的是一種法治精神，而齊國的民主則與君主
的個人品質有直接關係，這是在人治基礎上的開放，屬於原始民主制的殘餘。
〔註22〕筆者大致能同意這種觀點，意即齊國的政治展現出民主思潮尚在萌芽
時期的開放性，〔註23〕然而，筆者還是要指出，雖然齊國尚沒有貫徹落實如

〔註21〕 更不要說在日本漢學家的眼裡，中國恰恰是個民主過度發達的國家，如中國
哲學史名家的宇野哲人就曾在民國初年來中國觀察後說：「中國今日之所以不
振，或起因於彼國自古以來民主主義思想發達，由此形成易姓革命之風，缺
乏在一定之主權下統一團結之性格。」他認為「做為國家的中國」由於民主
思想過於發達，因此「作為民眾之中國」頗有個人主義或利己主義的傾向，
中國表面上是君主專制國家，但，中國人實際是民主性自治的國民。見其《中
國文明記》，頁182，轉引自黃俊傑〈二十世紀初期日本漢學家眼中的文化中
國與現實中國〉，見其《東亞儒學史的新視野》，西元2004年，頁270～271。
〔註22〕 見其〈先秦齊文化與古希臘雅典文化中開放精神的比較研究〉，《齊魯文化》，
西元1995年，第二期（總計第一二五期），頁52～57。他認為齊國因其國力
雄厚（主要是指經濟），使其政治文化再普遍實行君主專制的中國歷史裡樹立
民主開放的典型，不過他同樣表示：「從總體而言，齊文化所體現的開放精神
並沒有被統一後的秦所繼承。代表封閉內向文化精神的秦最終以其強大的軍
事經濟實力兼併了包括齊在內的山東六國；齊則因在戰國中後期的內外策略
連連失誤，不修戰備，不援五國，使這個本來最具統一中國條件的國家走向
了滅亡，也使齊文化的開放精神被秦文化的封閉精神所逐漸取代。從此，經
濟的單一內向、政治的極端專制與文化的封閉保守成為中國封建社會的主導
文化精神，開放進取的文化精神不復可見，這也是明清以後中國逐漸落伍於
西方國家的深層原因之一。」見同上。他的說法很值得省思。
〔註23〕 中國上古已有「民主思想萌芽」，這個說法出自吾師韋政通先生，不過他認
為這種民主與近代的民主思想有相當大的差別，他拿孟子思想做比較說：

雅典般的民主制度，然而在思想理論上，齊學已經發展出擴大民意基礎，藉此建立客觀的政治制度（政道）的觀念，論說詳見後面。

第二節　稷下興起前的學術環境

　　齊國的學術與政治這兩大領域自來很難被割裂來檢視，因此，討論稷下興起前的學術環境，很難掙脫齊國的開明政治傳統來單獨認識，不過，學術環境確實還是有兩個獨立的意蘊能被單獨畫出來檢視：其一，稷下興起前，齊國政府如何保護與扶植學術的發展，這包括理論與實踐兩個層面；其二，如果齊國的學術與政治確實很難被割裂（起碼在稷下興起前），擁有學問的人與做官治事的人幾乎就是等號，齊國有什麼客觀的制度，來保障擁有學問的人能有機會做官治事。這裡要由這兩個角度來思考。

　　《管子》這部書哪些屬於管仲門客紀錄管仲思想；哪些屬於稷下先生各自記錄其思而整理至《管子》裡，或甚至哪些本屬於管仲門客記錄，後再經稷下先生潤色，這種時間性的問題現在已經很難清晰查考，〔註 24〕不過，我們由《管子》這部書的確能看見一種專屬於齊學的整體傾向，這種傾向如果特別在指學術領域就是提倡教育。或許因為齊人曾面臨著相對來說較惡質（不適合全面農耕）的天然環境，人才的資源自來就深受齊國統治者的重視，姜太公建國草闢時期不斷與東夷賢人合作，前面已經有詳論，現在我們專門來

　　「（一）在近代民主思想中，『君』（總統）屬於『變』數，他在位久暫之權操之在民，當他不在位時，仍是民的身份，所以君與民之間，根本上就無所謂貴賤輕重之別；民貴，君亦貴，如仍堅執民貴君輕之說，那是與人格平等的原則相悖的。（二）通常講孟子思想的人，無不認為『民為貴』代表一種人格平等的思想，但幾乎從來沒有人發現過，由『民為貴』中所涵的人格平等思想，與近代民主政治中所表現的對人普遍尊重的意義是大不相同的。」見其《儒家與現代化・民主與中國文化》，一「民主思想萌芽」，西元 1997年，頁 116～117。中國要發展出自身的民主思想，且與西洋的民主思想自然會有不同的特色，且歷史有其演進的過程，這是筆者對萌芽時期的中國民主思想的看法。

〔註 24〕《管子》這部書對齊國人來說，其意義有如猶太人的《舊約聖經》，裡面並不成於一人與一時，包含著各種自然與人文的當日知識與哲學，甚至信仰與價值，尤其能完整反映齊國特有的真理觀，而管仲在齊國人的心理位階有如摩西般的先知，其架構出齊國的各種典範，都成為齊國立國的準繩，這種角度能幫我們釐清為何《管子》都依托管子立言，那已是個「抽象的完美管仲」，而不見得再是「具體的現實管仲」。

看《管子》這部書，透過這本反映齊學的最重要典籍，來檢視他們對人才的看重程度。《管子‧權修》說：「一年之計，莫如樹穀；十年之計，莫如樹木；終身之計，莫如樹人。一樹一穫者，穀也；一樹十穫者，木也；一樹百穫者，人也。我苟種之，如神用之，舉事如神，唯王之門。」〔註25〕這段話的意思是說種植一年就能有一年的收穫，這是種植五穀；種植一年就能有十年的收穫，這是種植樹木；種植一年就能有百年的收穫，這是培植人才。我如果能培植人才，人才能供我終身運用，如同神明在運用般，行事如同神明，這就是落實王業的門徑。這裡表示要讓「士無邪行」與「女無淫事」就要靠教育，而說：「凡牧民者，使士無邪行，女無淫事。士無邪行，教也；女無淫事，訓也。教訓成俗，而刑罰者，數也。」這裡強調讓有道的士人來朝內做官的重要性：「法者，將立朝廷者也；將立朝廷者，則爵服不可不貴也；爵服加于不義，則民賤其爵服；民賤其爵服，則人主不尊；人主不尊，則令不行矣。」

這段話就有希望能建立客觀的掄材制度使政權能召公信的意思。

《管子‧君臣下》還說：「是故國之所以為國者，民體以為國，君之所以為君者，賞罰以為君。致賞則匱，致罰則虐，財匱而令虐，所以失其民也。是故明君審居處之教，而民可使居治戰勝守固者也。」〔註26〕重點就在這個「審居處之教」，國君如果能細緻注意人民的生活，尤其注意日常生活對人民的影響，在生活裡施加教化，再加上國君賞罰適度中矩，纔能使人民心向著國家而替國家做事。《管子‧禁藏》還說：「夫明王不美宮室，非喜小也；不聽鐘鼓，非惡樂也，為其傷於本事而妨於教也。」〔註27〕這裡把「本事」（不論這個「本事」是農業或工商，因該篇內容相當駁雜）與教育相提並論，顯見《管子》對教育的重視，《管子‧五輔》則說：「然則得人之道，莫如利之，利之之道，莫如教之以政。」〔註28〕這裡指出要能獲得賢人的辦法，莫如直接使他們獲利，要能使賢人獲利，莫如直接教他們政治，讓道德與政治結合，使賢人具備管理政治的專業能耐，並能使他們獲利，纔能使他們願意出仕，加上前面「財匱而令虐，所以失其民」的觀點，都反映出齊國重利的傳統，然而這種重利不是拿金錢去豢養人，其給出（賞）與收回（罰）都要有個公

〔註25〕見《管子今註今譯‧權修》第三，上冊，頁37。
〔註26〕見《管子今註今譯‧君臣下》第三十一，上冊，頁536。
〔註27〕見《管子今註今譯‧禁藏》第五十三，下冊，頁847。
〔註28〕見《管子今註今譯‧五輔》第十，上冊，頁179。

正的機制，能讓人服膺其教化。這裡還可看出齊學確實已有關於發展教育相當清晰的觀念，教育不單純只是在學校內，還包括在生活裡，儘管我們無法確認這些觀念到底係出自管仲門客或稷下先生的手筆，致使在時間斷限上有認知的困難。不論這些說法出現的早晚，齊國統治階層確實很重視教育，希望藉此發展出客觀的掄材制度，與周王朝僅重視宗法血緣相當不同。

齊國這種重視教育的態度是具有特殊性的先進思想，與齊國比鄰的魯國，長期就還是依循宗法血緣的觀念，受教育的對象主要還是貴族，無關於平民。光就齊國與魯國的差異來論，《呂氏春秋‧長見》說：「呂太公望封於齊，周公旦封於魯，二君甚相善也。相謂曰：何以治國？太公望曰：『尊賢上功』。周公旦曰：『親親上恩』。太公望曰：『魯自此削矣』。」〔註29〕

這段話使我們看出齊國與魯國治國方略的不同，齊國採取尊重賢者，依照實際事功來論斷爵位的辦法，而魯國則採取血緣宗法繼承爵位的辦法，這不由得不使齊國國勢日強，而魯國則國勢日削。「尊賢上功」的政策就不會只是往民間去蒐羅賢人出仕，而更包括設立學校去培育賢人。《禮記‧學記》就有說：「古之王者，建國君民，教學為先。」〔註30〕春秋時期，齊桓公就有各種選拔人才與教育人才的措施，《孟子‧告子下》記載當齊桓公稱霸，在葵丘大會命令諸侯說：「尊賢育才，以彰有德。」〔註31〕《國語‧齊語》則記說：「管子對曰：『昔吾先王昭王、穆王，世法文武遠績以成名，合群叟，比校民之有道者，設象以為民紀。』」〔註32〕這就是由民間蒐羅德性道藝都堪做表率的賢人，讓他們來做人民的言行舉止的模範，這套制度更具體的作法，就是由民間最基層的鄉選出賢人，讓他們在各鄉做官，再由各鄉負責考核的官員定期將政績卓越的人上報給齊桓公，最後齊桓公會親自去基層做考察，合格者就被賦予重任，這套制度被稱做「三選法」，《管子‧小匡》說：「正月之朝，鄉長復事，公親問焉。曰：『於子之鄉，有居處為義好學，聰明質仁，慈孝於父母，長弟於鄉里者，有則以告，有而不以告，謂之蔽賢，其罪五。』」〔註33〕還說：「於是乎鄉長退而修德進賢，桓公親見之，遂使役之官。公令官長期而書伐以告，且令選官之賢者

〔註29〕 見《呂氏春秋今註今譯‧仲冬紀》卷十一，〈長見〉第五，上冊，西元 1990年，頁 294。
〔註30〕 見《禮記正義‧學記》卷第三十六，西元 1995 年，頁 648。
〔註31〕 見《孟子注疏‧告子下》卷第十二，西元 1995 年，頁 218。
〔註32〕 見《國語‧齊語》卷第六，西元 1981 年，頁 223。
〔註33〕 見《管子今註今譯‧小匡》第二十，上冊，頁 389～390。

而復之。」還說：「公宣問其鄉里，而有考驗，乃召而與之坐，省相其質以參其成功成事，可立而時，設問國家之患而不肉，退而察問其鄉里，以觀其所能，而無大過，登以爲上卿之佐，名之曰三選。」

三選的對象顯然包括平民階層，因爲齊桓公把全國畫出二十一個鄉，他命令各鄉長推舉賢人，住在「三國」內的國人與住在「五鄙」內的野人都是他們推舉的候選人，不會只任用住在城內的賢人而不任用住在城外的賢人，住在城內的國人不見得都是貴族，住在城外的野人則絕對都是平民，這就替平民階層的出仕開啓大門。《管子‧大匡》對三選有更精確細緻的討論，其說：「凡縣吏進諸侯士而有善，觀其能之大小以爲之賞，有過無罪。」〔註34〕這裡「諸侯」兩字筆者推測是衍文，實意爲各縣鄉吏向齊桓公進獻有善行的士人，看他們才能的高低來做賞賜，即使推薦的人有錯誤，也不做處罰。齊桓公還特別命令三位大夫來執行此事，《管子‧大匡》還說：「令鮑叔進大夫勸國家，得之成而不悔，爲上舉。」命令鮑叔牙推舉大夫給桓公來幫忙國家，如果這些大夫幫忙國家有績效，使得推薦的鮑叔牙不會後悔，這就是上等的推舉。還說：「令晏子進貴人之子，出不仕，處不華，而友有少長，爲上舉。」這個晏子可能是《管子‧小匡》裡說的晏尚，命令晏尚推舉貴族的子弟出來做官，如果他們不肯做官，居住很樸素不華麗，其交往的朋友又包括年輕人與年長者（因貴族子弟養尊處優，容易傲慢待人，不容易交朋友，如果能交到同年齡向善的朋友，甚至還有忘年的交游誠屬不易），這就是上等的推舉。還說：「士處靜，敬老與貴，交不失禮，行此三者，爲上舉。」士人居處很寧靜，尊敬老人與顯貴，朋友相交不會失禮，能做到這三者就是上等的推舉。還說：「耕者農，農用力，應於父兄，事賢多，行此三者，爲上舉。」

這段意思在說耕種的人奮勉工作，順從父兄實踐孝悌，能善於侍奉賢人，能做到這三者就是上等的推舉。《管子‧大匡》還說：「令高子進工賈，應於父兄，事長養老，承事敬，行此三者，爲上舉。」齊桓公派高傒推舉在工商領域有優異表現的人才，順從父兄實踐孝悌，能謹慎承辦委交的事情，能做到這三者就是上等的推舉。這裡可看出齊桓公需要的人才涵蓋士農工商四種領域，不論這些人本來的職業是什麼，都希望舉用的人才能兼備德性與才幹，這很具體指出其舉用人才不問出身高低的事實。最後，《管子‧大匡》說：「三大夫既已選舉，使縣行之，管仲進而舉言上而見之於君，以卒年君舉。」上

〔註34〕見《管子今註今譯‧大匡》第十八，上冊，頁344～345。

面這三位大夫既已推舉各領域的人才，並把他們撥交給各縣去做事，管仲還觀察其間是否有優異表現的賢人，再把他們推舉給齊桓公，不滿一年齊桓公就再晉用他們至朝內。齊桓公還有兩種招徠賢人的舉措，其一，設庭燎招士。西周時諸侯去朝覲、祭祀與商議軍國大事的時候，會在大庭燃起火炬，根據爵位的高低，使用庭燎的數目有不同，天子舉一百支火炬，公爵舉五十支火炬，侯伯子男這些爵位都舉三十支火炬，齊桓公地位屬公爵，卻僭用天子的禮節來招士，〔註35〕剛開始一年了，竟沒有士人敢來應召，結果一個只會九九算數的野人卻來了，《說苑・尊賢》說：「齊桓公設庭燎，為士之欲造見者，期年而士不至，於是東野鄙人有以九九之術見者，桓公曰：『九九何足以見乎？』」〔註36〕沒有國人來應召，卻有個只會九九算數的野人想來求官，齊桓公也很疑惑，表示只會九九算數的人，如何敢來應召呢？

　　《說苑・尊賢》說：「鄙人對曰：『臣非以九九為足以見也，臣聞主君設庭燎以待士，期年而士不至，夫士之所以不至者，君，天下賢君也，四方之士，皆自以論而不及君，故不至也。夫九九薄能耳，而君猶禮之，況賢於九九乎？』」這個野人表示齊桓公設庭燎招士一年卻沒有士人肯來，只因齊桓公是天下有名的賢君，各地的士人都認為自己的論點不如國君，因此不敢來應召。九九算數是個很短淺的才能，如果齊桓公都能禮敬只會九九算數的野人，其他才能高於九九算數的賢人就都知道該來了。齊桓公覺得很有道理，因此禮事野人，結果一個月後各地的士人都蜂擁而至。其二，派遊士招士。《國語・齊語》記說：「桓公曰：『吾欲從事於諸侯，其可乎？』管子對曰：『未可。鄰國未吾親也。君欲從事於天下諸侯，則親鄰國。』桓公曰：『若何？』管子對曰：『審吾疆場，而反其侵地；正其封疆，無受其資；而重為之皮幣，以驟聘眺於諸侯，以安四鄰，則四鄰之國親我矣。為遊士八十人，奉之以車馬皮裘，

<hr>

〔註35〕白奚先生指出：「『庭燎』，見《詩・小雅・庭燎》：『夜如何其？夜未央。庭燎之光。』疏云：『庭燎者，樹之於庭，燎之以明，是燭之大者。』《周禮・司烜氏》：『凡邦之大事，共墳燭庭燎。』鄭注：『墳，大也。』可見，庭燎乃是古代邦國在朝覲、祭祀和商議軍國大事時才在大庭中燃起的大燭。又《禮記・郊特牲》云：『庭燎之百，由齊桓公始也。』鄭注：『僭天子也。』據《大戴禮》，古代根據爵位的尊卑，所用庭燎之數有很大差別，天子為一百，公爵五十，侯伯子男均為三十。桓公始以公爵僭用天子之禮待士，這樣的禮節在當時是何等的隆重！」見其《稷下學研究：中國古代思想自由與百家爭鳴》第三章〈稷下學宮的盛衰〉，一「濫觴」，頁36。

〔註36〕見《說苑讀本・尊賢》卷八，頁222。

多其資幣，使周遊於四方，以號召天下之賢士。皮幣玩好，使民鬻之四方，以監其上下之所好，擇其淫亂者而先征之。』」〔註37〕齊桓公希望自己能稱譽於諸侯，管仲建議齊桓公派遣遊士八十人，給他們車馬皮裘各種物質需要，再給他們大量的貨幣，使他們去各國遊歷，伺機號召天下各國的賢士匯集於齊國出仕，並讓自己本國的商人去各國做生意，熟悉各國上下階層的喜好，選擇其中淫亂於國的統治者來征討，如此更能獲得該國人民的接納，因此可知齊桓公的納士更擴及他國賢人。

　　齊桓公恐怕是最早開始教育國人甚至野人的君主，他接受管仲建議，打破國人與野人的界限，把全國百姓區隔出士農工商四種不同類型，使他們各自群居，不因雜處而相互混淆工作的熱忱，並因這種群居，而各使其子弟能在生活裡學習父兄的工作，使家庭生活與社會教育合而為一，《國語·齊語》對此紀錄甚詳，這裡就不再重覆了。當日應該各鄉都設有鄉校，《國語》裡面沒有指出，不過《管子·君臣上》把負責教化四民的官員稱做「人嗇夫」，意即老師的意思，這是相對於負責做事的「吏嗇夫」來說，《管子·君臣上》說：「吏嗇夫任事，人嗇夫任教，教在百姓，論在不撓。」〔註38〕對百姓設立教化，要使不馴的人民能折服。《管子·君臣下》則說得更清晰：「鄉樹之師，以遂其學，官之以其能，及年而舉，則士反行矣。」〔註38〕每個鄉都設立老師，便利鄉民都能來求學，由裡面選擇有才幹的人在各地做官，等到考核的時間到了，由其中選拔合格的人來中央做官，如此就能獲得士人的欽佩了。這是很細緻在考量農工商這三個階層的優異人才，可能不易獲得士人的接納同任官事，因此鄉校的設立，或許還有讓這三個階層裡的賢人培訓與養望的意蘊，使他們逐漸能具有與士階層相同的背景，消弭不同階層的對立與互斥。這一套把教育落實在士農工商的家庭暨社會環境裡，士農工商本身傳統的家學與經驗可以留存，並運用到政治上。鄉校的設立，使得「讀書人」的學習管道更寬廣，對齊國人才的培育產生莫大助益。

　　這裡引用各種不同的文獻，其可信的效度自然不同，我們很難詳細檢驗，然而，由不同的文獻都有關於齊桓公與管仲或內容不同的教育興革，則可見其事縱然細節有異，卻不是子虛烏有。這種理念，不論它曾經被實踐的程度

〔註37〕見《國語·齊語》卷第六，頁238～239。
〔註38〕見《管子今註今譯·君臣上》第三十，上冊，頁513。
〔註38〕見《管子今註今譯·君臣下》第三十一，上冊，頁540。

有多徹底（它曾被實踐過應該已是能被確認的事，否則稷下學術的出現就會顯得毫無前身脈絡），光就其理念蘊含的開放性來看，我們若與春秋晚期鄭國曾因人民聚集在鄉校議論政事，因而統治者想要「毀鄉校」來避免異議的聲音（內容詳見《新序・雜事》第四）來相互比較，將可發現兩者反映的思維與心態相當不同，齊國正因春秋早期就有這些學術環境的長期孕育，具有相當的先進性，纔會在戰國中期孕育出更大規模的稷下學術風貌。

　　稷下興盛前齊國的學術環境，除齊桓公外，值得認識者還有齊景公時期的晏嬰與田無宇。晏子養士著名於世，齊景公覺得晏嬰似乎太貧窮了，想要送他車馬改善生活，晏嬰卻拒絕了，他表示親族與遊士都靠他生活，《晏子春秋・內篇雜下》記晏嬰對景公說：「賴君之賜，得以壽三族，及國遊士，皆得生焉。」〔註39〕孔子曾批評晏子只是個侍奉昏君未善教於百姓的「細人」，《晏子春秋・外篇》記晏嬰見仲尼說：「嬰之宗族待嬰而祀其先人者數百家，與齊之賢士，待嬰而舉火者數百家，嬰為此仕者也。」〔註40〕靠晏嬰的俸祿纔能營生的士人竟有數百家，晏嬰雖還「謙稱」自己只為要養士纔如此辛苦去做官，藉此指出他並不是沒有善教於百姓，如此反過來卻可使我們看出其養士的可觀。筆者相信這種現象應該不是出自後世稷下學者的附會粉飾，因為跟他同時期的大夫田桓子無宇同樣在養士，其子孫後來能全面竊奪姜齊政權自做國君，當要有個長期佈局的過程，贏得齊國士人的好感，絕對是取得政權的重要依靠，而贏得好感最直接的辦法，如果按照齊國的傳統，那就是出錢養士。《左傳・昭公三年》記晉國的叔向問起晏嬰齊國目前的狀況，晏嬰坦白回答說：「此季世也，吾弗知，齊其為陳氏矣。公棄其民而歸於陳氏，齊舊四量，豆區釜鐘四升為豆，各自其四以登於釜，釜小則鍾，陳氏三量皆登一焉，鐘乃大矣。」〔註41〕他承認這已經是「季世」，卻想要挽回，因此其消耗鉅資來養士，很可能還有跟田桓子競爭來爭取民心的用意存在，畢竟田桓子養士的目的在壯大自己，而他的養士則是希望能匡扶齊景公。

　　晏嬰還說田桓子養士的盛況：「公聚朽蠹，而三老凍餒，國之諸市，履賤踊貴，民人痛疾，而或燠休之，其愛之如父母，而歸之如流水，欲無獲民，

〔註39〕見《晏子春秋今註今譯・內篇雜下・景公以晏子乘弊車駑馬使梁丘據遺之三返不受》第二十五，頁304。
〔註40〕見《晏子春秋今註今譯・外篇・仲尼稱晏子行補三君而不有果君子也》第二十七，頁363。
〔註41〕見《春秋左傳注疏・昭公三年》卷第四十二，頁722。

將焉辟之？」這段話大意是說田無宇拿私家較大的量器借糧給人民，卻拿公家較小的量器收糧，使得人民都如流水般歸向田無宇，愛戴他如父母般。這裡替我們保存田齊政權建立前的珍貴紀錄，這縱然是個政治手腕，我們還是可看出這對於百姓的裨益，更可看出後來田齊的學術蓬勃發展，實在有個合理的前因，那就是早在姜齊末世，田無宇就已經在大規模養士，而晏嬰冀圖拯救姜齊而跟他做養士的競爭，更激發這股風氣的擴張。

晏嬰憂慮齊國已經到末世了，田無宇的子孫終將竊取政權，因為他已經深獲人心。其實不僅如此，田無宇自己還往各處招徠士人，他曾見晏嬰一個人獨立站在牆角陰暗處，就問他為何不覓各地的士人來陪伴？《晏子春秋‧內篇雜下》記說：「田桓子見晏子獨立于牆陰，曰：『子何為獨立而不憂？何不求四方之學士可者而與坐？』晏子曰：『共立似君子，出言而非也，嬰惡得學士之可者而與之坐？』」〔註42〕晏嬰不見得沒有養士，但，由田無宇的說話態度反映他自己應該肯定大量在養士，而且晏嬰說與士人並立時乍看他們好像是君子，然而一開口就發現不是如此，自己如何能輕易獲得真正的士人呢？這話恐怕是對田無宇養士不論是否有德性，只問能否襄贊其成事者在做暗諷。《韓非子‧外儲說右上》則對田無宇在養士的事情記載更具體，說：「殺一牛，取一豆肉，餘以食士；終歲，布衣取二制焉，餘以衣士。」〔註43〕田無宇殺一隻牛，自己只取一豆牛肉，其餘都交給其門客去享用，到年終歲暮的時候，徵收來的布帛，自己只取三丈六尺，其餘都交給其門客去製衣。田無宇就靠著這種對待士人的推心置腹，終於傳至五世，而有擔任相的田和（齊太公）竊奪齊康公的王位，建立田齊政權。這裡大量討論稷下興起前齊國的學術環境，我們應該會發現春秋時期的齊國其人民階層組合的特點與諸侯各國迥異，就是當諸侯各國還把士人階層視作貴族最低的階層時，齊國早在春秋早期就已經把士人階層與其他農工商三個階層合併做國人階層，並把士人的來源擴張至農工商階層裡的優異菁英，這使得士人的認知已經發生變化。

上面的材料使我們發現士人已變做「賢人」的異稱，不再被狹隘的認知做血緣宗法的貴族或軍事組織的兵員，更不純粹只是個政府機構的官僚，而

〔註42〕見《晏子春秋今註今譯‧內篇雜下‧田無宇請求四方之學士晏子謂君子難得》第十三，頁288。

〔註43〕見《韓非子今註今譯‧外儲說右上》第五卷，下冊，頁654。

具有兼攝德性與才幹的認知（尤其是後者，具有某項專業技能），這種階層屬性的變化，與齊國的工商業發達繁榮，人才大量流動至這兩個階層有關（齊桓公再設法把他們挖角回士人階層來做官），由這個角度來認識齊桓公對四民居住的安頓，就更能體現齊桓公與其後繼者藉此創造「新士人階層」的用意，而田家由大夫（而且本是工正這種技術官僚）至累世為相（屬於下卿，位階只低於國氏與高氏這兩位上卿），最終取得政權，其本身地位的變化更是這種新士人階層的極致表現。這個特殊的現象很值得史家留意。

第三節　稷下會興起的具體原因

　　歷史的演進，常充滿著各種現實利害激烈的競爭。齊國的富強，難道不會引起各諸侯國的覬覦，冀圖模仿齊國富強的辦法，來改進自己國內的政治嗎？齊國是春秋早期各國裡最早大量任用賢人輔政的國家，而不僅依靠血緣宗法裡的貴族對公室的支持，這本有其遠溯自姜太公的立國傳統，然而，至戰國早期，隨著各國兼併越趨於激烈，西周初年因封建而成立的國家，到這時已經所剩無幾。舉例而言，魯國受制於三桓而公室已經毫無實權；衛國國勢日衰自己貶降為侯；越國經過大戰最後徹底滅掉吳國；楚國滅掉陳蔡兩國領土擴至淮河中下游；晉國在六卿爭權的情況裡，最後被韓、趙與魏三家大夫聯合瓜替出三國……，各國君主在這種混亂的局面裡，莫不希望能得到賢能士人的輔佐，為自己出謀設計，來提高聲望、地位與權柄，圖強家國，因此，他們不斷重金禮聘學者從政，促成言論大開，學術風氣獲得蓬勃而激烈的發展。再加上周王朝聲望日微，所謂的「王官失學」，也就是朝廷無能修護典章圖籍的情況早已發生，大批貴族（其中人數最多主要是士人）無法維持往日養尊處優的地位，紛紛流落民間，他們或靠教授往日的官學來牟取生計，致使教育日漸普及，平民士人愈益增加。

　　除齊國的長期傳統外，戰國早期延攬賢能士人的作風，首先出自魏文侯。他由大夫的角色僭位得國，因此同樣希望能藉由禮賢士人，取得國內外對他統治的認同。他本人特別喜歡後世稱謂的儒家，《漢書・藝文志》說：「六國之君，魏文侯最為好古。」〔註44〕為爭取儒者來魏國出仕，他派其弟魏成子長年駐外尋覓，《史記・魏世家》說：「魏成子以食祿千鍾，什九在外，什一

────────────

〔註44〕見《漢書》卷三十，〈藝文志〉第十，第二冊，頁1712。

在內，是以東得卜子夏、田子方、段干木。」〔註45〕只要爭取到儒者，他表現出甚為禮敬的態度，尤其推尊孔子的弟子卜商（子夏）為師，自居弟子甚敬，《史記・魏世家》說：「文侯受子夏經藝，客段干木，過其閭，未嘗不軾也。」也因此，他確實得到諸侯的認同，連秦國想攻打魏國，都因魏文侯的賢能而沒有藉口，《史記・魏世家》說：「秦嘗欲伐魏，或曰魏君賢人是禮，國人稱仁，上下和合，未可圖也。文侯由此得譽於諸侯。」這確實使得他的統治取得合法性。魏文侯延攬的賢能士人，其實並不是只有儒者，如任用李悝為相；任用屈侯鮒為太子擊的師傅；任用西門豹守鄴；任用樂羊治中山；還得到吳起、翟璜與趙蒼唐這些所謂法家或兵家的人為大臣，由此來看，戰國時期的學術獲得大規模發展，魏文侯實在是首倡者。

魏文侯即位於周定王二十四年（西元前445年），比後來的田和被周天子承認建立田齊政權（西元前386年，周安王十六年，齊康公十九年）還要早，根據宮源海先生的統計，名義是姜齊政權，實際則由田齊把持國政的時間長達竟有九十八年。〔註46〕因此，雖然田桓子養士要遠早於魏文侯，不過，如就受封為諸侯的角度來說，魏文侯還是戰國時期最早用國君的名義積極獎掖學術的人。

姜姓的齊國，因諸氏爭權，政權不穩，終為田姓所乘。

田姓始祖為陳國公子完，又稱陳完，因陳國發生內亂，他於齊桓公十四年（西元前672年）投奔至齊國，齊桓公收容並命他擔任工正，掌管百工生產，齊秀生先生指出，這可能是因事設官的工作。〔註47〕陳完的子孫將取替姜齊而擁有天下，據說早有預言，《史記・陳杞世家》記陳厲公請周太史替兒子陳完卜筮，得占辭說陳國將要衰亡，陳完的後裔卻會昌盛，取替陳而擁有國：「厲公二年，生子敬仲完。周太史過陳，陳厲公使以《周易》筮之。卦得觀之否：『是為觀國之光，利用賓於王。此其代陳有國乎？不在此，其在異國？非此其身，在其子孫。若在異國，必姜姓。姜姓，太嶽之後，物莫能兩大。陳衰，此其昌乎？』」〔註48〕後來陳完投奔至齊國，齊懿仲想把女兒嫁給他，

〔註45〕見《史記會注考證》卷四十四，〈魏世家〉第十四，頁712。

〔註46〕見其主編《德法之治與齊國政權研究》第八章〈德法之治：齊國政權更替盛衰的歷史經驗教訓〉，第三節「德法不舉是齊國政權敗亡的重要原因」，頁373～376。

〔註47〕見其《舉賢尚功：齊國官制與用人思想研究》第一章〈緒論〉，一「本課題研究的主要對象」，頁5～6。

〔註48〕見《史記會注考證》卷三十六，〈陳杞世家〉第六，頁594。

再卜筮得占辭說陳完：「是謂鳳皇于飛，和鳴鏘鏘。有嬀之後，將育于姜。五世其昌，並于正卿。八世之後，莫之與京。」後來陳國果眞在魯哀公十七年（陳湣公二十四年，西元前 478 年）被楚惠王消滅亡國，而陳完這支五傳至田釐子（陳乞），六傳至田成子（陳常），七傳至田襄子（陳盤），八傳至田莊子（陳白），九傳至田悼子共五世爲齊國宰相，〔註49〕最後十傳至其弟田和子（陳和）竄奪齊康公的爵位自做諸侯，史稱田齊太公。

田齊取替姜齊的過程很殘酷，這種情況始自齊景公。崔杼與慶封兩個權臣接連專政，魯襄公二十八年（齊景公三年，西元前 545 年）田文子（陳須無）參與推翻慶封的戰鬥，掩護齊景公安全回至內宮，從此掌握齊國的實權。前面已說過其兒子田無宇拿私家大量器借給人民米糧，再拿公家小量器收回的辦法來對人民施惠，獲得廣大齊人的擁護與支持，《左傳‧昭公三年》記宰相晏嬰對此已經深有警覺，卻無計可施，早在襄公二十八年，吳國公子季札出使齊國，就已經看出這個端倪，而勸告晏嬰要儘早置身事外，《左傳‧襄公二十九年》記說：「遂聘於齊，說晏平仲，謂之曰：『子速納邑與政，無邑無政，乃免於難，齊國之政，將有所歸，未獲所歸，難未歇也。』〔註50〕故晏子因陳桓子以納政與邑，是以免於欒高之難。」季札看出田姓不得政權決不會善罷干休，因此要晏嬰藉故請陳桓子幫他歸還封邑與權柄，避開與田無宇的利益衝突，不要讓田無宇把他當做具有威脅性的對手，纔能遠離禍端。晏子被後世美稱做賢相，其實他這個賢相的美名，來自極聰明的頭腦善於趨吉避凶，並適時做出對國君與人民有利的事情纔獲得，實質上他無能改變田無宇日漸坐大的結構性事實，只能與齊景公坐困愁城。

因此，當齊景公哀嘆自己日漸被架空的處境，晏子能說什麼話來安慰國君呢？《左傳‧昭公二十六年》記說：「齊侯與晏子坐于路寢，公嘆曰：『美哉室，其誰有此乎？』晏子曰：『敢問何謂也？』公曰：『吾以爲在德。』對

〔註49〕　《史記》本無悼子，然而錢穆先生在《先秦諸子繫年‧田齊爲十二世非十世辨》裡說：「《莊子‧胠篋篇》：『田成子弒齊君，十二世有齊國。』《史記》自成子至王建之滅祇十世。《田齊世家索隱》引《紀年》：『田莊子卒，立田悼子。悼子卒，乃次立田和。』又云：『齊康公二十二年，田侯剡立。後十年，齊田午弒齊君。』則尚有悼子及侯剡，適得十二世，與莊子合。蓋《史記》誤也。」見《先秦諸子繫年‧田齊爲十二世非十世辨》卷二，西元 1990 年，頁 163。楊寬先生則在〈戰國大事年表〉裡記錄悼子在位六年（西元前 410 年至西元前 405 年），見《戰國史》附錄三〈戰國大事年表〉，西元 1998 年，頁 706。

〔註50〕　見《春秋左傳注疏‧襄公二十九年》卷第三十九，頁 673。

曰：『如君之言，其陳氏乎！陳氏雖無大德，而有施於民。他還說：「『公厚斂
焉，陳氏厚施焉，民歸之矣。』《詩》曰：『雖無德與女，式歌且舞。』陳氏
之施，民歌舞之矣，後世若少惰，陳氏而不亡，則國其國也已。」」公曰：『善
哉，是可若何？』對曰：『唯禮可以已之。在禮，家施不及國，民不遷，農不
移，工賈不變，士不濫，官不滔，大夫不收公利。』」〔註51〕當齊國已經被田
無宇把持政權，最需要有智者善用權謀來幫國君攬回權柄，晏嬰只跟齊景公
建議說要知禮，這種緩不濟急的建議，恐怕暴露的真相是說權柄已經拿不回
來了。這就難怪齊景公能善用晏嬰這個大賢人，卻整日喝酒沈迷於慾望的享
受裡，恐怕他自己面對著現實處境，有著無法解決的痛苦吧？這就更難怪孔
子會批評晏嬰只是個善於察言觀色的細人，不能懷正道去規勸國君改過，開
展大體去教化百姓，只知順著情境注意自己的節操做點細微的瑣事，這種人
其實真正愛的是自己，不是國事。

　　《晏子春秋·外篇》記孔子說：「仲尼曰：『靈公污，晏子事之以整齊；
莊公壯，晏子事之以宣武；景公奢，晏子事之以恭儉。晏子，君子也，相三
君而善不通下，晏子細人也。』」〔註52〕《晏子春秋》裡記著好幾段孔子與晏
子話不投機的紀錄，筆者認為要由這個角度來觀察，纔能看出兩人不合的真
相。孔子來齊國，齊景公曾經問他為何不去見宰相晏嬰，《晏子春秋·外篇不
合經術者》記說：「仲尼游齊，見景公。景公曰：『先生奚不見寡人宰乎？』
仲尼對曰：『臣聞晏子事三君而得順焉，是有三心，所以不見也。』仲尼出，
景公以其言告晏子，晏子對曰：『不然，非嬰為三心，三君為一心故，三君皆
欲其國家之安，是以嬰得順也。嬰聞之，是而非之，非而是之，猶非也，孔
丘必據處此一心矣。』」〔註53〕孔子與晏子不和的紀錄都被歸於〈外篇〉或〈外

〔註51〕 見《春秋左傳注疏·昭公二十六年》卷第五十二，頁905。
〔註52〕 見《晏子春秋今註今譯·外篇·仲尼稱晏子行補三君而不有果君子也》第二
　　　　十七，頁363。細人意味著細膩奉承君上的僕從，這是孔子對晏子極其尖刻的
　　　　觀感，想來晏子絕不會覺得好聽。晏子聽見孔子的批評，特意去見孔子說：「嬰
　　　　聞君子有譏於嬰，是以來見。如嬰者，豈能以道食人者哉！嬰之宗族待嬰而
　　　　祀其先人者數百家，與齊國之閒士待嬰而舉火者數百家，臣為此仕者也。如
　　　　臣者，豈能以道食人者哉！」晏子出，仲尼送之以賓客之禮，再拜其辱。反，
　　　　命門弟子曰：「救民之姓而不夸，行補三君而不有，晏子果君子也。」
〔註53〕 見《晏子春秋今註今譯·外篇不合經術者·仲尼見景公曰先生奚不見寡人宰乎》
　　　　第三，頁371。晏子認為自己對待三個國君用得是同一個心，大家共同謀求國
　　　　家的安定，並反譏孔子故意不順君命，來博取一心事君的美名。孔子與晏子的
　　　　關係會全面激化，或許來自這段對話：「仲尼之齊，見景公而不見晏子。子貢

篇不合經術者〉，大概往日的學者不願意張揚承認孔子曾有與晏子不合的事情，然而，這段話裡能看出孔子很不滿意晏子只會順應國君的喜好曲折辦事，不能懷著正道去事奉國君，面對三個國君就有「三心」，晏子則覺得孔子是故意不順服君命來博取忠君的美名，因此當齊景公想任用孔子，給他封地，讓他在齊國居住，晏嬰卻從中阻撓，使孔子不得不離開。〔註54〕

　　晏嬰不見得是在陷害孔子，面對齊國如此複雜的政局，恐怕也只有晏嬰這種善於趨吉避凶的賢人纔能全身無禍安居於世吧？孔子是個魯人，做事有稜有角不打折扣，晏子不僅是個細人，癥結更在他是個齊人，孔子纔會無法忍受他這種拐彎抹角，兼融陰謀與正道去行事的作風。然而，齊國的國鼎終將易手卻是個正在發生的鐵睜睜事實，不論晏嬰如何善於曲折行道，他都對挽回這種明白的趨向毫無辦法（或許更有愛惜羽毛明哲保身的思考），孔子認

曰：『見君不見其從政者，可乎？』仲尼曰：『吾聞晏子事三君而順焉，吾疑其為人。』晏子聞之，曰：『嬰則齊之世民也，不維其行，不識其過，不能自立也。嬰聞之，有幸見愛，無幸見惡，誹謗為類，聲響相應，見行而從之者也。嬰聞之，以一心事三君者，所以順焉；以三心事一君者，不順焉。今未見嬰之行，而非其順也。嬰聞之，君子獨立不慚于影，獨寢不慚于魂。孔子拔樹削跡，不自以為辱；窮陳蔡，不自以為約；非人不得其故，是猶澤人之非斤斧，山人之非網罟也。出之其口，不知其困也，始吾望儒而貴之，今吾望儒而疑之。』仲尼聞之，曰：『語有之：言發于爾，不可止于遠也；行存于身，不可掩于眾也。吾竊議晏子而不中夫人之過，吾罪幾矣！丘聞君子過人以為友，不及人以為師，今丘失言于夫子，夫子識之，是吾師也。』因宰我而謝焉，然後仲尼見之。」見《晏子春秋今註今譯・外篇不合經術者・仲尼之齊見景公而不見晏子子貢致問》第四，頁372～373。晏子認為孔子未得真相卻詆毀他人，自認己善就率爾鼓舌，不知道他人真實的困難，由此而對儒者產生懷疑。孔子雖然深具自省，而很願意向晏子請罪，卻使得晏子已認為孔子為人不切實際，故而勸告齊景公不要封賞孔子，更不要向他詢問治國要略。

〔註54〕《晏子春秋・外篇不合經術者》記說：「仲尼之齊，見景公，景公說之，欲封之以爾稽，以告晏子。晏子對曰：『不可。彼浩裾自順，不可以教下；好樂緩于民，不可使親治；立命而建事，不可守職；厚葬破民貧國，久喪道哀費日，不可使子民；行之難者在內，而傳者無其外，故異于服，勉于容，不可以道眾而馴百姓；自大賢之滅，周室之卑也，威儀加多，而民行滋薄；聲樂繁充，而世德滋衰。今孔丘盛聲樂以侈世，飾弦歌鼓舞以聚徒，繁登降之禮，趨翔之節以觀眾，博學不可以儀世，勞思不可以補民，兼壽不能殫其教，當年不能究其禮，積財不能贍其樂，繁飾邪術以營世君，盛為聲樂以淫愚其民。其道也，不可以示世；其教也，不可以導民。今欲封之，以移齊國之俗，非所以導眾存民也？』公曰：『善。』于是厚其禮，留其封，敬見而不問其道，仲尼迺行。」見《晏子春秋今註今譯・外篇不合經術者・仲尼見景公曰先生奚不見寡人宰乎》第一，頁365～366。

為晏嬰這種態度終究會滋生大問題，算不算不幸言中呢？齊國的政局急遽惡化，卻在晏嬰死後纔發生，齊景公晚年委託大族國惠子與高昭子立子荼為國君，後世稱做晏孺子。田無宇的兒子陳乞假裝討好國子與高子，並對兩子說齊國的大夫都不聽他們的話；再對齊國的大夫說兩子得權，將會不利於大家，要早點想辦法，不斷挑起齊國諸大夫與兩子的矛盾，最後在魯哀公六年（西元前 489 年）發動政變攻入宮內，國惠子流亡莒國，高昭子被殺，晏孺子投奔魯國，陳乞迎接滯留魯國的公子陽生為新君，這就是齊悼公。陳乞把晏孺子引回齊國，最後再把他殺害。齊悼公在位四年就又被殺害了，《左傳·哀公十年》記說：「齊人弒悼公。」〔註55〕這是被誰殺害呢？

《左傳》對此沒有回答。學者楊伯峻先生在《春秋左傳注》裡認為齊悼公被陳乞殺害。不論如何，陳乞再扶立其子壬即位，這就是齊簡公。齊簡公後來信任並重用子我，引發陳乞的兒子陳常不滿，齊簡公四年（魯哀公十四年，西元前 481 年）陳常發動兵變，殺死子我，先把齊簡公挾持至自己封地舒州，再把齊簡公殺害。齊國的國君屢屢被田氏殺害，堅持原則卻未免不識時務的孔子，再三呈請魯哀公征討亂臣，《左傳·哀公十四年》記說：「甲午，齊陳桓弒其君壬于舒州。孔丘三日齊，而請伐齊三。公曰：『魯為齊弱久矣，子之伐之，將若之何？』對曰：『陳桓弒君，民之不與者半。以魯之眾，加齊之半，可克也。』公曰：『子告季孫。』」〔註56〕出兵的事情魯哀公其實一點都不能作主，魯哀公請孔子去問季孫的意見，其實孔子早已問過，季孫拒絕了，陳常其實在做季孫自己都想做卻絲毫不敢去做的事，他即使受限於魯國的禮教不敢犯上作亂，又豈會出兵去打軍事遠比魯國強的齊國陳常呢？陳常此時深怕引起諸侯各國的反彈，《史記·田敬仲完世家》記說：「田常既殺簡公，懼諸侯共誅己，乃盡歸魯衛侵地，西約晉韓魏趙氏，南通吳越之使，脩功行賞，親於百姓，以故齊復定。」〔註57〕

把過去姜齊侵佔魯國與衛國的土地歸還給兩國，再跟同樣瓜替晉國的韓趙魏三國簽訂盟約，再與吳越兩國和好，最後再對內親善於百姓，陳常既展開殘酷的鬥爭，還能同時安外且安內，這是後來田齊能因此建立政權的關鍵措施。

〔註55〕 見《春秋左傳注疏·哀公十年》卷第五十八，頁 1015。
〔註56〕 見《春秋左傳注疏·哀公十四年》卷第五十九，頁 1034。
〔註57〕 見《史記會注考證》卷四十六，〈田敬仲完世家〉第十六，頁 733。

　　此時陳常再立齊平公，殺掉齊國較強的公族，使得齊國無人能與抗衡，再割裂齊國，封給自己極大的封邑，面積已經超過齊平公的國土，《史記・田敬仲完世家》記說：「割齊自安平以東至琅邪，自爲封邑，封邑大於平公之所食。」齊平公在位二十五年卒，其子積即位，後世稱做齊宣公，陳常的兒子陳盤與孫子陳白相繼爲宰相，宣公老實聽話，生平沒有什麼大變故，在位五十一年卒，其子貸即位，後世稱做康公。齊康公在位十四年，大概因爲已經徹底失去權柄了，《史記・田敬仲完世家》記說：「貸立十四年，淫於酒婦人，不聽政。」此時先由陳白的兒子田悼子做宰相，六年田悼子卒，由其弟田和子（陳和）繼位，《史記・田敬仲完世家》記說：「太公乃遷康公於海上，食一城以奉其先祀。」陳和自立爲齊侯（意即後來的田齊太公），隨後並獲得周王室的承認。這裡耗費如此巨幅文字認識田齊取替姜齊的過程，重點在指出田姓累世欺凌姜齊公室的歷史充滿著蠻橫與不義，如果田姓僅憑如此殘酷的手段取得政權，它不可能獲得齊國人民的認同與支持，田姓新興統治者除了不斷略施恩惠給百姓，藉此爭取齊國人民的好感外，更需要爭取齊國士人的堅強支持。

　　筆者認爲，這就是稷下學宮會興起的最直接原因。當各諸侯國都已開始效法春秋早期的齊國去養士與招士，出仕的路已經在各國大開，齊國還有什麼優越的條件，去吸引本國與外國的士人願意待在齊國？田齊太公在位兩年而卒，他可能沒有充裕的時間思索這個問題（而且兩年就故去了，很容易引發時人懷疑他沒有當國君的天命），他繼位的兒子田齊桓公（午）不可能不思索這個問題。他的父親已經把整個家族子孫推往國君的位子，他如果要能常保這得來不易的位子，未來還要能傳諸子孫，他就要有更具號召性的辦法，使得國內的百姓與國外的諸侯相信他是個堪做國君的人，而不是個犯上的亂臣賊首。更重要在於他要能大舉號召士人願意來幫他管理政治，這種號召要具有眞正的號召性，就要有完善的制度能讓士人安身立命，覺得在這裡生活有尊嚴有前景更有保障，這就使得具有空前規模的稷下學宮宣告誕生了。東漢徐幹《中論・亡國》說：「齊桓公立稷下之宮，設大夫之號，招致賢人而尊寵之。自孟軻之徒皆游於齊。」這段簡短的文字，是歷來學者指出田齊桓公首先設立稷下學宮的證據，這是中國歷史第一個大型的學園（academa），意即講學與生活兼融的學術環境，如同宋明時期的書院。

　　後來學者對於田齊桓公首創稷下學宮有不同看法，其論據有二：其一，田齊桓公時期，齊國國勢很弱，經常被動挨打，在這樣的情況裡不可能修築

稷下學宮這樣龐大的工程，並拿出鉅額經費來維持稷下學宮的開支。其二，孟子游齊其實在齊威王時期，田齊桓公的時候他尚未來到齊國，因此徐幹《中論》的說法有誤，徐幹既然將「稷下之宮」誤寫做「稷下之官」，那他將齊威王誤為田齊桓公就並不奇怪了。白奚先生認為這兩個論據都值得商榷。首先，田齊桓公時期，正值田齊政權建立不久，齊國剛經歷過長期的內亂，主要精神用於鞏固政權，國勢確實比較衰弱，但，這種局面與設立學宮並不矛盾，反而會刺激齊人招賢納士、洗雪國恥並發憤圖強的決心，先秦史裡這種事例並不鮮見，而招賢圖強恐怕正是田齊桓公設立稷下學宮的初衷。史書明確記載，憑藉雄厚的國勢大規模興辦稷下學宮的是齊宣王，而在學宮剛建立的時候，規模未必龐大，花費不見得很多，這對於急於圖強，且有遠大政治眼光的田齊桓公來說，應該就能承擔得起。更何況徐幹說「立稷下之官」，不見得就是「宮」字的誤寫，因為這或表示設立大夫的「官號」（稱號），且「官」字與「宮」字極為相像，確實容易在傳寫的過程裡誤識或誤寫，但，如果因此把「齊威王」誤識為「齊桓公」，就頗令人費解了。〔註58〕

因此，我們歸納出田齊桓公會在稷下設立學術論壇，招納天下賢士，有兩大重點：其一，消極層面來說，異姓取得傳統的姜齊政權，這種長期犯上的舉措，田齊桓公自知早已引起國內外反感，因此想藉由更大規模的興利舉措，來轉移輿論對篡齊這個頭等大事的敵意；其二，積極層面來說，田齊桓公尤其需要士人精神與實質的支持，出資蓋高樓廣廈供士人居住，讓士人匯集在自己陣營內，這能在精神與實質都增強自己統治的合法性，博取歷史美名。而且，本來就出身於新士人階層，靠自身才幹起家的田齊王室，比起其他受封於周王室的貴族政權，當更能體會善用賢士的重要性。

第四節　稷下的興盛與中衰

稷下到底在哪裡？歷來有兩個說法：其一，主張在稷山者。司馬貞《史記索隱》在《史記‧田仲敬完世家》裡引東晉虞喜的說法，說：「虞喜曰：『齊有稷山，立館其下，以待游士。』」〔註59〕意思是說稷下學宮設立在稷山的山

〔註58〕 見其《稷下學研究：中國古代的思想自由與百家爭鳴》第三章〈稷下學宮的盛衰〉，二「創立」，頁42。

〔註59〕 該段出自《史記‧田敬仲完世家》原文說：「是以齊稷下學士復盛，且數百千人。」見《史記會注考證》卷四十六，〈田敬仲完世家〉第十六，頁737。

腳下，因此稱做稷下。然而，根據學者李新泰先生主編的《齊文化大觀》指出由地理環境來看這種說法有誤。因稷山在臨淄城南十餘華里，其間路程崎嶇，還有淄水阻礙，來往臨淄交通不便，齊國的國君當不會把要時時與他「不治而議論」的稷下學者安置在遠離國都的稷山山腳，那會不符實際。〔註60〕其二，主張在稷門者。裴駰《史記集解》在《史記‧田仲敬完世家》裡就引劉向的說法，說：「劉向《別錄》曰：『齊有稷門，城門也，談說之士，期會于稷下也。』」《左傳‧昭公二十二年》記說：「齊侯伐莒，莒子行成，司馬灶如莒蒞盟，莒子如齊蒞盟，盟於稷門之外。」因此臨淄城確實有稷門的存在，而稷下就是在稷門旁。然而，這個稷門在哪裡，有兩種說法：第一，稷門在臨淄城的南門，因齊城南有稷山，城南門與稷山遙相對，因此南門當爲稷門，再根據上面莒子來齊國蒞盟推斷，莒國在齊國的南面，莒子來齊國蒞盟，理應由南門通過，斷無繞道他門去會盟的理由，因此稷門更該爲南門，這種說法如林麗娥先生根據臨淄城探勘發現南門一帶有一條橫貫南北的幹道，與《史記‧孟荀列傳》說齊國藉此尊寵學者的「康莊之衢」極爲相像，該地面積較能容納數百千學士住在「高門大屋」的盛況，而西門一帶地層較淺，有大片空隙的低窪地面，並不適合居住，因此主張稷門在南門。

　　第二，稷門在臨淄城的西門，如司馬貞《史記索隱》在《史記‧田敬仲完世家》裡說：「齊城西門側系水左右有講堂，趾往往存焉。」北宋樂史《太平寰宇記》引劉向《別錄》說：「齊有稷門，齊之城西門也。外有學堂，即齊宣王之學所也，故稱爲稷下之學。」〔註61〕錢穆先生在《先秦諸子繫年‧稷下通攷》裡說：「《水經‧淄水》注：『系水流逕陽門西，水次有故封處，所謂齊之稷下也。』陽門乃齊西門，然則稷下在西門，自不誤。」〔註62〕李新泰先生主編的《齊文化大觀》指出在現在淄博市紹家圈村西南隅有一個規模可觀的戰國時期建築遺址，這裡到處都是具有戰國時期齊國特徵的瓦當，其規模的宏大，應該就是稷下學宮的地點。筆者查閱民國六十一年（西元1972年）學者張學海與羅勳章兩位先生合寫的〈臨淄齊國故城勘探紀要〉，發覺臨淄的地理環境西低東高，大城西部河道與低窪地滿佈，即使有建築，其格局並不適合設立具有莊嚴學術氣息

〔註60〕見李新泰主編《齊文化大觀》第五篇〈稷下尋芳〉，第一章〈稷下學宮概說〉，西元1992年，頁501～502。

〔註61〕見《太平寰宇記‧益都下》卷十八，轉引自錢穆《先秦諸子繫年‧稷下通攷》卷三，頁232。

〔註62〕見同上，頁231～235。

的稷下學宮（如此學術將無法彰顯其尊貴），而南門有兩個，大城東部有個南北大道，自南牆東門通往大城唯一的東門出去，路寬有二十米，南牆西門亦有個南北大道通往北牆的東門，路寬亦是二十米，不過南牆東門的門道寬十一米，長十九米；南牆西門的門道寬十三米，長二十三米，相對於大城唯一的西門路寬十七米，門道寬十一米，長二十五米，〔註63〕如果稷下學宮的康莊大衢真要具有相當規模，筆者覺得稷門最該設在南牆西門，而西門應該是上面錢穆先生提及的陽門，因為由西門進城，會面向陽面逐漸上坡。

筆者這個說法，不僅獲得曲英傑先生的支持，還獲得更細膩的證實。曲英傑先生認為臨淄小城會建在大城西南隅，並自行向外擴張，變做兩個長方形的不規則嵌合，而不是如一般中國城池建築的回字型，主因就在小城是後建的田齊宮城，不能居於臨淄大城的中央，然而亦當與其合為一體，而不是游離於外，為不致使該宮城的南西兩面過於侷促，因此再將宮城的西南城角擴建出去，由此使得原來大城的南牆西段與西牆的南段被拆毀，各向外擴六七百米，原來大城南牆的西門（即稷門）被移設至新增築的南牆東部，當沿稱做稷門，而增築的南牆西部與宮城往西新鋪設的南北大道相交處再增設一門，因臨靠申池，故稱做申門，他組合出的證據來自《左傳·文公十八年》記說：「夏五月，公游于申池。」杜預注說：「齊南城西門名申門，齊城無池，唯此門左右有池，疑此則是。」他並認為陽門當指新增築的西牆南門。〔註64〕經由這些討論，筆者判斷稷下最有可能在戰國宮城東部稷門外的郊區，這有三大優點：第一，既在城外，面對稷山，風景優美宜人，適合學者生活與講學；第二，臨靠宮城，學者能隨時備國君諮詢國政與思想，彼此交流便利，且防衛應較森嚴，沒有安全的顧慮；第三，有兩條南北大道直通城內，進出交通便利，既與城內的繁華喧鬧有區隔，卻能很容易就進城採購日常生活所需。我們由一個學者的人性角度來思考，這三大優點應該是很適合居住與工作的地點，田齊桓公如果要吸引各國優秀士人來齊國長住，除物資的誘因外，當然還要提供優厚的天然生活環境。

稷下學宮的真正興盛，始於田齊桓公的兒子齊威王。田齊桓公在位共計十八年，周顯王十二年（西元前357年），齊威王即位，雖然田齊由太公至桓公立國已經快三十年，此時齊國的內憂外患卻並未稍歇，內部新舊集團的鬥

〔註63〕見張學海與羅勳章〈臨淄齊國故城勘探紀要〉，《考古卷》，頁285～304。
〔註64〕見《齊都臨淄城》第四章〈戰國齊都〉，一「興築南城」，頁155。

爭持續不斷，貪贓枉法腐蝕統治基礎的歪風層出不窮；外部則根據《史記・田敬仲完世家》的記載，由齊威王元年開始，三晉（韓趙魏）就趁著田齊桓公發喪，派兵攻打齊國的靈丘；齊威王六年（西元前 362 年），魯國再攻打齊國，軍隊大舉進入陽關，同年魏國亦攻打齊國，進入博陵；齊威王七年（西元前 363 年），衛國攻打齊國，佔領薛陵；齊威王九年（西元前 365 年），趙國攻打齊國，佔領甄。齊威王即位的前九年，委政於卿大夫，自己不管任何事，由於國家處境日益艱險危急，他至此已經深受刺激，再加上鄒忌與淳于髡的勸諫，使他終於決心發憤圖強，鄒忌與淳于髡兩人就是後來的稷下先生，他們勸諫齊威王的辦法很特別，前者鼓琴而歌後者隱語諷刺，都觸動齊威王的心底事而獲得任用，這種被任用的過程就具有稷下先生的特徵。〔註 65〕稷下先生是被齊威王賞識提供學宮讓其講學與從政的士人，文獻裡並未仔細記敘稷下先生被任用的狀況，不過司馬貞《史記集解》在這裡引劉向《新序》說：「齊稷下先生喜議政事，鄒忌既為齊相，稷下先生淳于髡之屬七十二人，皆輕鄒忌，以為設以微辭，鄒忌必不能及，乃相與俱往見鄒忌，淳于髡之徒禮倨，鄒忌之禮卑，淳于髡等稱辭，鄒忌知之如應響，淳于髡等辭詘而去。」

　　鄒忌與淳于髡不和並不是我們的重點，這裡可看出稷下先生的稱號與實質確實在齊威王時已經存在。

　　劉向《別錄》還有說：「方齊威王、宣王之時，聚賢士大夫于稷下，號曰列大夫。」這段話的意指齊威王時已經給予稷下先生列大夫的職銜，不過由鄒忌與淳于髡這些稷下先生直接在參與國政的狀況來看（這還不包括同時期的將軍田忌與軍師孫臏，他們先後在桂陵與馬陵兩次大敗強大的魏國），稷下先生「不治而議論」，意即無事議論國政，有事備王諮詢，平日則純粹專注於講學的狀況恐怕要到宣王時期纔發生（這是特指田齊政權稷下學宮的發展情況，而不包括姜齊政權的「嘖室之議」）。由於鄒忌拜相輔佐齊威王，使得齊國臻臻日上，《史記・田仲敬完世家》記說：「齊國震懼，人人不敢是非，務盡其成，齊國大治，諸侯聞之，莫敢致兵於齊二十年。」〔註 66〕齊國成為各諸侯裡最強的國家，諸侯有二十年的時間不敢與齊國交鋒，因此齊威王開始

〔註 65〕　《史記・田敬仲完世家》記說：「威王初即位以來，不治，委政卿大夫，九年之間，諸侯並伐，國人不治。」見《史記會注考證》卷四十六，〈田敬仲完世家〉第十六，頁 735～736。

〔註 66〕　見同上，頁 735。

稱王，《史記·田仲敬完世家》記說：「於是齊最彊於諸侯，自稱爲王，以令天下。」〔註67〕齊威王在位共計三十七年，不過在威王晚期的齊威王三十五年，由於相國鄒忌與將軍田忌長期失和，後來竟鬧出田忌率兵打回臨淄要找鄒忌報仇的事情，《史記·田仲敬完世家》記說：「田忌聞之，因率其徒襲攻臨淄，求成侯，不勝而奔。」田忌襲齊並沒有成功，而與孫臏共同離開齊國流亡至楚國，鄒忌也失去相位，這場爭亂，由於牽扯到稷下先生，或許影響已屆晚年的齊威王對稷下先生的信賴，對稷下的聲望與發展造成相當影響，因此稷下學宮應該曾經有暫時衰落的現象，士人星散各國去出仕，這較能合理解釋後來會有「復盛」的說法。

第五節　稷下的復盛與沒落

　　齊威王後期，齊國將相不和，相國鄒忌與將軍田忌鬧矛盾，田忌離開齊國去楚國，鄒忌同樣失去相位，這場風波的主要人物是稷下先生出身的鄒忌，對稷下學宮不能不有某種程度的影響，白奚先生卻認爲這種論點很難成立，因爲稷下學宮不是私家養士，而是國君拿國家的資源來養士，學宮的盛衰應該取決於國君，而不應該繫於將相。這時正值齊威王「稱王」不久，國勢正強，政權鞏固，因此這一點麻煩不應該波及學宮。再說鄒忌脫離稷下至此已三十年，威王怎麼會因他曾經是稷下先生而遷怒於學宮呢？或者，有人認爲學宮由盛轉衰，這是因爲齊宣王對文學游說之士有一個由「不喜」到「喜」，或由「輕」到「重」的轉變過程，其根據是《說苑·尊賢》和《戰國策·齊策四》中淳于髡和王斗批評齊宣王不好士的言論。白奚先生則認爲在戰國時期的士，在列國競相招納游士的狀態裡，「很少」在國君面前稱道其「好士」，相反地，他們總是用各種理由指出其「不好士」，藉此自抬身價，說動國君更進而「好士」，淳于髡與王斗的事蹟就是這種情況的典型。齊宣王的好士在列國君王裡最負盛名，孟子就是在他剛即位的時候慕其「好士」的名聲而離開梁國來齊國，因此說齊宣王曾經「不好士」就無法成立。他覺得從包括《史記》在內的現有史料來看，齊宣王前，稷下學宮的發展一直在上升，並不存在某個衰落時期，更不存在齊宣王再度去振興稷下學宮的問題，理解《史記》的文字應該要在全面佔有史料的基礎上，根據事實來論斷，因此其所謂的「復

〔註67〕見同上，頁736。

盛」應當理解做更加興盛，在齊宣王時期其興盛飛躍至新的階段。〔註68〕

　　白奚先生的說法固然不無道理，然而由於史料的不夠完備，我們很難據此驟然論斷鄒忌與田忌的失和到底對稷下學宮產生如何的影響。我們宜思考兩個狀況：其一，田忌失和於鄒忌，竟然曾帶兵去攻打首都臨淄，軍事手段的背後，可反過來看，正就是因為相國鄒忌與其領導的稷下學宮對齊國政局有著全面性的影響（鄒忌既出身於稷下先生，又貴為齊國最高行政階層，自然是稷下學宮裡最有威望的人），田忌有理說不清，直接率兵去打臨淄，雖然後來失敗，自然會引發齊威王的反省，這應該就是鄒忌會離開相位的原因；其二，君主統治時期，任何事物的存廢即使不取決於君主一人，都還是受到君主很大的影響，稷下學宮因為田忌與鄒忌的失和，究竟受到多大程度的牽動，這端賴於齊威王受此震撼而「反省」的程度。筆者覺得稷下學宮與其養士制度並沒有因此而被廢除，只是齊威王受此挫折，不再如過去特別仰賴稷下先生，後來齊宣王繼位，則又重新鼓勵發展稷下學宮，這樣《史記》說「復盛」就有其合理性了。這裡並不是完全否認白奚先生的看法，而是指出不同層面的可能性。

　　周慎靚王二年（西元前319年），齊宣王即位，國祚更強，為實踐其「蒞中國而撫四夷」的大願，他開始發起更大規模的兼併戰爭，冀圖讓士人能替他的政治目標廣造輿論，他開始設立對待稷下先生更優裕的政策，這有兩大特點：第一，讓稷下先生做不需負責政事，卻能自由議論國事的上大夫，這種優厚的待遇使得學者能更專注於著書立說，《史記·田敬仲完世家》記說：「宣王喜文學遊說之士，自如騶衍、淳于髡、田駢、接予、慎到、環淵之徒七十六人，皆賜列第，為上大夫，不治而議論。是以齊稷下學士復盛，且數百千人。」〔註69〕第二，建築高門大屋提供稷下先生居住，並鋪設康莊大道，使得稷下先生來往交通便利，《史記·孟子荀卿列傳》記說：「于是，齊王嘉之，自如淳于髡以下，皆命曰列大夫，為開第康莊之衢，高門大屋尊寵之。」〔註70〕這兩大特點，使得「稷下學宮」名符其實變做一個學術研究的殿堂，學術研究開始有個專責機構，這是中國歷史的首發創舉，這使得稷下先生大量展開著書的工作。著書成為專責，可能始於齊威王時期的稷下先生，譬如《史記·司馬穰苴列傳》記說：

〔註68〕　見其《稷下學研究：中國古代的思想自由與百家爭鳴》第三章〈稷下學宮的盛衰〉，三「興盛」，頁47～49。
〔註69〕　見同上，頁737。
〔註70〕　見《史記會注考證》卷七十四，〈孟子荀卿列傳〉第十四，頁946。

「齊威王使大夫追論古者司馬兵法，而附穰苴於其中，因號司馬穰苴兵法。」〔註71〕不過，著書開始受到制度性的保障，使得稷下先生大量著書為榮譽，則應該始於齊宣王時期的稷下先生，《史記‧孟子荀卿列傳》記說：「自騶衍與齊稷下先生，如淳于髡、慎到、環淵、接子、田駢、騶奭之徒，各著書，言治亂之事，以干世主，豈可勝道哉？」〔註72〕最後還說：「故慎到著十二論，環淵著上下篇，而田駢、接子皆有所論焉。」〔註73〕

這個時期待在稷下的士人到底有多少人？前面《史記‧田敬仲完世家》說有數百人至上千人，《鹽鐵論‧論儒》則說千有餘人：「齊宣王褒儒尊學，孟軻、淳于髡之徒，受上大夫之祿，不任職而論國事，蓋齊稷下先生千有餘人。」〔註74〕這個數字的出入不大，由於來稷下的士人流動性應該很大，因此待在稷下的士人最起碼有五六百人，最多則有一千餘人，相對於當時整個中國的人口，應該說相當高比例的菁英都聚集在稷下了。當然，並不是說來稷下就必然能封官晉爵，能擁有高門大屋的士人不見得能當上大夫，能當上大夫的士人不見得都會享萬鍾俸祿，譬如《戰國策‧齊策四》記齊人諷刺田駢說：「今先生設為不宦，訾養千鍾，徒百人，不宦則然矣，而富過畢也。」田駢是個上大夫，能享千鍾俸祿已經算是相當富有了，然而來齊國游宦的孟子其地位則更高於上大夫，他在齊國擔任客卿，有時會奉派出使外國，他的俸祿就有萬鍾，《孟子‧公孫丑下》記齊宣王表示要供養孟子，做為大夫與國人的典範：「我欲中國而授孟子室，養弟子以萬鍾，使諸大夫國人，皆有所矜式。」〔註75〕《孟子‧公孫丑下》還記孟子替齊宣王去滕國出使弔喪，宣王還派大夫王驩輔佐同行：「孟子為卿於齊，出弔於滕，王使蓋大夫王驩為輔行。」〔註76〕當然更有純粹論正道於世，無求於富貴榮華的士人，如前面曾指出諷刺齊宣王後終身不仕的顏斶，還有被孟子推崇為齊國巨擘的陳仲子，《孟子‧滕文公下》記說：「仲子，齊之世家也。兄戴，蓋祿萬鍾。以兄之祿為不義之祿而不食也；以兄之室為不義之室而不居也；辟兄離母，處於於陵。」〔註77〕

〔註71〕見《史記會注考證》卷六十四，〈司馬穰苴列傳〉第四，頁862。
〔註72〕見《史記會注考證》卷七十四，〈孟子荀卿列傳〉第十四，頁945。
〔註73〕見同上，頁946。
〔註74〕見王利器《鹽鐵論校注》卷二，〈論儒〉第十一，上冊，西元1992年，頁149。
〔註75〕見《孟子注疏‧公孫丑下》卷第四，頁82。
〔註76〕見同上，頁77。
〔註77〕見《孟子注疏‧滕文公下》卷第六，頁119。

　　不過，這個陳仲子的狀況跟其他士人有些不同，他本來就屬於田齊王室的苗裔，因看不慣田氏竄竊權柄的兇殘與不義，因此執意不願意出來做官，只有自己修身隱居在於陵，因此他的思想固然屬於齊學的脈絡，卻不能算是嚴格定義裡的稷下先生，會被稱做稷下先生，都要接受齊國王室各種型態的供養（不論是官職俸祿或各種物質配給）。稷下先生只是這種待在稷下論學的士人概稱，齊宣王時期被賜封做上大夫的士人有七十六人，受一般大夫禮遇（意即列大夫）的士人則人數不詳，不過或該多於七十六人，現在較為我們所知者如前面指出的十餘人，較有名者還有尹文子，如《說苑・君道》記說：「齊宣王謂尹文曰：『人君之事何如？』尹文對曰：『人君之事，無為而能容下，夫事寡易從，法省易因；故民不以政獲罪也。大道容眾，大德容下，聖人寡為而天下理矣。《書》曰：『睿作聖』，詩人曰：『岐有夷之行，子孫其保之！』』宣王曰：『善！』」〔註78〕在列大夫外，還有一般的稷下先生，這些先生沒有官職與俸祿，也沒有私人的高門大屋，只與弟子共同住在學宮裡，根據中國最早的學規，見於《管子・弟子職》的紀錄，裡面說弟子如何向老師學習：「趨進受命，所求雖不在，必以命反。反坐復業，若有所疑，奉手問之。師出皆起，至於食時，先生將食，弟子饌饋。」〔註79〕這些師生的日常生活作息都在一起的狀況，確實具有宋明時期書院的特徵，亦使我們知道當時有些先生住在學宮裡從事教學與著作，他們受到齊國王室的尊重，更享有弟子認真的事奉，這是學術開始有獨立的尊嚴，並受到制度性保障的首例。

　　《管子・樞言》曾有一位稷下先生意外在文末自道自己的人生態度：「先王之書，心之敬執也，而眾人不知也。故有事事也，毋事亦事也。吾畏事，不欲為事，吾畏言，不欲為言，故行年六十而老吃也。」〔註80〕意思是說先王的書我衷心敬愛而執持研究不放，然而眾人不知道這些書的有益，都不去閱讀，我固然常有事要做，即使沒事也會讀書來當做有事，我其實很害怕去做事，不喜歡被事情束縛，只希望有空能多讀先王的書，我很害怕去說話，不想因為說話引來災禍，因此我已經活六十歲，至老都有口吃的狀況。這段文字顯示作者的個性與風格已經具有後世專業研究者的態度，對於讀書與思考有特殊的興趣，對於勞頓精神的做事常感困倦，而稷下學宮能容納這種型

〔註78〕見《說苑讀本・君道》卷一，頁2。
〔註79〕見《管子今註今譯・弟子職》第五十九，下冊，頁924。
〔註80〕見《管子今註今譯・樞言》第十二，上冊，頁227。

態的士人存在，證明它的確已經具有某種程度的專業學術傾向，雖然結合學問與某種意蘊的從政（譬如擔任國事的被諮詢對象），依舊是當日士人的主流，他們各著書言治亂來干世主，並不僅有現實利害的考量，更多人則帶著平治天下的理想匯聚於此。在稷下的士人有三種一般性的尊稱，這三種尊稱應該不是職銜：首先是學士，前面指出《史記・田敬仲完世家》說「齊稷下學士復盛」，由上下文來看這個「學士」該是泛指來稷下游學的士人，不論其是否有官職，或只是稷下各學派大師的弟子，都可通稱做學士。再者是先生，這種稱呼甚常見，如《史記・滑稽列傳》記齊威王稱淳于髡；《戰國策・齊策四》記齊人稱田駢；同書記齊宣王記王斗；《孟子・告子下》記孟子稱宋牼；《列子・周穆王》記老成子與尹文子對話時作者稱尹文……

　　這些文獻背後的情境不同，如王者稱士人爲先生該是尊稱，如孟子稱宋牼爲先生該是謙稱，綜合來說稱先生當是個稱謂敬語，而不是職稱。〔註81〕最後則是博士，博士聽起來是個職稱，不過在齊國這個稱謂似乎尚未正式化，只具有「博學的士人」的意思，譬如齊威王時諸侯聯合攻打齊國，齊威王請諸臣出意見，《說苑・尊賢》記說：「博士淳于髡仰天大笑而不應。」〔註82〕結果淳于髡說個隱語使得齊威王有醒發：「王乃立淳于髡爲上卿，賜之千金，革車百乘，與平諸侯之事。」這裡「上卿」是個職稱，而「博士」只是個尊稱。不過，錢穆先生表示齊國的稷下先生是秦朝博士制度的根據，他引《續漢志》說：「博士掌教弟子，國有疑事，掌承問對。」如果把《續漢志》的說法翻譯做白話文，意即稷下先生先有教弟子的狀況，稱做博士，而後秦朝據此設做制度。〔註83〕

〔註81〕 學者胡家聰先生認爲稷下的學者有三類：第一類的地位最高，稱作「上大夫」；第二類居次，沒有官位，更沒有高門大屋，他們和弟子都住在學宮內，稱作「稷下先生」；第三類則是由各國過來學習的人，稱作「稷下學士」。見其《稷下爭鳴與黃老新學》第一章〈稷下之學考實探眞〉，一「稷下學宮的歷史考據」，西元1998年，頁19～20。筆者同意其第一類的說法，而由前文的舉證來看，稷下學士與稷下先生應該不是階級差異的稱謂，兩者常在混稱同一人，因此兩者應該都是尊稱。

〔註82〕 見《說苑讀本・尊賢》卷八，頁237。

〔註83〕 錢穆先生說：「博士掌通古今，即齊制稷下先生所謂不治而議論者是已。」他還說：「漢叔孫通以博士封稷嗣君，即謂其嗣稷下稷下之遺風。又鄭玄書贊，稱『我先師棘下生子安國』，棘下生即稷下先生，以孔安國爲博士，故稱之爲稷下先生。此皆漢人尚知秦博士官制源於齊稷下先生之制之證。」最後，他說：「惟自稷下以來，不聞專掌六藝，則秦博士亦必不專掌六藝，審也。惟其爲博士者不專限於治六藝，故至漢文帝時，尚有所謂諸子博士及傳記博士。」見《秦

雖然如此，筆者目前還是懷疑「博士」這種說法是後世學者根據自身當日制度往前給出的尊稱，在齊國則即使已經有這個尊稱，都還沒有被真正放在政府制度裡用做公職稱謂，最起碼目前尚沒有直接的文獻能證實。〔註84〕在稷下學宮人數最多者應該是各學派的弟子，前面說過田駢有弟子百人，孟子則有弟子數百人，《孟子‧滕文公下》記他的弟子彭更跟他說：「後車數十乘，從者數百人，以傳食於諸侯，不以泰乎？」〔註85〕當這數百人都跟著孟子來稷下，則稷下立即會顯得熱鬧非凡，如果孟子離開稷下，則稷下立即會顯得冷清寂寥，當數十位大師的動靜，如同在擂臺演戲的台柱般，會不同程度影響稷下的發展，難怪當日的齊宣王會如此謙卑在意這些大師的行止。

齊宣王並不見得是個天資聰穎的王者，不過他善於向賢人發問，且知錯能改，這些狀況散見於各種文獻（前面都已列舉），應屬確有其事。此時應該是稷下最盛的時期，各種學派的大師薈萃於此論學，後世稱頌「百家爭鳴」的盛況至此已完整體現！

周赧王十四年（西元前301年），齊宣王死，隔年齊湣王即位，他想繼承並發揚祖父與父親的功業，連續攻打各國，使得五國諸侯都賓服於齊國，桓寬《鹽鐵論‧論儒》記說：「及湣王，奮二世之餘烈，南舉楚淮，北并巨宋，苞十二國，西摧三晉，卻彊秦，五國賓從。鄒魯之君，泗上諸侯皆入臣。矜功不休，百姓不堪，諸儒諫不從，各分散，慎到、捷子亡去，田駢如薛，而孫卿適楚。」〔註86〕由於齊湣王太過執著於外顯的功業而征戰不已，使得百姓苦不堪言，在稷下的士人大概覺得已不受齊湣王重視，紛紛離開齊國，如慎到與接予離開後就死去，田駢去薛國，荀子去楚國，稷下盛極而衰，齊國的優勢就在其文化培養出大量極具素質的人才，當大師紛紛離去稷下，意味著其弟子大量跟隨著離開稷下，林麗娥先生表示這些士人多投奔至燕國與戰國四大公子的門徑，尤其是趙國的平原君與楚國的春申君，〔註87〕因此，稷下的盛極而衰就意味著齊國的盛極而衰。當齊國的國脈迅速衰弱，就引起各

漢史》第一章〈秦人一統之局〉，第四節「秦之文化政策」，西元1992年，頁23～25。目前來看齊國應該尚未有「博士」的正式職稱，然而誠如錢穆先生的說法，我們已可確知秦朝的「博士制度」正就是學習齊國的「稷下先生制度」。

〔註84〕 不論是《說苑》或《續漢志》都不是先秦文獻，因此尚無直接證據。

〔註85〕 見《孟子注疏‧滕文公下》卷第六，頁110。

〔註86〕 見《鹽鐵論校注》卷二，〈論儒〉第十一，上冊，頁149。裡面提到的「捷子」就是接予，其著書《捷子》兩篇。

〔註87〕 見《先秦齊學考》第三章〈稷下學之探討〉，第三節「稷下學之盛衰」，頁143。

國諸侯的覬覦，終於導致燕國聯合五國攻打齊國，使齊國失陷城池七十餘座，湣王到處逃奔，先至衛國，再至鄒國與魯國，這些國君都不願意收納，最後他逃奔至莒城而被殺，由莒人共同尋覓出齊湣王的兒子法章立爲新王，這就是後來的齊襄王。齊襄王五年（西元前 279 年）田單由即墨出發攻破燕軍，迎接齊襄王回臨淄，收復齊國原來大部舊境。此時稷下學宮的狀況，《史記‧孟子荀卿列傳》記說：「田駢之屬皆已死，齊襄王時，而荀卿最爲老師。齊尚修列大夫之缺，而荀卿三爲祭酒焉。齊人或讒荀卿，荀卿乃適楚。」〔註88〕

　　根據《鹽鐵論》的記錄來看，稷下先生大批的離開是因爲齊湣王不能採納他們的勸諫，使他們的自尊受到傷害，纔會失望而去。白奚先生則認爲，僅由於勸諫不被採納，稷下先生不會輕易離開，因爲他們依然能在這裡著書立說或傳業授徒，從事於各種學術和教育活動。迫使稷下先生離開的重要原因在齊湣王已經容不得他們，如不離開就會有殺身的禍害。

　　白奚先生舉田駢不得不離開齊國，投奔回薛地的孟嘗君的遭遇來做例證。根據《淮南子‧人間訓》的記載：「唐子短陳駢子於齊威王，威王欲殺之，陳駢子與其屬出亡，奔薛。孟嘗君聞之，使人以車迎之。至，而養以芻豢黍梁五味之膳，日三至。冬日被裘罽，夏日服絺紵，出則乘牢車，駕良馬。孟嘗君問之曰：『夫子生於齊，長於齊，夫子亦何思於齊？』對曰：『臣思夫唐子者。』孟嘗君曰：『唐子者，非短子者耶？』曰：『是也。』孟嘗君曰：『子何爲思之？』對曰：『臣之處於齊也，糲粢之飯，藜藿之羹，冬日則寒凍，夏日則暑傷。自唐子之短臣也，以身歸君，食芻豢，飯黍粢，服輕煖，乘牢良，臣故思之。』此謂毀人而反利之者也。」〔註89〕白奚先生表示這裡「威王」其實是「湣王」，學術界對此早有公認，因爲根據《史記‧孟嘗君列傳》，孟嘗君的父親靖郭君田嬰是齊威王的少子，孟嘗君是齊威王的孫子，孟嘗君承襲薛地在齊宣王晚年，齊湣王即位後，孟嘗君專權，齊湣王七年，發生「田甲劫王」事件，孟嘗君被迫出奔回到薛地。因此田駢奔薛當在湣王七年後。大概是稷下先生已經習慣威宣時期開明寬鬆的政治風氣，湣王時依舊毫無顧忌的議論時政，湣王越來越嫌他們多嘴多舌且礙手礙腳，尤其田駢的逆耳忠言本來已經使湣王厭煩，加上唐子的誣陷，湣王因此萌生殺機，這迫使田駢離開了稷下。而且，不只人身安全收到威脅，由於齊湣王窮兵黷武，耗盡齊

〔註88〕見《史記會注考證》卷七十四，〈孟子荀卿列傳〉第十四，頁946。
〔註89〕見《淮南子譯注‧人間訓》第十八卷，頁873。

國的資財，百姓不堪，致使無法再資養學宮，稷下先生的生活水平因此急遽下降，不堪忍受而紛紛離開，相信這是造成稷下學宮衰落的重要原因。〔註90〕

田駢本來過著「資養千鍾」的豪華生活，後來卻變得吃不飽（糲粢之飯，藜藿之羹）與穿不好（冬日則寒凍，夏日則暑傷），因此有機會重新獲得孟嘗君的善待，他反而要感謝唐子的誣陷，使他能再過著優裕的生活。

這裡要特別提到荀子。《史記‧孟子荀卿列傳》記說：「荀卿，趙人。年十五始，來游學於齊。」這裡有個斷句的問題，歷來認爲「年十五始來游學於齊」的意思不通，因其斷句做「年十五始，來游學於齊」，故而認爲「十五」該做「五十」意思纔通，否則「始」字將無法解釋，如《史記會注考證》在這裡說：「《風俗通‧窮通篇》云：『齊威宣之時，孫卿有秀才，年十五，始來游事，至襄王時，孫卿最爲老師。』《郡齋讀書記》引劉向序亦作十五，《桃源藏》曰：『曰五十始遊者，以見宿學之精熟也，若十五，則始字不通。』」然而，如果「始」字解釋做「纔」，則荀子來齊國只有十五歲確實過於年輕顯得不通，如果把這段文字斷句做「年十五始，來游學於齊」，而這個「始」字解釋做「起」，則意味著荀子由十五歲自趙至齊待在稷下的時間甚長，則其意自通。〔註91〕約當齊宣王後期，當荀子十五歲，開始來齊國游學，應該就是氾濫於諸家大師做弟子，再經歷過湣王時期十七年的時光，當齊國幾乎滅國的時刻，他應該已經有五十餘歲了，因此早已成名，他是否曾經在齊湣王末期離齊至楚或有爭議，不過，齊襄王即位，重新恢復稷下先生列大夫的職位，而荀子能重新在稷下學宮講學，還擔任稷下學宮主持祭事的祭酒三回，可見其地位崇隆。齊襄王會由重新恢復列大夫的職位做爲支持稷下學宮的重要表示，顯現他經歷齊國大難，已經明白士人的匯聚是齊國的最大保障與寶藏，能善待大師，則匯聚過來的弟子共同奠立齊國的聲望，其效益將無可估量，然而，稷下隨著齊國的衰落，終究無法恢復往日的盛況了。

經過幾乎滅國的大破壞，元氣大傷的齊國，即使恢復稷下學宮，都已經失去往日繁榮昌盛的氣象，如同田齊政權般，已經失去吸引與號召，很難再有什麼作爲了。可想見這時候的稷下學宮，無論在規模、人員素質與繁榮程度，還是在政治或社會影響上，都已經今非昔比了。齊襄王在位十九年，無

〔註90〕　見其《稷下學研究：中國古代的思想自由與百家爭鳴》第三章〈稷下學宮的盛衰〉，四「衰落、中興與終結」，頁 49～51。
〔註91〕　見《先秦諸子繫年‧荀卿齊襄王時爲稷下祭酒攷》卷四，頁 438。

法扭轉日漸頹敗的國勢，齊王建即位後的四十餘年間，秦國的政治經濟軍事的優勢日益突出，秦相呂不韋廣招天下學者，其中直接和間接來自稷下者應該不在少數，《史記・田敬仲完世家》記說：「君王后死，后勝相齊，多受秦閒金，多使賓客入秦，秦又多予金客，皆爲反閒，勸王去從朝秦。」〔註92〕意即賓客要不就離開齊國，前往秦國謀位，即使留在齊國的賓客，都已經被秦國收買，要來蠱惑齊王建的心智。據白奚先生的研究，《荀子・強國》篇顯示荀子在齊王建時期，冀圖挽回齊國敗亡的局面，曾經向齊相進言，說齊國當時「女主亂之宮，詐臣亂之朝」，對齊王建的母親君王后把持朝政的混亂局面表示不滿。〔註93〕至於掌握實權的君王后究竟做過什麼事情呢？問題可能正在她什麼武裝齊國的事情都沒有做，而只是置身秦國正在西征的事外。《史記・田敬仲完世家》記說：「君王后賢，事秦謹，與諸侯信。」這位因爲齊國的女人地位高，而得居於中國有信史而降第一位女主攬權的君王后，其「賢能」就只是謹愼去侍奉秦國。很可能正是因爲荀子批評君王后，齊王建聽信君王后的讒言，使荀子覺得自己的處境很危險，這纔跟當年的田駢一樣，被迫離開稷下學宮。身爲學宮祭酒的荀子尚且如此，其他稷下先生更可想而知。

荀子離開後，學宮失去學術領袖，人才外流的現象應該更爲嚴重，稷下學宮的結束，就只是時間問題了。

在經歷齊威王、齊宣王與齊湣王後，禮賢最有名的君主是燕昭王，他爲了報復齊宣王曾經幾乎滅燕的恥辱，謙卑尋覓各國士人來投奔並委重任，《史記・燕召公世家》記說：「燕昭王於破燕之後即位，卑身厚幣以招賢者，謂郭隗曰：『齊因孤之國亂而襲破燕，孤極知燕小力少，不足以報。然誠得賢士以共國，以雪先王之恥，孤之願也，先生視可者，得身事之。』郭隗曰：『王必欲致士，先從隗始，況賢於隗者，豈遠千里哉！』於是昭王爲隗改築宮而師事之，樂毅自魏往，鄒衍自齊往，劇辛自趙往，士爭趨燕，燕王弔死問孤，與百姓同甘苦。」〔註94〕其實由這裡可看出，燕國能迅速強盛，正就是在效法齊國稷下召士的辦法，當齊國稷下的士人開始流失，正就是燕昭王開始禮敬郭隗，替他築宮而師事來做號召，使得士人爭相投奔的時刻，這裡尤其屬

〔註92〕見《史記會注考證》卷四十六，〈田敬仲完世家〉第十六，頁741。
〔註93〕見其《稷下學研究：中國古代的思想自由與百家爭鳴》第三章〈稷下學宮的盛衰〉，四「衰落、中興與終結」，頁52。
〔註94〕見《史記會注考證》卷三十四，〈燕召公世家〉第四，頁584。

提倡「陰陽五行說」的大師鄒衍離齊至燕最具象徵性，《史記·孟子荀卿世家》記說燕昭王如何盛情款待鄒衍：「燕昭王擁篲先驅，請列弟子之座而受業，築碣石宮，身親往師之。」〔註95〕這是個跟時間拔河的競賽，燕昭王肯替鄒衍打掃前席，請他上座，自謙為弟子屈居末座，對照此刻的齊湣王因不重視稷下先生而使大師紛紛離去，再由攻打燕國的將領都屬各地投奔的士人來看，我們幾乎可說齊國的衰落甚至於被侵略，正就敗在稷下學宮的頹圮裡。至最後的齊王建即位（西元前264年），他四十餘年不整頓軍事，不援救他國，如同神經麻痺般，坐待秦國來犯，《史記·田敬仲完世家》記說：「五國以亡，秦兵猝入臨淄，民莫敢格者，王建遂降。」〔註96〕

　　齊國滅亡，稷下學宮橫亘一百五十年的歷史，就此徹底結束了。

　　稷下學宮對於各種思想的交會起過極其重要的媒合效應，由於該議題並不是這裡的重點，暫時無法細論，不過，其歸於瓦解，受損失者不只是齊國自身，田齊政權能長期不惜鉅資來供養大量風格各異的學者來稷下自由的講學與議論，不做任何干預，釀就出兼容並蓄的學風與思潮，這種具有開放性與綜合性，不拘泥於名相的學思氣象，隨著齊國被消滅，而由軍事強橫的秦國來統一六國，就此退出中國思想的舞台，這對於未來中華文化的發展產生關鍵性的影響。

〔註95〕見《史記會注考證》卷七十四，〈孟子荀卿列傳〉第十四，頁945。

〔註96〕《史記·田敬仲完世家》記說：「四十四年，秦兵擊齊，齊王聽相后勝計，不戰以兵降秦。秦虜王建，遷之共。遂滅齊為郡。」還說：「以故王建立四十餘年，不受兵，……不脩攻戰之備。」這都是受到秦國刻意的「反間計」，再無人才替齊國謀畫的結果，使齊王建「坐以待斃」。見《史記會注考證》卷四十六，〈田敬仲完世家〉第十六，頁741。

參考書目

按出版年度與書名首字排序

一、古籍註釋

1. 《慎子校正》，王斯睿著，上海，商務印書館，1935 年。
2. 《逸周書集訓校釋》，朱又曾編，《國學基本叢書》，台北，台灣商務印書館，1968 年。
3. 《慎子》，錢熙祚著，台北，世界書局，1970 年。
4. 《今本竹書紀年疏證》，王國維著，《學書叢編》（五），台北，藝文印書館，1971 年。
5. 《說文通訓定聲》，朱駿聲著，台北，藝文印書館，1975 年。
6. 《藝文類聚》，《類書薈編》第一輯，全五冊，台北，文光出版社，1977 年。
7. 《論衡校釋》，黃暉著，台北，台灣商務印書館，1978 年。
8. 《孟子正義》，焦循著，台北，台灣中華書局，1979 年。
9. 《商君書解詁定本》朱師轍撰，台北，鼎文書局，1979 年。
10. 《先秦諸子考佚》，阮廷焯撰輯，台北，鼎文書局，1980 年。
11. 《國語》，上海師範大學古籍整理組，台北，里仁書局，1981 年。
12. 《十一家注孫子》（附竹簡兵法），曹操等著，台北，里仁書局，1982 年。
13. 《山海經校注》，袁珂著，台北，里仁書局，1982 年。
14. 《韓非子今註今譯》，邵增樺註譯，台北，台灣商務印書館，1982 年。
15. 《大戴禮記今註今譯》，高明註譯，台北，台灣商務印書館，1984 年。
16. 《先秦名學七書》，伍非百著，台北，洪氏出版社，1984 年。

17. 《春秋繁露今註今譯》，賴炎元註譯，台北，台灣商務印書館，1984 年。

18. 《孫臏兵法校理》，張震澤著，台北，明文書局，1985 年。

19. 《司馬法今註今譯》，劉仲平註譯，台北，台灣商務印書館，1986 年。

20. 《史記會注考證》，瀧川龜太郎著，台北，洪氏出版社，1986 年。

21. 《尉繚子今註今譯》，劉仲平註譯，台北，台灣商務印書館，1987 年。

22. 《通典》，（唐）杜佑著，北京，中華書局，1988 年。

23. 《管子今註今譯》，李勉註譯，全二冊，台北，台灣商務印書館，1988 年。

24. 《文選》，（梁）昭明太子編，台北，藝文印書館，1989 年。

25. 《水經注疏》，酈道元著，楊守敬與熊會貞疏，全三冊，南京，江蘇古籍出版社，1989 年。

26. 《晏子春秋今註今譯》，王更生註譯，台北，台灣商務印書館，1989 年。

27. 《呂氏春秋今註今譯》，林品石註譯，台北，台灣商務印書館，1990 年。

28. 《淮南子譯注》，陳廣忠注譯，長春，吉林文史出版社，1990 年。

29. 《戰國策》，全兩冊，台北，里仁書局，1990 年。

30. 《公孫龍子今註今譯》，陳癸淼註譯，台北，台灣商務印書館，1991 年。

31. 《荀子集解》，王先謙著，台北，世界書局，1991 年。

32. 《新序今註今譯》，盧元駿註譯，台北，台灣商務印書館，1991 年。

33. 《說文解字注》，漢許慎撰，清段玉裁注，台北，黎明文化公司，1992 年。

34. 《韓詩外傳今註今譯》，賴炎元註譯，台北，台灣商務印書館，1992 年。

35. 《鹽鐵論校注》，王利器校注，全二冊，北京，中華書局，1992 年。

36. 《太公六韜今註今譯》，徐培根註譯，台北，台灣商務印書館，1993 年。

37. 《莊子纂箋》，錢穆著，台北，東大圖書公司，1993 年。

38. 《隋書》，《新校本隋書附索引》，楊家駱主編，全二冊，台北，鼎文書局，1993 年。

39. 《楚辭注釋》，馬茂元主編，台北，文津出版社，1993 年。

40. 《魏書》，《新校本魏書附西魏書》，全四冊，楊家駱主編，台北，鼎文書局，1993 年。

41. 《後漢書》，《新校本後漢書並附編十三種》，楊家駱主編，全六冊，台北，鼎文書局，1994 年。

42. 《漢書》，《新校本漢書並附編二種》，楊家駱主編，全五冊，台北，鼎文書局，1994 年。

43. 《十三經注疏》，彙編本，全八冊，台北，藍燈文化出版公司，1995 年。

第一冊：《周易正義》；《尚書正義》

第二冊：《毛詩正義》

第三冊：《周禮注疏》

第四冊：《儀禮注疏》

第五冊：《禮記注疏》

第六冊：《春秋左傳正義》

第七冊：《春秋公羊傳注疏》；《春秋穀梁傳注疏》

第八冊：《論語注疏》；《孝經注疏》；《爾雅注疏》；《孟子注疏》

44. 《晉書》，《新校本晉書並附編六種》，楊家駱主編，全六冊，台北，鼎文書局，1995 年。

45. 《黃帝四經今註今譯：馬王堆漢墓出土帛書》，陳鼓應註譯，台北，台灣商務印書館，1995 年。

46. 《墨子閒詁》，孫詒讓著，台北，華正書局，1995 年。

47. 《說苑讀本》，羅少卿註譯，台北，三民書局，1996 年。

48. 《老子今註今譯》，陳鼓應註譯，台北，台灣商務印書館，2000 年。

49. 《世本》，《古籍叢殘彙編》，鍾肇鵬編，第七冊，全七冊，北京，北京圖書館出版社，2001 年。

二、研究專著

1. 《慎子集說》，蔡汝坤著，上海，商務印書館，1940 年。

2. 《中國思想通史》，侯外廬編，第一卷，北京，人民出版社，1957 年。

3. 《諸子考索》，羅根澤著，北京，人民出版社，1958 年。

4. 《鄒衍遺說考》，王夢鷗著，台北，台灣商務印書館，1966 年。

5. 《縱橫家研究》，顧念先著，台北，中國學術著作獎助委員會，1969 年。

6. 《稷下派之研究》，金受申著，台北，台灣商務印書館，1971 年。

7. 《先秦諸子導讀》，徐文珊著，台北，幼獅書店，1972 年。

8. 《慎子校注及其學說研究》，徐漢昌著，台北，嘉新水泥公司文化基金會，1976 年。

9. 《中國上古史論文選集》，杜正勝編，台北，華世書局，1979 年。

10. 《中國政治思想史》，蕭公權著，台北，華崗出版公司，1977 年。

11. 《中國哲學史》，任繼愈編，第一冊，北京，人民出版社，1979 年。

12. 《中國邏輯思想史》，汪奠基著，上海，人民出版社，1979 年。

13. 《周代城邦》，杜正勝著，台北，聯經出版公司，1979 年。

14. 《周秦漢魏諸子知見書目》，嚴靈峰編，台北，正中書局，1979 年。

15. THE SHEN TEU FRAGMENTS（中譯名為《慎子逸文》），P.M.Thompson, Oxford: Oxford University, 1979 年。

16. 《先秦政治思想史》，梁啓超著，台北，東大圖書公司，1980 年。

17. 《傅斯年全集》，傅斯年著，全七冊，台北，聯經出版公司，1980 年。

18. 《中國青銅時代》，張光直著，台北，聯經出版公司，1983 年。

19. 《中國哲學發展史》（先秦），任繼愈編，北京，人民出版社，1983 年。

20. 《中醫基礎理論》，印會河主編，高等醫藥院校教材，上海，華陀醫藥雜誌社，1983 年。

21. 《先秦名學史》（The Development of the Logical Method in Ancient China），胡適著，先秦名學史翻譯組，上海，學林出版社，1983 年。

22. 《公孫龍子與名家》，蕭登福著，台北，文津出版社，1984 年。

23. 《續偽書通考》，鄭良樹編，台北，台灣學生書局，1984 年。

24. 《中國法家概論》，陳啓天著，台北，台灣中華書局，1985 年。

25. 《黃老之學通論》，吳光著，杭州，浙江人民出版社，1985 年。

26. 《中國古代哲學史》，胡適著，《胡適作品集》，第三十一冊，台北，遠流出版公司，1986 年。

27. 《秦史稿》，林劍鳴著，台北，谷風出版社，1986 年。

28. 《說儒》，胡適著，《胡適作品集》，第十五冊，台北，遠流出版公司，1986 年。

29. 《秦漢史論稿》，邢義田著，台北，東大圖書公司，1987 年。

30. 《黃帝》，錢穆著，台北，東大圖書公司，1987 年。

31. 《中國中古思想史長編》（上），胡適著，《胡適作品集》，第二十一冊，台北，遠流出版公司，1988 年。

32. 《東夷古國史研究》（第一輯），劉敦願與逢振鎬主編，山東古國史研究會編，西安，三秦出版社，1988 年。

33. 《膠縣三里河》，中國社會科學院考古研究所編著，《中國田野考古報告集‧考古學專刊》，丁種第三十二號，北京，文物出版社，1988 年。

34. 《稷下學宮資料彙編》，趙蔚芝主編，濟南，山東教育出版社，1989 年。

35. 《中國思想傳統的現代反思》，韋政通著，台北，桂冠圖書公司，1990 年。

36. 《先秦諸子繫年》，錢穆著，台北，東大圖書公司，1990 年。

37. 《考工記導讀圖譯》，聞人軍著，台北，明文書局，1990 年。

38. 《東夷古國史研究》（第二輯），劉敦願與逢振鎬主編，山東古國史研究

會編，西安，三秦出版社，1990 年。

39. 《鬼谷子研究》，蕭登福著，台北，文津出版社，1990 年。

40. 《楚文化研究》，文崇一著，台北，東大圖書公司，1990 年。

41. 《編戶齊民》，杜正勝著，台北，聯經出版公司，1990 年。

42. 《中國哲學史新編》（一）（二），馮友蘭著，台北，藍燈文化公司，1991 年。

43. 《中國經濟思想通史》，趙靖主編，北京，北京大學出版社，1991 年。

44. 《先秦法家思想史論》，王曉波著，台北，聯經出版公司，1991 年。

45. 《西漢前期思想與法家的關係》，林聰舜著，台北，大安出版社，1991 年。

46. 《帛書老子校注析》，黃釗著，台北，台灣學生書局，1991 年。

47. 《法家哲學》，姚蒸民著，台北，東大圖書公司，1991 年。

48. 《國史大綱》（修訂本），錢穆著，上冊，台北，台灣商務印書館，1991 年。

49. 《莊老通辨》，錢穆著，台北，東大圖書公司，1991 年。

50. 《新編中國哲學史》（一），勞思光著，台北，三民書局，1991 年。

51. 《諸子通考》，蔣伯潛著，台北，正中書局，1991 年。

52. 《稷下鉤沉》，張秉南著，上海，古籍出版社，1991 年。

53. 《戰國時期的黃老思想》，陳麗桂著，台北，聯經出版公司，1991 年。

54. 《中國古代政治思想史》，劉澤華編，天津，南開大學出版社，1992 年。

55. 《中國思想史》，錢穆著，台北，台灣學生書局，1992 年。

56. 《中國哲學原論》（原道篇），唐君毅著，第一卷，台北，台灣學生書局，1992 年。

57. 《中國認識論思想史稿》，夏甄陶著，上卷，北京，中國人民大學出版社，1992 年。

58. 《古代社會與國家》，杜正勝著，台北，允晨文化公司，1992 年。

59. 《先秦名家『名實』思想探析》，李賢中著，台北，文史哲出版社，1992 年。

60. 《先秦齊學考》，林麗娥著，台北，台灣商務印書館，1992 年。

61. 《荀子與古代哲學》，韋政通著，台北，台灣商務印書館，1992 年。

62. 《秦漢史》，錢穆著，台灣，台北，東大圖書公司，1992 年。

63. 《歷史與思想》，余英時著，台北，聯經出版公司，1992 年。

64. 《齊文化大觀》，李新泰主編，北京，中共中央黨校出版社，1992 年。

65. 《中國文化史導論》，錢穆著，台北，台灣商務印書館，1993 年。

66. 《中國民本思想史》，金耀基著，台北，台灣商務印書館，1993 年。

67. 《中國思想史》，韋政通著，上冊，台北，水牛出版社，1993 年。

68. 《中國哲學原論》（原道篇），唐君毅著，第二卷，台北，台灣學生書局，1993 年。

69. 《中國哲學原論》（導論篇），唐君毅著，台北，台灣學生書局，1993 年。

70. 《古史辨》，顧頡剛主編，全七冊，台北，藍燈文化公司，1993 年。

71. 《走向語言之途》（Unterwegs zur Sprache），海德格（Martin Heidegger）著，孫周興譯，台北，時報文化公司，1993 年。

72. 《兩漢思想史》，徐復觀著，第一卷與第二卷，台北，台灣學生書局，1993 年。

73. 《齊文化概論》，王志民主編，濟南，山東人民出版社，1993 年。

74. 《道家文化研究》，陳鼓應主編，第三輯，上海，古籍出版社，1993 年。

75. 《中國人性論史》（先秦篇），徐復觀著，台北，台灣商務印書館，1994 年。

76. 《中國哲學史》（增訂本，上冊），馮友蘭著，台北，台灣商務印書館，1994 年。

77. 《中國歷史上氣候之變遷》，劉昭民著，台北，台灣商務印書館，1994 年。

78. 《古史編》，許倬雲著，台北，聯經出版公司，1994 年。

79. 《名家與荀子》，牟宗三著，台北，台灣學生書局，1994 年。

80. 《知識論》，孫振青著，台北，五南圖書公司，1994 年。

81. 《真理——科學探索的目標》，梁慶寅與黃華新著，台北，淑馨出版社，1994 年。

82. 《簡帛佚籍與學術史》，李學勤著，台北，時報文化公司，1994 年。

83. The Art of Rulership:A Study of Ancient Chinese Political Thought，Roger T. Ames（安樂哲），New York：State University of New York，1994 年。

84. 《中國考古學論文集》，張光直著，台北，聯經出版公司，1995 年。

85. 《主術——中國古代政治藝術之研究》，安樂哲著，滕復譯，北京，北京大學出版社，1995 年。

86. 《知識論》，Roderick M. Chishplm 著，何秀煌譯，台北，三民書局，1995 年。

87. 《秦漢的方士與儒生》，顧頡剛著，台北，里仁書局，1995 年。

88. 《商鞅評傳》，陳啟天著，台北，商務印書館，1995 年。

89. 《管子新探》，胡家聰著，北京，中國社會科學出版社，1995 年。

90. The Propensity of Things：Toward A History of Efficacy in China，Francois Jullien，translated by Janet Lloyd，New York：Zone Books，1995 年。

91. 《十批判書》，郭沫若著，北京，東方出版社，1996 年。

92. 《先秦史研究概要》，朱鳳瀚與徐勇著，天津，天津教育出版社，1996 年。

93. 《中國古代文明──從商朝甲骨刻辭看中國上古史》，（義大利）安東尼奧・阿馬薩里（英譯不詳）著，劉儒庭、王天清與齊明譯，北京，社會科學文獻出版社，1997 年。

94. 《中國古代官制講座》，楊志玖主編，台北，萬卷樓圖書公司，1997 年。

95. 《申子的思想》，陳復著，台北，唐山出版社，1997 年。

96. 《華夏邊緣：歷史記憶與族群認同》，王明珂著，台北，允晨文化公司，1997 年。

97. 《秦漢時期的黃老思想》，陳麗桂著，台北，文津出版社，1997 年。

98. 《齊文化叢書總目》，齊文化叢書編輯委員會，濟南，齊魯書社，1997 年。

第一卷：《管子簡釋》

第二卷：《荀子匯校匯注》

第三卷：《晏子春秋注解》；《春秋公羊傳解詁》

第四卷：《秦漢齊博士論議集》；《七緯》

第五卷：《鄭玄集》（上）

第六卷：《鄭玄集》（下）

第七卷：《齊兵書》；《稷下七子揖逸》

第八卷：《齊黃老書》

第九卷：《姜齊卷》；《田齊卷》；《秦漢卷》

第十卷：《考古卷》

第十一卷：《中國論文卷》

第十二卷：《外國論文卷》

第十三卷：《先齊文化源流》；《齊史稿》

第十四卷：《齊國政治史》；《齊國經濟史》

第十五卷：《齊國軍事史》；《齊國科技史》

第十六卷：《齊國學術思想史》；《齊文學藝術史》

第十七卷：《齊國社會生活史》；《齊宗教研究》

　　　　　第十八卷：《齊都臨淄城》；《古齊地理》

　　　　　第十九卷：《齊文化與魯文化》；《秦漢齊學》

　　　　　第二十卷：《齊文化與中國傳統文化》；《齊文化與現代化》

　　　　　第二十一卷：《名君評傳》；《名臣評傳》

　　　　　第二十二卷：《名將評傳》；《名士評傳》

99. 《儒家與現代化》，韋政通著，台北，水牛出版社，1997 年。

100. 《戰國史繫年輯證》，繆文遠著，成都，巴蜀書社，1997 年。

101. 《詮釋現象心理學》，余德慧著，台北，會形文化公司，1998 年。

102. 《稷下學研究：中國古代的思想自由與百家爭鳴》，白奚著，北京，三聯書店，1998 年。

103. 《稷下爭鳴與黃老新學》，胡家聰著，北京，中國社會科學出版社，1998 年。

104. 《戰國史》，楊寬著，台北，台灣商務印書館，1998 年。

105. 《西周史》，楊寬著，台北，台灣商務印書館，1999 年。

106. 《郭店楚簡研究》，姜廣輝主編，瀋陽，遼寧教育出版社，1999 年。

107. 《中國古代思想文化的歷史論析》，陳啓雲著，北京，北京大學出版社，2001 年。

108. 《民主與資本主義：財產、共同體和現代社會思想的矛盾》（Democracy and Capitalism: Property, Community, and the Contradictions of Modern Social Thought），鮑爾斯（Samuel Bowles）與金蒂斯（Herbert Gintis）著，韓水法譯，台北，桂冠圖書公司，2001 年。

109. 《慎子的思想》，陳復著，台北，唐山出版社，2001 年。

110. 《古史集林》，王玉哲著，《南開史學家論叢》，北京，中華書局，2002 年。

111. 《考古學》，張光直著，瀋陽，遼寧教育出版社，2002 年。

112. 《郭店楚簡與早期儒學》，龐樸主編，台北，台灣古籍出版公司，2002 年。

113. 《戰國史料編年輯證》，楊寬著，台北，台灣商務印書館，2002 年。

114. 《中華遠古史》，王玉哲著，上海，上海人民出版社，2003 年。

115. 《中國古史的傳說時代》，徐旭生著，廣西，桂林，廣西師範大學，2003 年。

116. 《管子四篇詮釋：稷下道家代表作》，陳鼓應著，台北，三民書局，2003 年。

117. 《東亞儒學史的新視野》，黃俊傑著，台北，台大出版中心，2004 年。

118. 《追尋一己之福：中國古代的信仰世界》，蒲慕州著，台北，麥田出版公司，2004 年。

119. 《德法之治與齊國政權研究》，宮源海主編，濟南，齊魯書社，2004 年。

120. 《心學工夫論》，陳復著，台北，洪葉出版公司，2005 年。

121. 《舉賢尚功：齊國官制與用人思想研究》，齊秀生主編，濟南，齊魯書社，2005 年。

122. 《論法的精神》（De L'esprit Des Lois），孟德斯鳩（Montesquieu）著，張雁深譯，台北，商務印書館，2006 年。

123. 《齊文化研究》，郭墨蘭與呂世忠著，濟南，齊魯書社，2006 年。

124. 《齊文化與中華文明》，邱文山著，濟南，齊魯書社，2006 年。

125. 《偽書通考》（修訂版），張心澂編，香港，友聯出版社，日期不詳。

126. 《甲骨文字集釋》，李孝定編述，第十卷，中央研究院歷史語言研究所專刊之五十，日期不詳。

三、學位論文與期刊論文（期刊號數相同者按頁次排序）

1. 〈說渾沌與諸子經傳之言大象〉（上）（下），羅夢冊作，《東方文化》，香港大學亞洲研究中心，第九卷第一期與第二期，香港，香港大學出版社，頁 15～56 與頁 230～305，1971 年。

2. 〈齊國建立的時期及其特殊的文化〉，沈剛伯作，原載於《中華文化復興月刊》，第七卷第九期（1974），《中國上古史論文選集》，台北，華世出版社，頁 1215～1232，1979 年。

3. 《漢代齊魯之學研究》，王成章著，香港，珠海大學中文研究所碩士論文，指導教授：何敬群，1982 年。

4. 〈戰國商品經濟的飛躍發展〉，黃中業作，《齊魯學刊》西元一九八二年第四期（總計第四十九期），曲阜，曲阜師範大學主編，七月十五日，頁 37～41，1982 年。

《齊魯學刊》專題：稷下學研究（一）

1. 〈稷下學概述〉，劉蔚華作，《齊魯學刊》，西元 1983 年第一期（總計第五十二期），曲阜，曲阜師範大學主編，1 月 15 日，頁 21～24，1983 年。

2. 〈試論稷下學宮的地理位置和政治性質〉，董治安與王志民作，《齊魯學刊》，西元 1983 年第一期（總計第五十二期），曲阜，曲阜師範大學主編，1 月 15 日，頁 24～26，1983 年。

3. 〈論稷下學宮的性質〉，蔡德貴作，《齊魯學刊》，西元 1983 年第一期（總計第五十二期），曲阜，曲阜師範大學主編，1 月 15 日，頁 26～29，1983

年。

4. 〈關於稷下學宮昌盛的緣由〉，張福信作，《齊魯學刊》，西元 1983 年第一期（總計第五十二期），曲阜，曲阜師範大學主編，1 月 15 日，頁 29～31，1983 年。

5. 〈秦漢時期山東紡織手工業的發展〉，逢振鎬作，《齊魯學刊》，西元 1983 年第一期（總計第五十二期），曲阜，曲阜師範大學主編，1 月 15 日，頁 51～56，1983 年。

《齊魯學刊》專題：稷下學研究（三）

1. 〈孟子與稷下學宮的關係〉，孫開泰，《齊魯學刊》，西元 1983 年第三期（總計第五十四期），曲阜，曲阜師範大學主編，5 月 15 日，頁 21～23，1983 年。

2. 〈論尹文〉，謝祥皓，《齊魯學刊》，西元 1983 年第三期（總計第五十四期），曲阜，曲阜師範大學主編，5 月 15 日，頁 24～26，頁 24～26，1983 年。

3. 〈環淵考辨〉，周立升，《齊魯學刊》，西元 1983 年第三期（總計第五十四期），曲阜，曲阜師範大學主編，5 月 15 日，頁 27～29，1983 年。

4. 〈稷下大師荀子〉，趙宗正，《齊魯學刊》，，西元 1983 年第三期（總計第五十四期），曲阜，曲阜師範大學主編，5 月 15 日，頁 30～33，1983 年。

5. 〈稷下名辯思潮與名家〉，劉捷宸，《齊魯學刊》，西元 1983 年第三期（總計第五十四期），曲阜，曲阜師範大學主編，5 月 15 日，頁 33～36，1983 年。

6. 《齊文化研究：臨淄城制和齊學風》，陳茂進著，台北，文化大學歷史研究所博士論文，指導教授：勞榦與宋晞，1983 年。

《齊魯學刊》專題：山東東部古國史研究

1. 〈有關莒國史的幾個問題〉，郭克煜作，《齊魯學刊》，西元 1984 年第一期（總計第五十八期），曲阜，曲阜師範大學主編，1 月 15 日，頁 63～67，1984 年。

2. 〈東夷與東夷文化〉，王汝濤作，《齊魯學刊》，西元 1984 年第一期（總計第五十八期），曲阜，曲阜師範大學主編，1 月 15 日，頁 67～71，1984 年。

3. 〈紀、萁、萊爲一國說〉，王恩田作，《齊魯學刊》，西元 1984 年第一期（總計第五十八期），曲阜，曲阜師範大學主編，1 月 15 日，頁 71～77，1984 年。

4. 〈萊國姓氏與地望考〉，周昌富作，《齊魯學刊》，西元 1984 年第一期（總

計第五十八期），曲阜，曲阜師範大學主編，1 月 15 日，頁 77～80，1984
年。

5. 〈古萊國初探〉，遲克儉作，《齊魯學刊》，西元 1984 年第一期（總計第
五十八期），曲阜，曲阜師範大學主編，1 月 15 日，，頁 81～83，1984
年。

《齊魯學刊》專題：稷下學研究（四）

1. 〈稷下道家三辨〉，吳光作，《齊魯學刊》，西元 1984 年第二期（總計第五
十九期），曲阜，曲阜師範大學主編，3 月 15 日，頁 31～36，1984 年。

2. 〈田齊法家法制理論的主要特點〉，胡家聰作，《齊魯學刊》，西元 1984
年第二期（總計第五十九期），曲阜，曲阜師範大學主編，頁 36～40，
1984 年。

3. 〈山東棲霞楊家圈遺址發掘簡報〉，山東省文物考古研究所與北京大學考
古實習隊作，《史前研究》（季刊），第三期（總計第五期），西安，西安
半坡博物館，7 月 20 日，頁 91～99，1984 年。

4. 〈再論環淵：答吳光同志〉，周立升作，《齊魯學刊》，西元 1985 年第一
期（總計第六十四期），曲阜，曲阜師範大學主編，1 月 15 日，頁 51～
55，1985 年。

5. 〈稷下先生內有無墨者〉，龔維英作，《齊魯學刊》，西元 1985 年第一期
（總計第六十四期），曲阜，曲阜師範大學主編，1 月 15 日，頁 56～58，
1985 年。

6. 〈鄒衍及其學說簡論〉，趙玉瑾作，《齊魯學刊》，西元 1985 年第一期（總
計第六十四期），曲阜，曲阜師範大學主編，1 月 15 日，頁 59～63，1985。

7. 〈田駢述論〉，苗潤田作，《齊魯學刊》，西元 1985 年第一期（總計第六
十四期），曲阜，曲阜師範大學主編，1 月 15 日，頁 64～68，1985 年。

8. 〈試論荀子和淳于髡的師承關係〉，蔡德貴作，《齊魯學刊》，西元 1985
年第一期（總計第六十四期），曲阜，曲阜師範大學主編，1 月 15 日，
頁 69～72，1985 年。

9. 〈淳于髡著《晏子春秋》考〉，呂斌作，《齊魯學刊》，西元 1985 年第一
期（總計第六十四期），曲阜，曲阜師範大學主編，1 月 15 日，頁 73～
76，1985 年。

10. 〈孟子對墨子思想的吸收與改造〉，孫以楷作，《齊魯學刊》，西元 1985
年第二期（總計第六十五期），曲阜，曲阜師範大學主編，3 月 15 日，
頁 41～46，1985 年。

11. 〈《管子》方法論思想初探〉，楊國榮作，《齊魯學刊》，西元 1985 年第四
期（總計第六十七期），曲阜，曲阜師範大學主編，7 月 15 日，頁 65～
69，1985 年。

12. 〈山東長島北莊遺址發掘簡報〉，北京大學考古實習隊、煙台地區文管會與長島縣博物館作，《考古月刊》，西元 1987 年第五期（總計第二三六期），北京，中國社會科學院考古研究所主辦，科學出版社，5 月 25 日，頁 385～428，1987 年。

13. 〈山東鄒平縣苑城早期新石器文化遺址調查〉，山東大學歷史系考古專業作，《考古月刊》，西元 1989 年第六期（總計期數不詳），北京，中國社會科學院考古研究所主辦，科學出版社，6 月 25 日，頁 489～563，1989 年。

14. 〈稷下荀學體系（上）〉，劉蔚華作，《齊魯學刊》，西元 1991 年第一期（總計第一〇〇期），曲阜，曲阜師範大學主編，1 月 15 日，頁 16～28，1991 年。

15. 〈稷下荀學體系（下）〉，劉蔚華作，《齊魯學刊》，西元 1991 年第二期（總計第一〇一期），曲阜，曲阜師範大學主編，3 月 15 日，頁 98～101，1991 年。

16. 〈管仲對荀子的影響〉，于孔寶作，《齊魯學刊》，西元 1991 年第五期（總計第一〇四期），曲阜，曲阜師範大學主編，9 月 15 日，頁 33～38，1991 年。

17. 〈太公與齊文化〉，王德敏作，《齊魯學刊》，西元 1992 年第一期（總計第一〇六期），曲阜，曲阜師範大學主編，1 月 15 日，頁 88～93，年。

18. 〈尹文子《大道》篇思想之解析〉，陳復作，《中國文化月刊》，第一七六期，台北，中國文化月刊雜誌社，民國 83 年 6 月，頁 42～58，1994 年。

19. 〈說『齊氣』與『魯氣』：從《詩經》有關齊、魯諸篇看齊魯文化之不同特徵〉，姜楠作，《齊魯文化》，西元 1994 年第二期（總計第一一九期），曲阜，曲阜師範大學主編，3 月 15 日，頁 67～70，1994 年。

20. 〈山東臨淄後李遺址第三、四次發掘簡報〉，濟清公路文物考古隊作，《考古月刊》，西元 1994 年第二期（總計第三一七期），北京，中國社會科學院考古研究所主辦，科學出版社，2 月 25 日，頁 97～112，1994 年。

21. 〈姜太公輔周治齊及其謀略智慧〉，于孔寶作，《齊魯學刊》，西元 1994 年第五期（總計第一二二期），曲阜，曲阜師範大學主編，9 月 15 日，頁 82～87，1994 年。

22. 〈論五德終始說在秦的作用和影響〉，趙瀟作，《齊魯學刊》，西元 1994 年第二期（總計第一一九期），曲阜，曲阜師範大學主編，3 月 15 日，頁 55～61，1994 年。

23. 〈先秦齊文化與古希臘雅典文化中開放精神的比較研究〉，陳德正作，《齊魯文化》，西元 1995 年第二期（總計第一二五期），曲阜，曲阜師範大學主編，3 月 15 日，頁 52～57，1995 年。

24. 〈黃老造說盛起於稷下學宮之蠡測：兼論「黃老之學」〉，鍾宗憲作，台

北，《輔大中研所學刊》，第六期，民國 85 年 6 月，頁 105～124，1996年。

25. 〈論慎到的法律思想〉，王威宣作，《齊魯學刊》，西元 1996 年第四期（總計第一三三期），曲阜，曲阜師範大學主編，頁 62～65，1996 年。

26. 〈智者樂水，仁者樂山：論齊魯兩種文化的不同氛圍和特點〉，蔡德貴與劉宗賢作，《哲學與文化月刊》，第二十四卷第一期（總計第二七二期），台北，輔仁大學哲學與文化月刊雜誌社主編，民國 86 年 1 月，頁 47～52，1997 年。

27. 〈「管子」中黃老道家的人學思想〉，袁信愛作，《哲學與文化月刊》，第二十四卷第十二期（總計第二八三期），台北，輔仁大學哲學與文化月刊雜誌社主編，民國 86 年 12 月，頁 1130～1140，1997 年。

28. 《黃帝研究：黃帝神話傳說之嬗變與有關黃帝學術源流問題之辨正》，鍾宗憲著，台北，輔仁大學中文系博士論文，指導教授：王孝廉，1998 年。

29. 〈黃老與齊學（1）：治國〉，陳麗桂作，《中國學術年刊》，第二十三期，台北，國立台灣師範大學國文系主編，民國 91 年 6 月，頁 117～155，2002 年。

附表：齊國君主表

一、姜齊政權君主表

謚　　號	國君姓名	在位時間（B.C.）	在位年數
01.齊太公	姜尚（字子牙）	1040 B.C.～1015 B.C.	26 年（粗估）
02.齊丁公	姜伋（異說姜及）	1016 B.C.～1000 B.C.	17 年（粗估）
03.齊乙公	姜得	999 B.C.～940 B.C.	60 年（粗估）
04.齊癸公	姜慈母	941 B.C.～892 B.C.	50 年（粗估）
05.齊哀公	姜不辰（異說姜不臣）	893 B.C.～863 B.C.	29 年（粗估）
06.齊胡公	姜靜	862 B.C.～860 B.C.	03 年
07.齊獻公	姜山	859 B.C.～851 B.C.	09 年
08.齊武公	姜壽	850 B.C.～825 B.C.	26 年
09.齊厲公	姜無忌	824 B.C.～816 B.C.	09 年
10.齊文公	姜赤	815 B.C.～804 B.C.	12 年
11.齊成公	姜脫（異說姜說）	803 B.C.～795 B.C.	09 年
12.齊前莊公	姜購	794 B.C.～731 B.C.	64 年
13.齊釐公	姜祿甫	730 B.C.～698 B.C.	33 年
14.齊襄公	姜諸兒	697 B.C.～686 B.C.	12 年
15.齊前廢公	姜無知（公孫無知）	686 B.C.	02 月
16.齊桓公	姜小白	685 B.C.～643 B.C.	43 年
17.齊中廢公	姜無詭	643 B.C.	03 月

18.齊孝公	姜昭	642 B.C.～633 B.C.	10 年
19.齊昭公	姜潘	632 B.C.～613 B.C.	20 年
20.齊後廢公	姜舍	613 B.C.	05 月
21.齊懿公	姜商人	612 B.C.～609 B.C.	04 年
22.齊惠公	姜元	608 B.C.～599 B.C.	10 年
23.齊頃公	姜無野	598 B.C.～582 B.C.	28 年
24.齊靈公	姜環	581 B.C.～554 B.C.	06 年
25.齊後莊公	姜光	553 B.C.～548 B.C.	06 年
26.齊景公	姜杵臼	547 B.C.～490 B.C.	58 年
27.齊晏孺公	姜荼（晏孺子）	489 B.C.	10 月
28.齊悼公	姜陽生	488 B.C.～485 B.C.	04 年
29.齊簡公	姜壬	484 B.C.～481 B.C.	04 年
30.齊平公	姜驁	480 B.C.～456 B.C.	25 年
31.齊宣公	姜積	455 B.C.～405 B.C.	51 年
32.齊康公	姜貸	404 B.C.～379 B.C.	26 年
計 32 位		1040 B.C. ～ 379 B.C.	共 661 年

二、田齊政權君主表

諡　號	國君姓名	在位時間（B.C.）	在位年數
01.齊太公	田　和	404 B.C.～384 B.C.	21 年
02.齊廢公	田　剡	383 B.C.～375 B.C.	09 年
03.齊桓公	田　午	374 B.C.～357 B.C.	18 年
04.齊威王	田因齊	356 B.C.～320 B.C.	37 年
05.齊宣王	田辟彊	319 B.C.～301 B.C.	19 年
06.齊愍王	田　地	300 B.C.～284 B.C.	17 年
07.齊襄王	田法章	283 B.C.～265 B.C.	19 年
08.齊廢王	田　建	264 B.C.～221 B.C.	44 年
計 8 位		404 B.C. ～221 B.C.	共 183 年